铁路机辆专业
设备维修电工应用技术

《铁路机辆专业设备维修电工应用技术》编委会　编

中国铁道出版社有限公司

2025年·北　京

内容简介

本书共分为八章，主要包括安全用电，低压电器和电线电缆，常用电工仪器仪表及工具的使用，电工识图与制图基础知识，电力拖动、机床、设备典型电路分析，可编程控制器、人机界面和变频器，PLC、变频器及综合应用实例，技能竞赛真题解析等内容。本书在充分调研维修电工岗位实际需求的基础上，总结了电工安全、常用工具、电器元件、电气图等相关知识，分析了电力拖动基础电路、常用设备的典型电路，以实例形式对 PLC、人机界面、变频器的综合应用进行解析，对铁路系统维修电工历年来的技能竞赛真题进行剖析并汇总维修电工训练的原创题库，附录提供了部分品牌 PLC、人机界面的快速查询汇总表。

本书第六章配有 STEP 7-Micro/WIN SMART、三菱 GX Works2、三菱 GX Developer、昆仑通态 McgsPro、威纶通 Easy Builder Pro 五个编程软件的安装视频，读者可通过扫描二维码观看，便于加深和理解软件安装方法。

本书可供维修电工的新职人员、在职职工、技能竞赛人员学习使用，也可供相关专业技术人员和高职院校师生参考使用。

图书在版编目（CIP）数据

铁路机辆专业设备维修电工应用技术 /《铁路机辆专业设备维修电工应用技术》编委会编．-- 北京 ：中国铁道出版社有限公司，2025．4．-- ISBN 978-7-113-32115-4

Ⅰ．U264

中国国家版本馆 CIP 数据核字第 202592MF57 号

书　　名：铁路机辆专业设备维修电工应用技术

作　　者：《铁路机辆专业设备维修电工应用技术》编委会

责任编辑：陈　颖　李润华　　**编辑部电话：**(010)51873042　　**电子邮箱：**jiliang@tdpress.com

封面设计：郭瑾萱　　**封面摄影：**安洪涛　马利民

责任校对：安海燕

责任印制：高春晓

出版发行：中国铁道出版社有限公司(100054，北京市西城区右安门西街 8 号)

网　　址：https://www.tdpress.com

印　　刷：河北宝昌佳彩印刷有限公司

版　　次：2025 年 4 月第 1 版　2025 年 4 月第 1 次印刷

开　　本：787 mm×1 092 mm 1/16　**印张：**17.5　**字数：**408 千

书　　号：ISBN 978-7-113-32115-4

定　　价：90.00 元

编 委 会

前　言

维修电工，是指从事机械设备和电气系统线路及器件的安装、调试、维护、修理的人员。维修电工不但在铁路局集团公司的机辆专业各站段是不可或缺的工种，在其他各专业站段，如房建、供电等铁路站段，乃至煤矿、机械、学校等各行业，都起着重要作用。传统维修电工的学习多采用师傅教、徒弟学的形式，学习形式较为单一，学习过程漫长，不能适应现代科技发展的步伐。因此，对维修电工进行全面、系统的学习培训，显得尤为重要。

为提高职工队伍技术业务素质，本着“实际、实用、实效”的原则，以“抓基础建设，提升培训能力；抓手段创新，提升培训效果；抓严格管理，提升培训质量”为重心，本书编者重点聚焦维修电工岗位新职人员基础学习、在职人员提高培训、拔尖人员选拔强化三方面编写。

本书覆盖面广，基础的用电安全、器件介绍、仪表工具、识图绘图等内容对应新入职人员和改职培训，基础电路、机床电路、自动控制等技术对应电工技能鉴定，电气装配、读图与绘图、设备电路以及 PLC、变频器的综合调试对应技能竞赛，设备典型电路和各种应用实例对应提高职工技术素质和检修水平。本书所列实训项目同时设有题目、评分标准和解析，可为各站段维修电工相关考核和技能竞赛出题评分提供参考；本书所列附录覆盖了维修电工日常生产中需要查询的重点数据，具备查询功能。本书第六章配有 STEP 7-Micro/WIN SMART、三菱 GX Works2、三菱 GX Developer、昆仑通态 McgsPro、威纶通 Easy Builder Pro 五个编程软件的安装视频，读者可通过扫描二维码观看，便于加深和理解软件安装方法。

本书由中国铁路北京局集团有限公司职工培训部、车辆部组织编写，由安洪涛、唐拥军、谭兆海担任主编。第一章由安洪涛、唐拥军、谭兆海、高志强、米学博编写，第二章由安洪涛、商兴隆、曹民建、宋铁民、周振海编写，第三章由安洪涛、王冬、王永辉、王丽、刘键编写，第四章由安洪涛、贺刚、龚向东、高振华、闫云霞编写，第五章由安洪涛、赵荣华、李鹏震、龙晓佳、庄再胜编写，第六章由高云峰、吴昌荣、王鹏、赵国庆、许倩倩编写，第七章由商兴隆、范国璐、罗浩、李萌、王奇编写，第八章由韩亮、刘桢榕、王小勇、张晓静编写。全书经孙强、刘超、马健、马小楠集体审定。

在本书的编写过程中，得到了河北轨道运输职业技术学院高亮教授以及石家庄技师学院郭要军教授、梁毅教授的大力支持帮助，在此一并表示感谢！

书中如有不妥之处，恳请广大读者及行业内专家学者批评、指正，以便编者对本书进一步改进、完善。

本书编委会

2025 年 2 月

目　　录

视频索引

二维码	名　称	书中具体位置
	STEP 7-Micro/WIN SMART 编程软件安装	第六章第一节　第 81 页
	三菱 GX Works2 编程软件安装	第六章第一节　第 84 页
	三菱 GX Developer 编程软件安装	第六章第一节　第 84 页
	昆仑通态 McgsPro 软件安装	第六章第二节　第 86 页
	威纶通 Easy Builder Pro 编程软件安装	第六章第二节　第 87 页

第一章
安全用电

第一节　安全用电常识

安全是铁路运输生产永恒的主题，用电安全更是时时围绕在我们身边。学会安全用电，保证用电安全，才能保证在生产中的人身安全。

一、电工作业人员基本条件

电工属于特种作业工种，对于从业人员有着严格的规定，根据《中华人民共和国安全生产法》第三十条要求，生产经营单位的特种作业人员必须按照国家有关规定经专门的安全作业培训，取得相应资格，方可上岗作业。

通常对 1 kV 以下的低压电器设备进行安装、调试、运行操作、维护、检修、改造施工和试验的作业为低压电工作业，此项作业必须持有低压电工特种作业操作证，如图 1-1 所示。

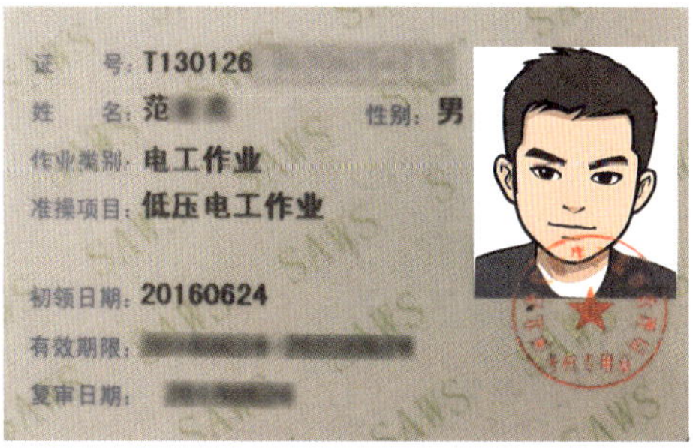

图 1-1　低压电工特种作业操作证

对于客车车辆段，个别电源设备可能会涉及 10 kV 高压，需要维修人员取得高压电工特种作业操作证。高压电工特种作业操作证是指对 1 kV 以上、10 kV 以下的高压电气设备进行运行、维护、安装、检修、改造、施工、调试、试验以及对绝缘工具、器具进行试验的作业操作证，如图 1-2 所示。

高压电工可以从事低压电工的工作，低压电工却不能从事高压电工的工作。

如何取证在《特种作业人员安全技术培训考核管理规定》中有着明确的要求。

特种作业操作证有效期为 6 年，在全国范围内有效。特种作业操作证每 3 年复审 1 次。

特种作业人员在特种作业操作证有效期内，连续从事本工种 10 年以上，严格遵守有关

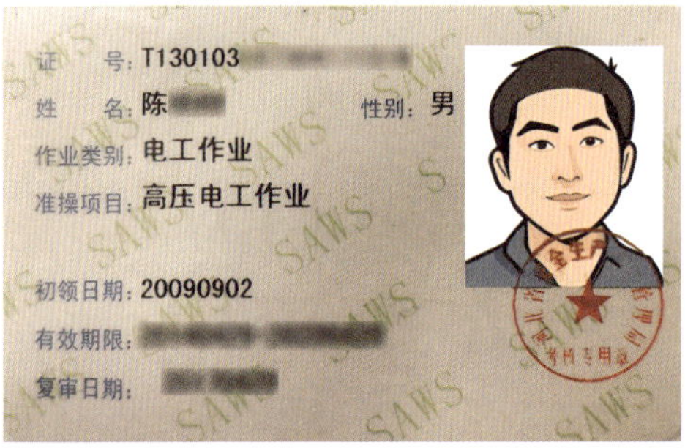

图 1-2 高压电工特种作业操作证

安全生产法律法规的,经原考核发证机关或者从业所在地考核发证机关同意,特种作业操作证的复审时间可以延长至每 6 年 1 次。

注意:根据《特种作业人员安全技术培训考核管理规定》第四十一条规定,特种作业人员转借、转让、冒用特种作业操作证的,给予警告,并处 2 000 元以上 1 万元以下的罚款。

二、安全生产管理

1. 安全与危险

安全与危险是相对的概念。危险是指有可能对人、事物或环境造成损害、损失、伤害甚至危及生命的状况、情况或因素。

安全,相对于危险,指的是人没有危险或不受威胁,没有危险、危害、损失的状态。

2. 危险源

危险源是指可能造成人员伤害、疾病、财产损失、作业环境破坏或其他损失的根源或状态。

3. 事故与事故隐患

事故是指造成人员死亡、伤害、职业病、财产损失或者其他损失的意外事件。

事故隐患泛指生产系统中可导致事故发生的人的不安全行为、物的不安全状态和管理上的缺陷。

4. 本质安全

本质安全是指设备、设施或技术工艺含有内在的能够从根本上防止事故发生的功能,具体包括:

(1)失误安全功能,是指操作者即使操作失误,也不会发生事故或伤害,或者说设备、设施和技术工艺本身具有自动防止人的不安全行为的功能。

(2)故障安全功能,是指设备、设施或技术工艺发生故障或损坏时,还能暂时维持正常工作或自动转变为安全状态。

上述两种安全功能应该是设备、设施和技术工艺本身固有的,即在规划设计阶段就被纳入其中,而不是事后补偿的。

本质安全是安全生产预防为主的根本体现,也是安全生产管理的最高境界。实际上由于技术、资金和人们对事故的认识等原因,到目前还很难做到本质安全。

5. 安全生产的三级教育

新作业人员上岗前必须进行三级安全生产教育，即站段（企业）、车间和班组三级安全生产教育。

（1）站段（企业）的安全生产培训教育主要内容：安全生产基本知识，国家和地方有关安全生产的方针、政策、法规、标准、规范，企业的安全生产规章制度，劳动纪律，施工作业场所和工作岗位存在危险因素、防范措施及事故应急措施，事故案例分析。

（2）车间的安全生产培训教育主要内容：本项目的安全生产状况和规章制度，本项目作业场所和工作岗位存在危险因素、防范措施及事故应急措施，事故案例分析。

（3）班组的安全生产培训教育主要内容：本岗位安全操作规程，生产设备、安全装置、劳动防护用品（用具）的正确使用方法，事故案例分析。

三、安全用电标志

明确统一的标志是保证用电安全的一项重要措施。统计表明，不少电气事故完全是由于标志不统一而造成的。例如由于导线的颜色不统一，误将相线接设备的机壳，而导致机壳带电，酿成触电事故。

标志分为颜色标志、图形标志和灯光标志。《图形符号　安全色和安全标志　第5部分：安全标志使用原则与要求》（GB/T 2893.5—2020）中对标志的颜色和形式有着明确要求。

1. 颜色标志

颜色标志常用来区分各种不同性质、不同用途的导线，或用来表示某处安全程度。为保证安全用电，必须严格按有关标准使用颜色标志和图形标志。我国安全色标采用的标准，基本上与国际标准草案（DIS）相同。我国规定安全色有以下几种。

红色：用来标志禁止、停止和消防，如信号灯、信号旗、机器上的紧急停机按钮等都是用红色来表示“禁止”的信息。

黄色：用来标志注意危险，如“当心触电”“注意安全”等。

绿色：用来标志安全无事，如“在此工作”“已接地”等。

蓝色：用来标志强制执行，如“必须戴安全帽”等。

黑色：用来标志图像、文字符号和警告标志的几何图形。

在应用中，还有一些安全色与对比色相间的条纹。安全色与对比色相间的条纹宽度应相等，各占50%，斜度与基准面成45°。对比色宽度一般为100 mm，但可根据设备大小和安全标志位置的不同，采用不同的宽度，每种颜色不能少于两条。

黄色和黑色间隔条纹：表示警告危险，如各种机械在工作或移动时容易碰到的部位。

红色和白色间隔条纹：表示禁止越过，如道路上的防护栏杆。

为便于识别，防止误操作，确保运行和检修人员的安全，采用不同颜色来区别设备特征。如电气导线，A相为黄色、B相为绿色、C相为红色、N中性线为淡蓝色（或蓝色）、PE接地线为黄绿双色。

2. 图形标志

图形标志一般用来告诫人们不要去接近有危险的场所。图形标志包括禁止标志、指令标志、警告标志、提示标志和文字辅助标志。图形标志的大小、样式和标志牌的安装形式、材质等，要符合《安全标志及其使用导则》(GB 2894—2008)中的相关要求。常见的电气安全图形标志如图 1-3 所示。

图 1-3　电气安全图形标志

3. 灯光标志

红灯：表示“危险”或“用电器正在工作”，如电热器的红灯表示“工作”，警戒器的红灯表示“危险”，电器设备重地门前红灯表示“闲人禁入”。

黄灯：危险与正常的临界区标志，如电热器的恒温、警戒器的预警等。

绿灯：表示“正常工作”或“安全用电”。

四、安全电压

我们在生产上常说高压电、低压电，根据国际电工委员会的定义，对地电压在 1 kV 以下时称为低压，对地电压在 1 kV 及以上时称为高压。

安全电压即特低电压(extra-low voltage，ELV)，是指在正常和故障两种状态下，人体长时间处于浸没于水中、潮湿环境、干燥环境时，不造成不良生理效应(肌肉反应、心室纤维颤动)，不造成危害的交流正弦 50/60 Hz 和无显著纹波直流最高电压。因此，特低电压可定义为在预期环境下，最高电压不足以使人体流过的电流造成不良生理效应，不可能造成危害的临界等级以下的电压。

关于安全电压的三个术语：

可握紧部件：指一种部件，如果对它通以足够大的电流，流经它传导到手会造成肌肉收缩而无法摆脱。

接触电流：当人员或动物接触到设备的一个或多个可触及零件时，通过人体或动物身体的电流。

接触电压：在人员或动物接触到导电零件时，与各导电零件之间的电压。

《特低电压(ELV)限值》(GB/T 3805—2008)中对各种环境下的电压限值作出了说明。在正常情况下，结合不同的环境状况，电压限值亦不同，此电压与直接和间接接触的概念无关，也不用区分接地和非接地电路，可认为这些限值及低于限值的电压在规定的条件下对人体不构成危险，见表 1-1。

表 1-1 正常情况稳态电压限值

环境状况	交流电压	直流电压	环境实例
1 级:皮肤阻抗和对地阻抗均可忽略不计	0	0	例如人体浸没条件
2 级:皮肤阻抗和对地阻抗降低	16 V	35 V	例如潮湿条件
3 级:皮肤阻抗和对地阻抗均不降低	33 V	70 V	例如干燥条件

表 1-1 中数据对于接触面积不大于 80 cm^2 的情况是保守的,特殊情况下稳态电压限值见表 1-2。

表 1-2 特殊情况稳态电压限值

特殊应用	交流电压	直流电压
对于接触面积小于 1 cm^2 的不可握紧部件	66 V	80 V
在电池充电时	75 V	150 V

在故障情况下稳态电压限值发生了变化,见表 1-3。

表 1-3 故障情况稳态电压限值

环境状况	交流电压	直流电压	环境实例
1 级:皮肤阻抗和对地阻抗均可忽略不计	0	0	例如人体浸没条件
2 级:皮肤阻抗和对地阻抗降低	33 V	70 V	例如潮湿条件
3 级:皮肤阻抗和对地阻抗均不降低	55 V	140 V	例如干燥条件

第二节 触电和急救

一、触电的概念

触电是指当生物(主要指人类)与电有直接的接触时,感受到疼痛或甚至受到伤害的意外事故。触电时间越长,人体所受的电损伤越严重。自然界的雷击也是一种触电形式,其电压可高达几千万伏特,造成极强的电流电击,危害极大。

电工作业中最常发生触电,触电也是危害最大的一类事故。触电所造成的危害主要表现在:当人接触或接近带电体造成触电事故时,电流流经人体可对接触部位和人体内部器官等造成不同程度的伤害,甚至威胁生命,造成严重的伤亡事故。

二、触电事故的分类

触电可分为电击和电伤两类。

电击是指电流流经人体内部,引起疼痛发麻、肌肉抽搐,严重的会引起强烈的痉挛、心室颤动或呼吸停止,甚至由于人体心脏、呼吸系统以及神经系统的致命伤害,造成死亡。绝大部分触电死亡事故是电击造成的。

电伤是指触电时人体被带电体接触不良部分发生的电弧灼伤,或者人体与带电体接触部分的电烙印，或者是由于被电流熔化和蒸发的金属微粒等侵入人体皮肤引起的皮肤金属化，这些意外会给人留下伤害，严重时也可致人死亡。电伤通常是由电流的热效应、化学效应或机械效应造成的。

电击和电伤也可同时发生，这在高压触电事故中是常见的。

三、触电事故方式和原因

人体是导体，人体的电阻一般在 1 000～2 000 Ω。当人体接触到设备的带电部分并构成电流通路时，就会有电流流过人体并造成触电。按照人体触及带电体的方式和电流流过人体的途径，电击可分为单相触电、两相触电和跨步电压触电。

1. 单相触电

当人体直接碰触带电设备其中的一相时，电流通过人体流入大地，如图 1-4 所示，这种触电现象称为单相触电。对于高压带电体，人体虽未直接接触，但由于超过了安全距离，高电压对人体放电，造成单相接地而引起的触电，也属于单相触电。对触电者不正确的救护会造成多人触电。

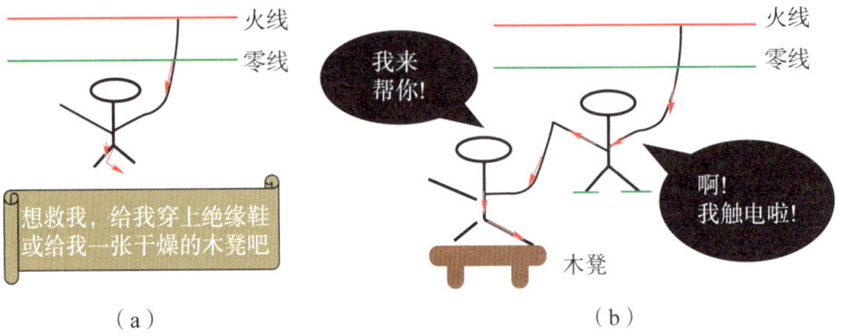

图 1-4　单相触电

2. 两相触电

人体同时接触带电设备或线路中的两相导体，或在高压系统中，人体同时接近不同相的两相带电导体，而发生电弧放电，电流从一相导体通过人体流入另一相导体，构成一个闭合回路，如图 1-5 所示，这种触电方式称为两相触电。发生两相触电时，作用于人体上的电压等于线电压，这种触电是最危险的。

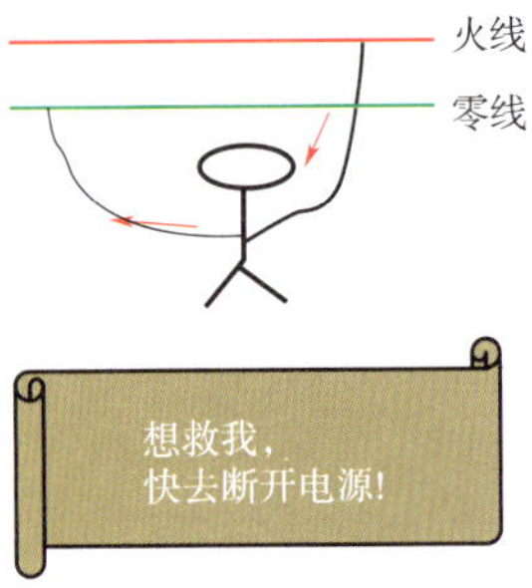

图 1-5　两相触电

3. 跨步电压触电

当电气设备发生接地故障，接地电流通过接地体向大地流散，在地面上形成电位分布时，若人在接地短路点周围行走，其两脚之间的电位差，就是跨步电压。由跨步电压引起的人体触电，称为跨步电压触电。下列情况和部位可能发生跨步电压电击：

(1)带电导体，特别是高压导体故障接地处，流散电流在地面各点产生的电位差造成跨步电压电击。

(2)接地装置流过故障电流时，流散电流在附近地面各点产生的电位差造成跨步电压电击。

(3)正常时有较大工作电流流过的接地装置附近,流散电流在地面各点产生的电位差造成跨步电压电击。

(4)防雷装置接受雷击时,极大的流散电流在其接地装置附近地面各点产生的电位差造成跨步电压电击。

(5)高大设施或高大树木遭受雷击时,极大的流散电流在附近地面各点产生的电位差造成跨步电压电击。

跨步电压的大小受接地电流大小、鞋、地面特征、两脚之间的跨距、两脚的方位以及离接地点的远近等因素的影响,人的跨距一般按 0.8 m 考虑。由于跨步电压受很多因素的影响以及地面电位分布的复杂性,几个人在同一地带(如同一故障点附近或同一棵树下)遭到跨步电压电击时,完全可能出现截然不同的后果。

4. 触电的原因

(1)违章作业或疏忽大意

电工人员在带电维修作业时,因为操作不慎,手碰到裸露的线路引起触电事故;或者因为未在线路开关处悬挂警示标识,没有监护人员留守,导致其他人在不知情的情况下误合开关,导致正在操作的电工人员发生单相触电。

(2)设备安全措施不完善

电工人员在带电维修作业时,若工具绝缘层老化失效、绝缘防护措施不到位、未正确佩戴绝缘防护工具等,进而造成触电事故。

(3)安全防护不到位

电工人员在带电维修作业时,未穿戴绝缘鞋、绝缘手套等防护用品,碰到裸露的电线,造成单相触电事故;日常操作和使用人员使用潮湿的抹布擦拭电气设备、刚洗过手后操作电气设备,都容易发生触电事故。

(4)安全意识薄弱

电工作业属于特种作业,存在较大的危险因素,因此要求所有的电工从业人员必须具备强烈的安全意识,安全意识薄弱极易引发触电事故。

(5)缺乏安全常识

电工作业人员必须持续性学习专业知识,积累经验,避免当一些电力线路或设备出现不明显的安全隐患时,作业人员因缺乏必要的安全常识而引发触电事故,如跨步触电。

(6)环境条件不良

在雷电天气,当电工作业人员接触金属物体、导线时容易被引入的雷电击中引起触电。

四、触电的预防

为了更好地使用电能,防止触电事故的发生,必须采取一些安全措施。

(1)各种电气设备,特别是移动式设备、手持工具,应建立并落实定期巡视检查和定期维修制度,如发现故障或不符合规定时,应及时加以处理。

(2)使用各种电气设备时,应严格遵守规程,对设备进行检修时,应严格落实检修工艺要求,尤其要对设备绝缘进行重点检查。

(3)尽量不要带电工作,特别是在危险场所(如工作地很狭窄,工作地周围有对地电压在

250 V以上的导体等），禁止带电工作。如果必须带电工作时，应采取必要的安全措施（如站在橡胶毡上或穿绝缘橡胶靴，附近的其他导电体或接地处都应用橡胶布遮盖，并需要有专人监护等）。

（4）合理使用检修工具和检测仪器，在日常工作中检测电压等参数，要合理选用仪表，量程符合要求，如检测客车供电DC 600 V电压要选择DC 1 000 V挡位，测试直流波形要采取降压测试或使用高压探头等。

（5）按要求安装可靠的漏电保护器，漏电保护是借助漏电保护器件实现对线路或设备的保护，防止人体接触漏电线路或设备时发生触电事故。当漏电电流达到或超过规定允许值（一般不大于30 mA）时，漏电保护器件能够自动切断电源或报警，可保证人身安全。

（6）保护接地与保护接零，保护接地和保护接零是间接触电防护措施中最基本的措施，在设备检修工作中要定期对设备接地或接零保护进行检查，防止松动脱落、保护失效。

五、触电者的急救

发生了触电事故，切不可惊慌失措，要立即使触电者脱离电源并开展现场救护。

1. 触电急救八字真言

迅速、就地、准确、坚持。

一般情况下，触电者触电后1 min内抢救，90%能抢救成功，4 min内抢救，60%能抢救成功。

2. 脱离低压电源的方法

拉：发现有人触电，立即就近拉开电源开关，使电源断开。

切：指用带有可靠绝缘柄的电工钳、锹、镐、刀、斧等利器将电源切断，切断时应注意防止带电导线断落碰触周围人。

挑：如果导线搭落在触电者身上或压在身下，可用干燥的木棒、竹竿将导线挑开。

拽：指救护人戴上的手套或在手上包缠干燥的衣物等绝缘物品拖拽触电者脱离电源。但要注意此时不能碰到金属物体和触电，不能拖拽触电者的手和脚。

垫：指救护者视现场情况站在木板或绝缘垫上进行施救，防止自身再次发生触电。

3. 现场救护

（1）若触电者呼吸和心跳均未停止，此时应让触电者就地躺平，安静休息，不要让触电者走动，以减轻心脏负担，并应严密观察呼吸和心跳的变化。

（2）若触电者心跳停止、呼吸尚存，则应对触电者做胸外按压。

（3）若触电者呼吸停止、心跳尚存，则应对触电者做人工呼吸。

（4）若触电者呼吸和心跳均停止，应立即按心肺复苏方法进行抢救。

第二章
低压电器和电线电缆

第一节　低压电器

一、自动空气开关

自动空气开关又名空气断路器，是断路器的一种，如图 2-1 所示，是一种只要电路中电流超过额定电流就会自动断开的开关，是低压配电网络和电力拖动系统中非常重要的一种电器，集控制和多种保护功能于一身；除能完成接触和分断电路外，还能对电路或电气设备发生的短路、严重过载及欠电压等进行保护，同时也可以用于不频繁地启动电动机（不大于 7.5 kW）；具有保护功能多、分断能力高、操作方便、安全等优点，目前被广泛应用。

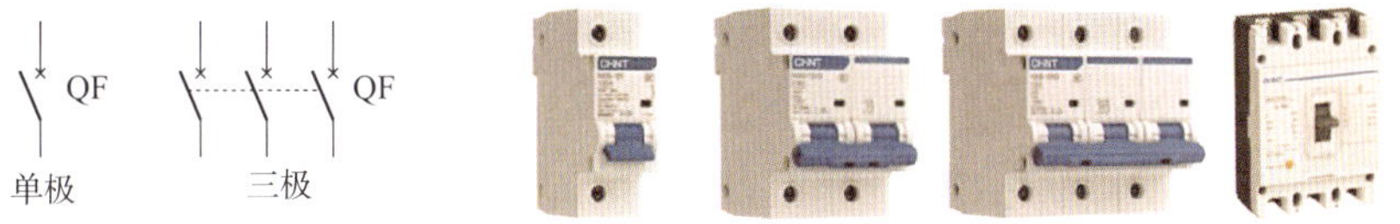

（a）电路图形符号　　（b）常见样式

图 2-1　自动空气开关

1. 自动空气开关的分类

（1）按极数分：单极、两极、三极和四极。

（2）按保护形式分：电磁脱扣器式、热脱扣器式、复合脱扣器式（常用）和无脱扣器式。

（3）按全分断时间分：一般式和快速式（脱扣时间在 0.02 s 以内）。

（4）按结构型式分：塑壳式、框架式、直流快速式和漏电保护式。

（5）按操作方式分：电动操作、储能操作、手动操作。

（6）按结构分：塑壳式、万能式。

2. 自动空气开关的工作原理

自动空气开关一般由触头系统、灭弧系统、操作机构、脱扣器、外壳等构成。自动空气开关的主触点是靠手动操作或电动合闸的。主触点闭合后，自由脱扣机构将主触点锁在合闸位置上。过电流脱扣器的线圈和热脱扣器的热元件与主电路串联，欠电压脱扣器的线圈和电源并联。当电路发生短路或严重过载时，过电流脱扣器的衔铁吸合，使自由脱扣机构动作。

3. 自动空气开关的参数

以 DZ 47-60 小型空气开关为例，DZ 47-60 小型空气开关，适用于照明配电系统（C 型）或电动机的配电系统（D 型）。主要用于交流 50 Hz/60 Hz，额定电压至 400 V，额定电流至 60 A 的线路中起过载、短路保护作用，同时也可以用于在正常情况下不频繁地通断电器装置和照明线路。

DZ 47-60 符合 GB/T 10963.1、IEC 60898-1 标准，其中 DZ 为塑料外壳式断路器，47 为设计序号，60 为壳架等级额定电流。

4. 电机空气开关的选择

电机选用的空气开关可以是塑壳断路器，也可以是小型断路器，应选用 D 型空气开关。

在工作中，空气开关一般只做电机的短路保护和提供通断电用。电机的过电流保护一般会用热继电器等其他保护措施。变频和其他软启动电路，其本身保护措施就比较全面。电机直接启动，空气开关选电动机额定电流的 2.5 倍；降压启动选电动机额定电流的 1.5～2.0 倍；D 型断路器的额定电流可缩小至电动机额定电流的 1.2～1.5 倍。

二、剩余电流动作保护器

剩余电流动作保护器在我国也称漏电保护开关（residual current operated protective devices，RCD），如图 2-2 所示。剩余电流动作保护器是为了防止人身触电和漏电火灾而研制的一种电器，它不仅与其他断路器一样可将主电路接通或断开，而且具有对漏电流检测和判断的功能，当主回路中发生漏电或绝缘破坏时，可迅速断开电源，保护人身和设备的安全。国际上是依据该类的保护原理来定义它的名称的，因为它的保护动作是根据流经它的一种“剩余电流”的大小来实现的，所以国际上便将其称呼为“剩余电流动作保护器”。我国从 1995 年开始全部采用了国际标准 IEC 755:1988 中的内容，并在当时制定了国家标准《剩余电流动作保护器的一般要求》（GB 6829—1995），从此将传统名称改为“剩余电流动作保护器”。

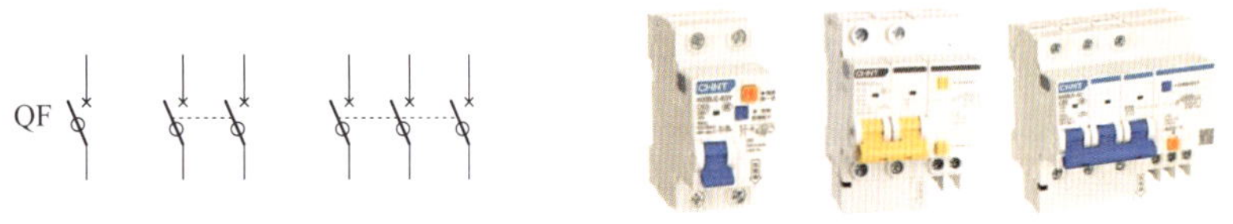

（a）电路图形符号　　（b）常见样式

图 2-2　剩余电流动作保护器

剩余电流动作保护器通常同时具有过载、短路、隔离、剩余电流动作功能，还有同时具有剩余电流动作功能自诊断、失效报警等附加功能的产品。

剩余电流动作保护器由零序互感器、放大器和主电路断路器（含脱扣器）三部分组成。当设备正常工作时，主电路电流的相量和为零，零序互感器的铁芯无磁通，其二次绕组没有感应电压输出，开关保护闭合。当保护的电路中有漏电时，或有人体的触电电流通过时，由于取道大地为回路，于是主电路电流的相量和不再为零，零序互感器的铁芯磁通有变化，其二次绕组有感应电压输出。当剩余电流达到一定值时，经放大器放大后足以使脱扣器动作，使断路器在 0.1 s 内跳开，有效起到触电保护的作用。

在《剩余电流动作保护装置安装和运行》(GB/T 13955—2017)中明确了剩余电流动作保护器的强制安装要求。

1. 应安装末端保护剩余电流动作保护器的设备和场所

(1)属于Ⅰ类的移动式电气设备及手持式电动工具；

(2)工业生产用的电气设备；

(3)施工工地的电气机械设备；

(4)安装在户外的电气装置；

(5)临时用电的电气设备；

(6)机关、学校、宾馆、饭店、企事业单位和住宅等除壁挂式空调电源插座外的其他电源插座或插座回路；

(7)游泳池、喷水池、浴室、浴池的电气设备；

(8)安装在水中的供电线路和设备；

(9)医院中可能直接接触人体的医用电气设备；

(10)农业生产用的电气设备；

(11)水产品加工用电；

(12)其他需要安装剩余电流动作保护器的场所。

2. 应采用线路保护安装剩余电流动作保护器的线路

低压配电线路根据具体情况采用二级或三级保护时，在电源端、负荷群首端或线路末端(农业生产设备的电源配电箱)安装剩余电流动作保护器。

3. 可不安装剩余电流动作保护器的电气设备和场所

(1)使用安全电压供电的电气设备；

(2)一般环境条件下使用的具有加强绝缘(双重绝缘)的电气设备(如Ⅱ类和Ⅲ类电器等)；

(3)使用隔离变压器且二次侧为不接地系统供电的电气设备；

(4)具有非导电条件场所的电气设备；

(5)在没有间接接触电击危险场所的电气设备。

4. 剩余电流动作保护器的选择和使用注意事项

(1)购买剩余电流动作保护器时应购买具有生产资质的厂家产品，且产品质量检测合格。

(2)应根据保护范围、人身设备安全和环境要求确定剩余电流动作保护器的电源电压、工作电流、漏电电流及动作时间等参数。

(3)电源采用剩余电流动作保护器做分级保护时，应满足上、下级开关动作的选择性。一般本级剩余电流动作保护器的额定漏电电流要小于上一级剩余电流动作保护器的额定漏电电流，这样既可以灵敏地保护人身和设备安全，又能避免越级跳闸，缩小故障检查范围。

(4)手持式电动工具(除Ⅲ类外)、移动式生活用家电设备(除Ⅲ类外)、其他移动式机电设备，以及触电危险性较大的用电设备，必须安装剩余电流动作保护器。

(5)建筑施工场所、临时线路的用电设备，应安装剩余电流动作保护器。

(6)机关、学校、企业、住宅建筑物内的插座回路,宾馆、饭店及招待所的客房内插座回路,也必须安装剩余电流动作保护器。

(7)安装在水中的供电线路和设备以及潮湿、高温、金属占有系数较大及其他导电良好的场所,如锅炉房、水泵房、食堂、浴室、医院等场所,必须使用剩余电流动作保护器进行保护。

一般环境选择动作电流不超过 30 mA,动作时间不超过 0.1 s,这两个参数保证了人体如果触电时,不会使触电者产生病理性生理危险效应。在浴室、游泳池等场所剩余电流动作保护器的额定动作电流不宜超过 10 mA。在触电后可能导致二次事故的场合,应选用额定动作电流为 6 mA 的剩余电流动作保护器。

三、低压熔断器

熔断器是一种电气保护装置,如图 2-3 所示。熔断器的基本功能是在电路中检测电流是否超过额定值,一旦超过,就会自动切断电路,以保护电器设备和人身安全。熔断器的作用类似于保险丝,但是熔断器的保护范围更广,可以保护更大功率的电气设备。

(a)电路图形符号　　(b)常见样式

图 2-3　熔断器

熔断器的工作原理是利用熔丝的熔化来切断电路。熔丝是一种特殊的金属丝,其熔点比电路中的导线低,当电流超过额定值(熔断器的额定电流是指熔丝能够承受的最大电流值)时,熔丝就会熔化,切断电路。

熔断器的优点是安全可靠,使用寿命长。熔断器可以在电路中自动切断电流,避免电气设备过载或短路引起的火灾和爆炸事故。熔断器的使用寿命长,一般可以使用多年,不需要经常更换。

检测熔断器如图 2-4 所示,若测得的阻值很小或趋于零,则表明正常;若测得的阻值为无穷大,则表明内部熔丝已熔断。

图 2-4　检测熔断器

四、开　　关

开关是一种控制电路闭合、断开的电气部件，主要用于对自动控制电路发出操作指令，从而实现对电路的自动控制。

开关根据功能不同可分为开启式负荷开关、按钮开关（图 2-5）、位置检测开关（图 2-6）及隔离开关等。

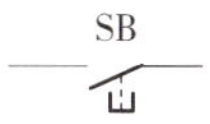

（a）电路图形符号

（b）常见样式

图 2-5　按钮开关

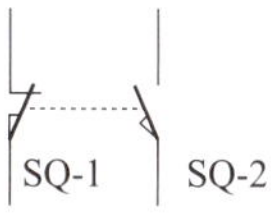

（a）电路图形符号

（b）常见样式

图 2-6　位置检测开关

除此之外，控制电路应用的开关还有组合开关（转换开关）、万能转换开关、接近开关等。

开关的应用较为广泛，功能均相同，因此在检测开关时，通常是检测触点的通、断状态，进而判断开关的好坏。若检测常开触点，在常态时，测得的阻值趋于无穷大；若检测常闭触点，在常态时，测得的阻值趋于零。

五、接 触 器

接触器是一种由电压控制的开关装置，如图 2-7 所示，适用于频繁地接通和断开交流、直流电路。接触器属于控制类器件，是电力拖动系统、机械设备控制线路、自动控制系统使用最广泛的低压电器之一。根据接触器触点通过电流的种类，主要可以分为交流接触器和直流接触器。

（a）电路图形符号

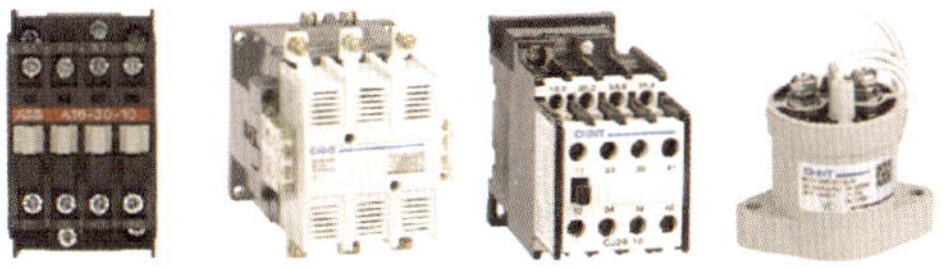

（b）常见样式

图 2-7　接触器

交流接触器和直流接触器的工作原理和控制方式基本相同，都是通过线圈得电控制常开触点闭合、常闭触点断开，线圈失电控制常开触点复位断开、常闭触点复位闭合。接触器的结构组成主要包括线圈、衔铁和触点等几部分。工作时,接触器的核心工作过程是在线圈得电的状态下,上下两块衔铁磁化,相互吸合,由衔铁动作带动触点动作,如常开触点闭合、常闭触点断开。在线路控制中,常利用接触器线圈的最低电压断开特性来作为失压保护器件使用。

检测接触器主要是检测接触器的内部线圈、开关触点之间的阻值。首先根据待测接触器的标识信息,明确各引脚的功能及主、辅触点类型(根据符号标识辨别常开触点或常闭触点);然后分别检测线圈、触点(在闭合、断开两种状态下)的阻值。

判断交流接触器好坏的方法如下:

(1)若测得接触器线圈有一定的阻值,内部开关在闭合状态下的阻值为零,在断开状态下的阻值为无穷大,则可判断该接触器正常。

(2)若测得接触器线圈的阻值为无穷大或零,则表明内部线圈已损坏。

(3)若测得任一或全部触头开关在断开状态下的阻值为零,则表明内部触点粘连损坏。

(4)若测得任一或全部触头开关在闭合状态下的阻值为无穷大,则说明内部触点已损坏。

六、继 电 器

继电器可根据外界输入量控制电路的接通或断开,当输入量的变化达到规定要求时,控制量将发生预定的阶跃变化。其输入量可以是电压、电流等电量,也可以是非电量,如温度、速度、压力等。

常见的继电器主要有时间继电器、中间继电器、固态继电器、热继电器、电压继电器等。

1. 时间继电器

时间继电器是指当加入(或去掉)输入的动作信号后,其输出电路须经过规定的准确时间才产生跳跃式变化(或触头动作)的一种继电器,如图 2-8 所示,它是一种使用在较低的电压或较小电流的电路上,用来接通或切断较高电压、较大电流的电路的电气元件。时间继电器的主要功能是作为简单程序控制中的一种执行器件,当它接收了启动信号后开始计时,计时结束后它的工作触头进行开或合的动作,从而推动后续的电路工作。一般来说,时间继电器的延时性能在设计的范围内是可以调节的,从而方便调整它的延时时间长短。

2. 中间继电器

中间继电器通常用来传递信号和同时控制多个电路,也可用来直接控制小容量电动机或其他电气执行元件,如图 2-9 所示,中间继电器的结构和工作原理与交流接触器基本相同,与交流接触器的主要区别是触点数目多些,且触点容量小。在选用中间继电器时,主要考虑电压等级和触点数目。

3. 固态继电器

固态继电器是具有隔离功能的无触点电子开关,在开关过程中无机械接触部件,因此固态继电器除具有与电磁继电器一样的功能外,还具有逻辑电路兼容、耐振耐机械冲击、安装位置无限制、良好的防潮防霉防腐蚀性能、输入功率小、灵敏度高、控制功率小、电磁兼容性

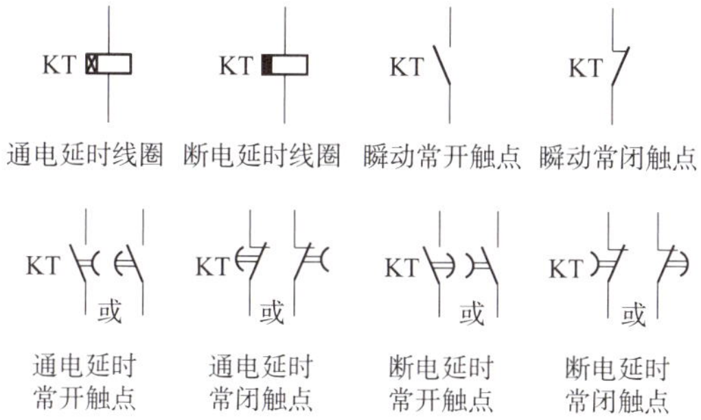

（a）电路图形符号

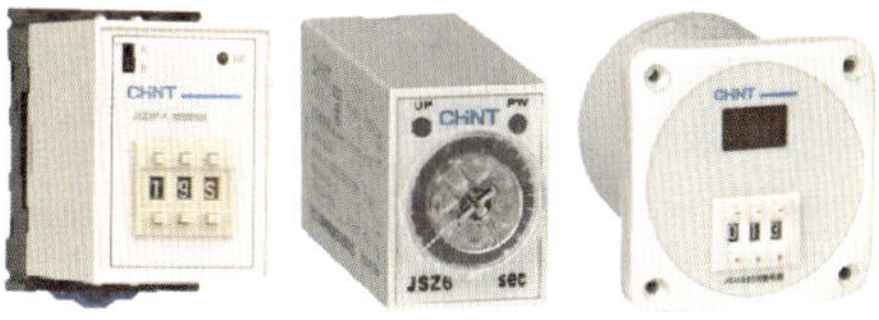

（b）常见样式

图 2-8　时间继电器

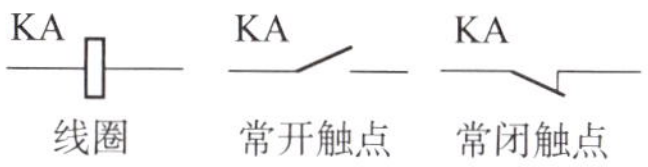

（a）电路图形符号

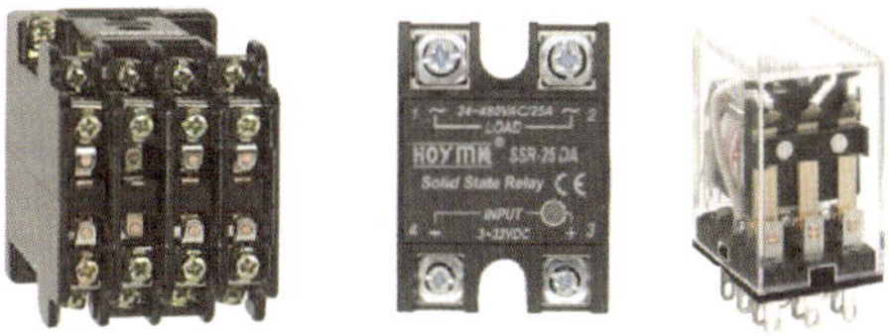

（b）常见样式

图 2-9　中间继电器

好、噪声低和工作频率高等特点。固态继电器具有短路保护、过载保护和过热保护功能，与组合逻辑固化封装就可以实现用户需要的智能模块，直接用于控制系统中。

4. 热继电器

热继电器作为电动机的过载保护元件，以其体积小、结构简单、成本低等优点在生产中得到了广泛应用，如图 2-10 所示，工作原理是流入热元件的电流产生热量，使有不同膨胀系数的双金属片发生形变，当形变达到一定距离时，就推动连杆动作，使控制电路断开，从而使接触器失电，主电路断开，实现电动机的过载保护。

（a）电路图形符号

（b）常见样式

图 2-10　热继电器

5. 电压继电器

电压继电器是一种电子控制器件，它主要用于交流频率 50 Hz，额定控制电源电压至 220 V 或 380 V，及直流额定控制电源电压至 24 V 的控制电路中，作单/三相交直流电压的过电压或欠电压保护控制之用，其图形符号和常见样式如图 2-11 所示。

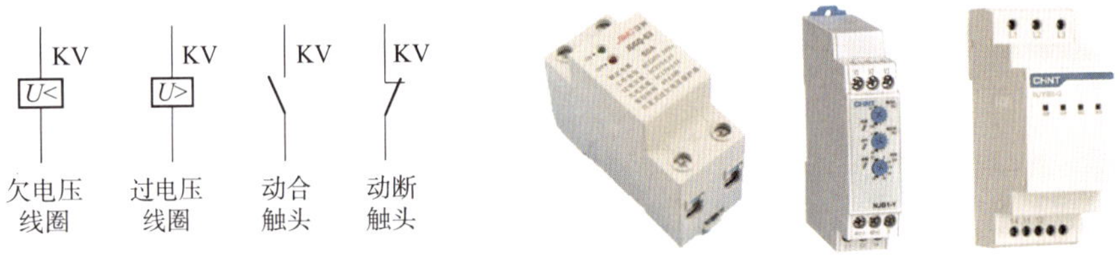

（a）电路图形符号　　（b）常见样式

图 2-11　电压继电器

七、定 时 器

1. 可编程定时插座

可编程定时插座如图 2-12 所示，可以在无人值守的情况下，自动周期性通断电源，对电器设备的运行进行自动控制，可起到提高生产效率、延长电器寿命的作用，可替代普通插座。这种定时插座一般可以设置不小于 16 组开关时间，能根据用户设定的时间，自动定时打开和关闭电源，起到自动控制的作用。

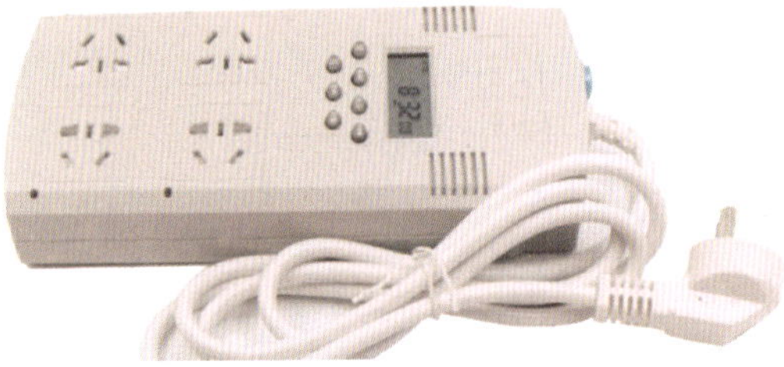

图 2-12　可编程定时插座

可编程定时插座的设置方法：

（1）时间调整：使用前，请您先检查时钟显示是否与当前时间一致，若不一致，请在按住“时钟”键的同时，分别按“校时”“校分”“校星期”键，将时钟调到当前准确的时间和日期（星期）。

（2）定时设置：常用设置方法见表 2-1。

表 2-1　可编程插座的设置

序号	按　　键	设定内容
1	按“定时”键	进入定时开设定（显示 1 开，表示首次开的时间）
2	按“校时”“校分”键	设定开的时间
3	按“校星期”键	设定此次开的时间在一星期的某几天工作，即工作模式选择
4	按“手动/自动”键	设定开启输出回路编号
5	按“定时”键	进入定时关设定（显示 1 关，表示首次关的时间）
6	按“校时”“校分”键	设定关的时间
7	按“校星期”键	设定此次关的时间在一星期的某几天工作
8	按“手动/自动”键	设定关闭输出回路编号

续上表

序号	按　　键	设定内容
9	重复 1～8	设定其余 2 开、2 关、…、16 开、16 关的开关时间(若不需要定时，则使其显示“-- ¦ --”)
10	按“时钟”键	结束定时设定，回到时钟运行状态
11	按“手动/自动”键	使开关标志“▼”指向开关当前控制状态(开或关)，再调到“自动”状态

(3)检查：连按“定时”键检查所设定的时间是否正确。

(4)修改：发现定时设定错误，先按“定时”键调至该次定时时间，按“取消/恢复”键清除，再按“校时”“校分”“校星期”键重新设定。

(5)结束检查：按“时钟”键，结束定时设置，回到时钟运行态。

(6)手动控制：按“手动/自动”键，即可实现对负载的手动开关控制。

(7)回路选择：定时设定状态下，按“手动/自动”键，可进行开启或关闭输出回路编号“一路”“二路”“三路”“一二路”“一三路”“二三路”“一二三路”选择。

2. 间歇定时器

间歇定时器如图 2-13 所示，使用 220 V 时，接触器 1、3、5 端口可并用得到最大负载能力，零线直通；输出 2、4、6 也并用。间歇定时器为小型时间控制装置，开启时间和关停时间单独调节，自动循环，通过人为设置不同开和停的时间，控制电磁阀或水泵等应用设备，实现间歇式运行，可提高工作效率和智能化控制方式，适合于设备的定期重复执行。设置好开机和停机时间，控制器无限循环下去。比如挡位放在 SS，关机设置 20，开机设置 10，那么就可以控制运行 10 s、停止 20 s，按这个时间的频率 10 s 开、20 s 关、…、10 s 开、20 s 关、…、10 s 开、20 s 关、…无限次数地循环下去；如果挡位放在 MS，关机设置 10，开机设置 30，那么就可以控制运行 30 s、停机 10 min，按这个时间的频率 30 s 开、10 min 关、…、30 s 开、10 min 关、…、30 s 开、10 min 关、…无限次数地循环下去。

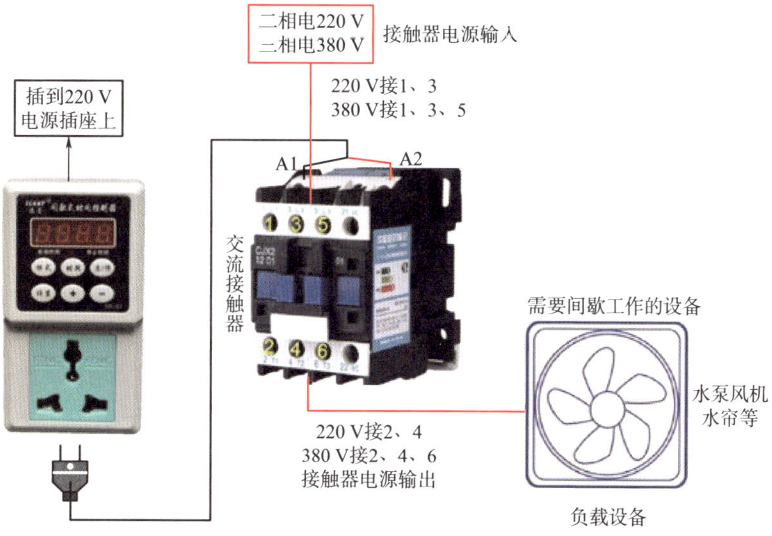

图 2-13　间歇定时器

日常生产中的典型应用，如储风缸的自动排污，可设定经过 2 h，导通 5 s 进行排污，以此重复进行。

3. 时控开关（路灯控制器）

时控开关如图 2-14 所示，主要用于交流 50 Hz，额定控制电源电压至 AC 240 V 及以下的电路中作为时间控制元件，按预定的程序接通或断开电路之用，作为路灯、广告灯箱等设备的定时接通或断开控制之用。可以设置 16 组开关时间，为了避免频繁调整，作为路灯控制可以选择能设置经纬度的时控开关，输入当地经纬度后，时控开关将同步日出和日落的时间进行通断。在日常工作中，负载大于 600 W 的三相设备则均需要通过接触器转接控制。

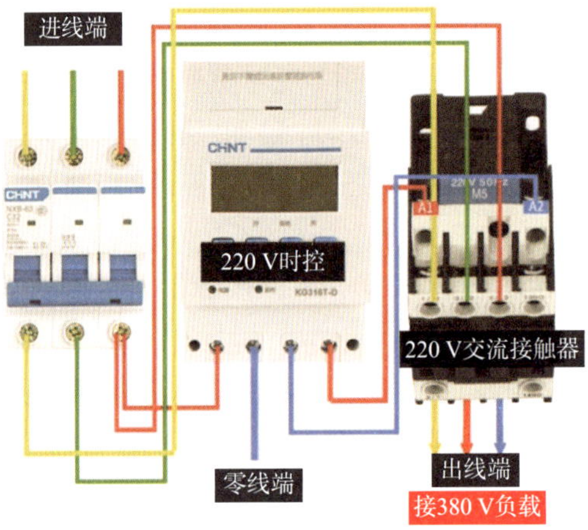

图 2-14 时控开关（路灯控制器）

4. 定时断路器

定时断路器如图 2-15 所示，此断路器是在普通空气开关的基础上增加了定时器，分为三相定时断路器和单相定时断路器两种，时间调整方式有机械式和电子式，常用的方式为倒计时自动关断，用于水泵、充电设备、需要自动停止的机械设备等，最大控制电流可达 100 A。机械定时款倒计时时间设置范围为 1 min～6 h，数显款可以精确到 1 s，可编程款则可以设置 16 组定时关断时间。

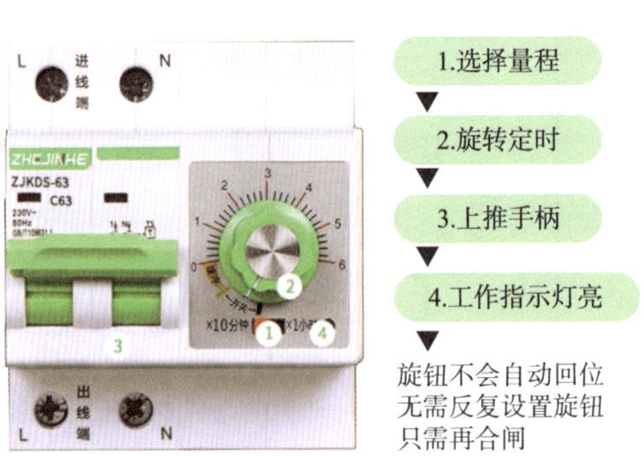

图 2-15 定时断路器（定时范围：1 min～6 h）

八、电 动 机

电动机是把电能转换成机械能的一种设备，主要包括一个用以产生磁场的电磁铁绕组或分布的定子绕组和一个旋转电枢或转子；利用通电线圈产生旋转磁场并作用于转子形成磁电动力旋转扭矩；按使用电源不同分为直流电动机和交流电动机，电力系统中的电动机大部分是交流电机，可以是同步电机或者是异步电机。

1. 交流电动机

交流异步电动机的转速与供电电源的频率不同步。根据供电方式不同，交流异步电动机主要分为单相交流异步电动机和三相交流异步电动机。

(1)单相交流异步电动机

单相交流异步电动机采用单相交流电源(由一根相线、一根零线构成的交流 220 V 电源)供电，主要由定子、转子、转轴、轴承、端盖等部分组成，常用在功率较小的电气设备上，如电风扇、轴流风机等。

(2)三相交流异步电动机

三相交流异步电动机(triple-phase asynchronous motor，TAM)采用三相交流电源供电，转矩较大、效率较高，多用在大功率动力设备中，其外观及主要结构如图 2-16 所示。三相交流异步电动机是靠同时接入 380 V 三相交流电流(相位差 120°)供电的一类电动机，其转子的转速低于旋转磁场的转速，转子绕组因与磁场间存在着相对运动而产生电动势和电流，并与磁场相互作用产生电磁转矩，实现能量变换。该电机具有结构简单、运行可靠、价格便宜等优点。三相交流异步电动机与单相交流异步电动机的结构相似，主要由定子、转子、转轴、轴承、端盖、外壳等部分组成。三相交流异步电动机使用最为广泛，大部分电力拖动、机械设备传动所用的电动机均为三相交流异步电动机。

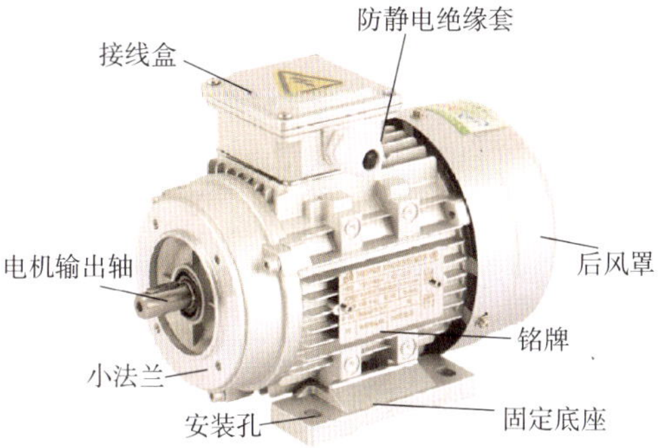

图 2-16 三相交流异步电动机

(3)交流同步电动机

交流同步电动机是一种恒速驱动电动机，其转子转速与电源频率保持恒定的比例关系，被广泛应用于电子仪器仪表、现代办公设备、纺织机械等。同步电动机是属于交流电机，定子绕组与异步电动机相同。它的转子旋转速度与定子绕组所产生的旋转磁场的速度是一样的，所以称为同步电动机，因此，同步电动机的电流在相位上是超前于电压的，即同步电动机是一个容性负载，故在很多时候同步电动机用以改进供电系统的功率因数。

2. 直流电动机

(1)永磁式直流电动机

永磁式直流电动机的定子磁极是由永久磁体组成的，利用永磁体提供磁场，使转子在磁场的作用下旋转，其结构原理如图 2-17 所示。这种电动机因没有另设的励磁系统，因而体积小、重量轻、结构简单且效率高。绝大多数微型直流电动机都是永磁的。永磁直流电动机启动和运行特性与他励、并励直流电动机基本相同；在结构上除定子部分没有励磁绕组外，其电枢、电刷、换向器等零部件均与电流励磁式直流电机相同；常用于用电池供电的设备中，如录音机中的电机、汽车雨刷电机、新能源汽车的驱动电机等。

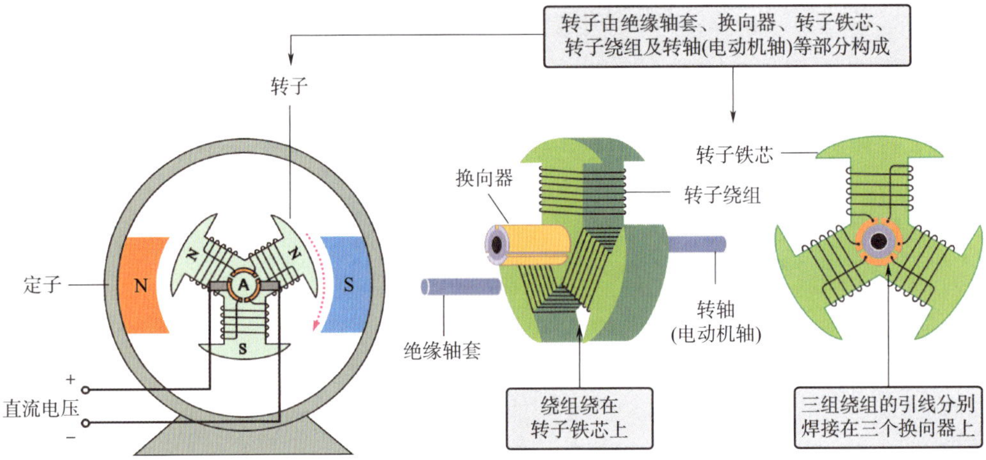

图 2-17 永磁式直流电机

(2)电磁式直流电动机

电磁式直流电动机是一种直流电机，主要由定子磁极、转子(电枢)、换向器(俗称整流子)、电刷、机壳、轴承等构成。其中用于产生定子磁场的永磁体用电磁铁取代，由铁芯和励磁绕组构成。按其励磁方式不同，电磁式直流电机可分为串励直流电动机、并励直流电动机、他励直流电动机和复励直流电动机。电磁式直流电动机主要应用在工农业生产、交通运输、国防、商业及家用电器、医疗电器设备等领域。

(3)有刷直流电动机

有刷直流电动机的内部设置电刷和换向器，主要由定子、转子、电刷及换向器等组成，有刷直流电动机的定子上安装有固定的主磁极和电刷，转子上安装有电枢绕组和换向器。直流电源的电能通过电刷和换向器进入电枢绕组，产生电枢电流，电枢电流产生的磁场与主磁场相互作用产生电磁转矩，使电机旋转带动负载。有刷直流电动机的缺点是由于电刷和换向器的存在，其结构复杂、可靠性差、故障多、维护工作量大、寿命短、换向火花容易产生电磁干扰。有刷直流电动机优点是具有良好的启动和调速性能，常应用于对启动和调速有较高要求的场合，如大型可逆式轧钢机、矿井卷扬机、宾馆高速电梯、龙门刨床、电力机车、内燃机车、城市电车、地铁列车、电动自行车、造纸和印刷机械、船舶机械、大型精密机床和大型起重机等生产机械中。

(4)无刷直流电动机

无刷直流电动机没有电刷和换向器，其转子是由永久磁钢制成的；绕组绕制在定子上；定子上的霍尔元件用来检测转子磁极的位置，以便借助该位置的信号控制定子绕组中的电流方向和相位，驱动转子旋转；其结构原理如图 2-18 所示。无刷直流电动机的外形多样，但基本结构相同，都是由转轴、转子、定子绕组、霍尔元件等组成的。

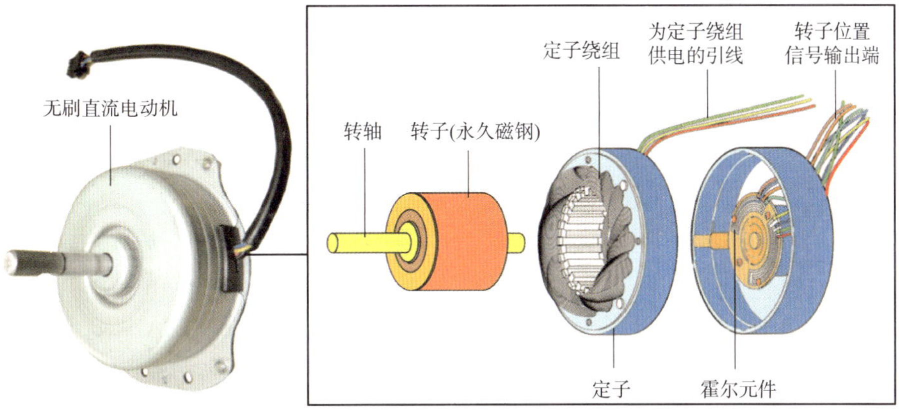

图 2-18 无刷直流电机

无刷直流电动机由同步电动机和驱动器组成，是一种典型的机电一体化产品。同步电动机的定子绕组多做成三相对称星形接法，同三相异步电动机十分相似，而转子上粘有已充磁的永磁体，为了检测电动机转子的极性，在电动机内装有位置传感器。驱动器由功率电子器件和集成电路等构成，其功能是接受电动机的启动、停止、制动信号，以控制电动机的启动、停止和制动；接受位置传感器信号和正反转信号，用来控制逆变桥各功率管的通断，产生连续转矩；接受速度指令和速度反馈信号，用来控制和调整转速；提供保护和显示等。无刷直流电机的典型应用就是电动自行车的驱动电机。

3. 伺服电机

伺服控制系统，也称为随动系统，是一种能够跟踪输入的指令信号进行动作，从而获得精确的位置、速度及转矩输出的自动控制系统，它用来控制被控对象的转角或位移，使其自动、连续、精确地复现输入指令的变化，如图 2-19 所示，伺服控制系统一般由伺服控制器、伺服驱动器、执行机构(伺服电机)、被控对象(工作台)、测量/反馈环节等五部分组成。伺服系统主要由三种控制模式，分别是位置控制模式、速度控制模式、转矩控制模式。

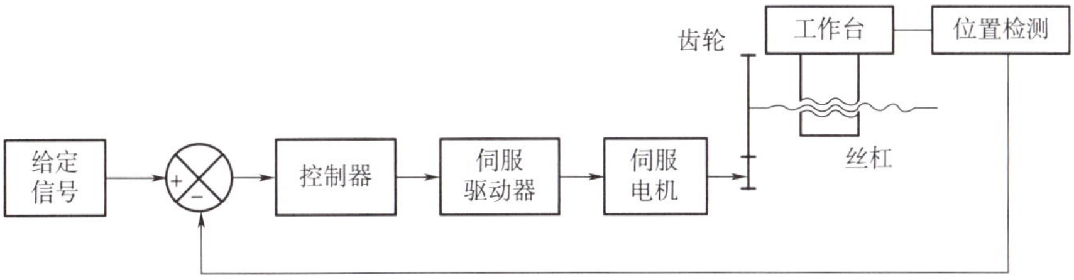

图 2-19 伺服电机控制流程

4. 步进电机

步进电机如图 2-20 所示，是一种特殊的电机，它的工作原理是通过电脉冲信号来控制电机的旋转角度和速度。步进电机的转子是由一系列磁极组成的，每个磁极都有一个磁极极性，可以吸引或排斥磁场。当电流通过电机的线圈时，会产生一个磁场，这个磁场会与转子的磁场相互作用，从而使转子旋转。

图 2-20　步进电机及控制器

步进电机的控制方式有两种，一种是全步进控制，另一种是半步进控制。全步进控制是指每次给电机一个脉冲信号，电机就会旋转一个固定的角度，这个角度通常是 1.8°或 0.9°。半步进控制是指每次给电机一个脉冲信号，电机会旋转一个固定的角度，但是这个角度是 1.8°或 0.9°的一半，也就是 0.9°或 0.45°。

步进电机的优点是精度高、速度快、噪声小、可靠性高、控制简单等。因此，步进电机被广泛应用于各种自动化设备中，如打印机、数控机床、机器人、医疗设备等。

第二节　电线和电缆

一、电缆的定义及分类

广义的电线电缆简称为电缆。狭义的电缆是指绝缘电缆，可定义为由一根或多根绝缘线芯，以及它们各自可能具有的包覆层、总保护层及外护层组成的集合体。电缆亦可有附加的没有绝缘的导体。

我国的电线电缆产品按用途分成五大类：裸电线、绕组线、电力电缆、通信电缆和通信光缆、电气装备用电线电缆。电线电缆的基本结构由导体（即传导电流的物体）和绝缘层（即外层绝缘材料）两部分组成。

二、电线电缆选用的要求

（1）选择时应充分了解电线电缆的品种规格、结构与性能特点，以保证产品的使用性能和预期使用寿命。电气装备用电线电缆有耐高温、耐寒、有不同柔软度、具有屏蔽性等多种性能，必须根据使用条件合理地选择。

（2）电线电缆的选择还应与端部连接器、合理整机布线设计等因素结合起来考虑，在电线电缆线路布线设计中，应尽量避免各种外来的破坏与干扰因素（如机械、热、雷、电等因素）或采取相应的防护措施。对于敷设中的距离、位差、固定的方式和间距，接头连接器的形式和性能、配置方式、与其他线路设备的配合等，都必须认真周密研究，正确地设计，以保证电线电缆的可靠使用。

三、电线电缆选择的要素

选取电线电缆时必须根据电线电缆的性能和使用条件，确定电线电缆的要素，按要素来选用。电气装备用电线电缆选择的要素见表 2-2。

表 2-2　电气装备用电线电缆选择的要素

序号	要素名称	说　明	举　例
1	电缆颜色	黄、绿、红、蓝、黄绿等	黑
2	承受最大电流（载流量）	A	15 A
3	导体截面或线规	25 mm^2、24 AWG 等	14 AWG
4	耐压水平	取决于线缆的类型、额定电压和绝缘材料	600 V
5	环境工作温度	℃	105 ℃
6	类型	BVR、UL 等	UL1015
7	导体直流电阻	Ω/km	9.46 Ω/km
8	阻燃要求	氧指数	28
9	安规认证	如：UL	UL
10	附加说明	双层护套、多芯等	

四、常用电线品种

常用电线品种及型号见表 2-3。

表 2-3　常用电线品种及型号

型号	产品名称
BV	铜芯聚氯乙烯绝缘电线
BVR	铜芯聚氯乙烯绝缘软电线
RV	铜芯聚氯乙烯绝缘软电线
AVR	铜芯聚氯乙烯绝缘安装软电线
AVR-105	铜芯耐热 105 ℃聚氯乙烯绝缘安装软电线
UL1015	铜芯聚氯乙烯绝缘电线
AF-200	氟-46 绝缘安装线

五、工作电流及计算

电线电缆工作电流计算公式如下。

单相：

$$I=P\div(U\times cos)$$

式中　P——功率(W)；

U——电压(220 V)；

cos——功率因素(0.8)；

I——相线电流(A)。

三相：

$$I=P\div(U\times 1.732\times cos)$$

式中　P——功率(W)；

U——电压(380 V)；

cos——功率因素(0.8)；

I——相线电流(A)。

一般铜导线的安全截流量为 5～8 A/mm^2，铝导线的安全截流量为 3～5 A/mm^2。

在单相 220 V 线路中，每 1 kW 功率的电流在 4～5 A 左右，在三相负载平衡的三相电路中，每 1 kW 功率的电流在 2 A 左右。也就是说在单相电路中，每 1 mm^2 的铜导线可以承受 1 kW 功率荷载；三相平衡电路每 1 mm^2 的铜导线可以承受 2～2.5 kW 的功率。但是电缆的工作电流越大，每平方毫米导线能承受的安全电流就越小。

电缆允许的安全工作电流口诀：十下五(十以下乘以五)，百上二(百以上乘以二)，二五三五四三界(二五乘以四，三五乘以三)，七零九五两倍半(七零和九五线都乘以 2.5)，穿管温度八九折(随着温度的变化而变化，在算好的安全电流数上乘以 0.8 或 0.9)，铜线升级算(在同截面铝芯线的基础上升一级，如 2.5 铜芯线就是在 2.5 铝芯线上升一级，则按 4 mm^2 铝芯线算)，裸线加一半(在原已算好的安全电流数基础上再加一半)。

六、载 流 量

载流量的大小取决于产品最高允许工作温度，同时与通电的工作制度(如长期连续负荷、变负荷、间断负荷运行等)以及电线电缆的敷设方式、环境条件等有很大的关系。通常所说的载流量表示长期连续负荷运行情况下的允许工作电流，在其他情况下要进行相应的折算。

选用线缆时，应考虑线缆各部分损耗所产生的热量，并不会使电缆温度超过其最高允许温度。大多数情况下，线缆的传输容量是由它的最高允许温度确定的。线缆最高允许温度，主要取决于所用绝缘材料的热老化性能。若线缆的工作温度过高，绝缘材料会加速老化，线缆寿命大大缩短，如在最高允许温度下运行，电缆能够长期(30 年以上)安全工作。各种电线电缆在不同环境下的载流量值，可在电工手册或电线电缆手册中进行查询。

第三章
常用电工仪器仪表及工具的使用

第一节　钳形电流表

钳形电流表简称钳形表，如图 3-1 所示，工作部分主要由一只电磁式电流表和穿心式电流互感器组成；穿心式电流互感器铁芯制成活动开口，且成钳形，故名钳形电流表。钳形电流表是一种不需断开电路就可直接测电路交流电流的携带式仪表，在电气检修中使用非常方便，应用相当广泛。

钳形电流表最初是用来测量交流电流的，现在万用表有的功能它也有，故也可以测量交直流电压、交直流电流、电容容量、二极管、三极管、电阻、温度、频率等。

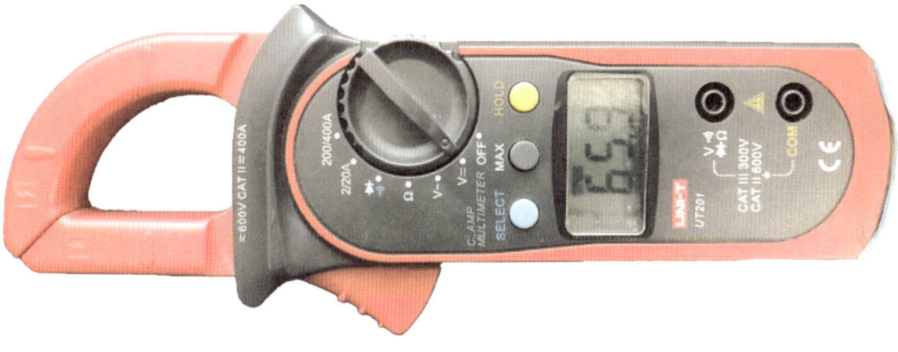

图 3-1　钳形电流表

使用钳形电流表时应注意：

(1)选择合适的量程挡，不可用小量程测量大电流。测量完毕后要将开关关闭，以便下次安全使用。

(2)不要在测量过程中切换量程挡。

(3)被测电路上的电压要低于钳形电流表额定值，不可用钳形电流表去测量高压电路的电流，以避免引发事故或触电危险。

(4)钳形电流表每次只能测量一相导线的电流，不可以将多相导线都夹入窗口测量。

(5)钳形电流表在工作中要定期由计量部门进行检定，检定不合格或逾期未检验的仪表不得使用。

第二节 绝缘测试仪表

一、兆欧表

兆欧表又称摇表，表面上标有兆欧符号 MΩ，是测量高电阻的仪表，如图 3-2 所示，一般用来测量电机、电缆、变压器和其他电气设备的绝缘电阻。万用表的欧姆挡测电阻，是在低电压条件下测量电阻值，如果用万用表来测量电气设备的绝缘电阻，其阻值可能是无穷大，而电气设备实际的工作条件是几百伏或几千伏，此时绝缘电阻不再是无穷大，可能会变得很小，因此测量电气设备的绝缘电阻要根据电气设备的额定电压等级来选择仪表，通常使用兆欧表来进行绝缘电阻的测量。

常用的兆欧表有 ZC-7、ZC-11、ZC-25 等型号。兆欧表的额定电压有 100 V、250 V、500 V、1 000 V、2 500 V 等几种；测量范围有 50 MΩ、1 000 MΩ、2 000 MΩ 等。

在兆欧表上有三个接线端钮，分别标为接地 E、电路 L 和屏蔽 G，一般测量仅用 E、L 两端。E 通常接地或接设备外壳；L 接被测线路，电机、电器的导线或电机绕组。

图 3-2 兆欧表

兆欧表测量绝缘电阻注意事项：

（1）测量前应正确选用仪表，使兆欧表的额定电压与被测电气设备的额定电压相适应，额定电压 500 V 及以下的电气设备一般选用 500 V 兆欧表，500～1 000 V 的电气设备选用 1 000 V 兆欧表。

（2）使用兆欧表时，首先要确定兆欧表是否良好，在未接被试品时，先摇动兆欧表，其指针可以上升到“∞”处，然后再将两个接线端钮短路，慢慢摇动兆欧表，指针应指到“0”处，与以上情况相符说明兆欧表是好的，否则不能使用。

（3）使用时必须水平放置，且远离外磁场。

（4）接线柱与被试品之间的两根导线不能绞线，应分开单独连接，以防止绞线绝缘不良而影响读数。

(5)测量时转动手柄应由慢渐快并保持 150 r/min 转速,待调速器发生滑动后,即为稳定的读数,一般应取 1 min 后的稳定值;如发现指针指零时不允许连续摇动,以防线圈损坏。

(6)测量电容性电气设备的绝缘电阻时,应在取得稳定值读数后,先取下测量线,再停止转动手柄。测完后立即对被测设备接地放电。

(7)避免长期剧烈振动,使表头轴尖、宝石受损而影响刻度指示。

(8)仪表在不使用时应放在固定的地方,环境温度不宜太热和太冷,切勿放在潮湿、污秽的地面上,并避免置于含腐蚀作用的空气附近。

(9) 兆欧表在工作中要定期由计量部门进行检定,检定不合格或逾期未检验的仪表不得使用。

利用兆欧表测量电动机绝缘电阻:

一般用兆欧表测量电动机的绝缘电阻值,要测量每两相绕组和每相绕组与机壳之间的绝缘电阻值,以判断电动机的绝缘性能好坏。

电动机绝缘电阻测量步骤:

(1)将电动机接线盒内 6 个端头的联片拆开。

(2)把兆欧表放平,先不接线,摇动兆欧表。表针应指向"∞"处,再将表上有"L"(线路)和"E"(接地)的两接线柱用带线的试夹短接,慢慢摇动手柄,表针应指向"0"处。

(3)测量电动机三相绕组之间的电阻。将两测试夹分别接到任意两相绕组的任一端头上,平放摇表,以 120 r/min 的匀速摇动兆欧表 1 min 后,读取表针稳定的指示值。

(4)用同样方法,依次测量每相绕相与机壳的绝缘电阻值。但应注意,表上标有"E"或"接地"的接线柱,应接到机壳上无绝缘的地方。

二、数字电子兆欧表

数字兆欧表,全称数字电子兆欧表,由中大规模集成电路组成,如图 3-3 所示,具有输出功率大、短路电流值高、输出电压等级多、显示直观、使用方便、稳定性和精度高的特点。它的工作原理为由机内电池作为电源,经 DC/DC 变换产生的直流高压由 E 极出经被测试品到达 L 极,从而产生一个从 E 极到 L 极的电流,经过 I/V 变换经除法器完成运算,直接将被测的绝缘电阻值由 LCD 显示出来。

数字兆欧表的接线柱共有三个:一个为"L"即线端,一个为"E"即地端,一个为"G"即屏蔽端(也叫保护环)。一般被测绝缘电阻都接在"L""E"端之间,但当被测绝缘体表面漏电严重时,必须将被测物的屏蔽环或不须测量的部分与"G"端相连接,这样漏电流就经由屏蔽端"G"直接流回发电机的负端形成回路,而不再流过数字兆欧表的测量机构(动圈),从根本上消除了表面漏电流的影响。特别应该注意的是测量电缆线芯和外表之间的绝缘电阻时,一定要接好屏蔽端钮"G",因为当空气湿度大或电缆绝缘表面又不干净时,其表面的漏电流将很大,为防止被测物因漏电而对其内部绝缘测量所造成的影响,一般在电缆外表加一个金属屏蔽环,与数字兆欧表的"G"端相连。

当用数字兆欧表摇测电器设备的绝缘电阻时,一定要注意"L"和"E"端不能接反,正确的接法是"L"线端钮接被测设备导体,"E"地端钮接地的设备外壳,"G"屏蔽端接被测设备的绝缘部分。如果将"L"和"E"端接反了,流过绝缘体内及表面的漏电流经外壳汇集到地,由地经“L”端流进测量线圈，使“G”端失去屏蔽作用而给测量带来很大误差。另外，因为“E”端内部引线同外壳的绝缘程度比“L”端与外壳的绝缘程度要低，当数字兆欧表放在地上使用时，采用正确接线方式时，“E”端对仪表外壳和外壳对地的绝缘电阻，相当于短路，不会造成误差，而当“L”与“E”端接反时，“E”端对地的绝缘电阻同被测绝缘电阻并联，而使测量结果偏小，给测量带来较大误差。

图 3-3　数字电子兆欧表

三、绝缘电阻测试仪

铁路客车复合型智能绝缘检测仪外观如图 3-4 所示，主要用于对铁路客车电力干线的绝缘性能和通断性能进行测量，主要功能包括电力干线绝缘电阻测量、电力干线贯通实验测量、客车负载检测、端口开路电压测量、环境温湿度测量等。

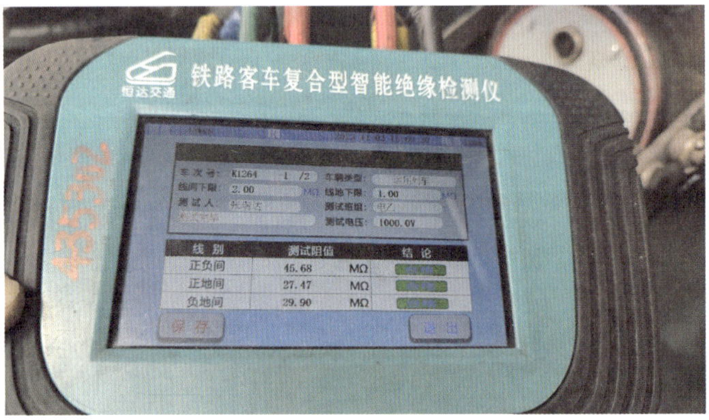

图 3-4　铁路客车复合型智能绝缘检测仪

绝缘测量激励电压为 2 个量程：500 V、1 000 V。

绝缘测量范围为 0～2 400 MΩ，最小分辨率为 0.01 MΩ，基本精度为±3%RH。

按照相关规程规定，客车的电力干线绝缘电阻测量分为两类：AC 380 V 交流供电客车、

DC 600 V 直流供电客车。

AC 380 V 交流供电客车采用 500 V 绝缘测量电压，每次完整的整列绝缘测量工作过程包括 6 项绝缘测量：U 相对 N、V 相对 N、W 相对 N、UV 相间、UW 相间、VW 相间。

DC 600 V 直流供电客车采用 1 000 V 绝缘测量电压，每次完整的绝缘测量工作过程包括 6 项绝缘测量：1＋对地、1－对地、2＋对地、2－对地、1＋对 1－线间、2＋对 2－线间。

操作人员经考试合格取得操作证，方准进行操作。操作者应熟悉本机的性能、结构等，并严格遵守安全和交接班制度。严格遵守包机人制度，加强设备管理，其他人严禁私自动用设备。

1. 安全项点

(1)测试干线绝缘数据时，要确保列车断电，禁止带电测试，以免触电伤人或损坏设备。

(2)在干线绝缘测试和供电电阻测试过程中，插拔测试线时，手不要接触金属部位，以免被电伤。按照要求，手放在绝缘部位对测试线进行插拔。

(3)测试过程中，不要对设备进行强制关机操作。

(4)按所从事作业安全要求穿戴和使用个人防护用品。

(5)设备进行清扫保养时，应断电进行。

2. 操作说明

(1)开机。首先需对设备整体进行检查，确认完好无损坏后方可使用。向上滑动开机滑片，设备开机，待设备自检合格后方可使用，自检不合格不可使用。测试干线绝缘测试线插在绝缘表上端左侧五孔接触点，按照测试类型选择相应测试线按颜色插好即可。供电电阻测试选择绝缘表上方右侧三孔接触点，按照线颜色插好即可。

(2)测试。如图 3-5 所示，开机后，根据测试车辆类别选择“干线绝缘测试”或“供电电阻测试”。以干线绝缘测试为例：首先点击进入干线绝缘测试，选择工作模式(DC 600 V 测试、四线测试或五线测试)点击进入，选择变更配置，进入后选择新建，增添测试配置目录，录入相应测试人、测试班组、车次号、编组、车辆类型、测试类型，更改完成后保存配置信息。

图 3-5　使用测试仪测量干线绝缘

选择设置好的配置信息，点击载入进入测试界面，选择线路Ⅰ，启动测试，开始进行干线绝缘测试，测试结束后查看数据结果并点击保存按钮进行数据保存。保存完进行线路Ⅱ测试。等测试完毕后保存数据，关机即可。

如需测量供电电阻数据，需重新启动设备，自检合格后选择供电电阻测试点击进入，根据测试类型，选择 DC 110 V 或 DC 48 V 测试，进入后选择变更配置，新增配置信息载入后并进行测试，测试完成后进行数据保存（与干线绝缘测试步骤相同），注意选择正确的测试线。

第三节　万 用 表

万用表使用范围很广，可用于电阻、电容、电流、电压、晶体管、线路通断等参数测量；结构简单、使用方便，是电气检修工作中不可缺少的测量工具。

万用表按测量结果的指示方式分两类，指针式万用表以指针形式显示测量结果；数字万用表以数字方式显示测量结果，如图 3-6 所示。

图 3-6　数字万用表

使用万用表时应注意：

(1)要正确选择被测量对象与其测量的挡位和量程。万用表的测量对象多，使用时一定要注意转换开关的测量挡位，否则可能损坏仪表。如果不知道被测量对象是交流还是直流，可先用交流挡测试；如果不知道被测电压和电流的大小范围，则应从大量程试起，然后逐渐减小量程。测量完毕，要及时关闭仪表。

(2)要正确接线。测量电流时，万用表和被测交流电流串联，使被测电流流过万用表；测量电压时，仪表应和被测电压并联，被测电压加在仪表两端。

(3)操作要正确。使用万用表时不能在通电情况下选择转换开关，测量直流高压时要有足够的绝缘与相应的技术措施，如操作人员穿绝缘靴并站在绝缘台垫上。

(4)使用万用表欧姆挡时，不能测量电路或元件带电情况下的电阻，要在被测电阻与其他器件隔离开时进行测量，测量时注意不要用两只手同时接触万用表的测试棒，否则仪表反映的是人体电阻与被测体并联的等效电阻。

(5)万用表在工作中要定期由计量部门进行检定,检定不合格或逾期未检验的仪表不得使用。

第四节　示 波 器

示波器全称是电子射线示波器,是用以显示和记录频率和振幅等信号波形的仪器。常用的示波器主要有台式示波器(图 3-7)、便携示波器、手持示波器(图 3-8)和平板示波器等。

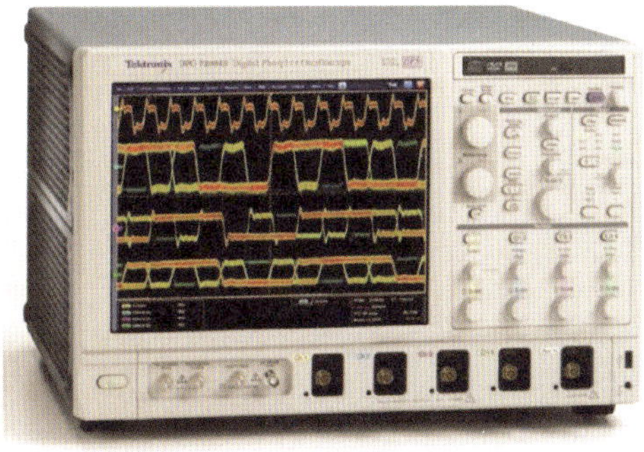

图 3-7　台式示波器

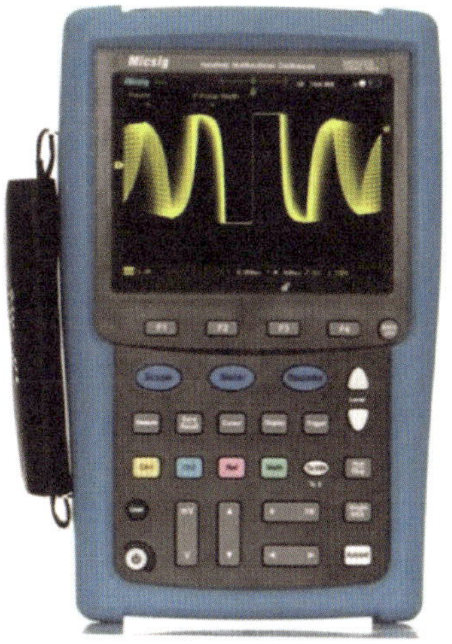

图 3-8　手持示波器

模拟示波器和数字示波器可以根据其通道数分为单通道/单踪示波器或双通道/双踪示波器。带宽是示波器的重要指标之一,在示波器输入端输入正弦波信号时,幅度衰减至原信号幅度的 0.707 倍的频率点,称之为示波器带宽。如果一个示波器的带宽为 100 MHz,用它测试一个频率为 100 MHz、振幅为 1 Vpp 的信号时,最后所测的信号幅度只有 100 MHz、0.707 Vpp。

示波器使用的步骤:首先将待测电路与示波器连接,然后调节示波器的控制按钮,设置合适的显示参数,再次对待测电路进行操作或输入信号并观察示波器的输出结果,最后根据结果进行分析和判断是否存在问题和故障。

一、台式示波器

台式示波器常用于固定场所的设备检修、性能测试、数据分析等,具有屏幕大、功能全、取样频率高、性能稳定的特点。

二、手持示波器

手持示波器是一种手持式的电子测量仪器,用于显示被测量的瞬时值轨迹变化情况,具有携带方便、操作简单等特点。电池供电亦可采用外接直流适配器供电。机身带有支架,可方便支撑放置;一般机身带有护带,可提高保护性,防止掉落摔坏。手持示波器一般都具有万用表功能、存储功能，具有USB优盘接口，可以复制测量数据或进行系统升级。手持示波器通过便携式提包携带，对于现场设备检修极为方便，如检修DC 600 V地面电源的整流质量、晶闸管的性能状态都极为便利。

三、示波器探头

常用的探头及其附件如图3-9所示。测试信号时，尽可能使用短的地线，而且接地点尽可能靠近被测信号，否则观察到的信号是失真的，信号频率越高，失真越严重。

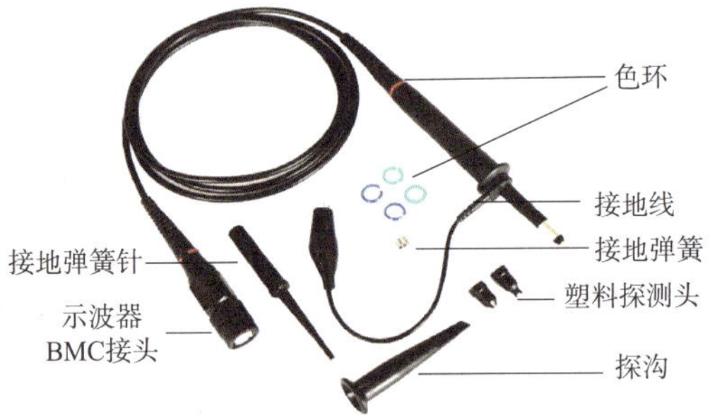

图3-9　示波器探头

四、示波器测量实例

使用示波器可以测量DC 600 V地面电源输出直流电的整流质量、晶闸管的状态等。如图3-10所示，断开滤波电容的正极，并用绝缘胶带包扎好，悬空放置或放置在绝缘板上，主回路通电。连接采样板至整流柜600 V输出（01＋、01－）。将示波器表笔连接至1 kΩ电阻两端，启动电源，顺时针调节整流柜电位器，观察电压和示波器波形，如果直流电压表示数能达到整流变压器次级电压的1.35倍（600 V）波形，即正常（次级电压可以由面板上的电参数表直接读取）。

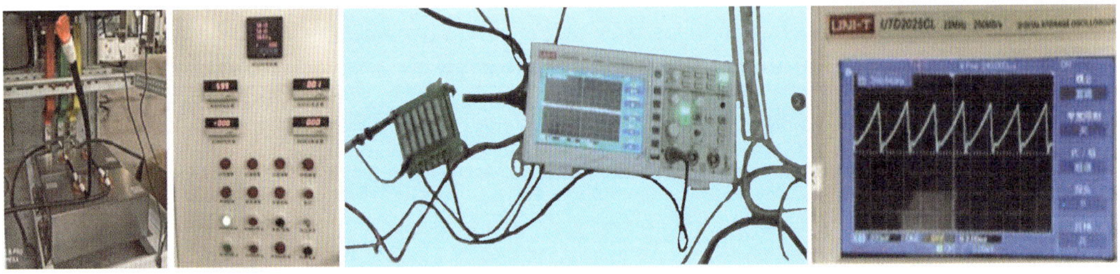

图3-10　用示波器测量DC 600 V直流电的整流质量

第五节　电工常用工具的使用

电工工具是电工作业必不可少的，它们能够帮助电工完成各种电气工作，提高工作效率。

一、试电笔

试电笔又称低压验电器，常用的试电笔有钢笔式和旋凿式两种，如图 3-11 所示。其检测电压范围一般为 60～500 V，其结构主要由氖管、电阻、弹簧和笔身等部分组成。试电笔是用来测试低压电气设备的导电部分或外壳是否带电的工具，使用者使用试电笔时用手指握住笔身，注意使尾部金属体接触皮肤，但不能触及笔尖或旋凿金属杆，以免触电，同时要使氖管小窗背光并朝向自己。

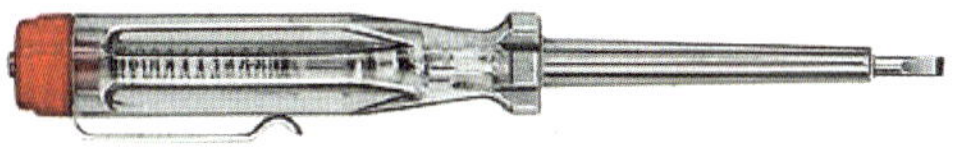

图 3-11　试电笔

二、电工刀

电工刀用来剖切导线、电缆的绝缘层，切割木台、电缆槽等，外形如图 3-12 所示。电工刀不得用于带电作业，以免触电。使用时应将刀口朝外剖削，并注意避免伤及手指。剖削导线绝缘层时，应避免割伤导线。

图 3-12　电工刀

三、螺丝刀

螺丝刀是维修电工的常用工具，外形如图 3-13 所示。根据螺栓的不同，螺丝刀有不同规格和形式。在使用小螺丝刀时，一般用拇指和中指夹持凿柄，食指顶住柄端；使用大螺丝刀时，除拇指、食指和中指用力夹住凿柄外，手掌还应顶住柄端。注意在操作时，要避免触及旋凿的金属杆，通常在金属杆上加装一段绝缘套管，以避免触电或引起短路。电工还要注意不能使用空心通杆螺丝刀，以免发生触电事故。

图 3-13　螺丝刀

四、钳　子

钳子的种类很多，电工常用的有钢丝钳、尖嘴钳、斜口钳、剥线钳等。

钢丝钳:钢丝钳又称平口钳,是用来夹持和剪切金属导线等电工器材的工具。钢丝钳的规格有 150 mm、175 mm 和 200 mm 等,在平时使用过程中,钢丝钳不能作为敲打工具。

尖嘴钳:尖嘴钳是用来夹持小螺丝、小零件、电子元器件引线的工具,外形如图 3-14 所示。带有刃口的尖嘴钳还可以用来剪切金属导线,尖嘴钳的规格有 160 mm、180 mm、200 mm 等,电工应选用带绝缘柄的尖嘴钳。

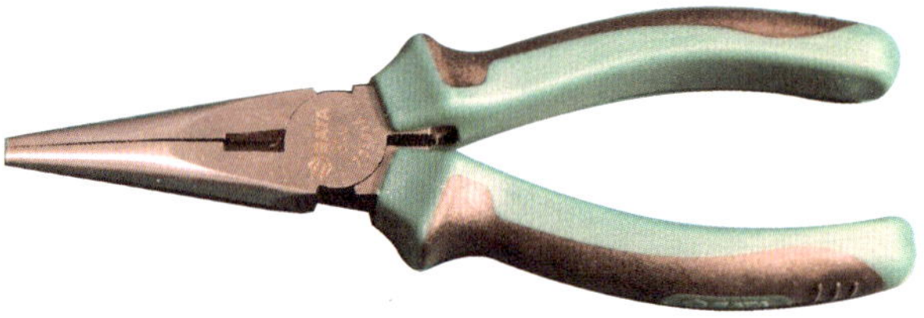

图 3-14　尖嘴钳

斜口钳:斜口钳主要用于剪切导线和元器件多余的引线,还常用来代替一般剪刀剪切绝缘套管、尼龙扎线卡等,外形如图 3-15 所示。市面上对于斜口钳又称斜嘴钳,而且分为很多类别。

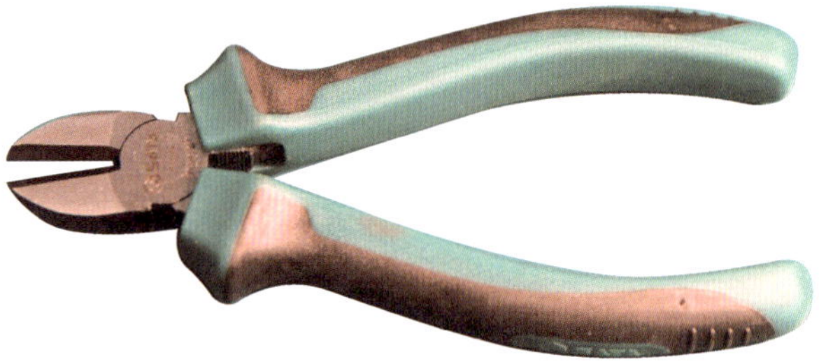

图 3-15　斜口钳

剥线钳:剥线钳是电工维修作业、电动机修理、配盘配线、仪器仪表电工常用的工具之一,外形如图 3-16 所示。电工可以使用剥线钳剥除电线头部的表面绝缘层。剥线钳可以使得电线被切断的绝缘皮与电线分开,还可以防止触电。

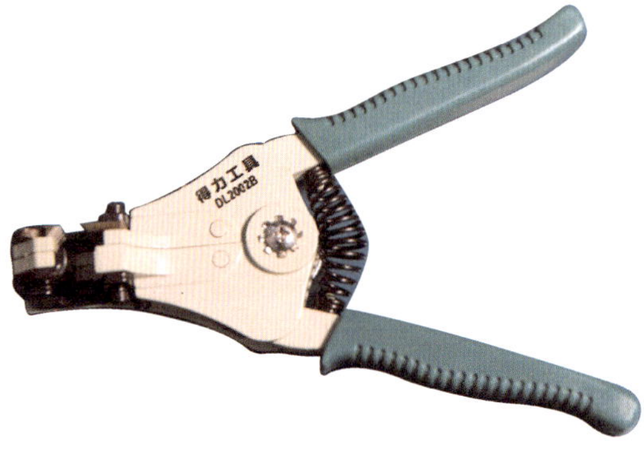

图 3-16　剥线钳

使用要点：

(1)要根据导线直径，选用剥线钳刀片的孔径。

(2)根据线缆的粗细型号，选择相应的剥线刀口。

(3)将准备好的电缆放在剥线工具的刀刃中间，选择好要剥线的长度。

(4)握住剥线工具手柄，将电缆夹住，缓缓用力使电缆外表皮慢慢剥落。

(5)松开工具手柄，取出电缆线，这时电缆金属整齐露出外面，其余绝缘塑料完好无损。

五、高压验电器

高压验电器多用于检测 500 V 以上的高压，外形如图 3-17 所示。高压验电器可分为接触式高压验电器和非接触式(感应式)高压验电器。接触式高压验电器由绝缘手柄、金属探头、伸缩绝缘杆、报警蜂鸣器等构成；感应式高压验电器无金属探头，通过感应的方式进行验电操作。

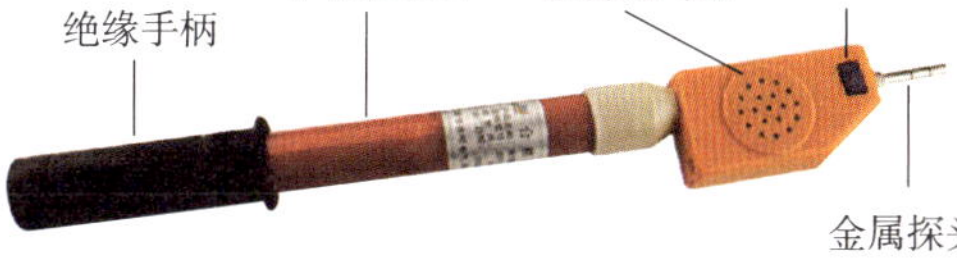

图 3-17　高压验电器

六、电锤和冲击钻

电锤常用于在混凝土板上钻孔，也可以用于开凿墙面，外观如图 3-18 所示。电锤是一种电动式旋转锤钻，具有良好的减振系统，可精准调速，具有效率高、孔径大、钻孔深等特点。

在使用电锤时，应先将电锤通电，空转 1 min，确定电锤可以正常使用后，再用双手分别握住电锤的两个手柄，将电锤垂直墙面，按下电源开关，进行开凿工作。开凿工作结束后，应关闭电锤的电源开关。

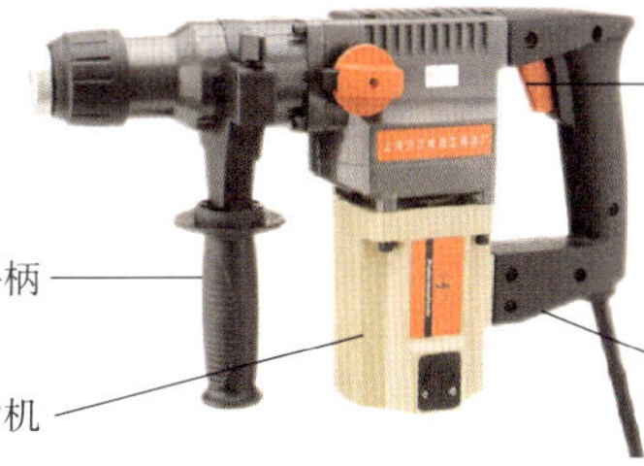

图 3-18　电锤

冲击钻是在电工安装与维修中常用的电动工具之一，外观如图 3-19 所示，常用来对混凝土、墙壁、砖块等进行冲击打孔。冲击钻有两种功能：一种是将开关调至标识为“钻”的位置，可作为普通电钻使用；另一种是将开关调至标识为“锤”的位置，可用来在砖或混凝土上凿孔。

使用冲击钻时，应根据开凿孔的大小选择合适的钻头，并安装在钻头插入孔中。检查冲击钻的绝缘防护，连接电源，开机空载运行，正常后，将冲击钻垂直放置在需要凿孔的物体上，按下电源开关，开始凿孔。按下锁定按钮后可以一直工作，当需要停止时，再次按下电源开关，锁定按钮自动松开，冲击钻停止工作。

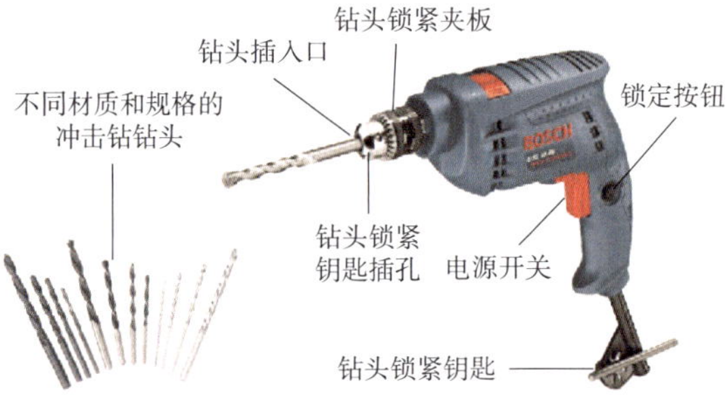

图 3-19　冲击钻

七、弯 管 器

弯管器如图 3-20 所示，主要用来弯曲 PVC 管、钢管等，通常可以分为普通弯管器、滑轮弯管器和电动弯管器等，应用较多的为普通弯管器。使用弯管器时，将需要弯曲的管路放到普通弯管器的导槽中，下压压柄，使管路弯曲成一定的角度。

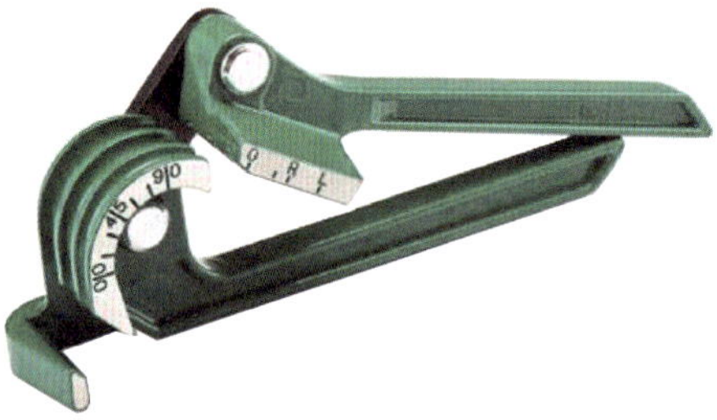

图 3-20　弯管器

八、攀爬工具

在电工操作中，常用的攀爬工具有梯子、登高踏板组件、脚扣等。在使用直梯作业时，对站姿是有要求的，即一只脚要从比另一只脚所站梯步高两步的梯空中穿过；使用人字梯作业时，不允许站立在人字梯最上面的两挡，不允许骑马式作业，以防滑开摔伤。

九、相序测量仪

相序测量仪用于 100 V、380 V 电压(500 V 以下)，如图 3-21 所示，将显示仪的三个输入端 A、B、C 分别接入三相电源，若仪表红灯向右移动，说明被测相序是顺相；若仪表绿灯向左移动，说明被测相序逆相。将其中两输入端互换，可以改变相位顺序。

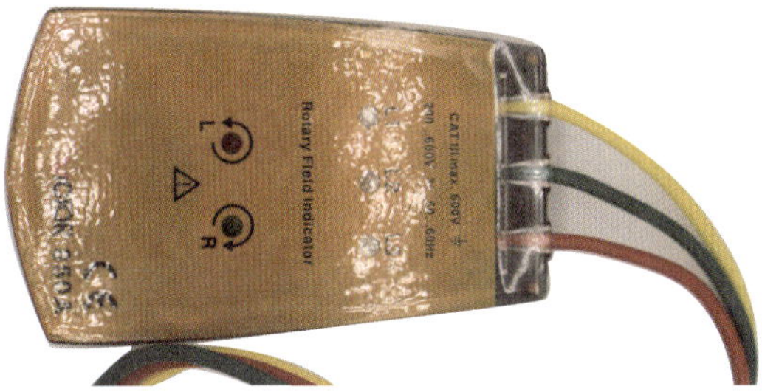

图 3-21　相序测量仪

十、电 烙 铁

电烙铁是一种很简便的焊接常用工具，常用电烙铁如图 3-22 所示，主要用途是焊接元件及导线，按机械结构可分为内热式电烙铁和外热式电烙铁，按功能可分为无吸锡电烙铁和吸锡式电烙铁，根据用途可分为大功率电烙铁和小功率电烙铁。

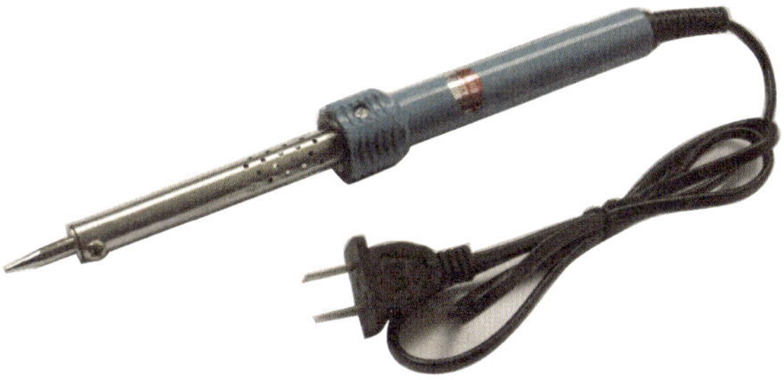

图 3-22　普通电烙铁

双温式电烙铁为手枪式结构，如图 3-23 所示，在电烙铁手柄上附有一个功率转换开关，开关分两位（如一位是 20 W，另一位是 80 W）。只要转换开关的位置即可改变电烙铁的发热量。

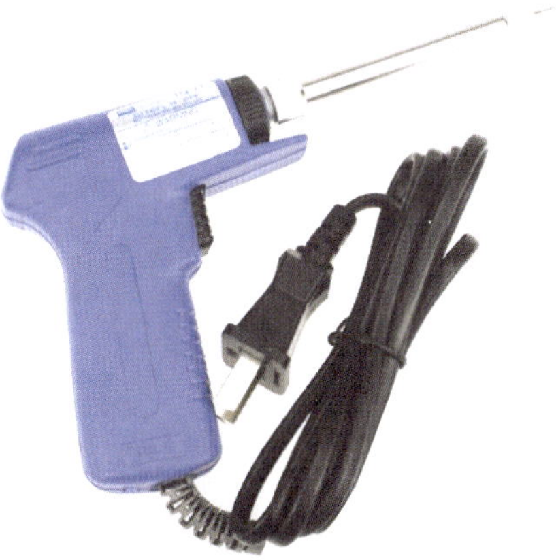

图 3-23　双温式电烙铁

调温式电烙铁附加有一个功率控制器，使用时可以改变供电的输入功率，可调温度范围为 100～400 ℃。调温式电烙铁的最大功率是 60 W，配用的烙铁头为铜镀铁烙铁头(俗称长寿头)。

恒温式电烙铁，在烙铁头内，装有带磁铁式的温度控制器，控制通电时间而实现温控，即给电烙铁通电时，烙铁的温度上升，当达到预定的温度时，因强磁体传感器达到了居里点而磁性消失，从而使磁芯触点断开，这时便停止向电烙铁供电；当温度低于强磁体传感器的居里点时，强磁体便恢复磁性，并吸动磁芯开关中的永久磁铁，使控制开关的触点接通，继续向电烙铁供电；如此循环往复，便达到了控制温度的目的。恒温式电烙铁的种类较多，烙铁芯一般采用 PTC 元件，此类型的烙铁头不仅能恒温，而且可以防静电、防感应电，能直接焊 CMOS 器件。高挡的恒温式电烙铁，其附加的控制装置上带有烙铁头温度的数字显示(简称数显)装置，显示温度最高达 400 ℃，烙铁头带有温度传感器，在控制器上可由人工改变焊接时的温度。若改变恒温点，烙铁头很快就可达到新的设置温度，无绳式电烙铁是一种新型恒温式焊接工具，由无绳式电烙铁单元和红外线恒温焊台单元两部分组成，可实现 220 V 电源电能转换为热能的无线传输；烙铁单元组件中有温度高低调节旋钮，由 160～400 ℃连续可调，并有温度高低挡格指示；另外，还设计了自动恒温电子电路，可根据用户设置的使用温度自动恒温，误差范围为 3 ℃。

吸锡电烙铁是将活塞式吸锡器与电烙铁融为一体的拆焊工具，具有使用方便、灵活、适用范围宽等特点。吸锡电烙铁的不足之处是每次只能对一个焊点进行拆焊。吸锡式电烙铁自带电源，适合于拆卸整个集成电路，且速度要求不高的场合。其吸锡嘴、发热管、密封圈所用的材料，决定了烙铁头的耐用性。

新烙铁使用前，应用细砂纸将烙铁头打光亮，通电烧热，蘸上松香后用烙铁头刃面接触焊锡丝，使烙铁头上均匀地镀上一层锡。这样可以便于焊接和防止烙铁头表面氧化。旧的烙铁头如严重氧化而发黑，可用钢挫挫去表层氧化物，使其露出金属光泽后，重新镀锡，才能使用。

第四章
电工识图与制图基础知识

电气图是指用电气图形符号、带注释的围框或简化外形表示电气系统或设备中组成部分之间相互关系及其连接关系的一种图。广义地说，表明两个或两个以上变量之间关系的曲线，用以说明系统、成套装置或设备中各组成部分的相互关系或连接关系，或者用以提供工作参数的表格、文字等，也属于电气图之列。

第一节　电气图分类

(1)系统图或框图：用符号或带注释的框，概略表示系统或分系统的基本组成、相互关系及其主要特征的一种简图。

(2)电路图(包括端子功能图、示意图等)：表示系统、分系统、装置、部件、设备、软件等实际电路的简图，采用按功能排列的图形符号来表示各元件和连接关系，以表示功能而不需考虑项目的实体尺寸、形状或位置。

(3)功能图(包括逻辑功能简图、等效电路图等)：用理论的或理想的电路而不涉及实现方法来详细表示系统、分系统、装置、部件、设备、软件等功能的简图，用途是提供绘制电路图或其他有关图的依据。

(4)逻辑图：主要用二进制逻辑(与、或、异或等)单元图形符号绘制的一种简图，其中只表示功能而不涉及实现方法的逻辑图称为纯逻辑图。

(5)功能表图：用于表示控制系统的作用和状态的一种图。

(6)等效电路图：用于表示理论的或理想的元件(如电阻、电感、电容)及其连接关系的一种功能图。

(7)程序图：用于详细表示程序单元和程序片及其互连关系的一种简图。

(8)设备元件表：是指把成套装置、设备和装置中各组成部分和相应数据列成的表格，其用来表示各组成部分的名称、型号、规格和数量等。

(9)端子功能图：表示功能单元全部外接端子，并用功能图、表图或文字表示其内部功能的一种简图。

(10)接线图或接线表：表示成套装置、设备或装置的连接关系，用以进行接线和检查的一种简图或表格。

①单元接线图或单元接线表：表示成套装置或设备中一个结构单元(在各种情况下可独立运行的组件或某种组合体)内的连接关系的一种接线图或接线表。

②互连接线图或互连接线表：表示成套装置或设备的不同单元之间连接关系的一种接图或接线表。

③端子接线图或端子接线表：表示成套装置或设备的端子，以及接在端子上的外部接线(必要时包括内部接线)的一种接线图或接线表。

④电费配置图或电费配置表：提供电缆两端位置，必要时还包括电费功能、特性和路径等信息的一种接线图或接线表。

(11)数据单：对特定项目给出详细信息的资料。

(12)简图或位置图：表示成套装置、设备或装置中各个项目的位置的一种简图叫位置图，指用图形符号绘制的图，用来表示成套电气装置中的元件位置和连接布线。

第二节　电气图用图形符号

一、图形符号的含义

用于图样或其他文件以表示一个设备或概念的图形、标记或字符。图形符号是通过书写、绘制、印刷或其他方法产生的可视图形，是一种以简明易懂的方式来传递一种信息，表示一个实物或概念，并可提供有关条件、相关性及动作信息的工业语言。

二、图形符号的组成

图形符号由一般符号、符号要素、限定符号等组成。

(1)一般符号：表示一类产品或此类产品的一种通常很简单的符号。

(2)符号要素：它具有确定意义的简单图形，必须同其他图形组合以构成一个设备或概念的完整符号。

(3)限定符号：用以提供附加信息的一种加在其他符号上的符号。它一般不能单独使用，但一般符号有时也可用作限定符号。

三、图形符号的分类

(1)导线和连接器件：各种导线、接线端子和导线的连接、连接器件、电缆附件等。

(2)无源元件：包括电阻器、电容器、电感器等。

(3)半导体管和电子管：包括二极管、三极管、晶闸管、电子管、辐射探测器等。

(4)电能的发生和转换：包括绕组、发电机、电动机、变压器、变流器等。

(5)开关、控制和保护装置：包括触点(触头)、开关、开关装置、控制装置、电动机启动器、继电器、熔断器、间隙、避雷器等。

(6)测量仪表、灯和信号器件：包括指示积算和记录仪表、热电偶、遥测装置、电钟、传感器、灯、喇叭和铃等。

(7)电信交换和外围设备：包括交换系统、选择器、电话机、电报和数据处理设备、传真机、换能器、记录和播放等。

(8)电信传输：包括通信电路、天线、无线电台及各种电信传输设备。

(9)电力、照明和电信布置:包括发电站、变电站、网络、音响和电视的电缆配电系统、开关、插座引出线、电灯引出线、安装符号等。适用于电力、照明和电信系统和平面图。

(10)二进制逻辑单元:包括组合和时序单元、运算器单元、延时单元、双稳、单稳和非稳单元、位移寄存器、计数器和储存器等。

(11)模拟单元:包括函数器、坐标转换器、电子开关等。

电气图形符号的标准为《电气设备用图形符号 第2部分:图形符号》(GB/T 5465.2—2023),常见的电气图形符号可以查询相关电工手册。

第三节 电气技术中的文字符号

电气技术中的文字符号分为基本文字符号和辅助文字符号,基本文字符号分为单字母符号和双字母符号。

单字母符号:用拉丁字母将各种电气设备、装置和元器件划分为23大类,每大类用一个专用单字母符号表示,如R为电阻器、Q为电力电路的开关器件类等。

双字母符号:表示种类的单字母与另一字母组成,其组合形式以单字母符号在前、另一个字母在后的次序列出。双字母符号中的另一个字母通常选用该类设备、装置和元器件的英文名词的首位字母,或常用缩略语,或约定俗成的习惯用字母。

辅助文字符号:表示电气设备、装置和元器件以及线路的功能、状态的,通常也是由英文单词的前一两个字母构成,它一般放在基本文字符号后边,构成组合文字符号。

补充文字符号的原则:

(1)在不违背前面所述原则的基础上,可采用国际标准中规定的电气技术文字符号。

(2)在优先采取规定的单字母符号、双字母符号和辅助文字符号的前提下,可补充有关的双字母符号和辅助文字符号。

(3)文字符号应按有关电气名词术语国家标准或专业标准中规定的英文术语缩写而成。同一设备若有几种名称时,应选用其中一个名称。当设备名称、功能、状态或特征为一个英文单词时,一般采用该单词的第一位字母构成文字符号,需要时也可用前两位字母,或前两个音节的首位字母,或采用常用缩略语或约定俗成的习惯用法构成;当设备名称、功能、状态为两个或三个英文单词时,一般采用该两个或三个单词的第一位字母,或采用常用缩略语或约定俗成的习惯用法构成文字符号。

(4)因I、O易同1和0混淆,因此,不允许单独作为文字符号使用。

常用电气文字符号见表4-1。

表4-1 常用电气文字符号

名称	符号		名称	符号		名称	符号	
	单字母	双字母		单字母	双字母		单字母	双字母
发电机	G		电压互感器	T	TV	电阻器	R	
直流发电机	G	GD	整流器	U		电位器	R	RP
交流发电机	G	GA	断路器	Q	QF	启动电阻器	R	RS

续上表

名 称	符号		名 称	符号		名 称	符号	
	单字母	双字母		单字母	双字母		单字母	双字母
同步发电机	G	GS	隔离开关	Q	QS	制动电阻器	R	RB
异步发电机	G	GA	自动开关	Q	QA	频敏电阻器	R	RF
电动机	M		转换开关	Q	QC	电容器	C	
直流电动机	M	MD	刀开关	Q	QK	电感器	L	
交流电动机	M	MA	控制开关	S	SA	电抗器	L	LS
同步电动机	M	MS	行程开关	S	SQ	熔断器	F	FU
异步电动机	M	MA	微动开关	S	SS	照明灯	E	EL
笼形电动机	M	MC	按钮开关	S	SB	指示灯	H	HL
绕组	W		接近开关	S	SP	晶体管	V	VT
电枢绕组	W	WA	继电器	K		晶闸管	V	VTH
定子绕组	W	WS	电压继电器	K	KV	半导体二极管	V	VD
转子绕组	W	WR	电流继电器	K	KA	稳压管	V	VS
变压器	T		时间继电器	K	KT	变换器	B	
电力变压器	T	TM	控制继电器	K	KC	压力变换器	B	BP
控制变压器	T	TC	速度继电器	K	KS	位置变换器	B	BQ
自耦变压器	T	TA	接触器	K	KM	温度变换器	B	BT
整流变压器	T	TR	电磁铁	Y	YA	速度变换器	B	BV
互感器	T		电磁离合器	Y	YC	测速发电器	B	BR
电流互感器	T	TA	电磁阀	Y	YV	—	—	—

第四节　电气技术中的项目代号

(1)项目代号是用以识别图、表图、表格中和设备上的项目种类，并提供项目的层次关系、实际位置等信息的一种特定的代码。

(2)项目代号可以将不同的图或其他技术文件上的项目（软件）与实际设备中的该项目（硬件）一一对应和联系在一起。

(3)项目代号由拉丁字母、阿拉伯数字、特定的前缀符号，按照一定规则组合而成的代码。一个完整的项目代号含有四个代号段：

高层代号段，其前缀符号为“＝”；

种类代号段，前缀符号为“-”；

位置代号段，其前缀符号为“＋”；

端子代号段，其前缀符号为“:”。

(4)种类代号：用以识别项目种类的代号，有以下三种表示方法。

①由字母代码和数字组成。种类代号段的前缀符号＋项目种类的字母代码＋同一项目

种类的序号；如“-K2M”，前缀符号＋种类的字母代码＋同一项目种类的序号＋项目的功能字母代码。

②用顺序数字（1、2、3、…）表示图中的各个项目，同时将这些顺序数字和它所代表的项目排列于图中或另外的说明中，如-1、-2、-3、…。

③对不同种类的项目采用不同组别的数字编号，如对电流继电器用 11、12、13、…；如用分开表示法表示的继电器，可在数字后加“.”。

（5）高层代号是指系统或设备中任何较高层次（对给予代号的项目而言）项目的代号，如 S2 系统中的开关 Q3，表示为“＝S2-Q3”，其中“＝S2”为高层代号。

（6）位置代号指项目在组件、设备、系统或建筑物中的实际位置的代号，位置代号由自行规定的拉丁字母或数字组成。在使用位置代号时，就给出表示该项目位置的示意图，如＋204、＋A、＋4 可写为“＋204A4”，表示 A 列柜装在 204 室第 4 机柜。

（7）端子代号通常不与前三段组合在一起，只与种类代号组合。可采用数字或大写字母，“-S4：A”表示控制开关 S4 的 A 号端子，“-XT：7”表示端子板 XT 的 7 号端子。

第五节　电气图的一般规则及基本表示方法

一、电气图的一般规则

（1）电气图面：由边框线、图框线、标题栏、会签栏组成，如图 4-1 所示。

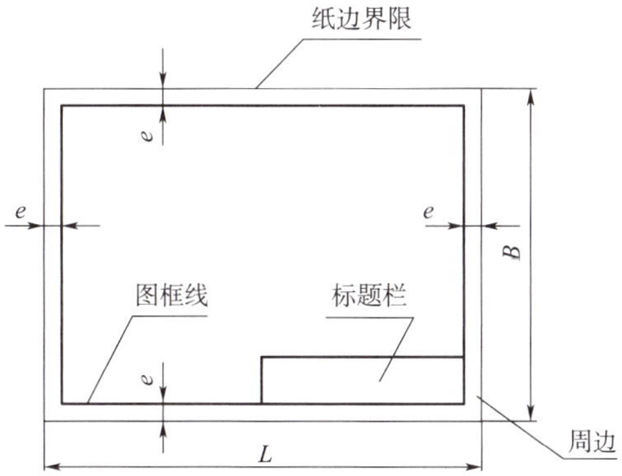

图 4-1　电气图面的构成

（2）幅面及尺寸：边框线围成的图面就是图纸的幅面。幅面尺寸和代号见表 4-2。

表 4-2　幅面尺寸及代号（单位：mm）

幅面尺寸代号	A0	A1	A2	A3	A4
宽×长（$B\times L$）	841×1 189	594×841	420×594	297×420	210×297
留装订边边宽 c	10			5	
不留装订边边宽 e	20		10		
装订侧边宽 a	25				

①幅面尺寸分五类：A0～A4。A0～A2 号图纸一般不得加长；A3、A4 号图纸可根据需要，沿短边加长。

②选择幅面尺寸的基本前提：保证幅面布局紧凑、清晰和使用方便。

③幅面选择考虑因素：

所设计对象的规模和复杂程度；

由简图种类所确定的资料的详细程度；

尽量选用较小幅面；

便于图纸的装订和管理；

复印和缩微的要求；

计算机辅助设计的要求。

(3)标题栏是用以确定图样名称、图号、张次、更改和有关人员签名等内容的栏目，相当于图样的铭牌。

标题栏的位置一般在图纸的右下方或下方。标题栏中的文字方向为看图方向，会签栏是供各相关专业的设计人员会审图样时签名和标注日期用。

(4)图样编号：由图号和检索号两部分组成。

(5)图幅的区分：在图的边框处，竖边方向用大写拉丁字母，横边方向用阿拉伯数字，编号的顺序从标题栏相对的左上角开始，分区数就是偶数。区的代号为字母＋数字。

例如：在相同图号第 34 张 A6 区内，标记为 34/A6；

图号 3219 的单张图 F3 区内，标记为图 3219/F3；

图号为 4752 的第 28 张图 G8 区内，标记为图 4752/28/G8；

在＝S2 系统单张图 C2 区内，标记为＝S2/C2；

在＝SP 系统第 31 张图 E7 区内，标记为＝SP/31/E7。

二、电气图的基本表示方法

(1)多线表示法：每根连接线或导线各用一条图线表示的方法。

特点：能详细地表述各相或各线的内容，尤其在各相或各线内容不对称的情况下采用此法。

(2)单线表示法：两根或两根以上的连接线或导线，只用一条线的方法。

特点：适用于三相或多线基本对称的情况。

(3)混合表示法：一部分用单线，一部分用多线。

特点：有单线表示法简洁精炼的特点，又兼有多线表示法对描述对象精确、充分的优点，并且由于两种表示法并存，具有变化灵活的优点。

第六节　系统图和框图绘制的基本原则和方法

一、图形符号的运用

(1)采用方框符号：方框符号表示元件、设备等的组合及其功能，既不给出元件、设备细节，也不考虑所有连接的一种简单的图形符号。

(2)采用带注释的框：系统图和框图中的框可能为一系统、分系统、成套装置或功能单元，用带注释的框来表示对象。框的形式有实线框和点划线框，点划线框包含的容量大。

二、层次划分

较高层次的系统图和框图，可反映对象的概况；较低层次的系统图和框图，可将对象表达得较为详细。

三、项目代号的标注方法

(1)在系统图和框图上，各个框就标注项目代号。

(2)较高层次的系统图上标注高层代号；较低层次的框图上标注种类代号。

(3)由于系统图和框图不具体表示项目的实际连接线和安装位置，所以一般不标注端子代号和位置代号。

(4)项目代号标注在各框的上方或左上方。

四、连接线的表示方法

(1)连接方法：当采用带点划线框绘制时，其连接线接到该框内图形符号上，当采用方框符号或带注释的实线框时，则连接线接到框的轮廓线上。

(2)连接线形式：电线连接线——细实线。

电源电路和主信号电路——粗实线。

机械连接线——虚线。

(3)信号流向：系统图和框图的布局清晰并利于识别过程和信息的流向。控制信号流向与过程流向垂直绘制，在连线上用开口箭头表示电信号流向，实心箭头表示非电过程和信息的流向。

(4)连接线上有关内容的标注：在系统图和框图上，根据需要加注各种形式的注释和说明。

第七节　识读电气图的一般步骤

一、详看图纸说明

拿到图纸后，首先要仔细阅读图纸的主标题栏和有关说明，如图纸目录、技术说明、电器元件明细表、施工说明书等，结合已有的电工知识，对该电气图的类型、性质、作用有一个明确的认识，从整体上理解图纸的概况和所要表述的重点。

二、看概略图和框图

由于概略图和框图只是概略表示系统或分系统的基本组成、相互关系及其主要特征，因此需要详细看电路图，才能厘清其工作原理。概略图和框图多采用单线图，只有某些

380 V/220 V 低压配电系统概略图才部分地采用多线图表示。

三、看电路图

电路图是电气图的核心，也是内容最丰富、最难读懂的电气图纸。看电路图首先要看有哪些图形符号和文字符号，了解电路图各组成部分的作用、分清主电路和辅助电路，交流回路和直流回路。其次，按照先看主电路，再看辅助电路的顺序进行看图。

看主电路时，通常要从下往上看，即先从用电设备开始，经控制电器元件，顺次往电源端看；看辅助电路时，则自上而下、从左至右看，即先看主电源，再顺次看各条支路，分析各条支路电器元件的工作情况及其对主电路的控制关系，注意电气与机械机构的连接关系。通过看主电路，要搞清负载是怎样取得电源的，电源线都经过哪些电器元件到达负载和为什么要通过这些电器元件；通过看辅助电路，则应搞清辅助电路的构成，各电器元件之间的相互联系和控制关系及其动作情况等，同时还要了解辅助电路和主电路之间的相互关系，进而搞清楚整个电路的工作原理和来龙去脉。

四、电路图与接线图

接线图和电路图互相对照看图，可帮助看清楚接线图。读接线图时，要根据端子标志、回路标号从电源端顺次查下去，搞清楚线路走向和电路的连接方法，搞清每条支路是怎样通过各个电器元件构成闭合回路的。配电盘(屏)内、外电路相互连接必须通过接线端子板，一般情况下，配电盘内有几号线，端子板上就有几号线的接点，外部电路的几号线只要在端子板的同号接点上接出即可。因此，看接线图时，要把配电盘(屏)内、外的电路走向搞清楚，就必须注意搞清端子板的接线情况。

第五章
电力拖动、机床、设备典型电路分析

第一节　电力拖动基础电路

一、用按钮点动控制电动机启停电路

工业生产过程中，常会见到用按钮点动控制电动机启停的线路，它多适用在快速行程以及地面操作行车、机械设备加工过程中需要低速检查等场合，控制电路如图 5-1 所示。当需要电动机工作时，按下按钮 SB，交流接触器 KM 线圈获电吸合，使三相交流电源通过接触器主触点与电动机接通，电动机便启动运行；当放松按钮 SB 时，由于接触器线圈断电，吸力消失，接触器便释放，电动机断电停止运行。此电路非常简单，是所有电力拖动电路的基础，只具有短路和失压保护功能。

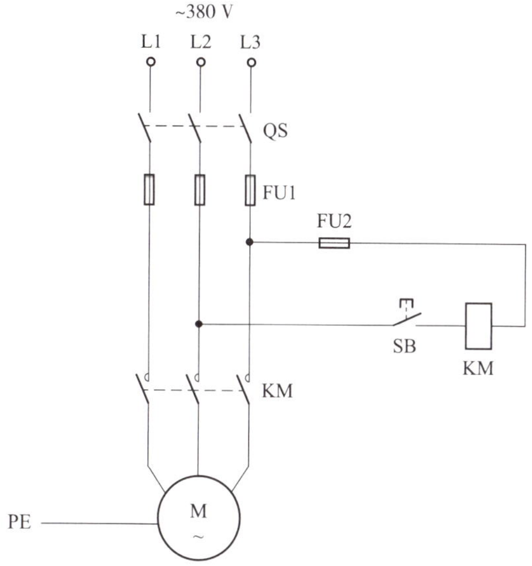

图 5-1　用按钮点动控制电动机启停电路

二、可逆点动控制电路

可逆点动控制电路如图 5-2 所示。当按下 SB1 时，接触器 KM1 得电吸合，电动机 M 正

向转动；当按下 SB2 时，接触器 KM2 得电吸合，电源相序改变，电动机反向转动；当松开 SB1 或 SB2 时，电动机停转，实现了可逆点动要求。为了防止两个接触器同时接通造成两相短路，在两个线圈回路中各串一个对方的常闭辅助触点作联锁保护。此控制方式结构简单，成本低，常用在结构简单的机械设备、小功率电机的控制电路。

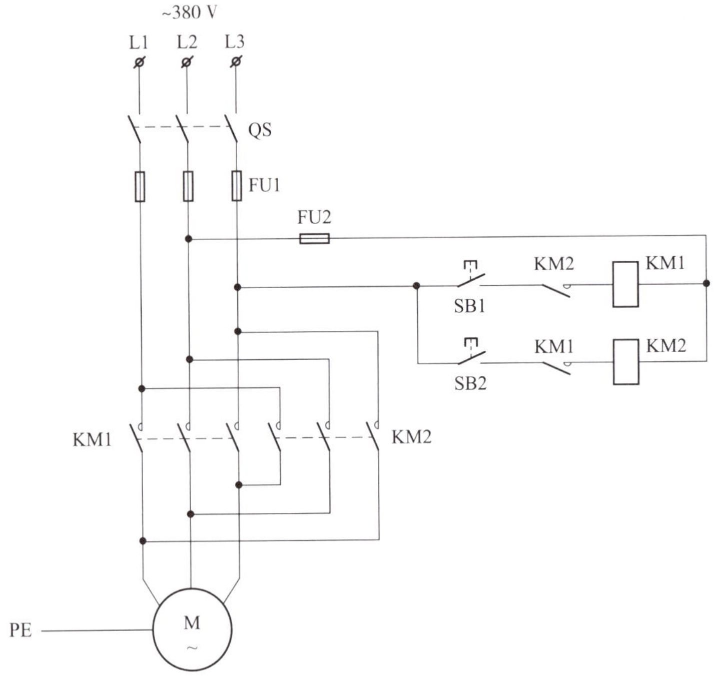

图 5-2　可逆点动控制电路

三、具有自锁的正转控制电路

具有自锁的正转控制电路是机械设备电气控制中最基础的电路，该电路由空气开关、主回路熔断器、控制回路熔断器、按钮开关、接触器等元件组成，该电路具有短路、过流、失压等保护功能，电路如图 5-3 所示。当需要启动电动机时合上电源开关 QS，按下启动按钮 SB1，接触器 KM 线圈获电，KM 主触点闭合，使电动机 M 运转；松开 SB1，由于接触器 KM 常开辅助触点闭合自锁，控制电路仍保持接通，电动机 M 继续运转；停止时按 SB2，接触器 KM 线圈断电，KM 主触点断开，电动机 M 停转。

四、具有过载保护的正转控制电路

有很多生产机械因负载过大、操作频繁等原因，电动机定子绕组中长时间流过较大的电流，有时熔断器在这种情况下尚未及时熔断，以致引起定子绕组过热，影响电动机的使用寿命，严重的甚至烧坏电动机，因此，对电动机还必须实行过载保护。此电路应用极为广泛，如应用在车轮车床的液压站启停控制中，具有过载保护的正转控制电路如图 5-4 所示。当电动机过载时，主回路热继电器 FR 所通过的电流超过额定电流值，使 FR 内部发热，其内部

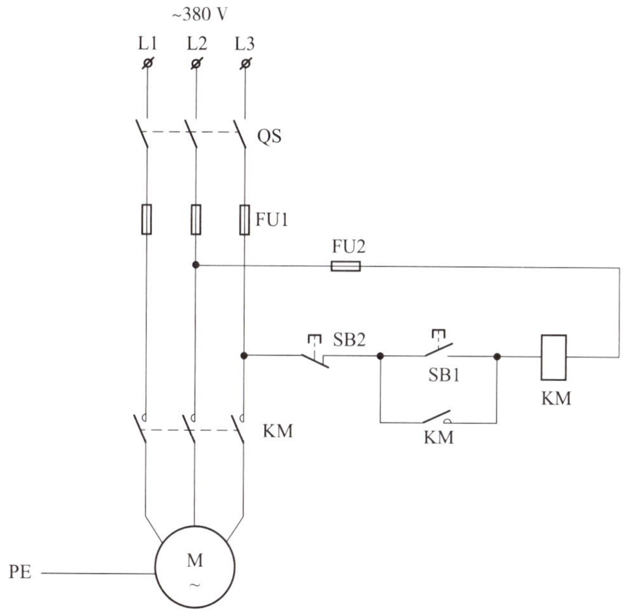

图 5-3　具有自锁的正转控制电路

双金属片弯曲，推动 FR 闭合触点断开，接触器 KM 的线圈断电释放，电动机便脱离电源停转，起到了过载保护作用。

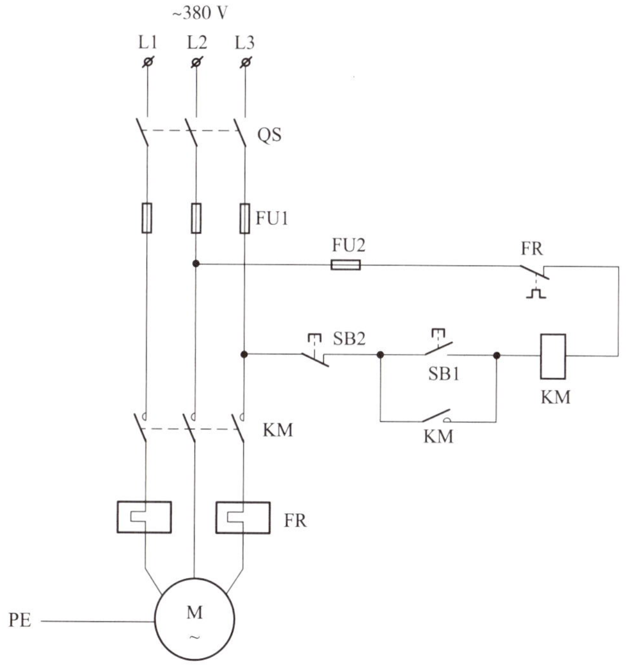

图 5-4　具有过载保护的正转控制电路

五、按钮联锁正反转控制电路

按钮联锁正反转控制电路如图 5-5 所示，当需要改变电动机的转向时，只要直接按反转按钮即可，不必先按停止按钮，因为如果电动机已按正转方向运转，线圈是通电的。此时，若按下按钮 SB2，SB2 串在 KM1 线圈回路中的常闭触头首先断开，将 KM1 线圈回路断开，相当于按下停止按钮 SB3 的作用，使电动机停转，随后 SB2 的常开触头闭合，接通线圈 KM2 的回路，使电源相序相反，电动机即反向旋转。同样，当电动机已做反向旋转，若按下 SB1，电动机就先停转后正转。该线路是利用按钮动作时，常闭先断开、常开后闭合的特点来保证 KM1 与 KM2 不会同时通电，由此来实现电动机正反转的联锁控制，所以 SB1 与 SB2 的常闭触头也称为联锁触头。

此线路的优点是操作方便，缺点是容易产生电源两相短路故障，如当正转接触器 KM1 发生主触头熔焊或被杂物卡住等故障时，即使接触器线圈失电，主触头也分断不开，此时若直接按下反转按钮 SB2，KM2 得电动作，触头闭合，必然造成电源两相短路故障。所以此电路工作欠安全可靠，在实际工作中，经常采用的是按钮、接触器双重联锁的正反转控制电路。

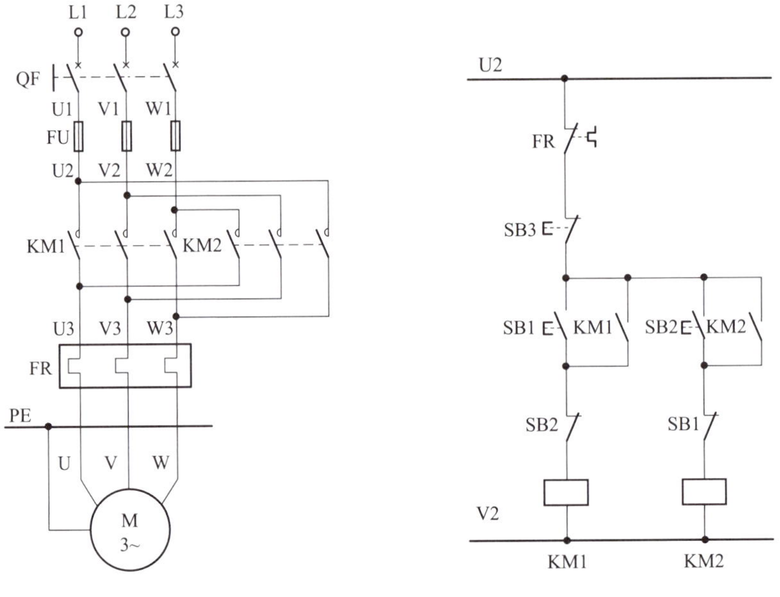

图 5-5　按钮联锁正反转控制电路

六、限位控制电路

限位控制电路在企业生产的机械设备中使用广泛，如钩缓检修流水线、桥式起重机、电动架车机等具有行程走行的机械设备都设有限位控制，限位控制电路如图 5-6 所示，图中 SQ1 和 SQ2 为限位开关，装在预定的位置上。

以单梁桥式起重机为例，行车向前运动：按下 SB2→KM1 线圈得电，KM1 联锁触头分断对 KM2 联锁，KM1 主触头闭合，KM1 自锁触头闭合自锁，电动机 M 启动连续正转行车前移移至限定位置,挡铁 1 碰撞 SQ1。SQ1 常闭触头分断→KM1 线圈失电,KM1 联锁触头复位,KM1 自锁触头分断,KM1 联锁触头复位,电动机 M 失电停转→行车停止前移。

行车向后运动:按下 SB3→KM2 线圈得电,KM2 联锁触头分断对 KM1 联锁,KM2 主触头闭合,KM2 自锁触头闭合自锁,电动机 M 启动连续反转→行车后移(SQ1 复位)→移至限定位置,挡铁 2 碰撞 SQ2。SQ2 常闭触头分断→KM2 线圈失电,KM2 自锁触头分断 KM2 主触头分断,KM2 联锁触头复位,电动机 M 失电停转→行车停止后移。

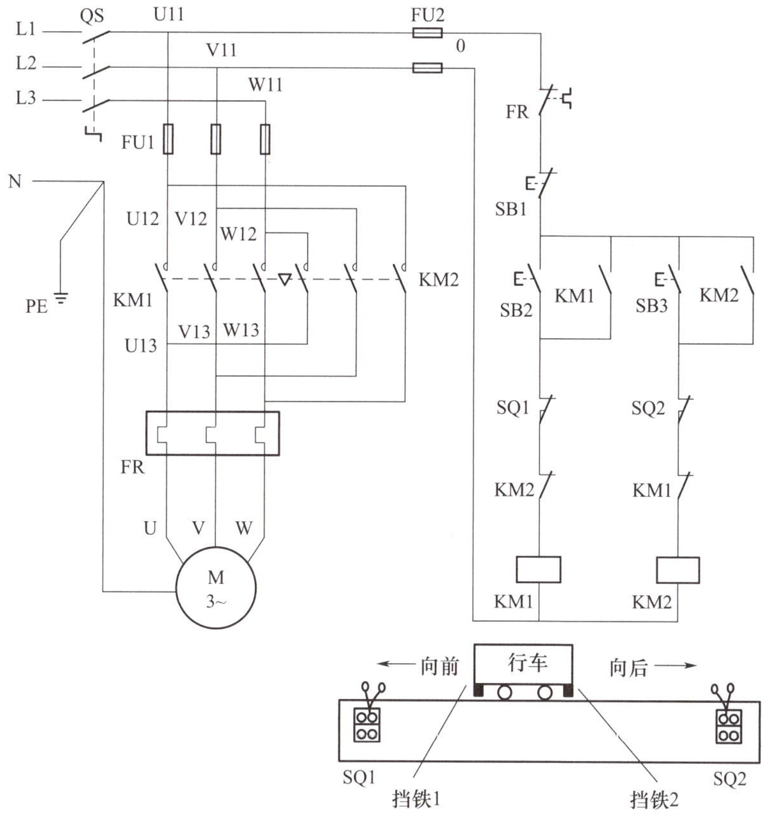

图 5-6　限位控制电路

七、既能点动又能长期工作的控制电路

在实际生产工作中,有时需要人来点动操作电动机,也有时需要长期使电动机运行,如车轮车床的低速运行控制回路。既能点动又能长期工作的控制电路如图 5-7 所示。点动时,按下 SB3,接触器 KM 吸引线圈得电,KM 常开主触点闭合,电动机运行;放开按钮开关时,由于在点动接通接触器 KM 的同时,又断开了接触器的自锁常开触点,所以在 SB3 按钮松开后电动机停转。那么当按长期工作按钮开关 SB1 时,KM 得电吸合,而 KM 自锁触点便自锁,故可以长期吸合运行。应用此电路有时会因接触器出现故障使其释放时间大于点动按钮的恢复时间,造成点动控制失效。电路中 SB2 为电动机停止按钮,FR 为热继电器。

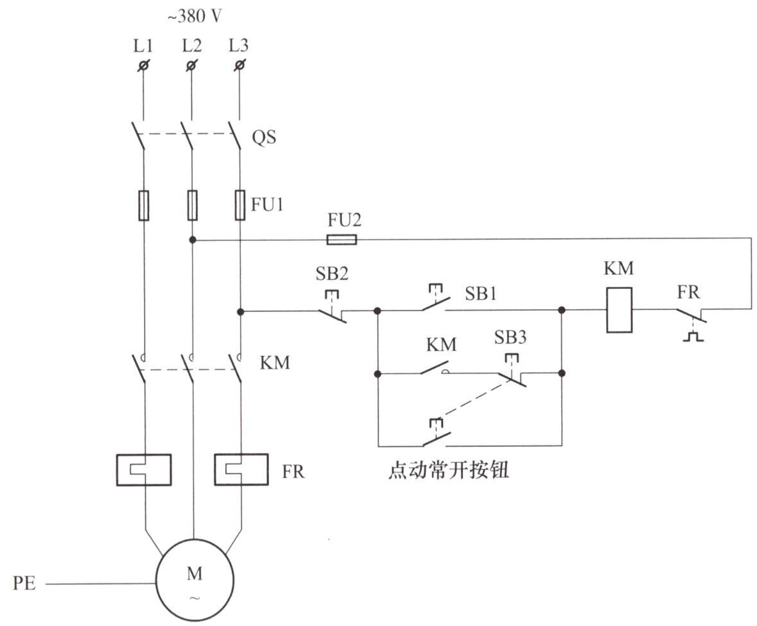

图 5-7　既能点动又能长期工作的控制电路

八、可逆点动、启动混合控制电路

可逆点动、启动混合控制电路如图 5-8 所示，具有可逆点动、可逆运转功能，并设有触

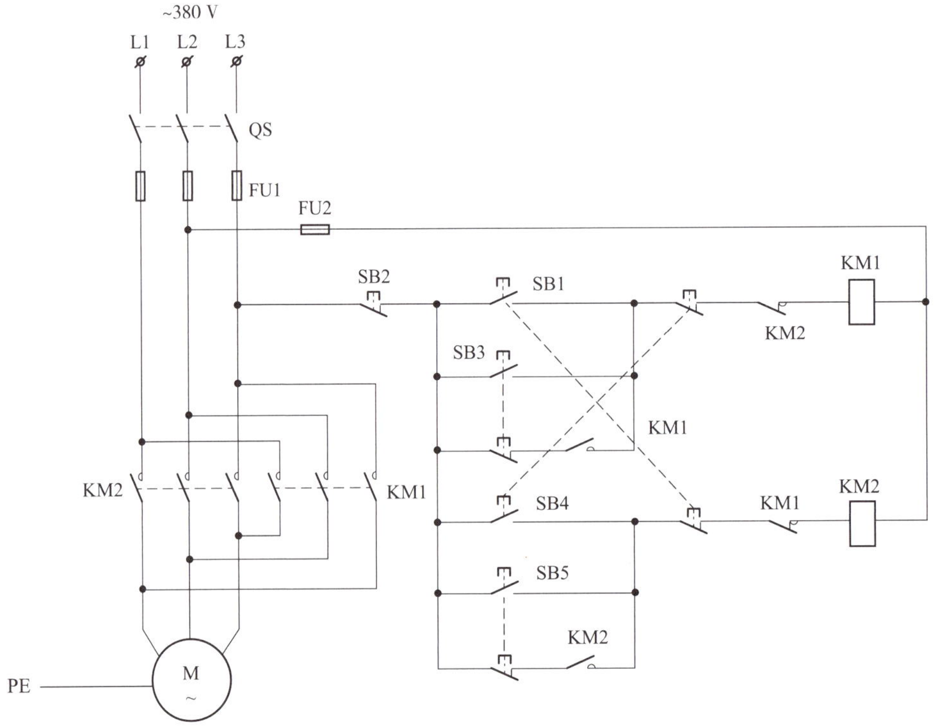

图 5-8　可逆点动、启动混合控制电路

点、按钮双重联锁机构，使用时操作方便。当按下点动按钮 SB3 时，KM1 线圈得电，电动机正转，同时按钮又断开了 KM1 的自锁触点；当松开 SB3 按钮时，接触器 KM1 失电断开，电动机停转。如需长期使电动机运行，可按下 SB1 按钮，此时接触器 KM1 得电吸合，KM1 自锁触点自锁，松开 SB1 按钮后，电动机继续运转。在按下按钮 SB1 时，按钮 SB1 的另一组常闭触点断开，这时即使按下 SB4 反转按钮，KM2 也不会得电吸合，从而组成按钮联锁机构。另外，KM1 的一组常闭触点串联于 KM2 线圈回路中，接触器 KM2 的一组常闭触点又串联于 KM1 的线圈回路中，从而组成接触器联锁机构。

注意：因常用的按钮只有一组常闭触点，不够用，所以点动操作不能实现按钮互锁。

九、自动循环控制电路

在各站段的设备车间，都备有一些加工机床应急加工配件，其中龙门刨床要求工作台在一定距离内能自动循环运动，以便对工件连续加工。自动循环控制电路如图 5-9 所示，按下 SB1，接触器 KM1 线圈获电动作，电动机启动正转，通过机械传动装置拖动工作台向左运动；当工作台上的挡铁碰撞行程开关 SQ1（固定在床身上）时，其常闭触点 SQ1-1 断开，接触器 KM1 线圈断电释放，电动机断电；与此同时 SQ1 的常开触点 SQ1-2 闭合，接触器 KM2 线圈获电动作并自锁，电动机反转，拖动工作台向右运动。此时行程开关 SQ1 复原。当工作台向右运动至一定位置时，挡铁碰撞行程开关 SQ2，使其常闭触点 SQ2-1 断开，接触器 KM2 线圈断电释放，电动机断电；同时 SQ2-2 闭合，接通 KM1 线圈电路，电动机又开始正转。这样往复循环直到工作完毕。按下停止按钮 SB2，电动机停转，工作台停止运动。

另外，还有两个行程开关 SQ3、SQ4 安装在工作台循环运动的方向上，它们处于工作台正常的循环行程之外，起终端保护作用，以防行程开关 SQ1、SQ2 失效造成事故。

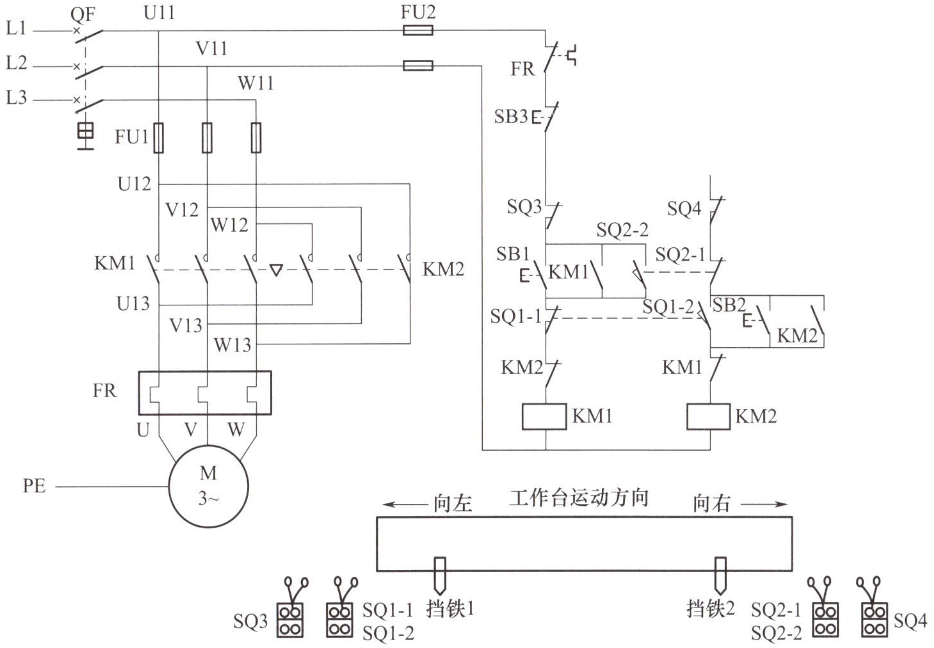

图 5-9　自动循环控制电路

十、时间继电器自动控制Y-△降压启动电路

Y-△降压启动电路如图 5-10 所示。先合上电源开关 QF。按下 SB1，KM_Y 线圈得电，KM_Y 常开触头闭合→KM 线圈得电，KM 自锁触头闭合自锁、KM 主触头闭合，KM_Y 主触头闭合，电动机 M 接成 Y 形降压启动，KM_Y 联锁触头分断对 $KM_{\triangle}$ 联锁。KT 线圈得电，当 M 转速上升到一定值时，KT 延时结束，KT 常闭触头分断→KM_Y 线圈失电。KM_Y 常开触头分断，KM_Y 主触头分断，解除 Y 形连接，KM_Y 联锁触头闭合→$KM_{\triangle}$ 线圈得电。$KM_{\triangle}$ 联锁触头分断→对 KM_Y 联锁，KT 线圈失电→KT 常闭触头瞬时闭合，$KM_{\triangle}$ 主触头闭合，电动机 M 接成△全压运行。

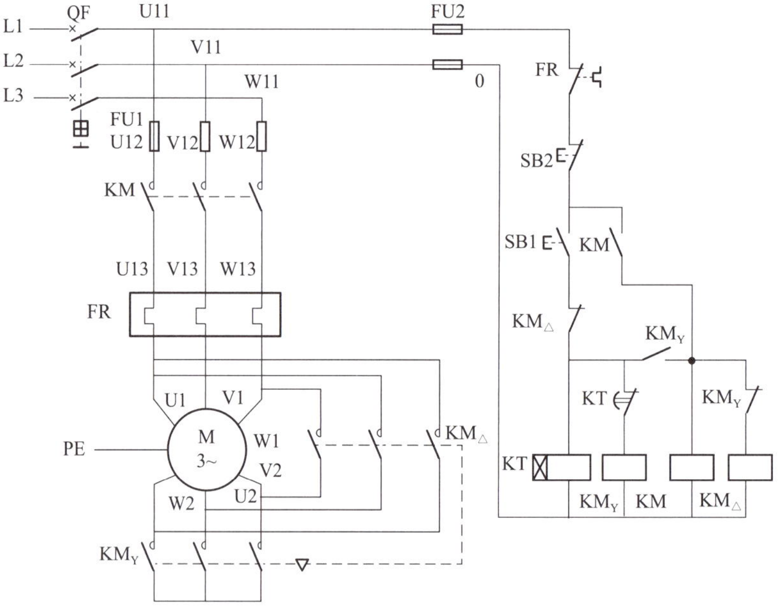

图 5-10　Y-△降压启动电路

十一、单按钮控制电动机启停电路

常规电动机启动、停止需用两个按钮，在多点控制时，则需按钮引线较多。利用一个按钮多点远程控制电动机的启停，则既可简化控制电路又节省导线。单按钮控制电动机启停电路如图 5-11 所示。

启动时，按下按钮 SB，继电器 KA1 线圈得电吸合，KA1 常开触点闭合，交流接触器 KM 线圈通电，KM 吸合并自锁，电动机启动。KM 的常开辅助触点闭合，常闭辅助触点断开，此时，继电器 KA2 的线圈因 KA1 的常闭触点已断开而不能通电，所以 KA2 不能吸合。松开按钮 SB，因 KM 已自锁，所以交流接触器 KM 仍吸合，电动机继续运转。但此时 KA1 因 SB 放松而断电释放，其常闭触点复位，为接通 KA2 做好准备。

在第二次按下按钮 SB 时，继电器 KA1 线圈通路被 KM 常闭触点切断，所以 KA1 不会吸合，而 KA2 线圈通电吸合。KA2 吸合后，其常闭触点断开，切断 KM 线圈电源，KM 断电

释放，电动机停转。

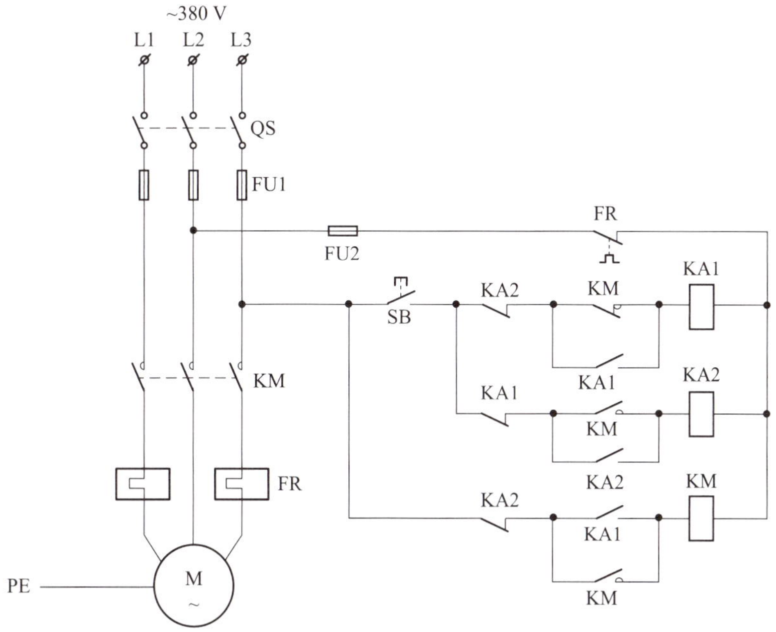

图 5-11　单按钮控制电动机启停电路

十二、异步电动机两地控制电路

异步电动机两地控制电路如图 5-12 所示，SB11 和 SB12 为甲地的启动和停止按钮，SB21 和 SB22 为乙地的启动和停止按钮，它们可以分别在两个不同地点上，通过控制接触器 KM 的接通和断开，进而实现两地控制同一电动机启、停的目的。

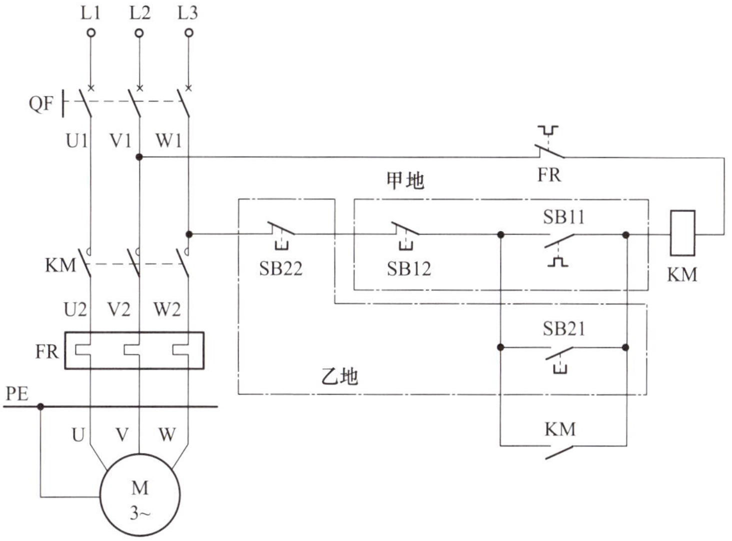

图 5-12　异步电动机两地控制电路

十三、三相异步电动机能耗制动控制电路

三相异步电动机能耗制动控制电路如图 5-13 所示，该电路采用无变压器的单管半波整流电路提供直流电源，采用时间继电器 KT 对制动时间进行控制。

KM1 为运行接触器，KM2 为制动接触器，KM2 的两对主触头接至电动机定子绕组两相，并由另一相绕组、KM2 的另一对主触头、再经整流二极管 VD 和限流电阻 R 接至零线，构成回路。

该控制线路适用于 10 kW 以下电动机，此线路简单，附加设备较少，体积小，采用一只二极管半波整流器作为直流电源。

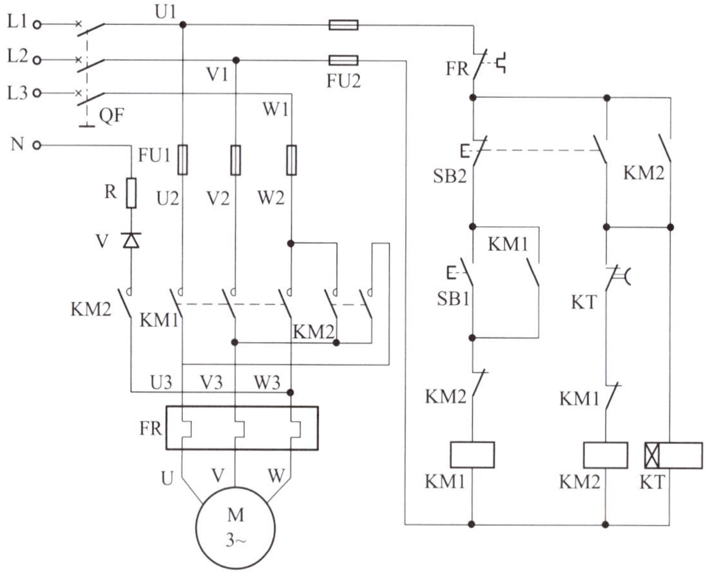

图 5-13　三相异步电动机能耗制动控制电路

十四、间歇运行控制电路

在某些工作场合，电动机需要间歇运行，即在运行一段时间后自动停止，然后再自动启动运行，这样反复进行。图 5-14 是一种电动机间歇运行控制电路。当合上开关 S 时，交流接触器 KM 和时间继电器 KT1 得电吸合，电动机启动运行；当运行一段时间后，KT1 延时闭合触点闭合，接通继电器 KA 和时间继电器 KT2 电路，KA 常闭触点断开，电动机停止工作；当经过一段时间后 KT2 延时断开触点断开，使 KA 断电释放，KA 的常闭触点闭合，再次接通 KM 线圈电路，电动机重新运行。重复上述动作，可以实现电动机的间歇运行。

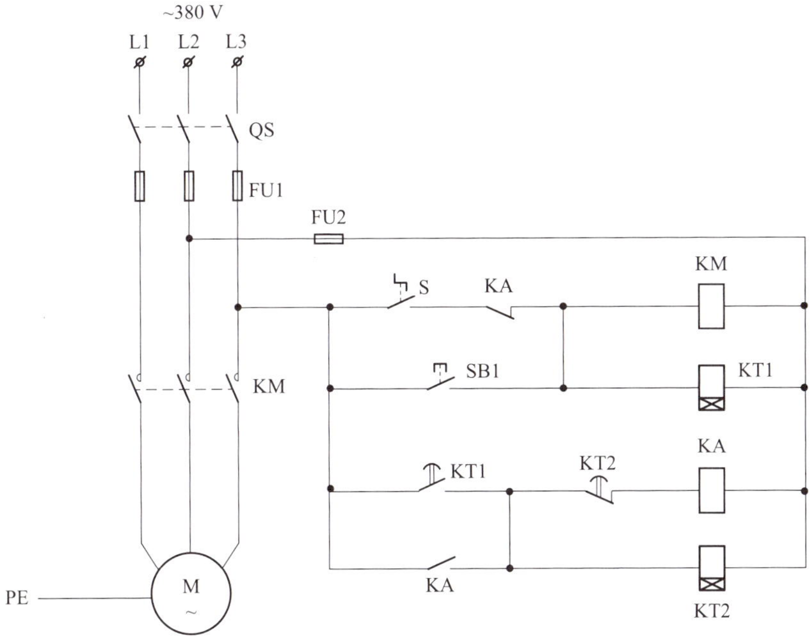

图 5-14 间歇运行控制电路

十五、电机单键启保停电路

电机单键启保停电路如图 5-15 所示。按下按钮 SB,电流经 KM 常闭触点,KA2 的常闭触点使 KA1 吸合并自保,电流经 KA2 常闭触点、已闭合的 KA1 触点使 KM1 吸合,这时松开 SB 电机仍保持运行,再次按 SB 按钮,电流经 KA1 常闭触点、已闭合的 KM1 触点使 KA2 吸合并自保,KA2 常闭触点打开,断开 KM 线圈,使电机停转。

第一次按下 SB 时:

(1)第一回路,线圈 KA1 吸合并通过其常开触点自锁。

(2)第二回路,常闭触点 KA1 断开保持线圈 KA2 断电。

(3)第三回路,由于 KA1 常开触点闭合,使 KM1 线圈吸合工作,KM1 常开触点吸合自锁。

(4)松开 SB,此时线圈 KA1 断电,第一回路常闭触点 KM1 已断开,第二回路常开触点 KM1 已闭合。

第二次按下 SB 时:

(1)第一回路,由于常闭触点 KM1 已断开,线圈 KA1 不待电。

(2)第二回路,由于常开触点 KM1 已闭合,常闭触点 KA1 闭合,线圈 KA2 吸合并自锁。

(3)第三回路,由于常闭触点 KA2 的断开,线圈 KM1 断电停止工作。

(4)松开 SB,回到初始状态。

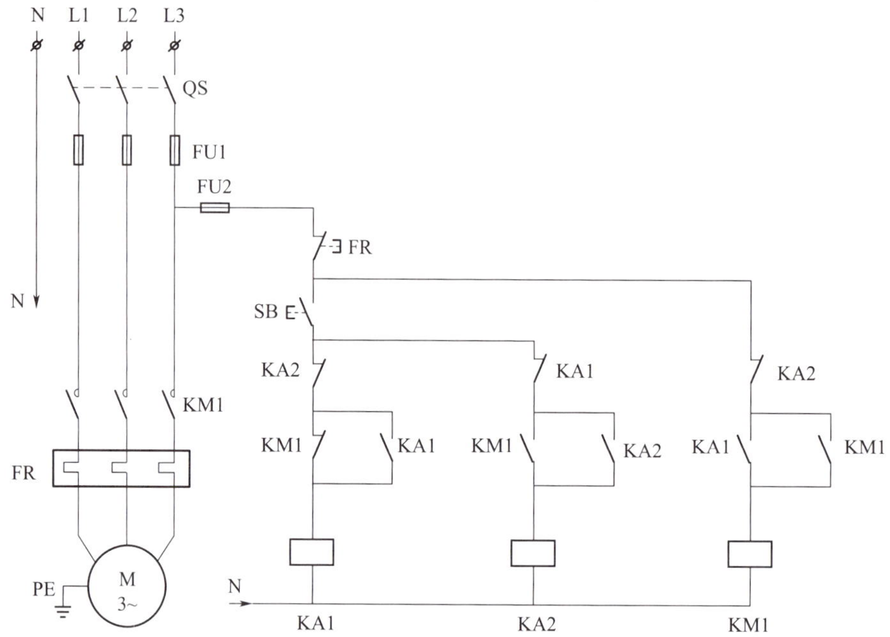

图 5-15 电机单键启保停电路

第二节 企业常见设备电路

一、Z3040 型摇臂钻床电路分析

Z3040 型摇臂钻床主电路如图 5-16 所示，控制电路如图 5-17 所示。其电路主要由冷却泵电机、冷却泵电机控制、主轴电机、主轴电机控制、摇臂升降电机、摇臂升降电机控制、液压泵电机、液压泵电机控制、照明及指示电路等部分组成，可实现的不同功能如下。

电源、照明及指示电路：电源、照明及指示电路由变压器 T，熔断器 FU1、FU2、FU3，照明旋钮 SA2，照明灯 EL，松开夹紧指示灯 HL1、HL2，主轴工作指示灯 HL3 组成；由变压器 T 分别提供 220 V 控制电源、24 V 低压照明电源、6.3 V 状态指示灯工作电源。

主轴电机控制原理：主轴电机控制主要由按钮 SB1、SB2，交流接触器 KM1、热保护继电器 FR1 组成自锁电机控制电路。SB1 为停止按钮、SB2 为启动控制按钮、FR1 为主轴电机过热保护器，通过利用 KM1 的常开辅助触点自锁实现主轴电机的自锁控制。主轴的正转、反转、停车制动、空挡、预选与变速均通过一套液压系统来进行，通过主轴电机拖动齿轮泵输送压力油来实现控制，HL3 为主轴电机工作指示灯，通过在 HL3 回路中串入 KM1 的常开触点来控制。

摇臂升降控制：摇臂升降控制由升、降控制按钮 SB3、SB4，升、降控制接触器完成实现控制，其中 SQ1、SQ2 分别为上升和下降限位行程开关，SQ3 为摇臂松开限位开关，SQ4 为摇臂夹紧到位开关，当摇臂夹紧时，SQ4 一直处于受压状态，其常闭触点此时处于断开；在摇臂升降控制过程中，Z3040 型摇臂钻床采用另一套油压控制系统来进行摇臂的夹紧和松

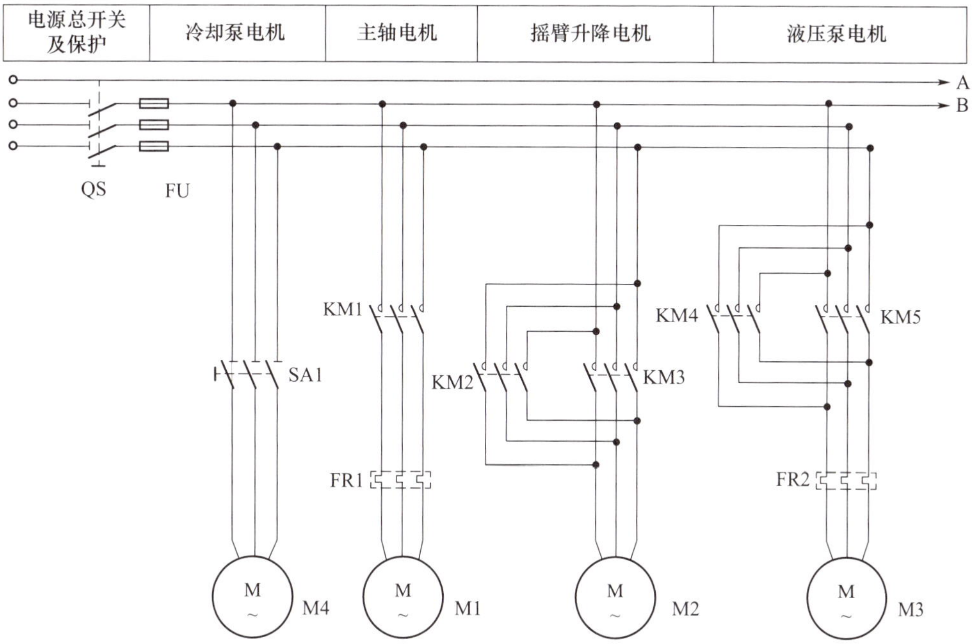

图 5-16　Z3040 型摇臂钻床主电路

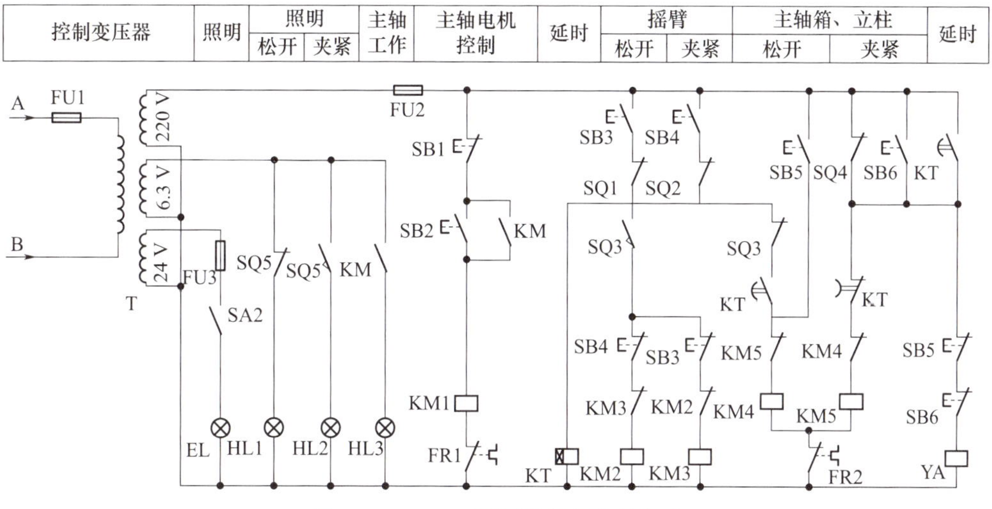

图 5-17　Z3040 型摇臂钻床控制电路

开的控制，其压力油通过 KM4、KM5 对液压泵电机的正反转控制来实现输送正向、反向压力油；摇臂的上升控制过程为按下 SB3，SB3 常闭触点断开 KM3 回路，实现互锁，同时由于 SB3 常开触点闭合，KT 得电，使 KT 瞬动触点闭合，电源由 SB3、摇臂上升限位开关 SQ1、摇臂松开到位开关 SQ3、KT 瞬动触点、KM5 常闭辅助触点使 KM4 得电，控制液压泵电机输入正向压力油，同时 KT 断电延时常闭触点立即断开 KM5 回路，实现冷却泵电机互锁；而 KT 断电延时常开触点立即闭合接通电磁阀 YA，使压力油输送至摇臂松开、夹紧侧油路，控制摇臂松开、夹紧；当摇臂松开到位时，SQ3 常闭触点断开 KM4 控制回路，液压泵电机停止正向输送压力油，同时 SQ3 常开触点闭合，接通 KM2 控制回路，摇臂电机开始正转，摇臂上升，当到达所需位置时，松开 SB3，断开 KM2、KT 回路，摇臂停止上升，2～3 s后，KT 断电延时常闭触点闭合，KT 断电延时常开触点断开，由于此时摇臂处于松开状态，SQ4 常闭触点处于闭合，同时接通 KM5 及 YA 回路，通过液压泵反向运行输送压力油控制摇臂夹紧，当夹紧到位后，SQ4 受压断开 KM5、YA 回路，完成摇臂上升控制。摇臂的下降控制方式与上升控制相同，直接由 SB4 控制 KM3 吸合，控制摇臂升降电机反转，实现下降控制。

主轴箱、立柱的松开、夹紧控制：主轴箱、立柱的松开、夹紧控制分别由 SB5、SB6 接通 KM4、KM5，控制液压泵电机正反转，利用摇臂夹紧、松开同一条油路来实现控制；同时通过在电磁阀 YA 中串入 SB5、SB6 的常闭触点，在控制主轴箱、立柱的松开、夹紧时，断开电磁阀 YA 电源，将压力油输送至主轴箱、立柱的松开、夹紧侧油路，推动主轴箱、立柱的松开、夹紧侧机械装置动作实现控制；SQ5 为主轴箱、立柱的松开、夹紧限位开关，通过分别将 SQ5 的常开、常闭触点串入指示灯 HL1、HL2 回路，来指示主轴箱、立柱的松开、夹紧状态；FR2 为液压泵电机 M3 的热保护继电器，通过在 KM4、KM5 两线包回路中串入 FR2 的常闭触点来对冷却泵电机进行保护。

冷却泵电机控制：冷却泵电机 M4 的控制直接采用旋钮开关 SA4 来进行控制。

二、CA6140 型车床电路分析

1. 普通车床的主要结构和运动形式

车床是一种应用极为广泛的金属切削机床，主要用于加工各种回转表面（内外圆柱面、端面、成型回转面等），还可用于车削螺纹，并可用钻头、铰刀等进行加工。车床主要由床身、主轴箱、进给箱、溜板箱、刀架、丝杠和尾座等部分组成，CA6140 型车床结构如图 5-18 所示。

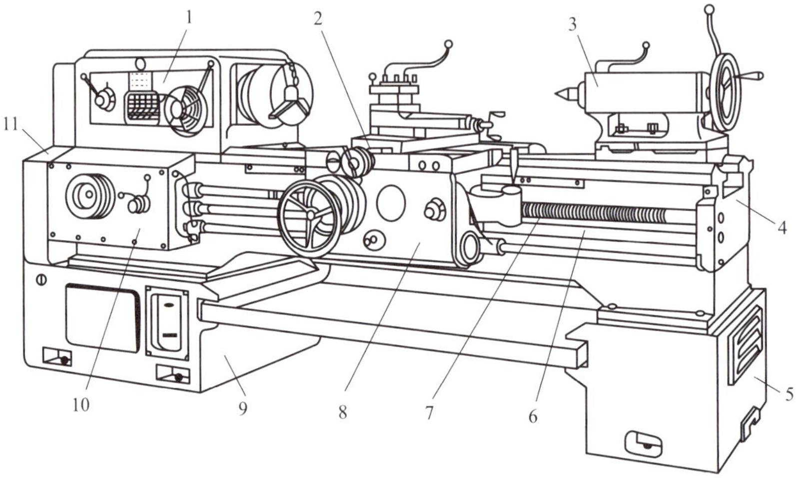

1—主轴箱；2—刀架；3—尾座；4—床身；5—电气控制箱；6—光杠；
7—丝杠；8—溜板箱；9—床腿；10—进给箱；11—挂轮箱。

图 5-18　CA6140 型车床结构

CA6140 型车床型号的含义为：

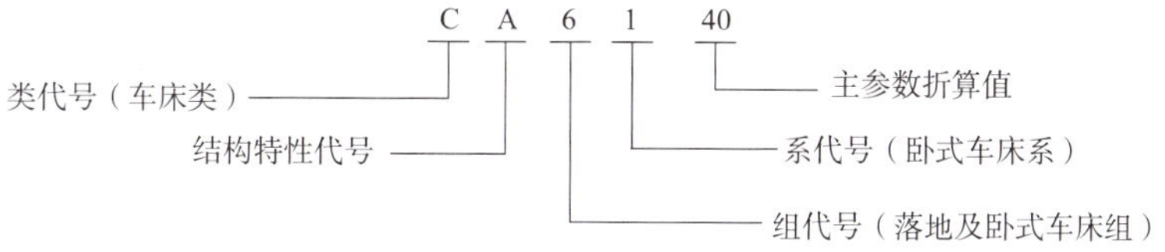

普通车床主要由三个运动部分组成。一是卡盘带着工件的旋转运动，称为车床主轴的运动。车床根据工件的材料性质、车刀材料及几何形式、工件直径、加工方式及冷却的条件不同，要求主轴具有不同的切削速度。主轴运动是由主轴电机经传输带传递到主轴变速箱来带动主轴旋转的，而主轴变速箱则用于调节主轴的转速。二是溜板箱带着刀架的直线运动，称为进给运动。溜板箱把丝杠或光杆的运动传递给刀架部分，变换溜板箱外置的手柄位置，经刀架部分使车刀做纵向或横向进给。三是刀架的快速移动和工件的夹紧和放松，称为车床的辅助运动。尾座的移动和工件的装卸都是由人力操作，车床工作时大部分功率消耗在主轴运动上。

2. 车床的电力拖动形式及控制要求

车床的主轴一般只需要单向运转，只有在加工螺纹时要退刀，需要主轴反转。根据加工工艺的要求，主轴应能够在相当宽的范围内进行调速，CA6140 型车床的主轴正转速度有 24 种（10～1 400 r/min），反转速度有 12 种（14～1 580 r/min）。

CA6140 型普通车床对电力拖动及其控制有以下要求：

（1）主轴电动机从经济性、可靠性考虑，一般选用三相笼型异步电动机，不进行电气调速。

（2）主轴电动机的启动、停止采用按钮操作，一般普通车床上的三相异步电动机均采用直接启动，停止采用机械制动。

（3）刀架移动和主轴转动有固定的比例关系，以满足对螺纹的加工需要。这由机械传动保证，对电气方面无任何要求。

（4）车削加工时，刀具及工件温度较高，有时需要冷却，因而应该配有冷却泵电动机。且要求在主轴电动机启动后，冷却泵电动机才能选择开动与否，而当主轴电动机停止时，冷却泵应该立即停止。具有必要的电气保护环节，如各电路的短路保护和电动机的过载保护。具有安全的局部照明装置。

3. CA6140 型车床电气控制电路分析

如图 5-19 所示为 CA6140 型车床的电气控制电路，可分为主电路、控制电路、照明与信号指示电路、电气保护环节四部分。

（1）主电路分析

主电路中共有 3 台电动机，M1 为主轴电机，带动主轴旋转和刀架做进给运动；M2 为冷却泵电机；M3 为刀架快速移动电机。

三相交流电源通过漏电保护断路器 QF 引入，总熔断器 FU 由用户提供。3 台电动机均直接启动，单向运转，分别由交流接触器 KM、KA1、KA2 控制运行。M1 的短路保护由 QF 的电磁脱扣器来实现，而 M2 和 M3 电动机由熔断器 FU1 来实现短路保护；热继电器 FR1、FR2 分别作为 M1、M2 的过载保护，由于 M3 是短期工作，故未设过载保护。

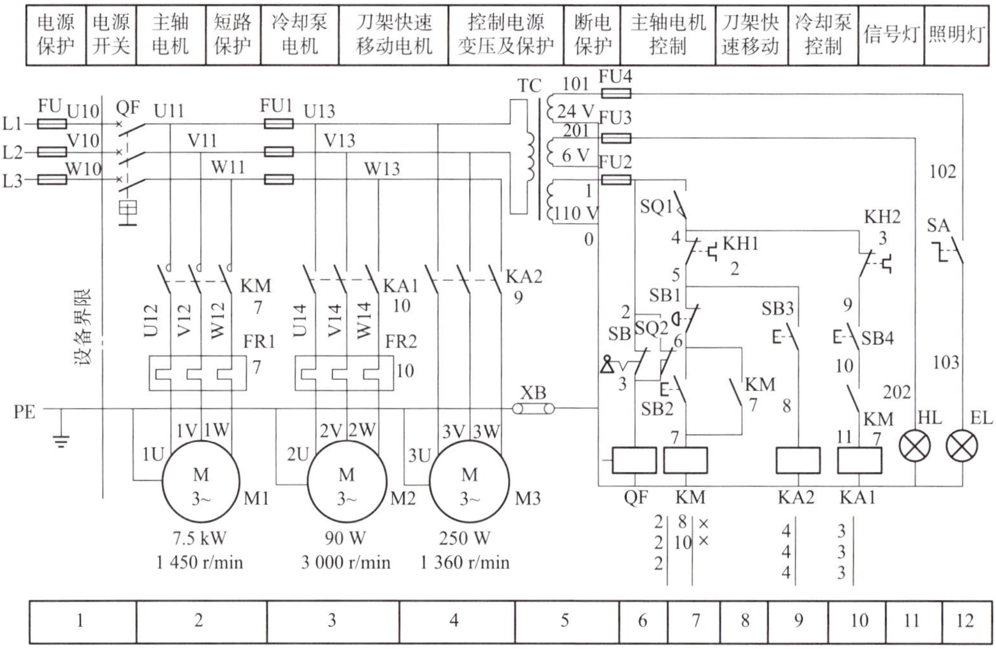

图 5-19 CA6140 型车床电气控制电路

(2)控制电路分析

控制电路的电源由变压器 TC 二次侧输出 110 V 电压提供,由 FU2 作短路保护。该车床的电气控制盘装在床身左下部后方的壁龛内,在开动机床时,应先用锁匙向右旋转 SB,再合上 QF 接通电源,然后开启照明灯及按动电动机控制按钮。

①主轴电机的控制

按下绿色的启动钮 SB2,接触器 KM 的线圈通电动作,其主触点闭合,主触电机启动运行。同时,KM 动合触点(6-7)闭合,起自锁作用。另一组动合触点 KM(10-11)闭合,为冷却泵电机启动做准备。停车时,按下红色蘑菇形按钮 SB1,KM 线圈断电,M1 停。

②冷却泵电机控制

若车削时需要冷却,则先合上旋钮开关 SB4,在 M1 运转情况下,KA1 线圈通电吸合,其主触点闭合,冷却泵电机运行。当 M1 停止时,M2 也自动停止。

③刀架快速移动电动机控制

M3 的启动是由安装在进给操纵手柄顶端的按钮 SB3 来控制,与 KA2 组成点动控制环节。将操纵手柄扳到所需方向,压下 SB3,KA2 通电,M3 启动,刀架就向指定方向快速移动。

(3)照明与信号指示电路

控制变压器 TC 的二次侧分别输出 24 V 和 6 V 电压,作为机床低压照明灯和信号灯电源,ET 为机床低压照明灯,由开关 SA 控制,HL 为电源信号灯,以 FU3、FU4 作短路保护。

(4)电气保护环节

KM 动合辅助触点(10-11)实现了主轴电动机 M1 和冷却泵电动机 M2 的顺序启动和联

锁保护。

除短路和过载保护外，该电路还设有行程开关 SQ1、SQ2 组成的断电保护环节。SQ2 为电气箱安全行程开关，当 SB 左旋锁上或者电气控制盘的壁龛门被打开，SQ1 为挂轮箱安全行程开关，当箱罩被打开后，SQ1(2-4)断开，使主轴电动机停转。

接触器 KM、KA1、KA2 可实现失压和欠压保护。

三、污水泵均衡运行电路分析

两台污水泵协同工作，有手动和自动两种工作模式。手动模式下可以控制起保停。自动模式下达到上限污水泵自动开启，达到下限自动停止，第一次达到上限泵 1 运行，第二次达到上限泵 2 运行，循环工作。污水泵均衡运行电路如图 5-20 所示。

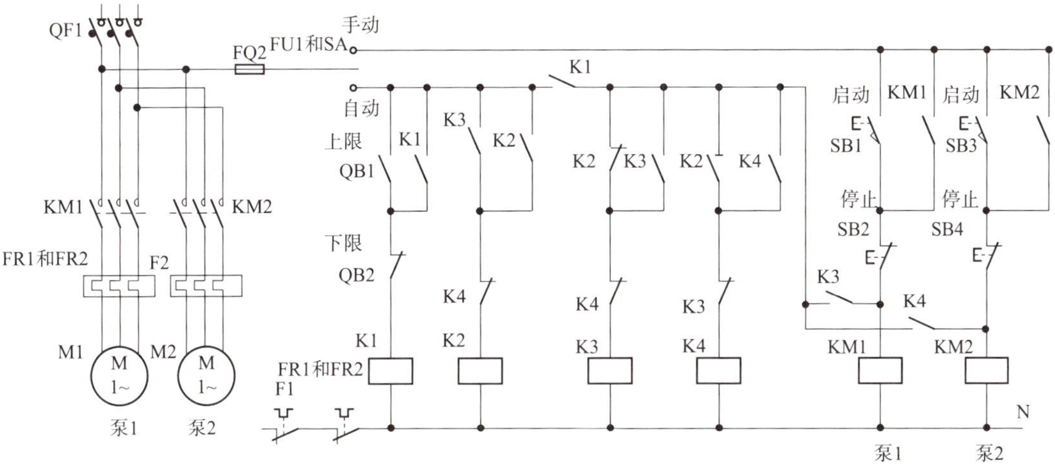

图 5-20　污水泵均衡运行电路

手动模式：按下泵 1 启动按钮 SB1，KM1 线圈得电，泵 1 启动，按下泵 1 停止按钮 SB2，KM1 线圈失电，泵 1 停止运行。按下泵 2 启动按钮 SB3，KM2 线圈得电，泵 2 启动，按下泵 2 停止按钮 SB4，KM2 线圈失电，泵 2 停止运行。

自动模式：当污水达到上限时 QB1 闭合 K1 线圈得电，常开触点闭合，K3 线圈得电，常开触点闭合，KM1 线圈得电，泵 1 启动，同时 K2 线圈得电。当污水达到下限时 QB2 断开 K1 失电，KM1 失电，泵 1 停止运行。当污水再次达到上限时 QB1 闭合 K1 线圈得电，常开触点闭合，由于 K2 线圈得电保持，常开触点闭合，常闭触点断开，K4 线圈得电，常开触点闭合，KM2 线圈得电吸合，泵 2 启动。K4 常闭触点断开，K2 线圈失电。当达到下限时 QB2 触点断开，K1 线圈失电，KM2 线圈失电，泵 2 停止运行，以此循环启动。

四、配件清洗机电路分析

某清洗机的启动模式有两种，手动模式和自动模式，手动模式可正转反转切换运行。自动模式按下启动按钮开始，正转运行 30 s 后停止，停止 30 s 后反转运行，反转运行 30 s 后正转运行，以此循环，可随时停止。配件清洗机电路如图 5-21 所示。

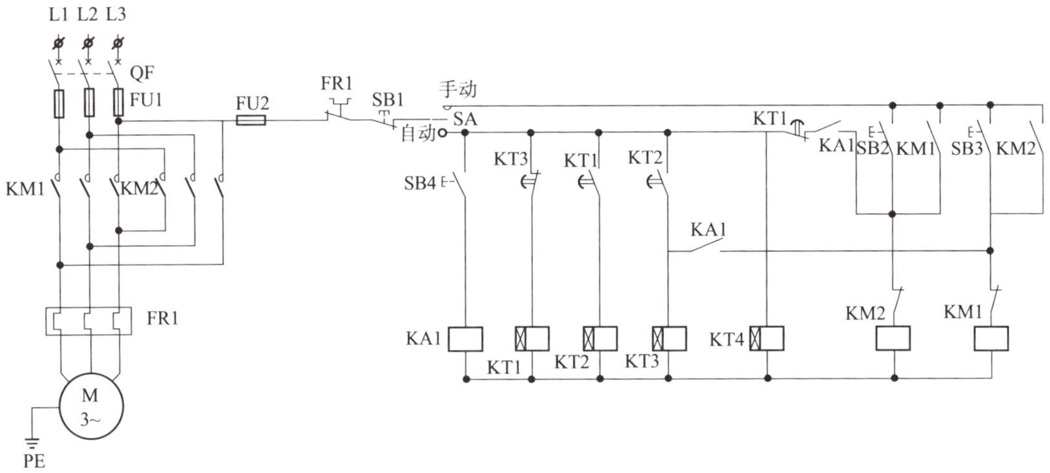

图 5-21　配件清洗机电路

手动模式：按下 SB2，KM1 线圈得电吸合，电机正转。按下 SB3，KM2 线圈得电吸合，电机反转。

自动模式：按下 SB4，KA1、KT1 线圈得电吸合，常开触点闭合。KM1 线圈得电，电机开始正转，定时 30 s 后 KT1 辅助触头动作 KM1 线圈失电，停止运行，KT2 线圈得电吸合开始计时，30 s 后 KT2 辅助常开触头动作 KT3 线圈得电吸合，KM2 线圈得电吸合，开始反转运行。当达到 30 s 后，KT3 常闭触头动作，KT1、KT2、KT3 失电，失电后触头恢复最初状态，KT1 再次得电，以此循环。按下停止按钮 SB1，停止运行。

五、大部件抛丸机电路分析

1. 用途

大部件抛丸机可用于对机械制造（包括轻工机械、建筑机械、工程机械、矿山机械等）、压力容器、汽车、船舶、建筑、化工、电机、机床等行业的中小型铸锻件进行表面清理或强化，用于提高产品零部件的外观质量和表面工艺状态。特别适合对多品种、小批量的铸件、锻件及钢结构件进行表面清理及强化，以去掉工件表面的少量黏砂、砂芯及氧化皮；对热处理件的表面清理及强化；对不宜碰撞的细长、薄壁件的清理。抛丸清理方法现在仍是最经济可靠的清理方法。

2. 设备结构

Q378 型抛丸清理机为吊钩式清理设备，由抛丸清理室、提升机、分离器、螺旋输送器、两个抛丸器总成、弹丸控制系统、吊钩行走轨道、吊钩系统、自转装置、地基、除尘系统及电气控制部分等组成。

3. 设备工作原理及电路分析

（1）工作原理

当准备工作（除尘系统、提升机、螺旋输送器等运行）完毕后，机器开始正常工作。首先，吊钩下降吊起工件，上升至一定位置，然后沿轨道进入抛丸清理室，当到达预定位置后停止并开始自转。此时关闭抛丸清理室大门，打开抛丸器，开供丸闸，开始对工件进行抛丸清理。

重复此过程直至工作完毕，按顺序停机。

(2)电路分析

此抛丸机的供电电源采用的是三相五线制，总电源开关为 160 A，风机开关为 32 A，提升机开关为 16 A，螺旋输送开关为 10 A，左吊钩升降开关为 10 A，采用接触器正反转互锁控制，左吊钩进出开关为 10 A，采用接触器正反转互锁控制，主电路原理如图 5-22 所示。

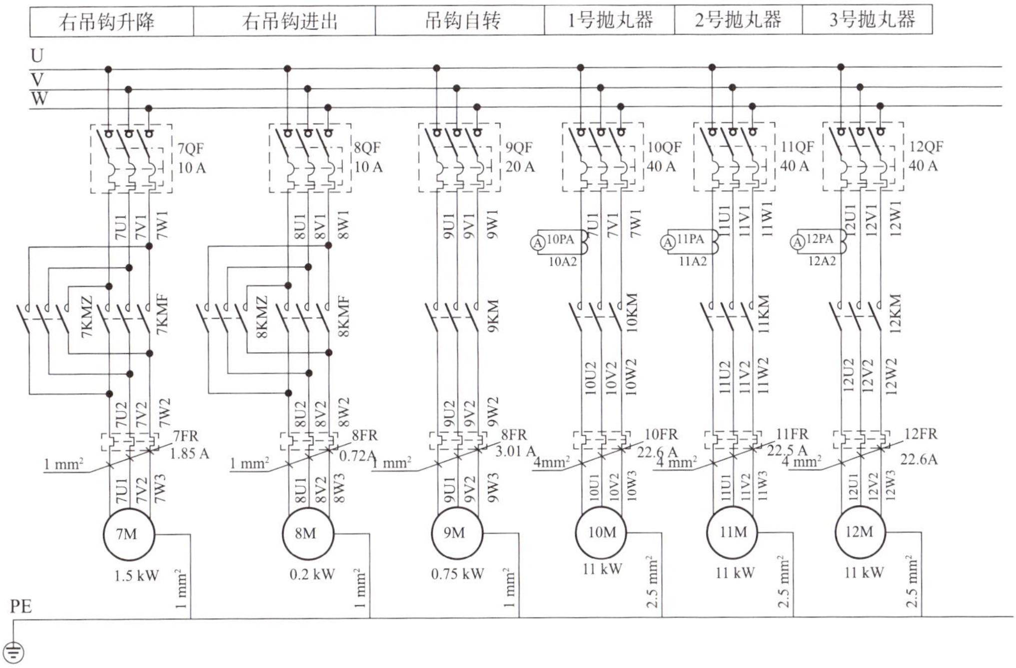

图 5-22　主电路原理

抛丸机风机、脉冲仪、提升机、螺旋、吊钩自转指示灯由各接触器常开点控制。

吊钩升降开关为 10 A，采用接触器正反转互锁控制，吊钩自转开关为 20 A，1 号、2 号、3 号抛丸器开关为 40 A。

此设备采用 PLC(可编程逻辑控制器)控制，采用 CP2E-E40DR-A 型 CPU 模组，该 CPU 采用 AC 100～240 V 电源，输入 24 点、输出 16 点继电器型控制。图 5-23～图 5-26 所示为 PLC 控制原理。

输入端分别为报警复位，手动/自动，自动开始，自动停止，除尘器开停，脉冲仪开停，提升机开停，螺旋开停、左吊钩升，左吊钩降，左吊钩进，左吊钩出，左吊钩升，左吊钩降，左吊钩进，左吊钩出，右吊钩升，右吊钩降，右吊钩进，右吊钩出，吊钩自转开停，1 号、2 号、3 号抛丸器开，1 号、2 号、3 号抛丸器停，供丸阀开，供丸阀关，左门开，左门关，右门开，右门关，提升检测，螺旋检测，左门开检测，左门关检测，右门开检测，右门关检测，左吊钩升限位，左吊钩进限位，左吊钩出限位，右吊钩升限位，右吊钩进限位，右吊钩出限位，清理计时，换轨左，换轨右，密封装置，密封退检测。

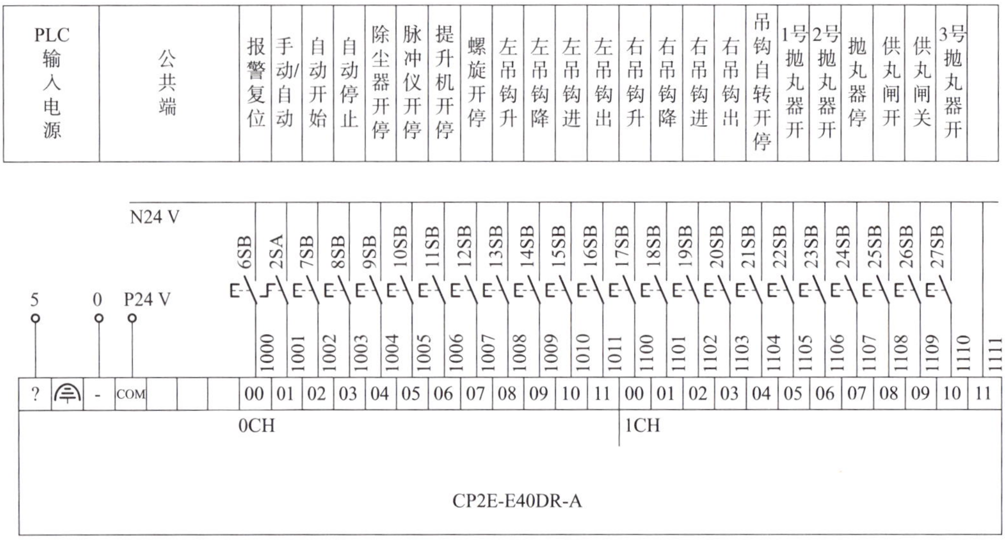

图 5-23　PLC 输入控制原理(一)

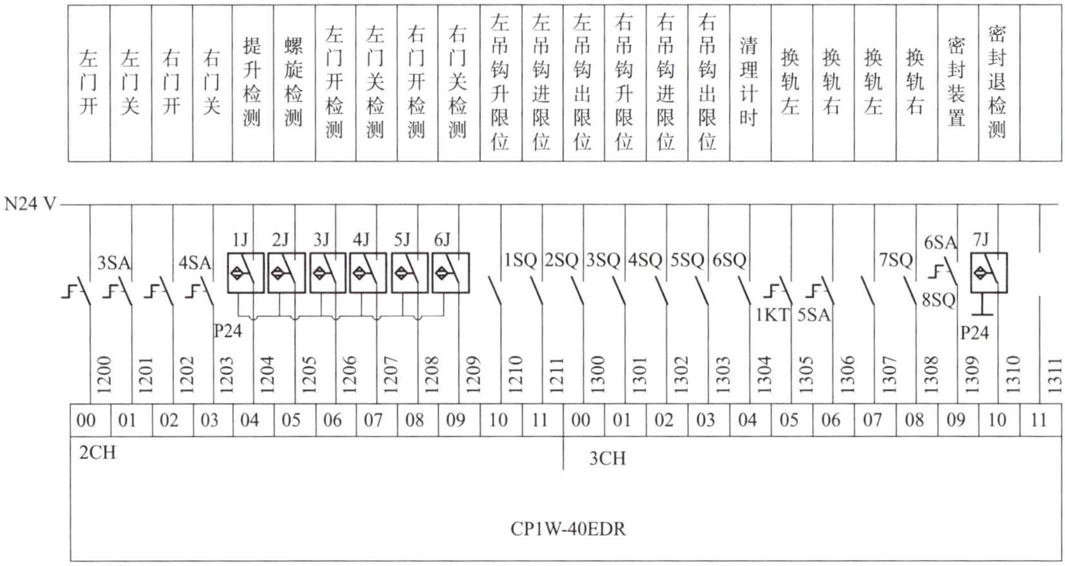

图 5-24　PLC 输入控制原理(二)

PLC 输出端,对应控制为报警输出,除尘风机,脉冲仪,吊钩自转,提升机,螺旋,左吊钩升,左吊钩降,左吊钩进,左吊钩出,右吊钩升,右吊钩降,右吊钩进,右吊钩出,左门开关,右门开关,1 号、2 号、3 号抛丸器,供丸阀,换轨左右,手动指示,自动指示,提升故障,螺旋故障,清理计时,密封气缸。

通过相应的按钮操作,PLC 内部程序控制,顺序实现大部件抛丸的各项工作流程。

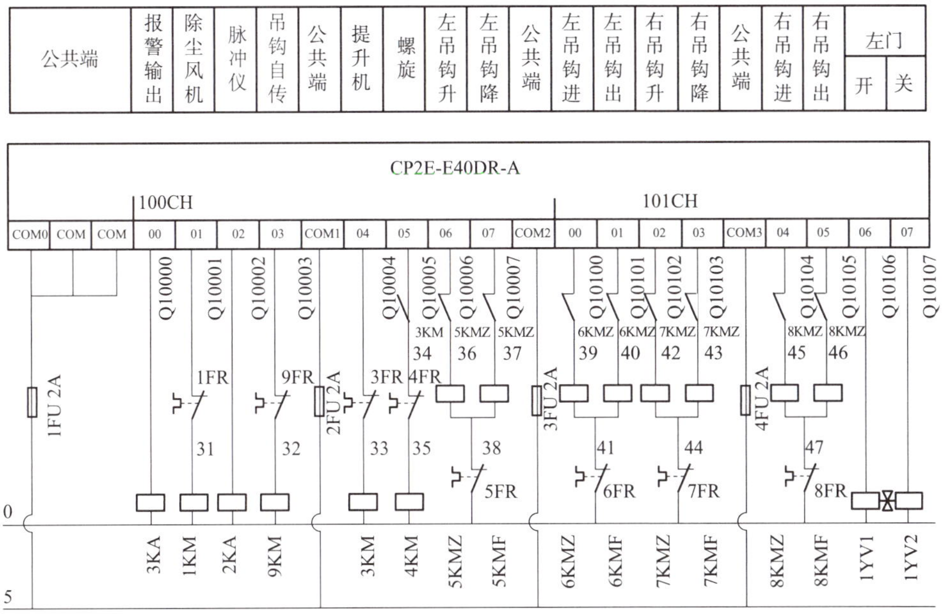

图 5-25　PLC 输出控制原理(一)

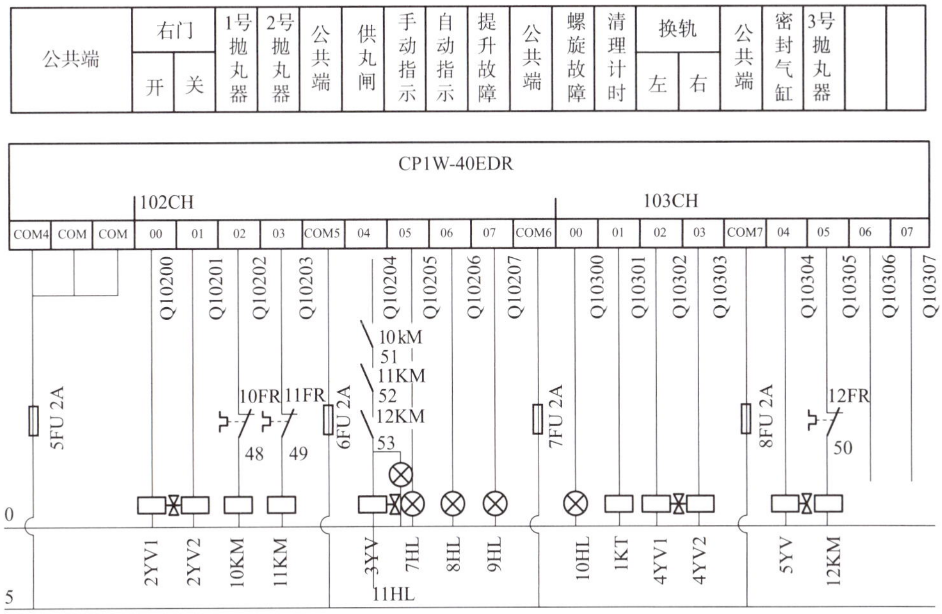

图 5-26　PLC 输出控制原理(二)

六、DC 600 V 地面电源设备电路分析

以 WHDC-2/500 kV·A 型 DC 600 V 地面电源设备为例,分析其结构组成和主要电路控制原理。WHDC-2/500 kV·A 型 DC 600 V 地面电源为 DC 600 V 列车提供稳定的电源,供其维护检修使用。

1. 系统构成及主要技术参数

该地面电源系统主要由整流柜、变压器、轨旁柜系统构成，如图 5-27 所示。整流变压器的容量为 500 kV·A。

系统各部分组成和功能如下：

(1)整流部分组成

①整流系统，通过三相桥式整流，实现交流电变直流电；

②控制触发板，调整三相桥式整流各晶闸管的导通角，实现高质量直流电输出；

③电能表、电压表、电流表、电压传感器、电流传感器，实现设备和操作者的数据交互；

④电操开关，控制 DC 600 V 总电源通断；

⑤在线漏电检测，实时监控漏电信息；

⑥配有手动、自动控制系统；

⑦LC 型滤波，削减整流后的交流尖波，实现平滑直流输出。

(2)主要技术参数

①输出功率：500 kV·A。

②输入电压：AC 380×(1±10%)V/50 Hz。

③输出电压：DC 0～660 V，输出电压上升率不大于 500 V/ms。

④输出电流：DC 600 V 额定电流 667 A，AC 380 V 额定电流 425 A。

⑤稳压精度：≤±5%，稳定调压范围为 DC 570～660 V，瞬时尖峰值小于 1 200 V，持续时间小于 20 μs。

⑥纹波系数：DC 600 V 纹波峰—峰值小于额定电压的 15%。

⑦电源软启动输出，输出电压上升率不大于 200 V/ms。

⑧主变压器：干式整流变压器(ZSG-AC 380 V/AC 500 V，500 kV·A)。

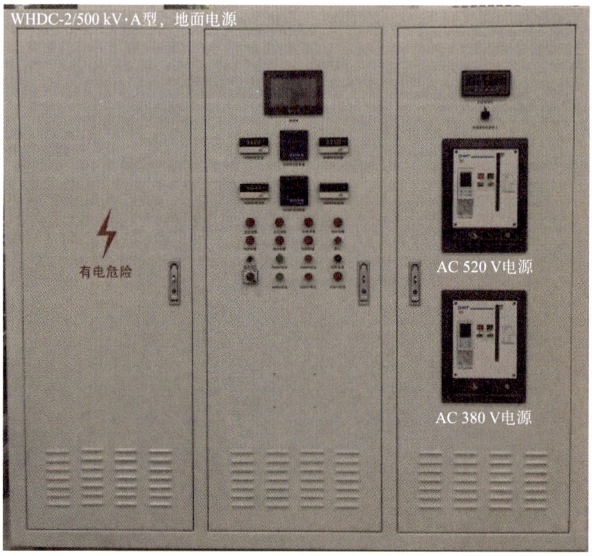

图 5-27　WHDC-2/500 kV·A 型地面电源设备

⑨二极管：三相全桥，型号为 KP8 700-24SF15。

⑩滤波方式：LC 型滤波，0.6 mH/10 000 μF。

(3)系统功能(整流柜)

①DC 600 V 输出。

②AC 520 V 侧具有熔断、过流、过压、缺相、元件过热报警，并同时保护输出。

③直流侧具有过流、过压、过热、短路报警，并同时保护输出。

④DC 600 V 干线中性点接地保护功能：当列车 DC 600 V 干线发生漏电或当 DC 600 V 地面电源线路发生漏电时能够自动切断电路，故障提示并报警。

⑤具有电操故障报警。

⑥交流侧电度计量功能。

⑦线路压降补偿功能：对因配电室与整备线配电柜距离太远而造成的线路压降，进行自动调节和补偿，确保整备线配电柜输出电压符合稳压精度要求，同时在补偿电压过高时实现自动保护。

⑧系统保护功能：整个系统具有交流侧过流及短路保护，直流输出侧具有接地、过压、过流、短路保护功能及在线漏电保护功能。

⑨温度巡回监测功能：设备主要部件包括电容、晶闸管、电抗器、变压器，具备温度巡回监测功能，出现异常及时报警、断电。

2. 控制电路分析

(1)该设备主回路输入 AC 380 V 三相交流电，分别连接三路设备回路，一路经万能式断路器送入设备变压器，经由变压器升压为 AC 500 V，经三相桥式整流、LC 滤波、保护系统输出电压为 DC 600 V；另一路 AC 380 V 接入万能式断路器，经控制系统、采集系统输出 AC 380 V。因设备输入电源功率有限，这两路电源互锁控制，确保不能同时送出 DC 600 V 和 AC 380 V。在 AC 380 V 主回路，还有一路控制电源，取 AC 380 V 经单相变压器降压为 AC 220 V，为控制元件提供控制电源。

(2)DC 600 V 整流回路分析：输入电源经整流变压器由 AC 380 V 变为 AC 500 V 后，由电压、电流检测仪表经信号采集后显示电压和电流；主回路经过三个快熔熔断器，接入三相桥式整流，通过移向触发板控制六个晶闸管的导通角，经滤波后得到较纯净的直流电。滤波电路采用 LC 滤波，分别接入 10 000 μF 的电容和电抗器，以提高直流电质量、通过中性点接地电阻采集正对地和负对地电压漏电值。

地面电源主控回路如图 5-28 所示。

(3)触发板的控制：触发板回路如图 5-29 所示。

①按下“DC 600 V 启动”按钮，此时电源启动，调节“电压调节”旋钮，DC 600 V 电压上升，用示波器观察控制板输出脉冲，同时调整给定电位器，脉冲应能在 0～180°范围内平滑的移动，六路脉冲指示发光管亮。六路脉冲均为双列脉冲串，依次相差 60°，脉冲幅度应大于 4 V，若不正常，则应检查控制板是否损坏或接线是否有误。

②将给定电位器调至最小，在负载两端并联一阻性假负载取样，再接通主电路电源，调整给定电位器，同时用示波器观察取样负载两端的电压波形，应能平滑的变化，输出电压也能连续变化。通过查看波形可以判断触发板接线是否有误，以及接线是否松动，或晶闸管性能好坏等。

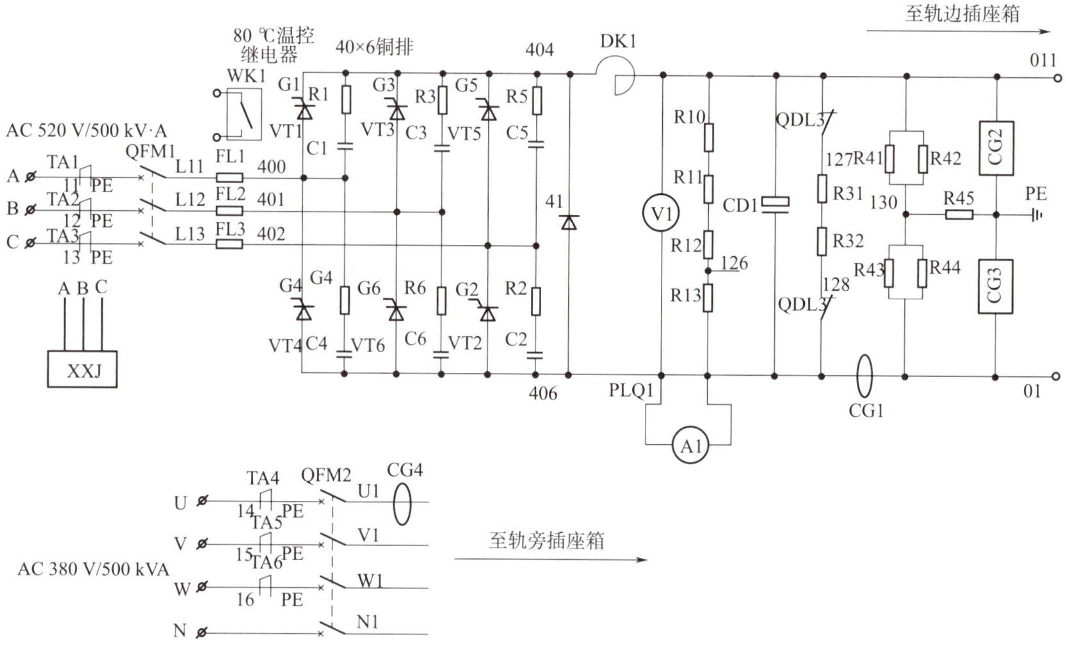

图 5-28　地面电源主控回路

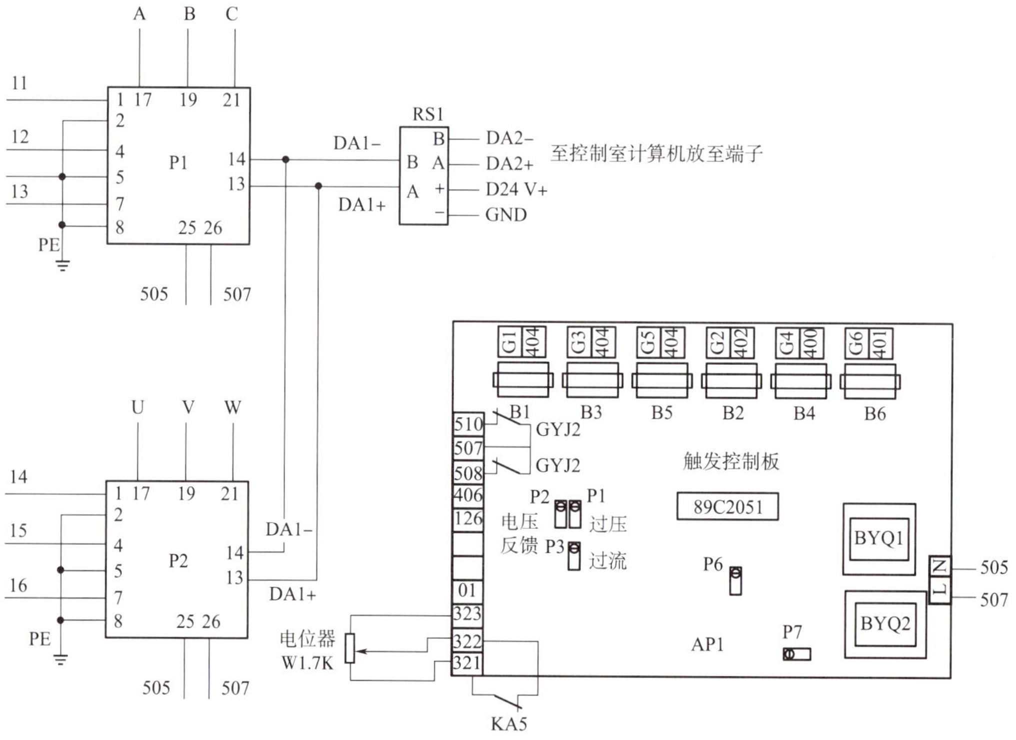

图 5-29　地面电源触发板回路

③按上述步骤调整完毕无误后，无须动其他可调电位器。拆掉假负载，接实际负载，缓慢调整给定电位器，观察电流、电压表指示，应能平滑上升，无抖动、跳跃现象。当调到过流或过压点时，保护应能动作。此时整流脉冲被拉到逆变区或封锁，电流、电压表指示回零。声光报警指示灯发声或发光。给定电位器回零后，复位后解除保护。

(4)在控制回路中，通过 PLC 采集数据和中间继电器的控制，实现过压、过流、过温、缺相、熔断、DC 600 V 电操故障、漏电等多种报警保护功能。控制回路比较直观，条理清晰，设计合理，检修方便。对照电路图可以很快找到报警原因。地面电源控制回路如图 5-30 所示。

(5)本机的启停控制：采用西门子 S7-200 SMART 系列 PLC，输入端主要是主机和轨旁柜的启停控制、报警信号输入、故障信号输入等；输出端主要是启动和停止的信号输出，通过中间继电器去控制 DC 600 V 的输出电操开关，或 AC 380 V 的电操，从而实现供电输出。在输出过程中，在 PLC 内部设置了交直流电输出互锁控制；过压、过流、漏电等直流输出报警和供电的互锁控制；缺相、熔断等交流报警和交流回路的互锁控制。程序设计合理，保护功能完善，可实现长时间安全运行。

七、微控 F8 型制动阀试验台关键电路分析

以微控 F8 型制动阀试验台为例，分析其结构组成和电控原理。

1. 结构组成

F8 型制动阀试验台微机控制系统适用于客车 F8 型制动阀的性能测试，取代原人工操作，试验过程完全由微机控制自动完成。

此系统是在原 F8 型制动阀试验台基础上，进行电气扩充而成。克服原来手动操作存在的缺点，具有操作简便、测试准确、功能完备等优点，各项测试数据自动存储，测试报表可随时打印。

F8 型制动阀试验台结构如图 5-31 所示，以计算机作为控制核心，采用电磁阀替代手动操纵阀及风门，用高灵敏度的压力传感器采集试验台各风缸压力。传感器将采集到的压力信号送入计算机，该信号经计算机处理后，压力值实时显示在计算机屏幕上，计算机根据试验程序自动控制相应的电磁阀动作。从而实现试验过程的自动控制。

F8 型制动阀试验台各部件用途参数见表 5-1。

表 5-1　F8 型制动阀试验台各部件用途参数

零件名称	规格型号	数量	主要技术参数
压力传感器	CTS613	12 个	测量范围：0～1 MPa 工作电压：DC 24 V；测量精度：0.5%FS
I/O 板	P32A32	1 个	64 通道隔离型数字量输出 输出信号电压：DC 5 V
A/D 板	P1802	1 个	32 路单端模拟输入通道 模拟输入电压范围：0～5 V
继电器	RJ2S	32 个	DC 24 V
电磁阀	2231010	6 个	DC 24 V

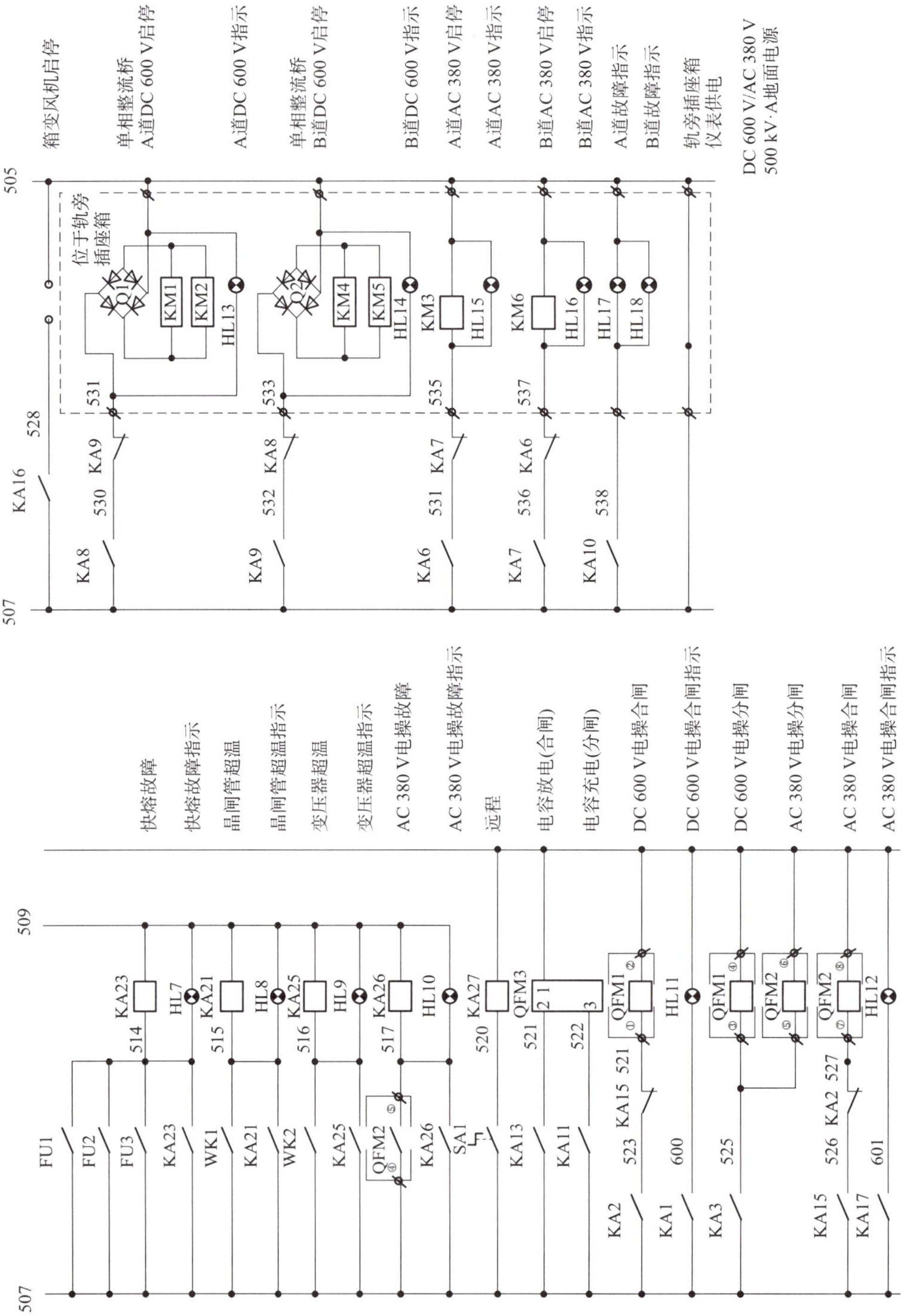

图 5-30 地面电源控制回路

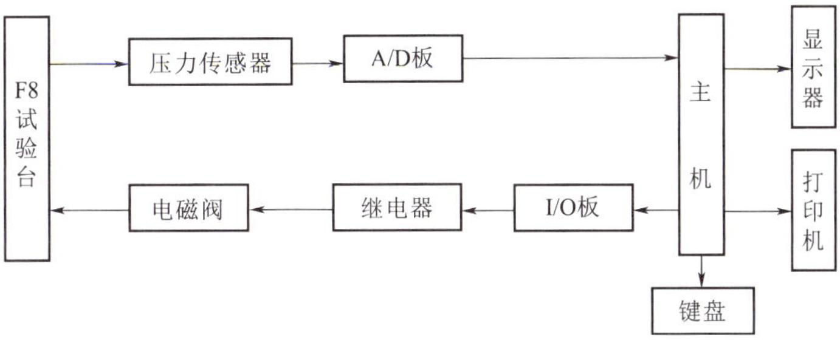

图 5-31 F8 型制动阀试验台结构

因本机使用压力传感器采集各点位压力，对传感器数值要求较为严格，采用 0.2 级传感器，本机压力传感器型号为 CTS613(DC 24 V)，压力传感器的参数见表 5-2。

表 5-2 压力传感器参数

技术参数	技术指标		单　位
量程	0～1		MPa
输出信号	4～20		mA
准确度等级	0.2	0.5	级
绝缘电阻	≥500		MΩ/DC 100 V
供桥电压	±6,12,24		V DC
工作温度	−10～+60		℃
零点漂移	0.2	0.5	%FS/4 h
热零点偏移	0.3	0.3	%FS/10 ℃
热灵敏度偏移	0.3	0.3	%FS/10 ℃
允许过负荷	120		%FS
接线方式	插座:红线接电源(+);黑线接信号线		

2. 控制电路分析

采用计算机作为主控，电路控制部分以手动 F8 型制动阀为原形扩展，将原手动风门改为按钮控制和计算机控制，通过继电器板上集成的若干继电器进行动作控制，主控电路如

图 5-32 所示。

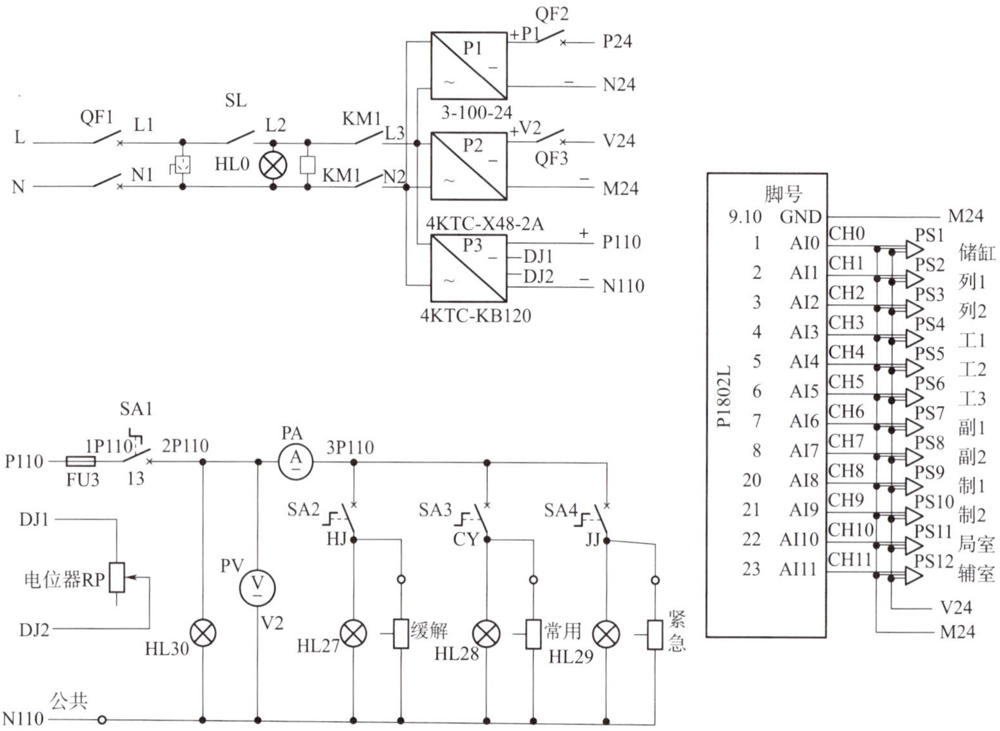

图 5-32　F8 型制动阀试验台主控电路

设有三个开关电源，其中 P3 用于控制输送电磁阀电压，设有电位器对电压进行调节。电路中设有采集器件，在设备和计算机上可以显示电压和电流，P1802L 集控板上显示各动作情况下各风门的状态，通过 LED 发光二极管来指示是否接通。F8 型制动阀试验台继电器控制电路如图 5-33 所示。

全部动作的启动，有按钮和计算机操作两种方式，按钮和继电器的常开点并联。当设备运行采用自动方式，由计算机进行控制，按照设定的程序顺序逐条进行试验；当设备运行采用手动方式，按相应风门的按钮，会有相应动作的继电器吸合，从而进行相应动作的试验。PISO-P32A32 PCI 总线 32 路集电极开路输出控制卡安装于工控机内，控制各工作中相应继电器的通断。

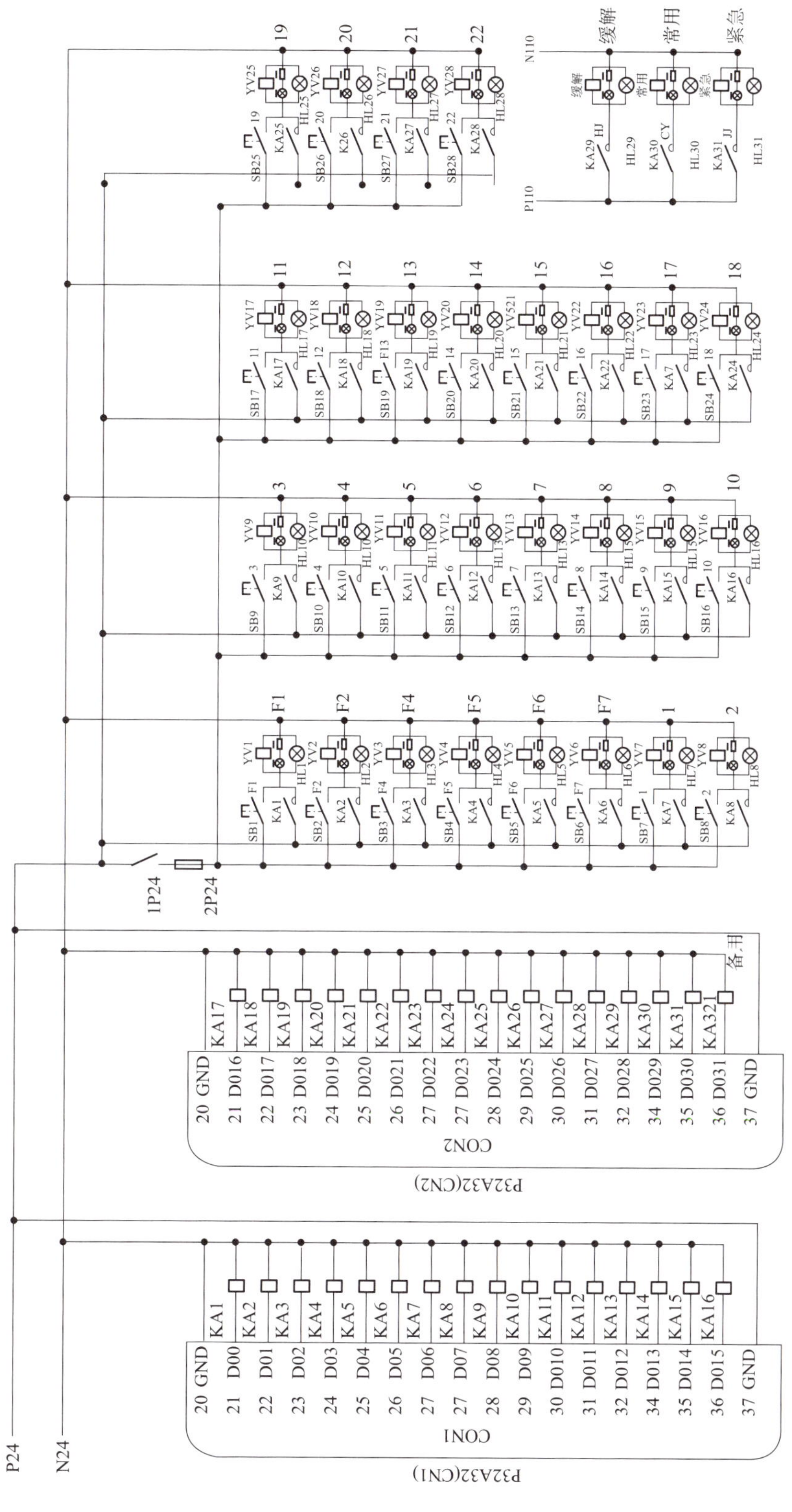

图 5-33　F8 型控制阀试验台继电器控制电路

第六章
可编程控制器、人机界面和变频器

第一节　可编程控制器

一、可编程控制器的原理和特点

可编程逻辑控制器(programmable logic controller,PLC)是一种数字运算操作的电子系统,专为在工业环境下应用而设计。它采用可以编制程序的存储器,用来在执行存储逻辑运算和顺序控制、定时、计数和算术运算等操作的指令,并通过数字或模拟的输入和输出接口,控制各种类型的机械设备或生产过程。

可编程逻辑控制器(PLC)主要由中央处理单元、存储器、用户程序存储器、数据存储器构成。中央处理单元(CPU)是 PLC 的控制中枢,是 PLC 的核心,起神经中枢的作用,每套 PLC 至少有一个 CPU;存储器是存放系统软件的存储器;用户程序存储器存放 PLC 用户程序应用;数据存储器存储 PLC 程序执行时的中间状态与信息,相当于 PLC 的内存。

可编程逻辑控制器(PLC)是采取顺序扫描、不断循环的方式进行工作的,即在 PLC 运行时,PLC 根据用户按控制要求编好并存放于用户程序存储器中的程序,按指令步序号或地址号作周期性循环扫描,如无跳转指令,则从第一条指令开始逐条顺序执行用户程序,直至程序结束,然后重新返回第一条指令,开始下一轮扫描,在每一次扫描过程中,还要完成对输入信号的采样和对输出状态的刷新等工作。

可编程逻辑控制器(PLC)的特点:

1. 抗干扰力量强、牢靠性高

在工业现场存在着电磁干扰、电源波动、机械振动、温度和湿度的变化等因素,这些因素都影响着计算机的正常工作。而 PLC 从硬件和软件两个方面都实行了一系列的抗干扰措施,在硬件方面,PLC 采纳大规模和超大规模的集成电路,采纳了隔离、滤波、屏蔽及接地等抗干扰措施,并实行了耐热、防潮、防尘和抗振等措施;在软件方面,采纳数字滤波等抗干扰和故障诊断措施。这些措施使 PLC 具有了很强的抗干扰能力和很高的牢靠性。

2. 系统结构简洁、使用便利

在 PLC 系统中,只需在 PLC 的输入/输出端子上接入相应的信号线即可,不需要连接继电器之类的低压电器和大量简单的硬件接线电路,大大简化了系统的结构。PLC 体积小、重量轻,安装与维护也极为便利。另外,PLC 的编程大多采纳类似于继电器线路的梯形图形式，这种编程语言形象直观、简单，编程便利。

3. 功能强大、通用性好

PLC 内部有成百上千个可供用户使用的编程元件，具有很强的功能，可以实现简单的功能。另外，PLC 的产品已经标准化、系列化、模块化，配备有品种齐全的各种硬件装置供用户使用，用户能敏捷便利地进行系统配置，组成不同功能、不同规模的系统。

二、西门子 S7-1200 PLC 及软件

1. S7-1200 PLC

西门子 S7-1200，也称为 SIMATIC S7-1200，是一款紧凑型、模块化的 PLC，专为中小型自动化控制系统设计。它的特点是体积小、重量轻、功能强大且组态灵活。S7-1200 能够执行简单至复杂的自动化任务，如逻辑控制、运动控制、过程控制等。此外，它支持多种通信方式和集成丰富的现场总线技术，便于与其他设备和系统进行通信。

S7-1200 控制器实现了模块化和紧凑型设计，能够与西门子的 HMI 和其他控制器进行完美的整合；具有高度的精确性和稳定性，适合于单机小型自动化系统的解决方案；易于设计和实施，尤其适用于需要网络通信功能的自动化系统；支持多种运动控制和过程控制的高级应用功能，扩展性强、灵活度高，可形成一个完整的自动化解决方案；具备 PROFINET 接口，可以通过开放的以太网协议与其他设备进行通信，支持多种通信方式的扩展；广泛应用于 OEM 机械控制、远程通信、低端运动位置控制、建筑自动化设备等领域，以及非传统制造业应用。

2. 博途软件

博途又称全集成自动化软件，是西门子推出的全新工业自动化软件，也是业内首次将工程组态与可视化打包在一起的软件；既是一套面向编程人员的编程工具，又是一套面向用户的可视化软件，集成了传统的西门子 STEP 7 和 WINCC 的功能，可以更加直观、高效、快速地进行自动化项目的开发。

S7-1200、S7-1500、S7-300、S7-400 都可以通过博途开发，但 S7-200 和 S7-200 SMART 无法使用博途。

博途除了开发以上 PLC 外，还能够组态触摸屏画面和上位机可视化画面。

由于采用了全集成的技术，博途软件相当大，约 30 G，所以对电脑的要求高，至少需要 i 系列处理器、8 G 内存和 SSD 固态硬盘才能够流畅运行，这也导致了很多用户只用博途来开发 PLC 和触摸屏，而不将其作为可视化界面提供给用户使用。

博途软件启动界面如图 6-1 所示，包括以下内容：

(1)SIMATIC Step 7

SIMATIC Step 7 可以对 S7-1200、S7-1500、S7-300、S7-400 系列 PLC 进行编程。Step 7 包括基本版和专业版两个版本。基本版只能对 S7-1200 系列 PLC 进行编程组态，而专业版可以对 S7-1200、S7-1500、S7-300、S7-400 及 WinCC 进行组态和编程。

(2)SIMATIC WinCC

SIMATIC WinCC（TIA Portal）是一款工程组态软件，用于组态 SIMATIC 面板、SIMATIC 工业 PC、安装有 WinCC Runtime Advanced 或 SCADA 系统 WinCC Runtime

Professional 可视化软件的标准 PC。

WinCC(TIA Portal)有 4 种版本,具体使用取决于可组态的操作员控制系统:

①WinCC Basic,用于组态精简系列面板,包含在每款 Step 7 Basic 和 Step 7 Professional 产品中。

②WinCC Comfort,用于组态所有面板(包括精智面板和移动面板)。

③WinCC Advanced,用于通过 WinCC Runtime Advanced 可视化软件组态所有面板和 PC。WinCC Runtime Advanced 一个是基于 PC 单站系统的可视化软件。WinCC Runtime Advanced 可购买带有 128、512、2 000、4 000、8 000 和 16 000 个外部变量(带过程接口的变量)的许可。

④WinCC Professional,用于使用 WinCC Runtime Advanced 或 SCADA 系统 WinCC Runtime Professional 组态面板和 PC。WinCC Professional 有以下版本:带有 512 和 4 096 个外部变量的 WinCC Professional 以及 WinCC Professional(最大外部变量数)。WinCC Runtime Professional 是一种用于构建组态范围从单站系统到多站系统(包括标准客户端或 Web 客户端)的 SCADA 系统。WinCC Runtime Professional 可购买带有 128、512、2 000、4 000、8 000、64 000、100 000、150 000 和 256 000 个外部变量(带过程接口的变量)的许可。

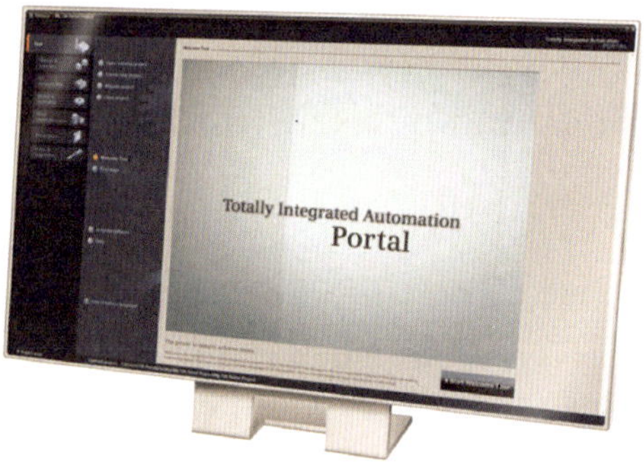

图 6-1 博途软件

(3) SIMATIC WinCC Unified

SIMATIC WinCC Unified 是面向各种平台提供可视化功能的新型可视化系统。WinCC Unified 项目在 TIA Portal 中统一组态。该系统支持 HTML5、SVG 和 JavaScript 等 Web 技术,因此通过 Web 浏览器即可实现可视化功能。不需要安装其他应用程序或插件。WinCC Unified 具有强大的扩展能力,应用范围从机床上的操作员面板到复杂的基于 PC 的解决方案。

WinCC Unified 的版本:

①WinCC Unified Comfort,在 Unified 精智面板上实现可视化功能。

②WinCC Unified PC,在 Unified PC 上实现可视化功能。

(4)SINAMICS Startdrive

SINAMICS Startdrive 调试软件用于将 SINAMICS 驱动集成到自动化系统中。

①Startdrive Basic,用于调试、优化和诊断 SINAMICS S120、S150、S210 驱动系统以及 G115D、G120、G120C、G120D、G130、G150。

②Startdrive Advanced，具有 SINAMICS Startdrive Basic 的全部功能，此外在 SINAMICS S120、S210、G125D 和 G120 中集成了安全验收测试功能。SINAMICS Startdrive 软件如图 6-2 所示。

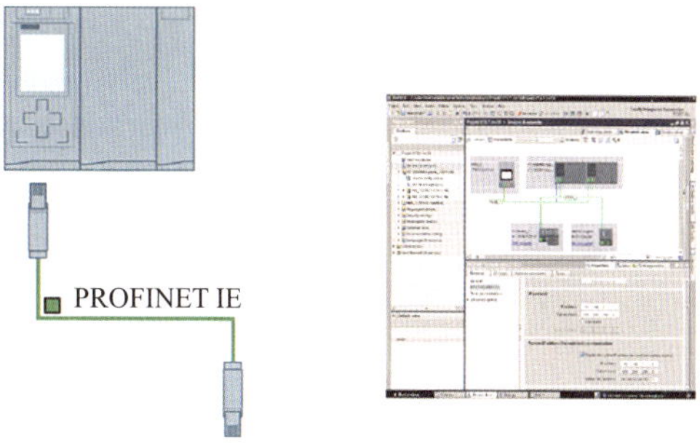

图 6-2　博途 SINAMICS Startdrive

（5）SIMOTION SCOUT TIA

SIMOTION SCOUT TIA 是工程组态软件，用于对运动控制系统 SIMOTION D（基于驱动器）、SIMOTION C（基于 PLC）、SIMOTION P（基于 PC）进行编程、参数分配、组态、测试和调试，如图 6-3 所示。

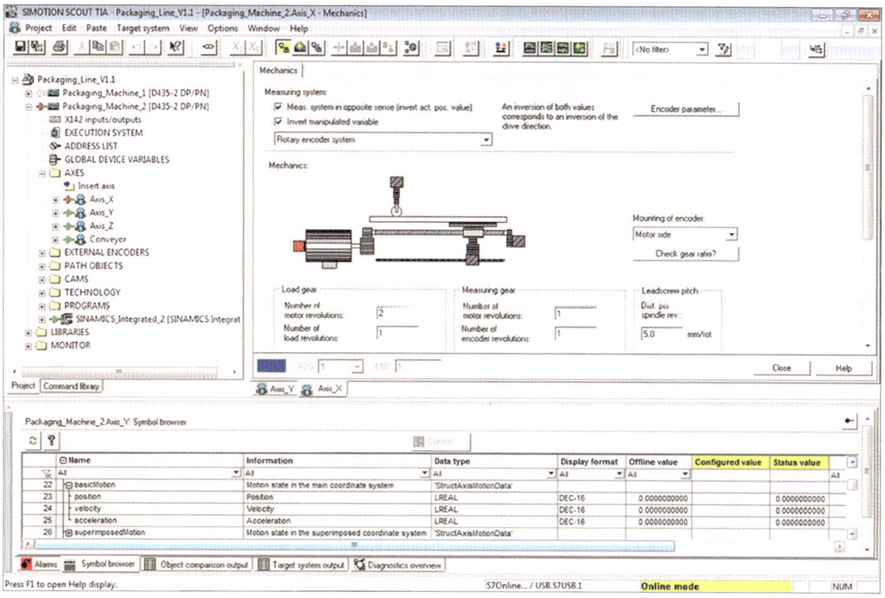

图 6-3　博途 SIMOTION SCOUT TIA 的运动控制

（6）SIRIUS SIMOCODE ES

SIRIUS SIMOCODE ES 是一款核心软件，用于对 SIMOCODE pro 电机管理和控制装置进行组态、调试、操作和诊断。

SIRIUS SIMOCODE ES 有两个版本：

①SIMOCODE ES Basic，用于调试和维护设备。

②SIMOCODE ES Professional，功能范围更广并集成了图形编辑器，可执行工程组态和组态任务，例如通过 PROFIBUS/PROFINET 进行参数分配和诊断。

三、西门子 S7-200 SMART PLC 及软件

1. 西门子 S7-200 SMART PLC

西门子 S7-200 系列微型 PLC 在我国应用非常广泛，尤其是在机械设备的自动化控制上，但是因为西门子即将停产旧的 S7-200 系列，而新的 1200 系列小型 PLC 需要使用博途软件，编程环境相对要复杂很多，不利于需要小型工控系统现场的推广应用，为此，西门子公司推出了 S7-200 SMART 系列 PLC，图 6-4 为该 PLC 的结构。

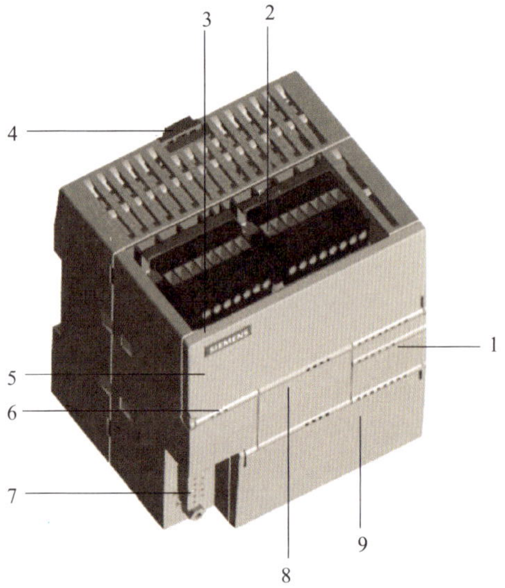

1—I/O 的 LED；2—端子连接器；3—以太网通信端口；4—用于在标准(DIN)导轨上安装的夹片；5—以太网状态 LED 指示灯(保护盖下方)：LINK，RX/TX；6—状态 LED：RUN、STOP 和 ERROR；7—RS-485 通信端口；8—可选信号板(仅限标准型)；9—存储卡读卡器(保护盖下方)(仅限标准型)。

图 6-4 S7-20 SMART PLC 结构

S7-200 SMART 系列微型 PLC 可以控制各种设备以满足自动化控制需要。CPU 根据用户程序控制逻辑监视输入并更改输出状态，用户程序可以包含布尔逻辑、计数、定时、复杂数学运算以及与其他智能设备的通信。S7-200 SMART 结构紧凑、组态灵活且具有功能强大的指令集，这些优势的组合使它成为控制各种应用的完美解决方案。

CPU 将微处理器、集成电源、输入电路和输出电路组合到一个结构紧凑的外壳中，形成功能强大的 Micro PLC。下载用户程序后，CPU 将包含监控应用中的输入和输出设备所需的逻辑。

S7-200 SMART CPU 系列包括 14 个 CPU 型号，分为紧凑型产品线和标准型产品线两条产品线。CPU 标识的第一个字母表示产品线，紧凑型 (C)或标准型 (S)；标识的第二个字母表示交流电源/继电器输出 (R) 或直流电源/直流晶体管 (T)；标识中的数字表示总板载数字量 I/O 计数。I/O 计数后的小写字符“s”(仅限串行端口)表示新的紧凑型号。

2. 编程软件 STEP 7-Micro/WIN SMART

STEP 7-Micro/WIN SMART 提供了一个用户友好的环境，供用户开发、编辑和监视控制应用所需的逻辑。STEP 7-Micro/WIN SMART 提供三种程序编辑器(LAD、FBD 和 STL)，用于方便高效地开发适合用户应用的控制程序。为帮助用户找到所需信息，STEP 7-Micro/WIN SMART 提供了内容丰富的在线帮助系统。

视 频

STEP 7-Micro/WIN SMART 编程软件安装

(1)计算机要求

STEP 7-Micro/WIN SMART 在个人计算机上运行，计算机应满足的最低要求：操作系统为 Win 7 SP1 或 Win 10(32 位和 64 位两种版本)；硬盘空间至少 350 M 字节的空闲。

(2)软件安装

STEP 7-Micro/WIN SMART 软件的具体用法、编程指令的用法，可参考官方手册或相关书籍、视频。

四、西门子 S7-200 PLC 及软件

1. S7-200 PLC

S7-200 是西门子开发的一种小型的可编程序控制器，适用于各种场合中的检测、监测及控制的自动化。S7-200 系列的强大功能使其无论在独立运行中，或相连成网络皆能实现复杂控制功能。因此 S7-200 的系列具有较高的性能比和价格比，外观如图 6-5 所示。

S7-200 系列 PLC 是西门子公司的产品，另外，国内外还有一些厂家生产与其完全兼容的产品，例如艾莫讯公司，各种简易 PLC 等。S7-200 的编程软件经历了 9 个大的版本，目前最新的支持 Win7 的软件是 Step 7 Microwin4.0 Sp9，西门子对于购买 S7-200 的用户免费提供编程软件。

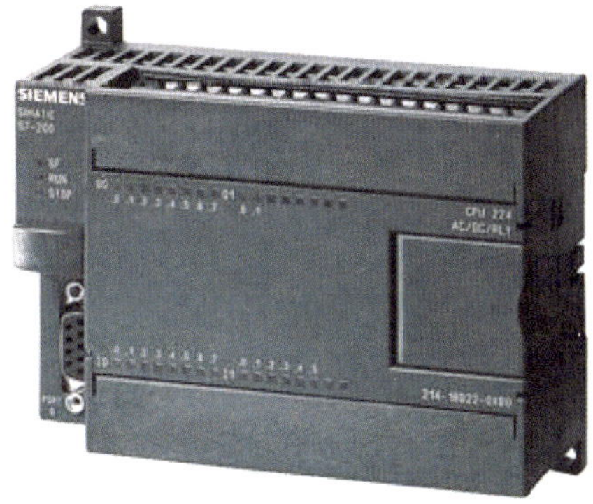

图 6-5　西门子 S7-224CN

2. S7-200 SMART

S7-200 SMART 是针对中国用户开发的一款小型 PLC，该 PLC 与原来的经典系列的 S7-200 有着一脉相承的特性，保留了 S7-200 的使用习惯和编程思路，软件的界面和指令用法基本相同，同时对一些功能进行了优化和扩展，使功能更强、操作更便捷，他们的区别

如下：

（1）CPU 运行模式开关不同

S7-200 CPU 在模块的右侧有一个运行模式开关，可以改变 CPU 的运行模式。S7-200 SMART CPU 没有运行模式开关，只能在组态软件的系统块里更改 CPU 上电后的运行模式。S7-200 CPU 和 S7-200 SMART CPU 都有 STOP 指令可以使程序进入 STOP，但是没有 RUN 指令进行重新启动。

（2）程序容量和数据区大小

S7-200 CPU 和 S7-200 SMART CPU 程序容量和数据区大小都是不能扩展的。相比较而言，S7-200SMART 扩大了程序和数据存储区的大小，也不再固定运行/非运行编辑模式下程序占用区域的大小，这种方式下程序执行时内部处理更加灵活，也优化了存储空间的使用。例如 CPU 224 运行中编辑模式程序大小为 8K，非运行中编辑模式程序大小为 12K，数据区大小为 8K，而 ST30 程序大小为 18K，数据区大小为 12K。

（3）存储卡的设计以及用途不同

S7-200 CPU 和 S7-200 SMART CPU 都可以使用存储卡来实现一些功能，但是存储卡都不能用来扩展 CPU 存储区。S7-200 CPU 的存储卡可用来实现配方、数据归档、传输程序的用途；S7-200 SMART CPU 的存储卡可用来实现传输程序、升级固件、恢复出厂设置的功能。两种存储卡的功能和外形都不一样，不能混用。

（4）CPU 自带通信接口以及支持的通信协议不同

两个系列的 CPU 都支持自由口、Modbus RTU、USS 等串口通信协议。S7-200 SMART 标准型 CPU 本体集成一个 RJ45 的以太网接口和一个 RS-485 接口，S7-200 CPU 本体只有一个或者两个 RS-485 接口，没有以太网接口，如果有以太网通信的需求，需要扩展 CP243-1 模块。CP243-1 的以太网接口仅支持西门子内部的 S7 单边 PUT/GET 通信协议，S7-200 SMART 的以太网口除了支持西门子的 S7 协议之外，还支持 Modbus/TCP、TCP/IP、UDP、ISO-on-TCP、PROFINET 通信协议，所以通信能力更强。

（5）接线端子设计不同

两种 CPU 的产品定位都是小型 PLC，本体都集成了一些 I/O 点，都可以通过添加扩展模块来扩展 I/O 以及通信接口。

S7-200 本体集成的 I/O 分布方式为上面端子排是数字量输出 DO，下面的端子排是数字量输入 DI；S7-200 SMART 本体集成 I/O 分布方式与 S7-200 相反，上面的端子排是数字量输入 DI，下面的端子排是数字量输出 DO。

S7-200 CPU 最多扩展 7 个模块，每个 S7-200 模块都自带一根带状 I/O 总线电缆，可直接将该电缆插接在其他模块或者 CPU 的 10 针插槽内。S7-200 SMART CPU 最多扩展 6 个模块＋1 个信号板，扩展模块之间或者扩展模块和 CPU 之间都采用插针式的连接方式。

（6）编程电缆不同

S7-200 CPU 有专门的编程电缆，称为 PC/PPI 电缆 ，根据连接电脑的接口不同又分成 USB/PPI 电缆和 RS-232/PPI 电缆两种类型。

RS-232/PPI 电缆不能用于 S7-200 SMART 的编程通信，S7-200 SMART CPU 只支持

这一种USB/PPI电缆。除此之外，S7-200 SMART CPU还可以通过以太网线作为编程电缆来进行上载、下载、在线调试程序。

(7)软件组态设置不同

S7-200 CPU不需要进行硬件组态，连接扩展模块后在STEP 7-Micro/WIN软件中的CPU信息里可以看到扩展模块的信息和I/O地址，而S7-200 SMART CPU需要根据实际硬件，在STEP 7-Micro/WIN SMART软件中的系统块里组态扩展模块及其参数。

(8)具有相似的密码保护功能

保护功能分成两种：对CPU程序读写的保护和程序块加密的保护。两种CPU都有这两种功能，其中对CPU的读写保护在CPU的系统块里进行设置。对程序块的加密设置在相应程序块的属性中设置的。S7-200 SMART CPU的密码保护有四个等级，与S7-200 CPU的四个等级密码保护等级功能一一对应。

(9)高速计算器的设置不同

S7-200 CPU的高速计数器HSC硬件不经过CPU的数字量输入滤波，而S7-200 SMART CPU的高速计数器HSC在硬件上经过CPU的数字量输入滤波，因此S7-200 SMART CPU除了编程组态外还需要结合高速计数器HSC信号的频率在系统块里设置合适的数字量输入滤波时间，否则无法正确计数。

(10)模拟量通道值标称不同

S7-200 CPU的标准模拟量通道标称值的范围是－32 000～32 000，而S7-200 SMART CPU的标准模拟量通道标称值的范围是－27 648～27 648，该值与S7-1200、S7-300、S7-400一致。

(11)运动控制功能实现方式不同

S7-200 PLC运动控制有两种方式实现：

①S7-200 CPU(DC/DC/DC)，本体集成了两个高速脉冲输出点，这样可以控制两个轴，CPU 224XP/CPU 224XPsi脉冲频率可以达到100 kHz，其他型号CPU脉冲频率可以达到20 kHz。

②通过扩展EM253位控模块来增加S7-200 PLC控制轴的个数，一个EM253可以控制1个轴，脉冲频率可以达到200 kHz。

S7-200 SMART CPU把S7-200 EM253定位模块的功能移到了CPU的内部，没有位控扩展模块。根据不同型号CPU，分别具有2个(ST20)或3个(ST30/40/60)轴的控制能力，频率都可达到100 kHz。

(12)跟上位机软件通信的实现方式略有不同

这两类PLC与上位机软件通信都需要通过OPC的方式，S7-200使用PC access或者SIMATIC NET软件作为OPC server，而S7-200SMART则通过PC access SMART或者SIMATIC NET软件作为OPC server来实现，其中PC access以及PC access SMART软件都可以通过西门子官方网站免费下载，在PLC个数较多，通信数据量较大的场合还是优先推荐使用SIMATIC NET软件来实现。

五、三菱 FX 系列 PLC 和软件

1. 三菱 FX3U 型 PLC

三菱 FX3U 型 PLC 是三菱第三代小型可编程控制器，具有业内高水平的高速处理，内置定位功能得到大幅提升。

不管使用哪种型号的三菱 PLC，都需要掌握其接线方式，明白三菱 PLC 所接电源是多少，知道怎么把信号接入到 PLC 里，怎么用 PLC 的输出信号来控制负载，模拟量信号的输入和输出怎么接等，在了解接线方式前，需要先了解此三菱 PLC 的型号。图 6-6 所示为三菱 FX3U 系列 PLC 的型号说明。

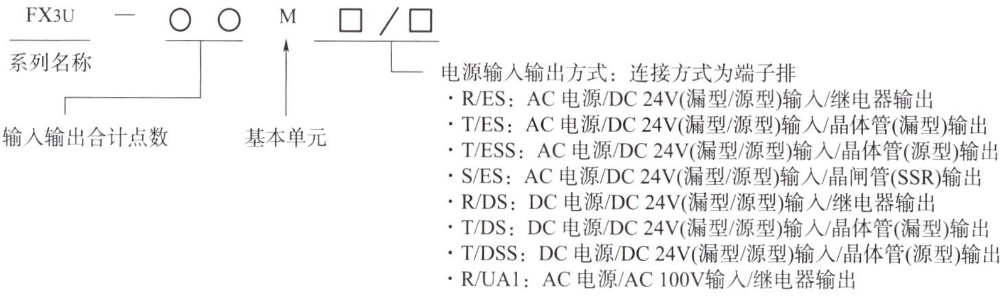

图 6-6　三菱 PLC 的型号说明

三菱 FX3U 系列 PLC 的输出分为继电器输出、晶体管输出、晶闸管输出，晶体管输出可以分为源型输出和漏型输出两种类型。

三菱 FX 系列 PLC 的新产品 FX3U 与之前的 FX 系列产品相比其定位功能得到了提高，PLC 主体的脉冲输出由两个增加到三个，定位指令增加，可扩展高速脉冲输出模块 FX3U-2HSY-ADP 用于定位，可扩展定位模块 FX3U-20SSC-H 用于定位，可连接 FX 系列之前的定位模块。

视频

三菱 GX Works2 编程软件安装

2. 编程软件

(1)GX Works2

2011 年之后推出编程软件 GX Works2，该软件有简单工程和结构工程两种编程方式。支持梯形图、指令表、SFC、ST、结构化梯形图等编程语言，集成了程序仿真软件 GX Simulator2。具备程序编辑、参数设定、网络设定、监控、仿真调试、在线更改、智能功能模块设置等功能，适用于三菱 Q、FX 系列 PLC。可实现 PLC 与 HMI、运动控制器的数据共享。

视频

三菱 GX Developer 编程软件安装

(2)GX Developer

GX Developer 是一款适用于三菱 PLC 全部系列的程序设计软件，支持三菱 PLC 梯形图、指令表、SFC、ST 及 FB、Label 语言程序设计、网络参数设定，也可在线上对程序进行更改、监控及调试，结构化程序的编写(分部程序设计)，还可以将其制作成标准化程序，适用于其他同类系统中。

第二节　人机界面（触摸屏）

一、人机界面简介

1. 人机界面产品的定义

人机界面连接可编程序控制器（PLC）、变频器、直流调速器、仪表等工业控制设备，利用显示屏显示，通过输入单元（如触摸屏、键盘、鼠标等）写入工作参数或输入操作命令，实现人与机器信息交互的数字设备；由硬件和软件两部分组成。

2. 人机界面（HMI）产品的组成及工作原理

人机界面产品由硬件和软件两部分组成，硬件部分包括处理器、显示单元、输入单元、通信接口、数据存储单元等，其中处理器的性能决定了 HMI 产品的性能高低，是 HMI 的核心单元。根据 HMI 的产品等级不同，处理器可分别选用 8 位、16 位、32 位的处理器。HMI 软件一般分为两部分，即运行于 HMI 硬件中的系统软件和运行于 PC 机 Windows 操作系统下的画面组态软件（如 JB-HMI 画面组态软件）。使用者都必须先使用 HMI 的画面组态软件制作工程文件，再通过 PC 机和 HMI 产品的串行通信口，把编制好的工程文件下载到 HMI 的处理器中运行。

3. 人机界面产品的基本功能及选型指标

基本功能：设备工作状态显示，如指示灯、按钮、文字、图形、曲线等；数据、文字输入操作，打印输出；生产配方存储，设备生产数据记录；简单的逻辑和数值运算；可连接多种工业控制设备组网。

选型指标：显示屏尺寸及色彩，分辨率；HMI 的处理器速度性能；输入方式触摸屏或薄膜键盘；画面存储容量，注意厂商标注的容量单位是字节（byte）还是位（bit）；通信口种类及数量，是否支持打印功能。

4. 人机界面产品分类

薄膜键输入的 HMI，显示尺寸小于 5.7 英寸，画面组态软件免费，属初级产品，如 POP-HMI 小型人机界面。

触摸屏输入的 HMI，显示屏尺寸为 5.7～12.1 英寸，画面组态软件免费，属中级产品。

基于平板 PC 计算机的、多种通信口的、高性能 HMI，显示尺寸大于 10.4 英寸，画面组态软件收费，属高性能产品。

5. 人机界面的使用方法

明确监控任务要求，选择适合的 HMI 产品；在 PC 机上用画面组态软件编辑工程文件；测试并保存已编辑好的工程文件；PC 机连接 HMI 硬件，下载工程文件到 HMI 中；连接 HMI 和工业控制器（如 PLC、仪表等），实现人机交互。

二、西门子人机界面

西门子人机界面（SIMATIC-HMI）外观如图 6-7 所示。面对日益复杂的机器和系统过程，作为一站式供应商，西门子专门设计开发出了 SIMATIC HMI 人机界面技术。SI-

MATIC HMI 采用开放式、标准化硬件和软件接口，可快速集成到用户的自动化系统中，从而满足用户的特定人机界面需求。

SIMATIC 面板系列可以为每个应用提供合适的解决方案，从简单的键盘面板、移动和固定操作界面，直到全能面板——坚固、小巧及多界面选项。明亮的显示屏和无差错人机工程学操作，配备键盘或触摸屏操作界面，为系统提高了附加值。

西门子顺应市场需求推出的 SIMATIC 精彩系列面板(SMART LINE)，准确地提供了人机界面的标准功能，经济适用，具备高性价比。如今，全新一代精彩系列面板的功能得到了进一步提升，与 S7-200 SMART PLC 组成自动化控制与人机交互平台，为操控员便捷操控提供了很好的解决方案。

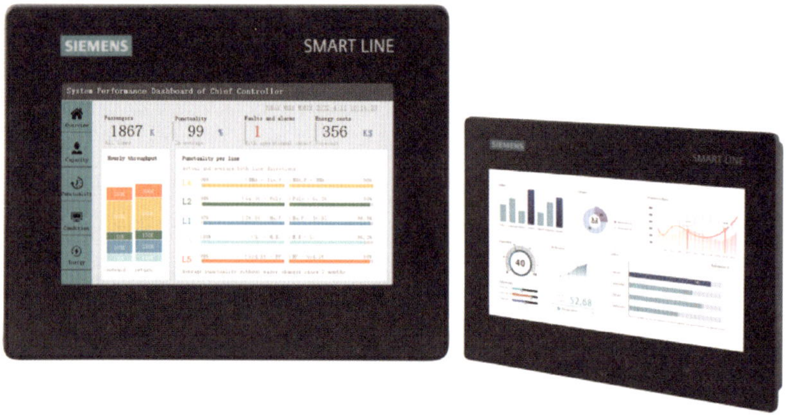

图 6-7　西门子人机界面

三、昆仑通态人机界面

昆仑通态人机界面是一款功能齐全、性能稳定的工业级触摸屏，如图 6-8 所示，广泛应用于工业自动化、机器人控制、环保监测、能源管理等领域。

昆仑通态人机界面是一种集成了多种功能的工业级触控显示器。采用高性能嵌入式一体化设计，采用 ARM CPU 作为核心，主频可达 400 MHz，具备低功耗的特点。配备 7 英寸高亮度 TFT 液晶显示屏，分辨率为 800×480，支持真彩色显示。触摸屏采用四线电阻式触摸屏，分辨率可达到 1 024×1 024。预装微软嵌入式实时多任务操作系统 Windows CE. NET 中文版以及 MCGS 嵌入式组态软件运行版；符合 IP65 防护等级标准，具有抗干扰性，适合在恶劣环境下使用；通过了 CE 和 FCC 认证。昆仑通态触摸屏还提供了丰富的扩展功能和灵活的编程环境，包括事件触发和自主编程功能，允许用户编写脚本以实现复杂的数据处理和控制逻辑。此外，触摸屏支持多种通信接口，如 RS-232、RS-485、以太网等，便于与其他设备和系统的集成。

视 频

昆仑通态 McgsPro 软件安装

组态软件 McgsPro 为新研发的成套软件产品，由 McgsPro 组态软件、McgsPro 运行环境、TPC 系统 NK 软件三大块组成，作为高性能 G 系列 TPC 产品的配套软件进行使用。

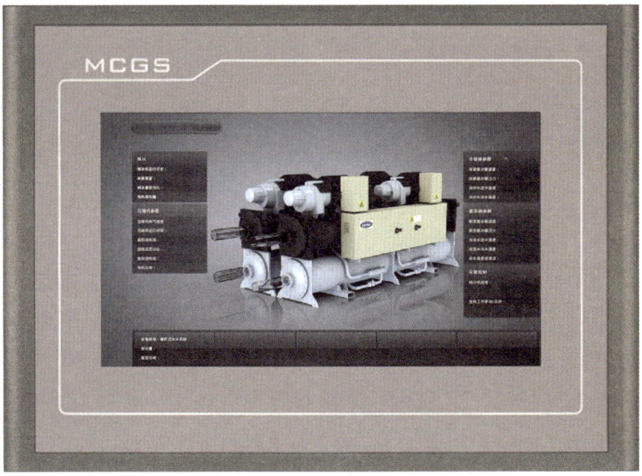

图 6-8　昆仑通态人机界面

四、威纶通人机界面

视 频

威纶通 Easy Builder Pro 编程软件安装

威纶通人机界面外形如图 6-9 所示，主要以电阻屏为主，其分辨率通常为 800×480，并且大多数型号都采用了相同的 EB8000 软件平台。此外，威纶通公司的所有触摸屏（除了 eMT 系列的之外）都配备了电源隔离保护器和 MPI 187.5K 连接，使其能够更好地适应市场上常见的 PLC、变频器和其他自动化设备。威纶通还提供免费的软件下载服务，确保用户可以轻松地获取所需软件资源。

威纶通的产品线涵盖多个系列，包括 i、X、MT 和 WT 四大类。每个系列下有不同的型号，例如 MT 系列中有 MT8102iE 等多款产品。威纶通不仅提供触摸屏解决方案，还包括其他相关的人机界面产品，如 HMI（人机界面）和变频器等。

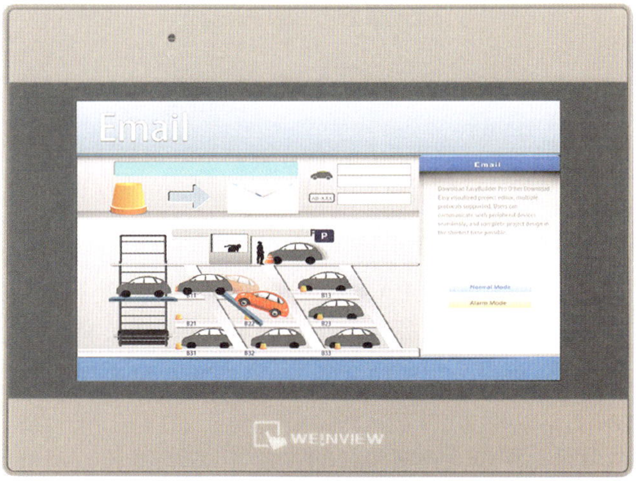

图 6-9　威纶通人机界面

组态软件 Easy Builder Pro 可进入威纶通公司网站下载所有可用软件语言版本及最新软件更新信息。

第三节 变 频 器

一、变频器简介

变频器是把工频电源(50 Hz 或 60 Hz)变换成各种频率的交流电源,以实现电机变速运行的设备。其中控制电路完成对主电路的控制,整流电路将交流电变换成直流电,直流中间电路对整流电路的输出进行平滑滤波,逆变电路将直流电再逆成交流电。对于如矢量控制变频器这种需要大量运算的变频器来说,有时还需要一个进行转矩计算的 CPU 以及一些相应的电路。变频调速是通过改变电机定子绕组供电的频率来达到调速的目的,变频器的外观及电源连接如图 6-10 所示。

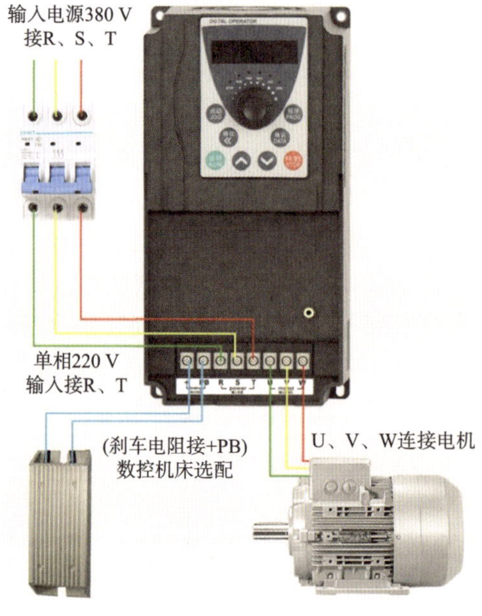

图 6-10 变频器

变频器的分类方法有多种,按照主电路工作方式分类,可以分为电压型变频器和电流型变频器;按照开关方式分类,可以分为 PAM 控制变频器、PWM 控制变频器和高载频 PWM 控制变频器;按照工作原理分类,可以分为 V/f 控制变频器、转差频率控制变频器和矢量控制变频器等;按照用途分类,可以分为通用变频器、高性能专用变频器、高频变频器、单相变频器和三相变频器等。

PLC 与变频器两者是一种包含与被包含的关系,PLC 与变频器都可以完成一些特定的指令,用来控制电机。PLC 是一种程序输入执行硬件,变频器则是其中之一,但是 PLC 的涵盖范围又比变频器大,还可以用来控制更多的东西,应用领域更广,性能更强大,当然

PLC 的控制精度也更高。

变频器无法进行编程，改变电源的频率、电压等参数，它的输出频率可以设为固定值，也可以由 PLC 动态控制。

二、西门子 G120 系列变频器

SINAMICS G120 是一种可满足多样化要求的模块化变频器，组件采用模块化设计，功率范围宽，为 0.55～250 kW，可确保始终能够组合出一种满足要求的理想变频器。该系列变频器提供有三种电压型号，可连接 200 V、400 V 和 690 V 电。另外，SINAMICS G120 还提供有一个功能全面的安全软件包。STARTER 或 SINAMICS Startdrive 用于对安全功能进行调试。

1. 操作面板

为确保西门子变频器 SINAMICS G120 的操作及监控便捷高效，提供了三种不同的操作面板：

(1)基本操作面板(BOP-2)。

(2)智能操作面板(IOP-2)。

(3)智能连接模块(G120 SMART Access)。

使用量最大的 IOP-2 智能操作面板如图 6-11 所示，集成了中文语言；采用友好的用户设计，包括彩色显示界面、图形化的显示；菜单栏、调试向导以及集成的调试诊断信息使得调试更加便捷。

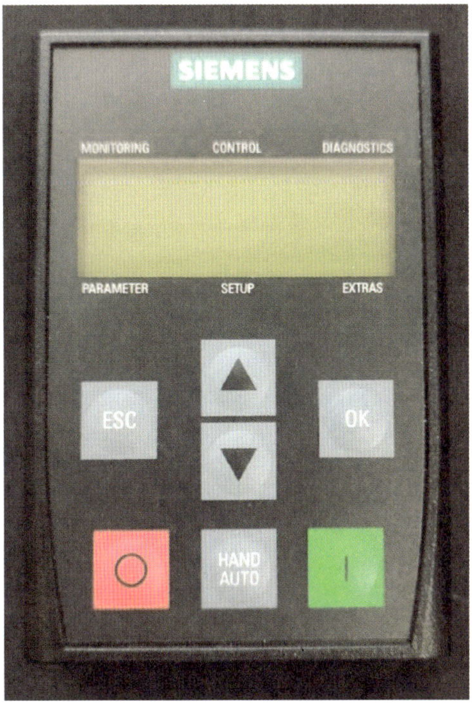

图 6-11　IOP-2 操作面板

2. 快速调试

快速调试是通过设置电机参数、变频器的命令源、速度设定源等基本参数，从而达到简单快速运转电机的一种操作模式。使用 BOP-2 进行快速调试的步骤：

（1）按“▲”或“▼”键将光标移动到“SETUP”。

（2）按“OK”键进入“SETUP”菜单，显示复位功能。

①如果需要复位按“OK”键，按“▲”或“▼”键选择“YES”，按“OK”键开始复位，面板显示“BUSY”；

②如果不需要复位，按“▼”键。

（3）按“OK”键进入 P1300 参数，按“▲”或“▼”键选择参数值，按“OK”键确认参数。

（4）按“OK”键进入 P100 参数，按“▲”或“▼”键选择参数值，按“OK”键确认参数。通常国内使用电机为 IEC 电机，该参数设置为 0。

（5）P304 电机额定电压（查看电机铭牌），按“OK”键进入 P304 参数，按“▲”或“▼”键选择参数值，按“OK”键确认参数。

（6）P305 电机额定电压（查看电机铭牌），按“OK”键进入 P305 参数，按“▲”或“▼”键选择参数值，按“OK”键确认参数。

（7）P307 电机额定功率（查看电机铭牌），按“OK”键进入 P307 参数，按“▲”或“▼”键选择参数值，按“OK”键确认参数。

（8）P311 电机额定转速（查看电机铭牌），按“OK”键进入 P311 参数，按“▲”或“▼”键选择参数值，按“OK”键确认参数。

（9）P1900 电机参数识别，按“OK”键进入 P1900 参数，按“▲”或“▼”键选择参数值，按“OK”键确认参数。

注：P1300＝20 或 22 时该参数被自动设置为 2。

（10）P15 预定义接口宏，按“OK”键进入 P15 参数，按“▲”或“▼”键选择参数值，按“OK”键确认参数。

（11）P1080 电机最低转速，按“OK”键进入 P1080 参数，按“▲”或“▼”键选择参数值，按“OK”键确认参数。

（12）P1120 斜坡上升时间，按“OK”键进入 P1120 参数，按“▲”或“▼”键选择参数值，按“OK”键确认参数。

（13）P1121 斜坡下降时间，按“OK”键进入 P1121 参数，按“▲”或“▼”键选择参数值，按“OK”键确认参数。

（14）参数设置完毕后进入结束快速调试画面。

（15）按“OK”键进入，按“▲”或“▼”键选择“YES”，按“OK”键确认结束快速调试。

（16）面板显示“BUSY”，变频器进行参数计算。

（17）计算完成短暂显示“DONE”画面，随后光标返回到“MONITOR”菜单。

三、西门子 V20 系列变频器

西门子 V20 是一款满足通用需求的多功能变频器。西门子 V20 具有调试过程快捷、易于操作、稳定可靠以及经济高效的特点。该款变频器有五种尺寸可供选择，输出功率覆盖 0.12～30 kW。此款变频器所配备的控制技术能够通过自动减少磁通来实现更佳的能量效率；还可以显示实际的能耗数值，同时提供额外的节能功能，由此大幅度地降低能耗。

西门子 V20 可以过嵌入安装和挂壁式安装，紧密的组装方法容许应用较小的电控箱；过嵌墙安装使电器柜有利于排热，拆箱即用，不用提升别的选件，它置入 BOP(绝大多数控制面板)可开展操作步骤。

1. 操作面板

西门子 V20 变频器采用一体化设计，内置 BOP 控制面板如图 6-12 所示，还可以远程连接外置 BOP 面板进行远程控制。

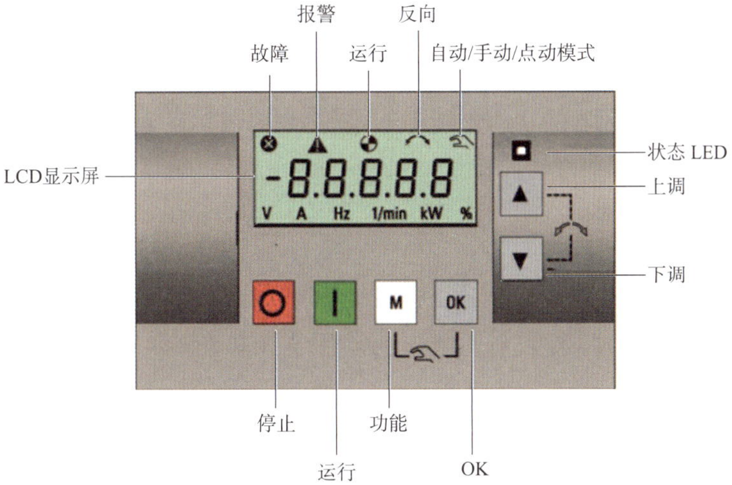

图 6-12　西门子 V20 变频器控制面板

2. 快速调试

快速按“M”键：进入参数设置菜单(可设置所有参数)。

长按“M”键：进入快速设置菜单 (可设置电机参数、连接宏、应用宏、频率上下限、上下坡时间等)。

(1)在设置参数之前先在参数设置菜单下对变频器复位。P0010＝30；P0970＝21。

(2)设置完成后，屏幕会提示“88888”，表示存储设置中。

(3)然后会弹出“50?”，表示在频率“50 Hz”下设置，按“上下”键可切换“60 Hz”或“马力”，点击“OK”键确认。

(4)然后会自动进入快速设置菜单——电机参数设置界面，可根据参数表设置电机参数；完成后按短“M”进入下一选项栏(注：当进入快速设置菜单下时指示灯会不停地闪烁)。

(5)设置完电机参数后，进入快速设置菜单——连接宏设置参数界面，根据参数表设置连接状态。显示“CnXXX”，切换到“Cn011”，然后按下“OK”，Cn011 前面后多出来一个“－”说明已经切换到该模式。

(6)选择“modbus 连接宏”变频器会自动设置参数，也可以自行修改。

(7)设置完连接宏后，短按“M”会进入快速设置菜单——应用宏设置界面，用于设置针对负载的类型，如风机型，水泵型等；如果负载不属于应用宏中的类型，则选择“AP000”不更改任何参数设置，请自行根据电机参数在设置菜单栏下进行手动设置。

(8)和连接宏一样，当确定使用某个应用宏后，该宏的序号前面会多出来一个“－”，说明已经切换到该模式。

(9)设置完应用宏后，短按“M”键，进入快速设置菜单——常见参数设置界面，可设置最大或最小频率，斜坡上升下降时间 PID 调节等，如不需要可忽略。

(10)至此变频器快速设置结束，长按“M”键返回。

四、三菱 D700 系列变频器

三菱 D700 系列变频器的功率范围为 0.4～7.5 kW；采用通用磁通矢量控制，1 Hz 时 150％转矩输出。它采用长寿命元器件，内置 Modbus-RTU 协议，内置制动晶体管，具有扩充 PID、三角波功能，带安全停止功能。

1. 操作面板

进行变频器设置时可以通过变频器的控制面板直接修改变频器的控制数据，也可以通过控制面板对电动机进行 PU 运行控制。图 6-13 所示为三菱 D700 变频器操作面板及按键功能。

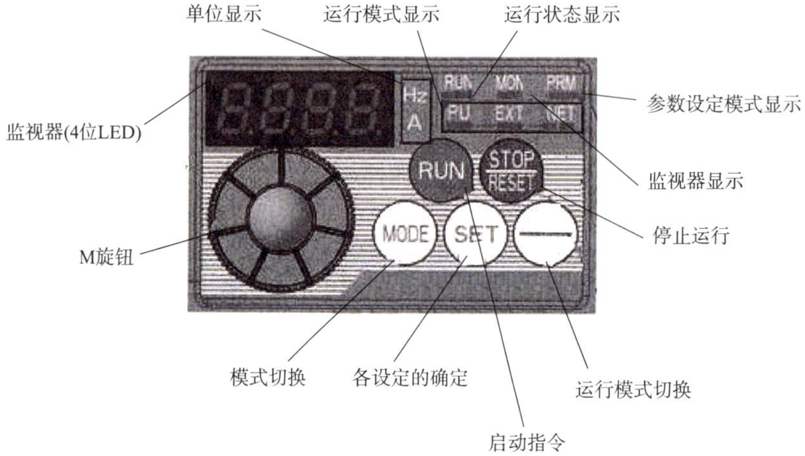

图 6-13　三菱 D700 变频器操作面板

三菱 D700 变频器操作面板通过四个 7 段显示四位数值，可以显示参数的序号和数值，报警和故障信息，设定值和实际值。可以通过内容的选择对其内部的数据进行改变和设置。三菱 D700 变频器面板按钮功能见表 6-1。

表 6-1　三菱 D700 变频器面板按钮功能

按　钮	功　能
运行模式显示	PU:PU 运行模式时亮灯 EXT:外部运行模式时亮灯 NET:网络运行模式时亮灯
Hz A 单位显示	Hz:显示频率时亮灯 A:显示电流时灯亮;显示电压时灯灭;设定频率监视时闪烁
监视器(4 位 LED)	显示频率、参数编号等
M 旋钮	用于变更频率设定、参数的设定值。按该按钮可显示以下内容:监视模式时的设定频率;校正时的当前设定值;错误历史模式时的顺序
MODE 模式切换	用于切换各设定模式,长按此键(2 s)可以锁定操作
SET 各设定的确定	运行中按此键则监视器出现以下显示:运行频率→输出电流→输出电压
运行状态显示	变频器动作中亮灯/闪烁。亮灯:正转运行中,缓慢闪烁(1.4 s 循环);反转运行中,快速闪烁(0.2 s 循环)
参数设定模式显示	参数设定模式时亮灯
监视器显示	监视模式时亮灯
STOP RESET 停止运行	停止转动指令。 保护功能(严重故障)生效时,也可以进行报警复位
PU EXT 进行模式切换	用于切换 PU/外部运行模式。使用外部运行模式(通过另接的频率设定旋钮和启动信号启动运行)时请按此键,使表示运行模式的 EXT 处于亮灯状态[切换至组合模式时,可同时按 MODE 键(0.5 s)或者变更参数 Pr. 79] PU:PU 运行模式。EXT:外部运行模式,也可以解除 PU 停止
RUN 启动指令	通过 Pr. 40 的设定,可以选择旋转方向

2. 快速调试

三菱 D700 变频器的主要参数见表 6-2。

图 6-2　三菱 D700 变频器主要参数

参数	名　称	表示	设定范围	最小设定单位	出厂设定值
0	转矩提升	P 0	0~15%	0.1%	6%
1	上限频率	P 1	0~120 Hz	0.1 Hz	50 Hz
2	下限频率	P 2	0~120 Hz	0.1 Hz	0
3	基波频率	P 3	0~120 Hz	0.1 Hz	50 Hz
4	3 速设定(高速)	P 4	0~120 Hz	0.1 Hz	50 Hz

续上表

参数	名　称	表示	设定范围	最小设定单位	出厂设定值
5	3 速设定(中速)	P 5	0～120 Hz	0.1 Hz	30 Hz
6	3 速设定(低速)	P 6	0～120 Hz	0.1 Hz	10 Hz
7	加速时间	P 7	0～999 s	0.1 s	5 s
8	减速时间	P 8	0～999 s	0.1 s	5 s
9	电子过电流保护	P 9	0～50 A	0.1 A	额定输出电流
30	扩张功能显示选择	P30	0,1	1	0
79	操作模式选择	P79	0～4,7,8	1	0

三菱 D700 变频器恢复默认设置见表 6-3。

表 6-3　恢复默认设置

步骤	操　作	显　示
1	电源接通时显示的监视器画面	
2	按PU/EXT键,进入 PU 运行模式	PU 显示灯亮 
3	按MODE键,进入参数设定模式	PRM 显示灯亮 
4	旋转 ,将参数编号设定为 Pr.CL(ALLC)	(显示以前读取的参数编号) 参数清除 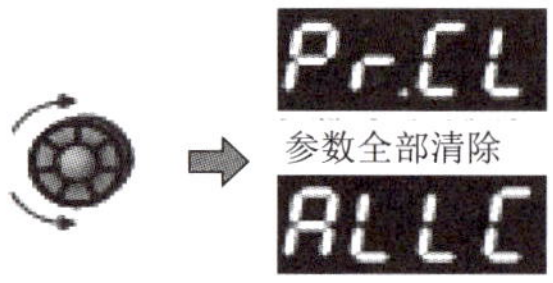
5	按SET键,读取当前的设定值 显示"0"(初始值)	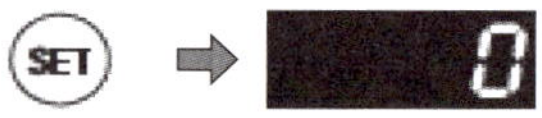

续上表

步骤	操　　作	显　　示
6	旋转，将值设定为“1”	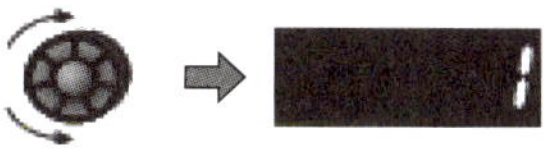
7	按SET键确定	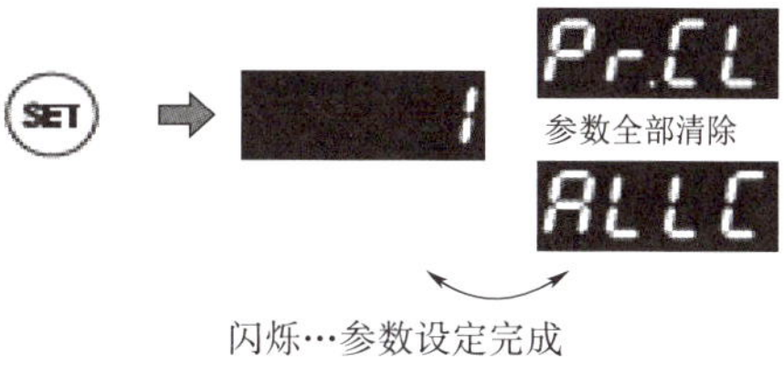

第七章
PLC、变频器及综合应用实例

第一节　PLC 基础实例解析

学习 PLC 编程，初级阶段可使用 PLC 学习板进行学习。PLC 学习板集成西门子 S7-224XP 型 PLC，可直接下载程序，监控程序运行，共有 12 点输入，8 点输出，支持西门子 S7-224XP 型 PLC 大部分指令。

PLC 学习板可直接使用电脑或笔记本 USB 接口供电，供电和与电脑通信共用一根线，工作电压为＋5 V。插入连好 PLC 学习板的数据线后，电脑设备管理器中能看到 COM 端口，一般端口号为 COM3。PLC 编程软件使用 Step 7-Micro/WIN V4.0 SP9。

若使用触摸屏，把组态文件下载到触摸屏中，则可在触摸屏中操控该 PLC 学习板。

本章每个实例的学习任务是指要做的程序要求；学习目的是指这个实例要学会的知识内容；知识准备是指本实例涉及的基础指令使用方法；实训步骤是指本实例具体实施的 I/O 表、梯形图等具体做法。

实例一　让指示灯亮起来

1. 学习任务

编写程序，并把程序写入西门子 S7 系列 PLC 学习板，当按下板上的按钮 S1，板上的指示灯 L1 亮，按下板上的按钮 S2，板上的指示灯 L1 熄灭。

2. 学习目的

(1)认识西门子 PLC 学习板，并弄懂西门子 PLC 学习板的基本操作。

(2)学习西门子 PLC 编程软件的使用和程序调试方法。

(3)学习西门子 PLC 的输入和输出继电器的作用和编号方法。

3. 知识准备

西门子 PLC 学习板如图 7-1 所示。

西门子 PLC 的输入和输出继电器：

(1)软元件(软继电器)

软元件是由电子电路、寄存器及存储器单元等组成的具有一定功能的器件，如用户使用的每一个输入输出、内部存储单元、定时器和计数器等都称为软元件。为与传统的继电器相区别，也可称之为软继电器。软继电器的最大特点是其触点可无限次使用。

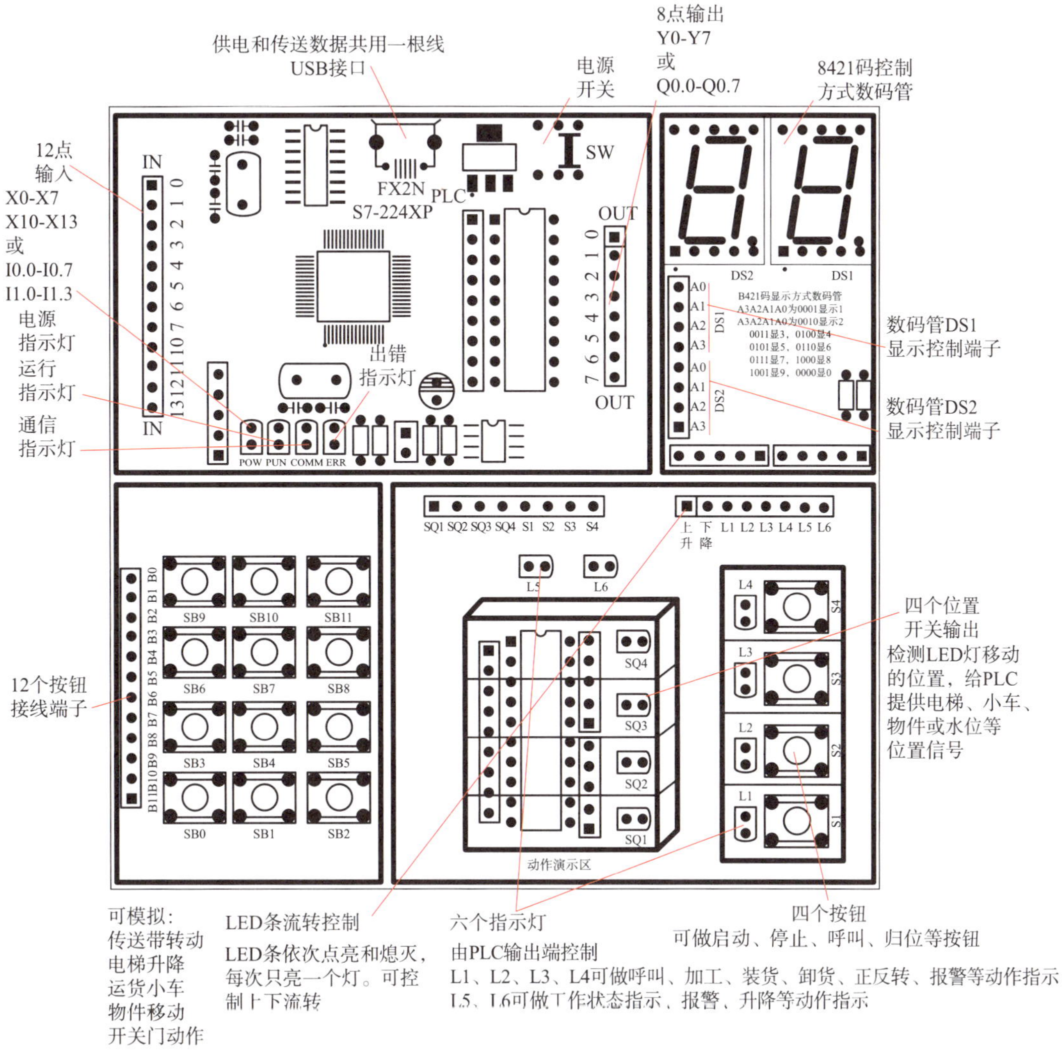

图 7-1　西门子 PLC 学习板

各软元件功能不同，但地址固定，软元件的数量是有限的，其量的多少决定了 PLC 的规模和数据处理能力。

每种器件用一定的字母来表示，同类器件用编号区分，位地址编号采用八进制数码。

如 I——输入继电器，Q——输出继电器，T——定时器。

C——计数器，AC——累加器，SM——特殊标志继电器。

(2)输入继电器(I0.0～I15.7)

输入继电器 I 是 PLC 中专门用来接收从外部开关元件发来的信号的器件，它与 PLC 的输入端子相连，可以提供许多(无限次)常开常闭触点，供编程时使用。

输入继电器 I 与输入映像区相对应，CPU22X 系列的输入映像区为 128，即 IB0～IB15，实际的输入 I 不能超过这个数量，未用的输入映像区可作为其他编程来使用，如当通用辅助继电器 M 使用，其输入继电器的等效电路如图 7-2 所示。

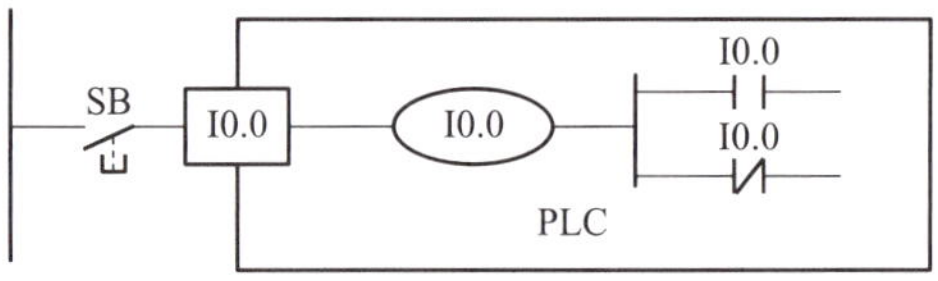

图 7-2　继电器等效电路

(3)输出继电器(Q0.0～Q15.7)

输出继电器一般都有一个 PLC 上的输出端子与之对应,当通过程序使得输出继电器线圈得电时,PLC 上的输出端开关闭合,它可以作为控制外部负载的开关信号。同时在程序中其常开触点闭合,常闭触点断开。

4. 实训步骤

(1)I/O 分配(表 7-1)

I/O 分配表是指输入输出表,也叫 I/O 表,是 PLC 编程中的一个重要概念。I/O 分配表是用来记录 PLC 的输入和输出的状态和功能的表格,通常是以电气图的形式呈现。它是 PLC 编程的重要组成部分,包含了 PLC 的输入输出点的编号、名称、类型、描述等信息。I/O 分配表的编写可以帮助 PLC 程序员更好地理解 PLC 的功能和程序设计,提高 PLC 编程的效率和准确性。

表 7-1　实例一　让指示灯亮起来 I/O 分配

输　入		输　出	
按钮 S1	I0.0	指示灯 L1	Q0.0
按钮 S2	I0.1		

(2)实物接线(图 7-3)

图 7-3　实例一　让指示灯亮起来接线

(3)编写程序

①打开编程软件

打开 STEP7-Micro/WIN 软件,如图 7-4 所示,使用前的准备工作是要将计算机和学习板 PLC 进行通信。

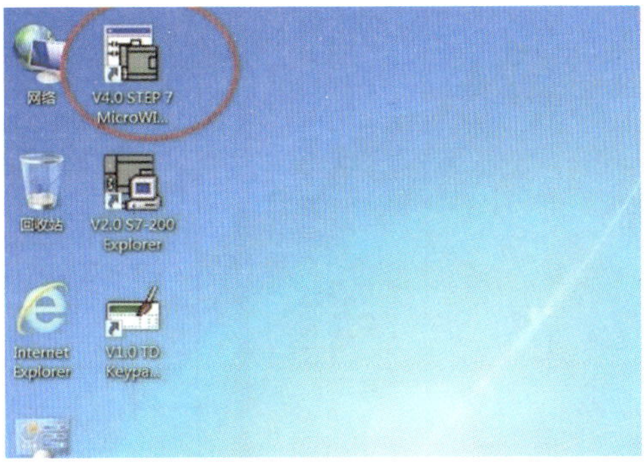

图 7-4 打开编程软件

②通信完毕后输入编写梯形图程序,如图 7-5 所示,可添加必要注释。

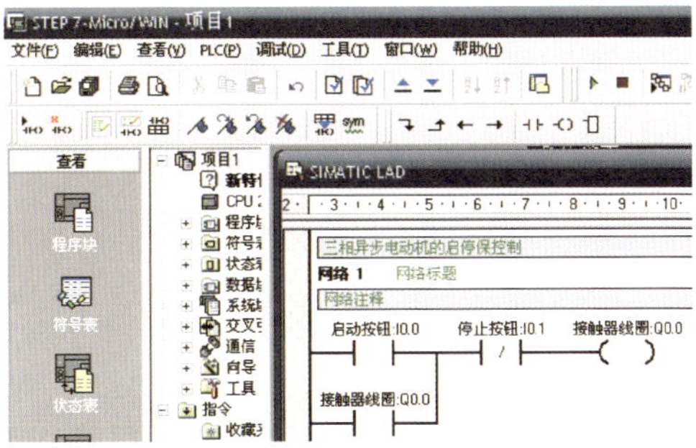

图 7-5 输入梯形图并添加必要注释

③如图 7-6、图 7-7 所示进行程序编译,并调试程序直到编译通过。

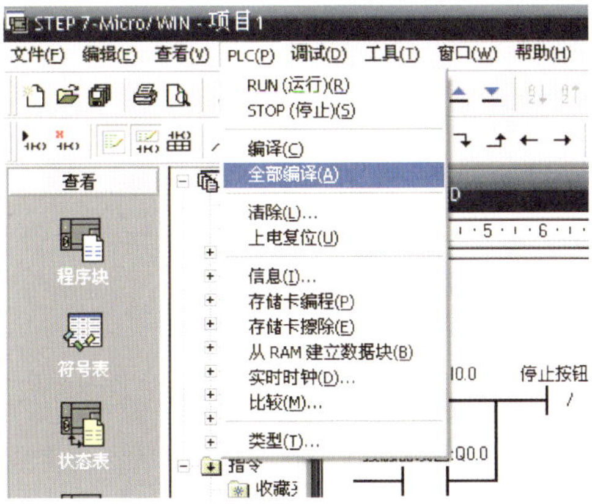

图 7-6 对程序进行编译

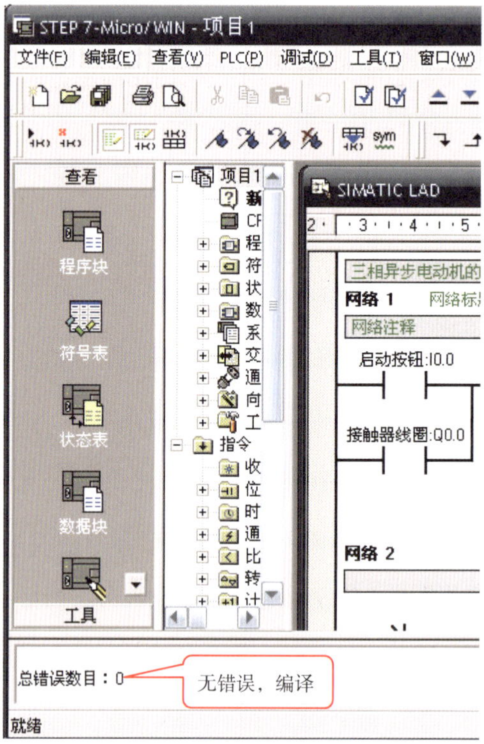

图 7-7　显示编译结果

④如图 7-8～图 7-10 所示，把程序下载到 PLC 中。

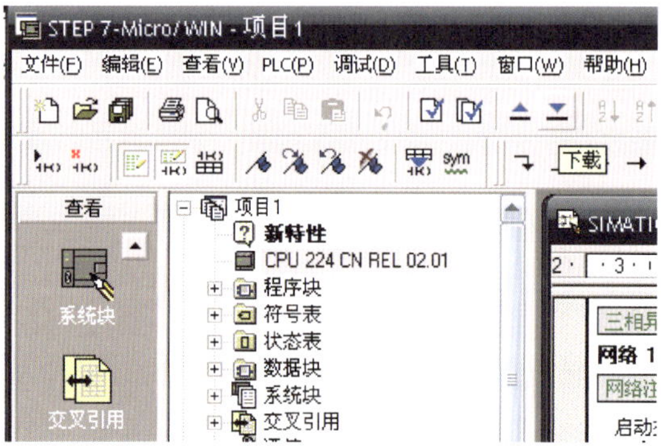

图 7-8　进入程序下载界面

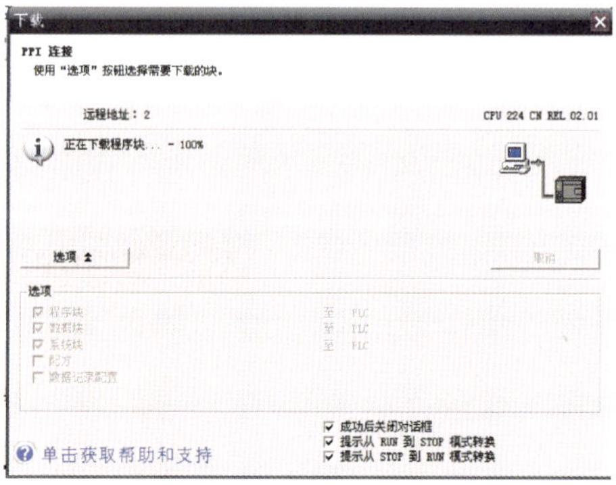

图 7-9　正在下载程序

⑤运行程序，如图 7-11～图 7-13 所示，使用监视运行功能查看程序运行情况。

当按下启动按钮 I0.0 时，接触器线圈 Q0.0 得电，Q0.0 的常开触点闭合自锁，指示灯亮；当按下停止按钮 I0.1 时其常闭触点断开，接触器线圈 Q0.0 失电，指示灯灭。

图 7-10　下载成功

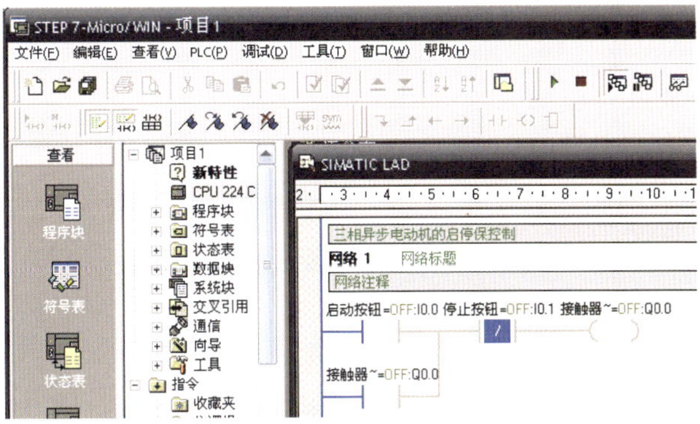

图 7-11　运行程序

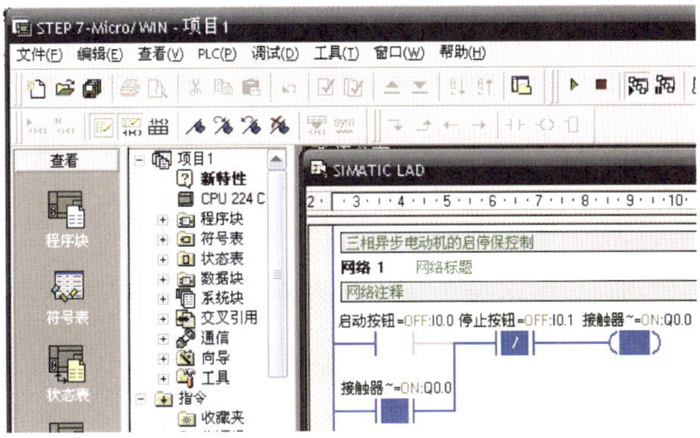

图 7-12　按下启动按钮

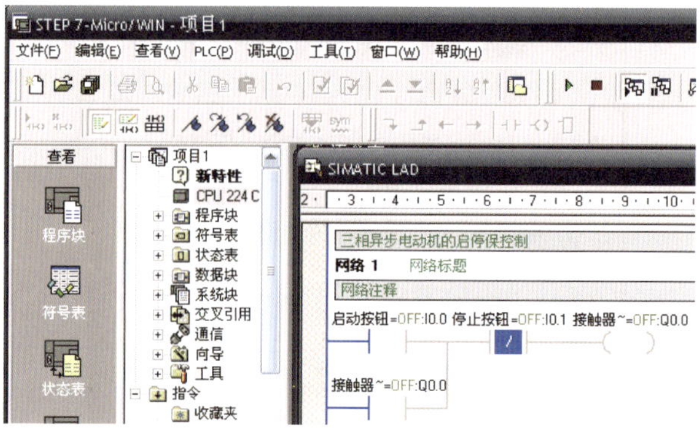

图 7-13 按下停止按钮

实例二 单按钮启停程序，认识辅助继电器

1. 学习任务

第一次按学习板上的按钮 S1，指示灯 L1 亮。再按一次 S1，指示灯 L1 熄，再按一次 S1，指示灯又亮，重复上述过程。

2. 学习目的

(1)学习西门子 PLC 的基本组成和运行原理。

(2)学习西门子 PLC 的内部辅助继电器的作用和编号方法。

3. 知识准备

(1)西门子 PLC 的运行原理

①PLC 采用循环扫描的工作方式

PLC 是以周期循环的扫描方式进行工作的。在每一个扫描周期内，PLC 都将程序语句按顺序逐条执行一遍，任一时刻只能执行一条指令，直到 END 指令结束，然后再从头开始执行，并周而复始地重复，直到停机或从运行(RUN)切换到停止(STOP)工作状态。完成一个扫描周期后紧接着又进入下一个扫描周期。因此，PLC 的工作过程是周期循环的扫描过程。这就是说 PLC 是以“串行”方式工作的。相应的可理解为，如果一个输出线圈或逻辑线圈被接通或断开，该线圈的所有触点(包括其常开或常闭触点)不会立即动作，必须等扫描到该触点时才会动作。与继电器控制系统比较，继电器控制装置则采用的是硬逻辑并行运行的方式，即如果这个继电器的线圈通电或断电，该继电器在控制电路中的所有的触点(包括其常开或常闭触点)都会立即同时动作。继电器控制装置各类触点的动作时间一般在 100 ms 以上，而 PLC 扫描用户程序的时间一般均小于 100 ms。由于 PLC 执行程序的速度很快，因此从实际控制效果看，可以认为 PLC 也是“并行”工作的。

PLC 的循环扫描可按固定扫描顺序进行，也可按用户程序规定的可变顺序进行，小型 PLC 控制系统通常采用固定扫描顺序，大、中型系统采用可变扫描顺序。采用可变扫描顺序可缩短扫描周期和提高控制的实时响应性。

②PLC 一个扫描周期的运行阶段

PLC 在一个扫描周期内要经历自诊断、通信处理、输入采样、程序执行、输出刷新等阶段。PLC 扫描周期的典型值为 1～100 ms，指令执行所需的时间与用户程序的长短、指令的种类和 CPU 执行速度有很大关系，PLC 厂家一般给出每执行 1k(1k=1 024)条基本逻辑指令所需的时间(以 ms 为单位)。某些厂家在说明书中还给出了执行各种指令所需的时间。一般 PLC 的扫描时间为几十毫秒，在输入采样和输出刷新阶段只需 1～2 ms。作公共处理也是在瞬间完成的，所以扫描时间的长短主要由用户程序来决定。

(2)西门子 PLC 通用辅助继电器 M(M0.0～M31.7)

通用辅助继电器如同接触控制系统中的中间继电器，不直接驱动外部负载，只起到中间状态的暂存作用。

在逻辑运算中经常需要一些中间继电器作为辅助运算用，这些器件往往用作状态暂存、移位等运算。

(3)特殊标志继电器 SM(SM0.0～SM179.7)

用来存储系统的状态变量和有关的控制参数和信息。SM 提供了大量的状态和控制功能，并能起到在 CPU 和用户程序之间交换信息的作用。

SM0.0：该位始终为 1；

SM0.1：初始化脉冲，首次扫描为 1，以后为 0，只读型；

SM0.2：当 RAM 中保存的数据丢失时，SM0.2 ON 一个扫描周期；

SM0.3：PLC 上电进入 RUN 状态时，SM0.3 ON 一个扫描周期；

SM0.4：分脉冲，占空比为 50%，周期为 1 min 的脉冲串；

SM0.5：秒脉冲，占空比为 50% ，周期为 1 s 的脉冲串；

SM0.6：扫描时钟，一个扫描周期为 ON，下一个周期为 OFF，交替循环；

SM0.7：指示 CPU 上 MODE 开关的位置，TERM(0)，RUN(1)；

SMB 28：模拟调节器 0(0～255)；

SMB 29：模拟调节器 1(0～255)。

4. 实训步骤

(1)I/O 分配(表 7-2)

表 7-2　实例二　单按钮启停 I/O 分配

输　入		输　出	
按钮 S1	I0.0	指示灯 L1	Q0.0

(2)实物接线(图 7-14)

(3)编写程序

程序梯形逻辑如图 7-15 所示。

程序分析：当按下按钮 S1 时 I0.0 接通，上升沿采集通过一次，M0.0 线圈得电，M0.0 常开点闭合，Q0.0 线圈得电自锁，指示灯 L1 点亮。再次按下按钮 S1 时，I0.0 接通，上升沿采集通过一次，I0.0 常闭触点断开，Q0.0 线圈失电，指示灯 L1 熄灭。

(4)程序写入 PLC 并调试

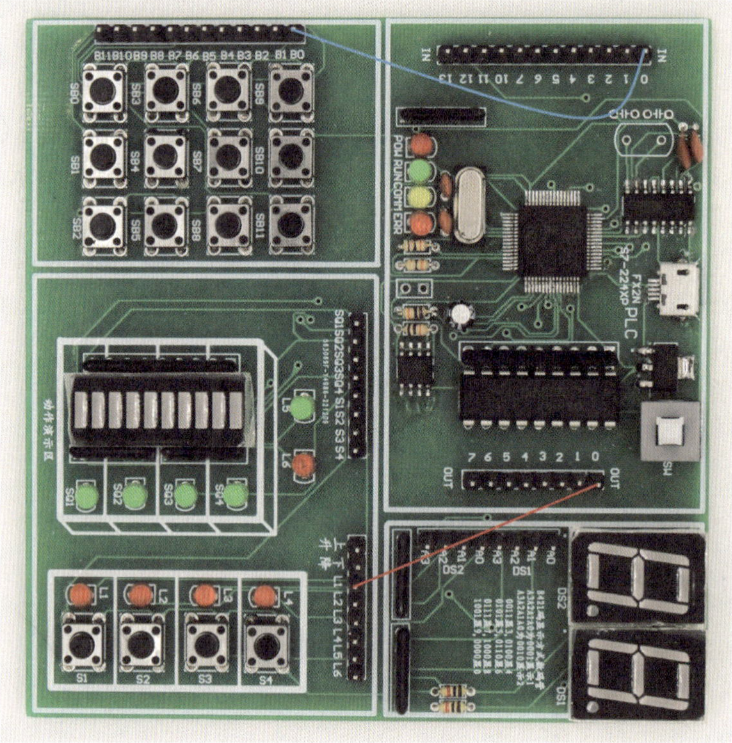

图 7-14　实例二接线

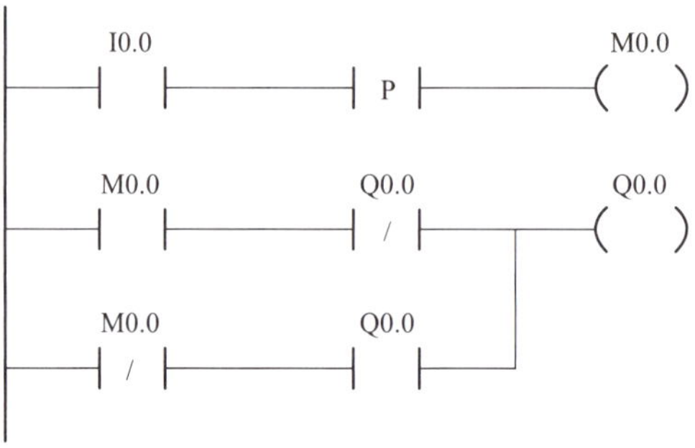

图 7-15　实例二梯形逻辑

实例三　电动机工作监测，认识基本指令

1. 学习任务

学习板上有三个按钮 S1、S2、S3，用此三个按钮模仿三个电动机工作状态检测传感器，当电动机工作正常时按钮状态保持为 OFF，当电动机工作不正常时按钮状态保持为 ON。流水灯区有三个指示灯 L1、L2、L3，要求当三个电动机都工作正常时 L3（绿灯）亮；当三个电动机中只有一台工作不正常则 L2（黄灯）亮；当三台电动机中有两台或两台以上工作不正常时 L1（红灯）亮。

2. 学习目的

学习西门子 PLC 的基本指令 LD、LDN、A、AN、NOT、O、ON 及其应用。

3. 知识准备

SIEMENS S7-200 系列可编程序控制器的常用基本指令有 10 条。本次实验进行常用基本指令 LD、LDN、A、AN、NOT、O、ON、ALD、OLD、= 指令的编程操作训练。

(1)取指令

指令符:LD。

梯形图符:├──┤　├──

数据:接点号,除了数据通道之外,PC 的其余继电器号都可以。

功能:常开触点逻辑运算的开始。对应梯形图则为在左侧母线或线路分支点处初始装载一个常开触点。

(2)取反指令

指令符:LDN。

梯形图符:├──┤ / ├──

数据:同 LD 指令。

功能:常闭触点逻辑运算的开始(即对操作数的状态取反),对应梯形图则为在左侧母线或在梯形图中,每一逻辑行必须以接点开始,所以必须使用 LD 或 LDN 指令。此外,这条指令还用于电路块中每一支路的开始,或分支点后分支电路的起始,并与其他指令配合使用。

(3)与指令

指令符:A。

梯形图符:──┤　├──

数据:接点号。

功能:逻辑与操作,即串联一个常开接点。

(4)与非指令

指令符:AN。

梯形图符:──┤ / ├──

数据:接点号,同 A 指令。

功能:逻辑与非操作,即串联一个常闭接点。

(5)或指令

指令符:O。

梯形图符: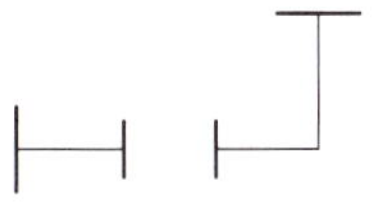

数据:接点号,范围同 A 指令。

功能:逻辑或操作,即并联一个常开接点。

(6)或非指令

指令符:ON。

梯形图符：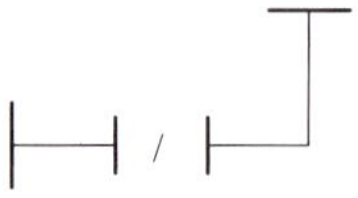

数据：接点号，范围同 A 指令。

功能：逻辑或非操作，即并联一个常闭接点。

(7)非指令

指令符：NOT。

梯形图符：——|NOT|——

数据：接点号，范围同 A 指令。

功能：逻辑或非操作，即并联一个常闭接点。

(8)输出指令

指令符：=。

梯形图符：——(　　)

数据：继电器线圈号。

功能：将逻辑行的运算结果输出。

说明：LD、A、O 称为常开触点指令；LDN、AN、ON 称为常闭触点指令。当位值为 1 时，常开触点闭合；当位值为 0 时，常闭触点闭合。

(9)ALD、OLD 指令主要用于程序结构组织。在梯形图中没有该指令，只需按要求连接触点即可。但在指令表中，ALD、OLD 指令十分重要，可以组织复杂的程序结构。

ALD：实现多个指令块的“与”运算。

OLD：实现多个指令块的“或”运算。

4. 实训步骤

(1)I/O 分配(表 7-3)

表 7-3　实例三　电动机工作监测 I/O 分配

输入			输出		
按钮区	S1	I0.0	指示灯区	L1	Q0.0
	S2	I0.1		L2	Q0.1
	S3	I0.2		L3	Q0.2

(2)实物接线(图 7-16)

(3)编写程序

梯形图主要程序如图 7-17～图 7-22 所示

按钮 SB1 按下后由 M0.0 自保，按钮 SB2 按下后由 M0.1 自保，三台电机不工作则 Q0.2 输出红色灯亮，一台电机不工作则 Q0.1 输出 L2 亮，三台电机均工作正常则 Q0.0 输出 L1 亮。

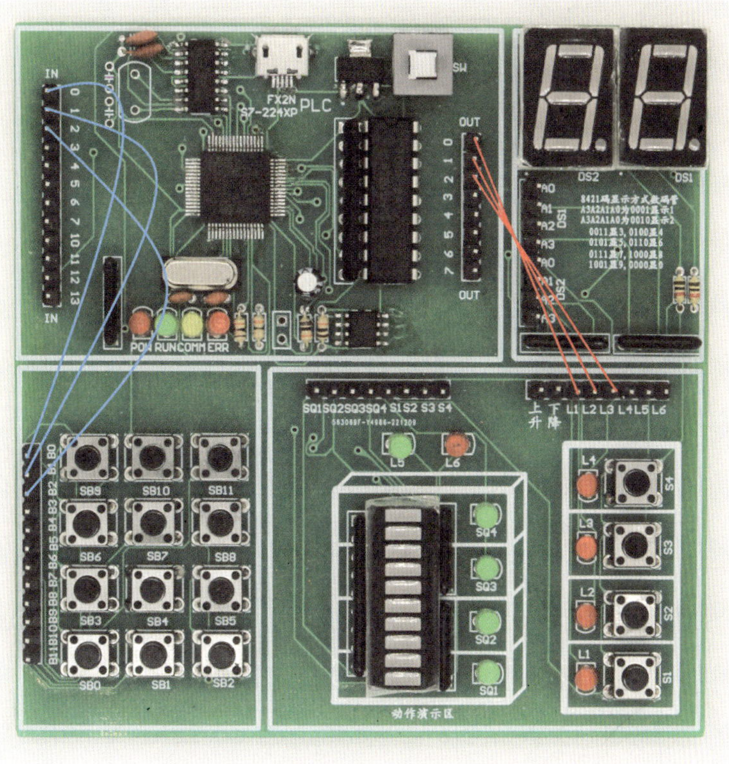

图 7-16 实例三 电动机工作监测接线

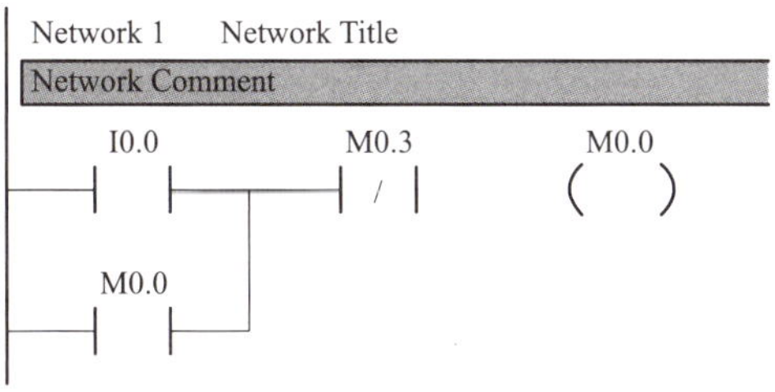

图 7-17 程序 1—按钮 SB1 按下后由 M0. 0 自保

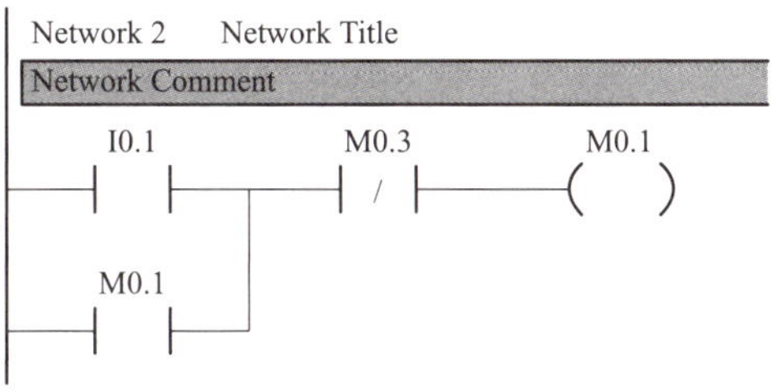

图 7-18 程序 2—按钮 SB2 按下后由 M0. 1 自保

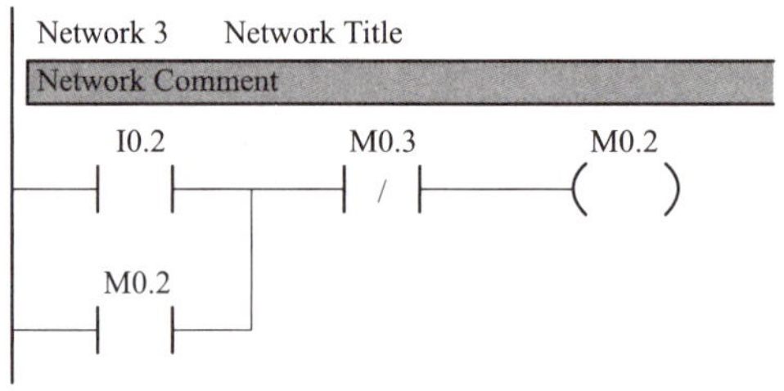

图 7-19 程序 3—按钮 SB3 按下后由 M0. 2 自保

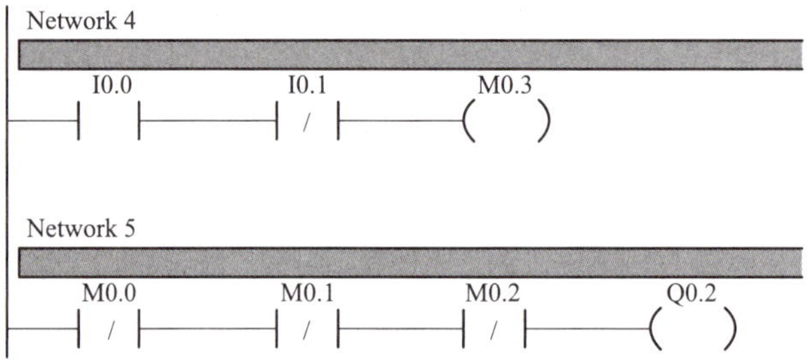

图 7-20 程序 4—三台电机不工作则 Q0. 2 输出红色灯亮

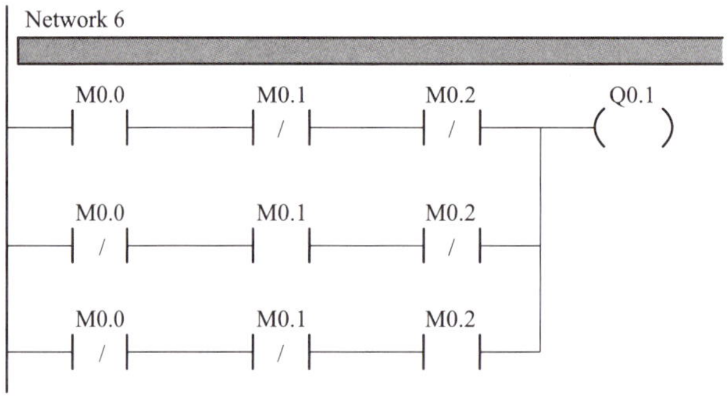

图 7-21 程序 5——一台电机不工作则 Q0. 1 输出 L2 亮

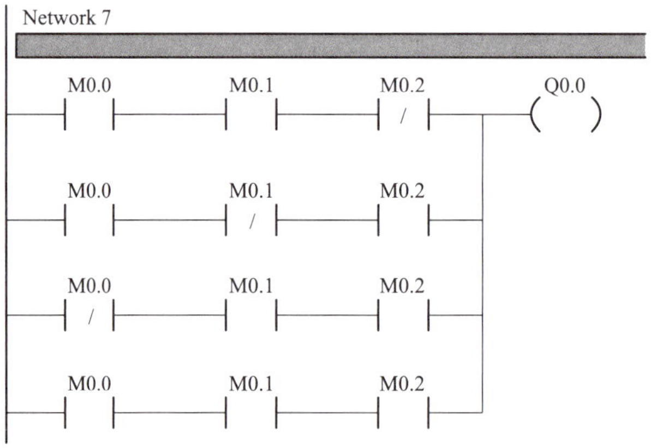

图 7-22 程序 6—三台电机均工作正常则 Q0. 0 输出 L1 亮

(4)程序写入 PLC 并调试

实例四 LED灯流转闪烁程序，认识定时器指令

1. 学习任务

按下学习板上动作演示区的按钮 S1,LED 条中的 LED 灯开始向上流转,到 SQ3 后停 3 s,然后又开始向下流转,到 SQ1 后停 3 s 又开始向上流转并能重复不断,直到按下停止按钮 S2。LED 条中的 LED 灯流转过程中,向上流转指示灯 L5 按 2 Hz 的频率闪烁不断;向下流转指示灯 L6 按 2 Hz 的频率闪烁不断。

2. 学习目的

(1)学习西门子 PLC 的定时器的使用。

(2)学习特殊辅助继电器 SM0.4、SM0.5、SM0.6 的作用。

3. 知识准备

定时器是 PLC 中最常用的元器件之一,掌握它的工作原理对 PLC 的程序设计非常重要。S7-200 系列 PLC 为用户提供了 3 种常用类型的定时器:打开延迟定时器(TON),保持性打开延迟定时器(TONR),关断延时定时器(TOF),共计 256 个定时器(T0～T255),且都为增量型定时器。定时器的定时精度即分辨率(S)可分为 3 个等级:1 ms、10 ms 和 100 ms,常用定时器工作方式及类型见表 7-4。

表 7-4 定时器工作方式及类型

工作方式	分辨率(ms)	最大定时时间(s)	定时器号
TONR	1	32.767	T0,T64
	10	327.67	T1～T4,T65～T68
	100	3 276.7	T5～T31,T69～T95
TON/TOF	1	32.767	T32,T96
	10	327.67	T33～T36,T97～T100
	100	3 276.7	T37～T63,T101～T225

另外还有脉冲定时器 TP、时间间隔定时器 BGN_ITIME。

定时器的定时时间计算公式为

$$T=\mathrm{PT}\times S$$

式中 T——实际定时时间,s;

PT——设定值;

S——分辨率。

为确保时间间隔的最小值,设定值必须比它大 1。例如,为确保最小时间间隔 2 100 ms,要将 100 ms 定时器的设定值 PT 设为 22。定时器指令的有效操作数见表 7-5。

表 7-5 定时器的有效操作数

输入/输出	数据类型	操作数
TXX	TON、TOF、TP	常数(T32 到 T63,T96 到 T255)
IN	BOOL	I、Q、V、M、SM、S、T、C、L、功率流

续上表

输入/输出	数据类型	操作数
PT	INT	IW、QW、VW、MW、SMW、SW、LW、AC、AIW、* VD、* LD、* AC,常数
Q	BOOL	I、Q、V、M、SM、S、L
ET	INT	IW、QW、VW、MW、SMW、SW、LW、AC、AQW、* VD、* LD、* AC

一个定时器号不能同时用于 TOF、TP 和 TON,例如,不能够既有 TON T32 又有 TOF T32。

(1)打开延迟定时器

使能端(IN)输入有效时,定时器开始计时,当前值从 0 开始递增,大于或等于设定值(PT)时,定时器输出状态位置 1(输出触点有效),当前值的最大值为 32 767。使能端无效(断开)时,定时器复位(当前值清零,输出状态位置 0)。通电延时定时器实例如图 7-23 所示。

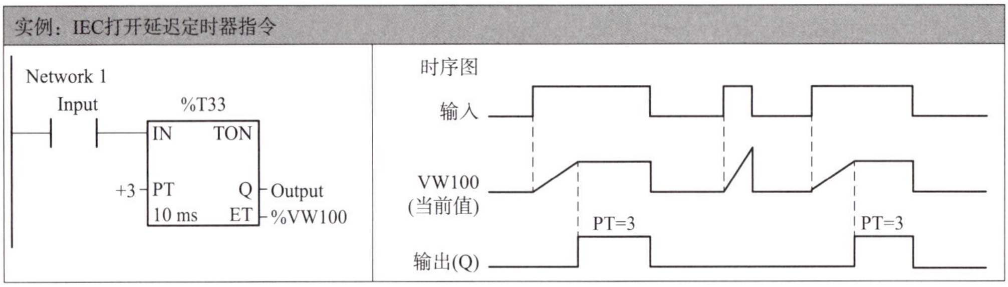

图 7-23 打开延迟定时器指令实例

(2)关断延时定时器

使能端(IN)输入有效时,定时器输出状态位立即置 1,当前值复位(为 0)。使能端(IN)断开时,开始计时,当前值从 0 递增,当前值达到设定值时,定时器状态位复位置 0,并停止计时,当前值保持。断电延时定时器实例如图 7-24 所示。

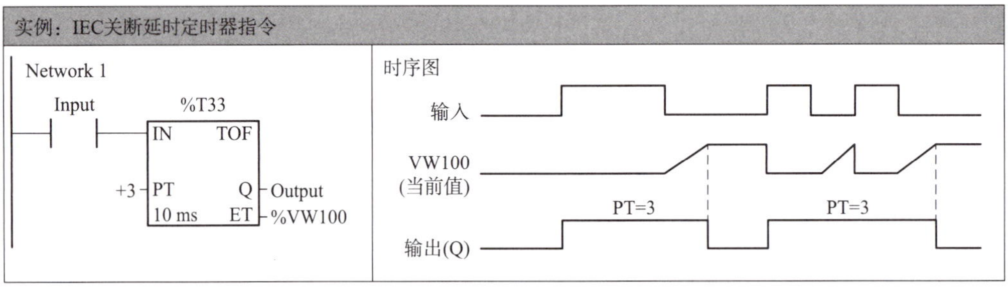

图 7-24 关断延时定时器实例

(3)脉冲定时器

脉冲定时器用于产生一个指定宽度的脉冲。当使能端(IN)输入变为 1 时,输出位(Q)

接通，在预设时间内输出位保持接通。一旦经过时间（ET）达到预设时间（PT），输出位变为 0，经过的时间会被保存到使能输入断开。当输出接通时，它会一直保持到脉冲周期结束。脉冲定时器实例如图 7-25 所示。

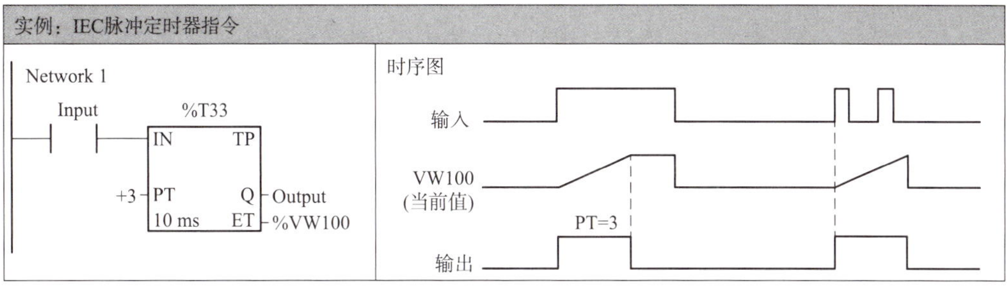

图 7-25　脉冲定时器实例

（4）时间间隔定时器

触发时间间隔（BITIM）指令读内置的 1 ms 计数器的当前值，并将此值存储到 OUT 中，双字毫秒值的最大定时间隔是 2 的 32 次幂或 49.7 天。

计算时间间隔（CITIM）指令计算当前时间和 IN 提供的值之间的时间差。时间差被存储在 OUT 中。双字毫秒值的最大定时间隔是 2 的 32 次幂或 49.7 天。依据于 BITIM 指令执行的时间，CITIM 自动处理在最大间隔内发生的 1 ms 定时器翻转，间隔定时器实例如图 7-26 所示。

输入/输出	数据类型	操作数
IN	DWORD	VD、ID、QD、MD、SMD、SD、LD、HC、AC、*VD、*LD、*AC
OUT	DWORD	VD、ID、QD、MD、SMD、SD、LD、AC、*VD、*AC、*LD

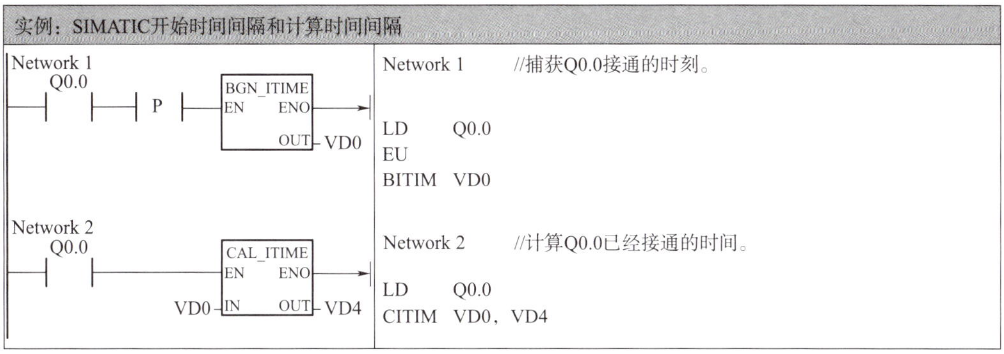

图 7-26　间隔定时器实例

（5）定时器的刷新方式

S7-200 系列 PLC 的定时器的刷新方式是不同的，从而在使用方法上有很大的不同，使用时一定要注意根据使用场合和要求的不同来选择定时器。定时器的刷新方法以及正确的使用方法如下：

①1 ms定时器：每隔1 ms定时器刷新一次，定时器刷新与扫描周期和程序处理无关，它采用的是中断刷新方式。扫描周期较长时，定时器一个周期内可能多次被刷新(多次改变当前值)。

②10 ms定时器：在每个扫描周期开始时刷新。每个扫描周期之内当前值不变。

③100 ms定时器：定时器指令执行时被刷新，下一条执行的指令即可使用刷新后的结果，非常符合正常思维，使用方便可靠。但应当注意，如果该定时器的指令不是每个周期都执行(比如条件跳转时)，定时器就不能及时刷新，可能会导致出错。

(6)定时器的正确使用

如图7-27所示为使用定时器本身的动断触点作为激励输入，希望经过延时产生一个机器扫描周期的时钟脉冲输出。定时器状态位置位时，依靠本身的动断触点(激励输入)的断开使定时器复位，重新开始设定时间，进行循环工作。采用不同时基标准的定时器时会有不同的运行结果，具体分析如下：

T32为1 ms时基定时器，每隔1 ms定时器刷新一次当前值，CPU当前值若恰好在处理动断触点和动合触点之间被刷新，Q0.0可以接通一个扫描周期，但这种情况出现的概率很小，一般情况下，不会正好在这时刷新。若在执行其他指令时，定时时间到，1 ms的定时刷新，使定时器输出状态位置位，动断触点打开，当前值复位，定时器输出状态位立即复位，所以输出线圈Q0.0一般不会通电。

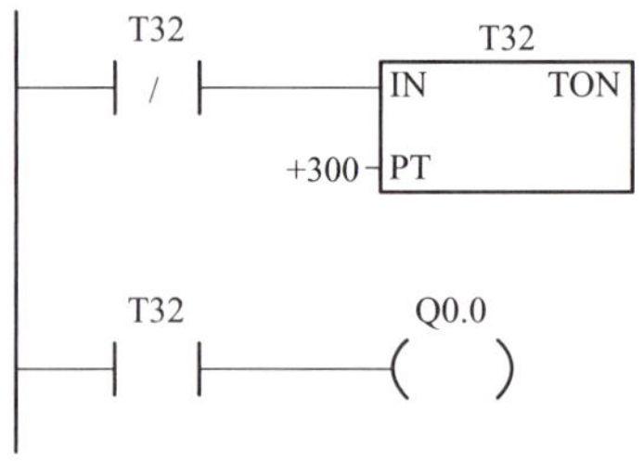

图7-27　自身激励输入程序

若将定时器T32换成T33，时基变为10 ms，当前值在每个扫描周期开始刷新，计时时间到时，扫描周期开始时，定时器输出状态位置位，动断触点断开，立即将定时器当前值清零，定时器输出状态位复位(为0)，这样，输出线圈Q0.0永远不可能通电(ON)。

若将定时器T32换成T37，时基变为100 ms，当前指令执行时刷新，Q0.0在T37计时时间到时准确地接通一个扫描周期。可以输出一个OFF时间为定时时间，ON时间为一个扫描周期的时钟脉冲。

故用本身触点激励输入的定时器，时基为1 ms和10 ms时不能可靠工作，一般不宜使用本身触点作为激励输入。

4. 实训步骤

(1)I/O分配(表7-6)

表 7-6　实例四　LED 灯流转闪烁程序 I/O 分配

输　　入			输　　出		
按钮	S1	I0.0	指示灯	上升	Q0.0
按钮	S2	I0.1	指示灯	下降	Q0.1
限位	SQ3	I0.2	指示灯	L5	Q0.2
限位	SQ1	I0.3	指示灯	L6	Q0.3

(2)实物接线(图 7-28)

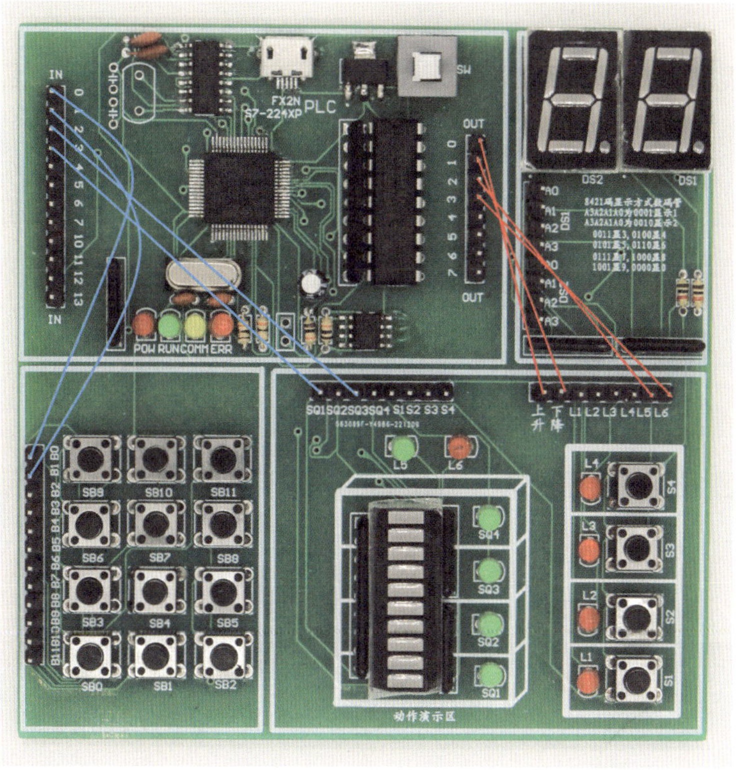

图 7-28　实例四　LED 灯流转闪烁程序接线

(3)编写程序

梯形图主要程序如图 7-29～图 7-32 所示。

程序分析:按下启动按钮 SB1,启动运行标志位 M2.0,按下停止按钮 SB2,复位 M2.0、M0.0、Q0.0,运行后 LED 条中的灯向上流转,到 SQ3 后停止流转,M0.0 置 1 开始 3 s 定时,3 s 时间到,LED 灯开始向下流转,到 SQ1 处 LED 灯停止向下流转,M0.1 置 1,启动 3 s 定时,时间到 LED 灯又开始向上流转,LED 灯向上流转时,L5 闪烁,周期为 2 s,先亮 1 s,熄 1 s;LED 灯向下流转时,L6 闪烁,周期为 2 s,先亮 1 s,熄 1 s。

(4)程序写入 PLC 并调试。

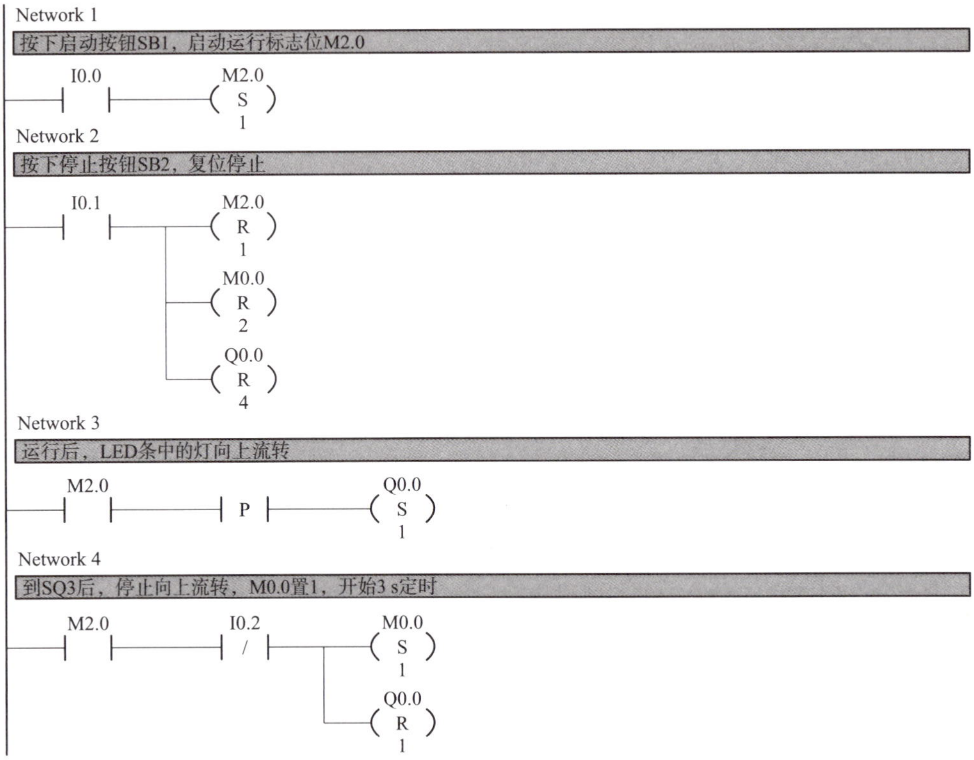

图 7-29　LED 灯流转闪烁程序 1

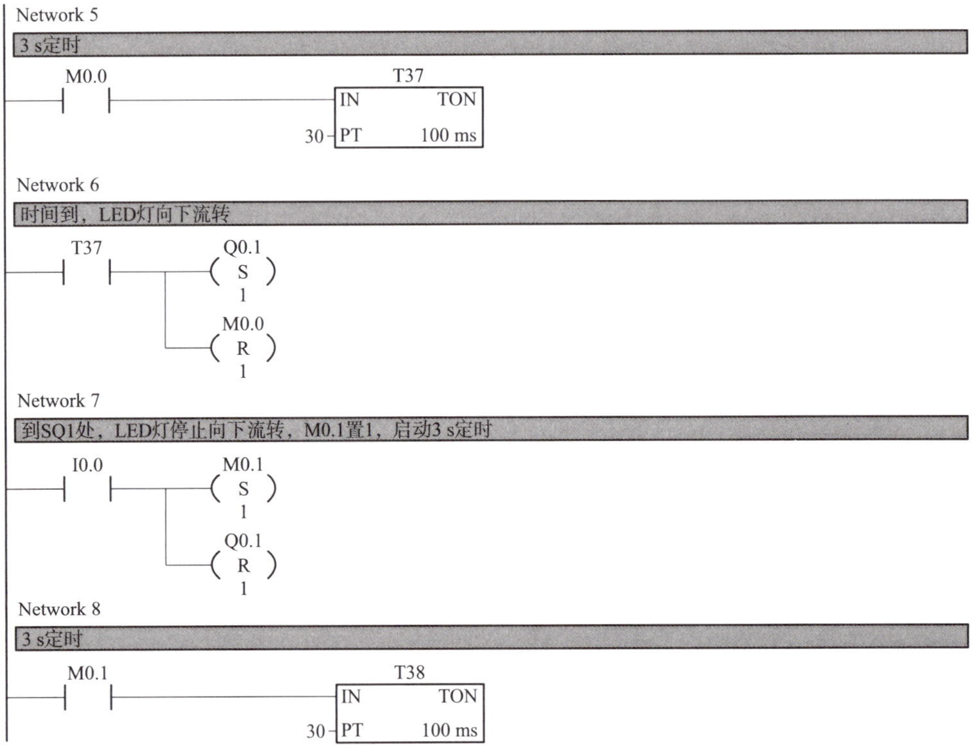

图 7-30　LED 灯流转闪烁程序 2

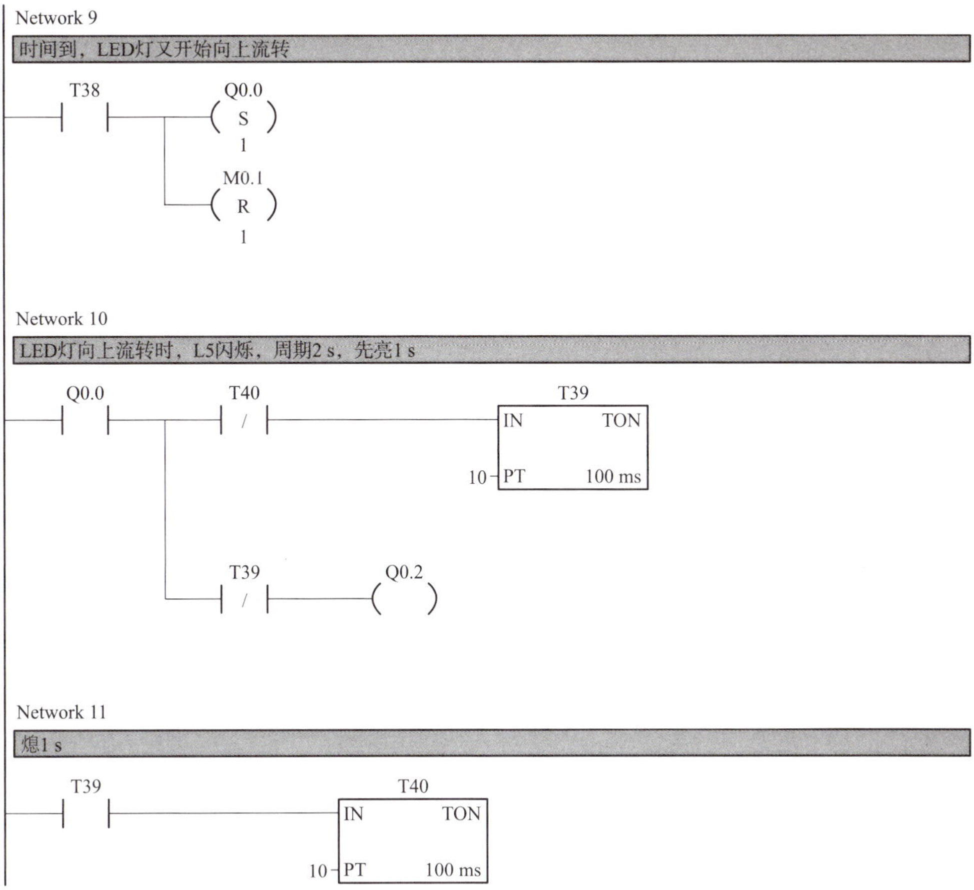

图 7-31　LED 灯流转闪烁程序 3

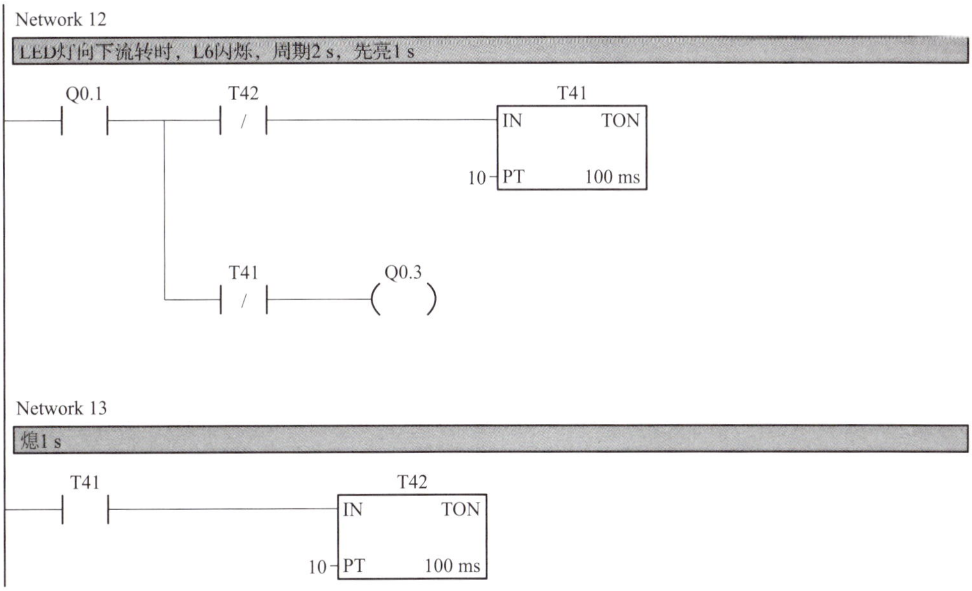

图 7-32　LED 灯流转闪烁程序 4

实例五 停车场车辆数量监测程序*计数器指令

1. 学习任务

某车辆段停车场最多允许停车 30 辆。按下 S1 则系统开始工作。S2 是入口传感器，当每开进一台车，计数器的当前值加 1。S3 是出口传感器，当每开出一台车，计数器的当前值减 1。当停车场的车辆数少于 30 辆时，绿灯 L1 亮；当停车场的车辆数等于 30 辆时，红灯 L3 亮，表示不允许车辆进入，只允许车辆出。

2. 学习目的

(1)学习 16 位增减计数器的工作原理。

(2)学习 16 位增减计数器的应用。

3. 知识准备

计数器用于累计输入脉冲个数，在实际应用中用来对产品进行计数或完成复杂的逻辑控制任务。S7-200 系列 PLC 有递增计数(CTU)、增/减计数(CTUD)、递减计数(CTD)等 3 类计数指令，编程范围 C0～C255。计数器的使用方法和基本结构与定时器基本相同，主要由设定值寄存器、当前值寄存器、状态位等组成。

由于每一个计数器只有一个当前值，所以不要多次定义同一个计数器。具有相同标号的增计数器、增/减计数器、减计数器访问相同的当前值。当使用复位指令复位计数器时，计数器位复位并且计数器当前值被清零。计数器标号既可以用来表示当前值，又可以用来表示计数器位。计数器指令的操作见表 7-7。

表 7-7 计数器指令的操作

输入/输出	数据类型	操作数
C××	CTU、CTD、CTUD	常数(C0 到 C255)
CU、CD、LD、R	BOOL	I、Q、V、M、SM、S、T、C、L、功率流
PV	INT	IW、QW、VW、MW、SMW、SW、LW、AC、AIW、* VD、* LD、* AC，常数
Q、QU、QD	BOOL	I、Q、V、M、SM、S、L
CV	INT	IW、QW、VW、MW、SW、LW、AC、* VD、* LD、* AC

(1)增计数器指令

计数指令在 CU 端输入脉冲上升沿，计数器的当前值增 1 计数。当前值大于或等于设定值(PV)时，计数器状态位置 1。当前值累加的最大值为 32 767。复位输入(R)有效时，计数器状态位复位(置 0)，当前计数值清零。

(2)减计数指令

复位输入(LD)有效时，计数器把设定值(PV)装入当前值存储器，计数器状态位复位(置 0)。CD 端每一个输入脉冲上升沿，减计数器的当前值从设定值开始递减计数，当前值等于 0 时，计数器状态位置位(置 1)，停止计数。减计数器在计数脉冲 I0.0 的上升沿减 1 计数，当前值从设定值开始减至 0 时，定时器输出状态位置 1，Q0.0 通电(置 1)。在复位脉冲 I0.1 的上升沿，定时器状态位置 0(复位)，当前值等于设定值，为下次计数工作做好准备。

(3)增/减计数指令

增/减计数器有两个脉冲输入端，其中 CU 端用于递增计数，CD 端用于递减计数，执行增/减计数指令时，CU/CD 端的计数脉冲上升沿增 1/减 1 计数。当前值大于或等于计数器设定值(PV)时，计数器状态位置位。复位输入(R)有效或执行复位指令时，计数器状态位复位，当前值清零。达到计数器最大值 32 767 后，下一个 CU 输入上升沿将使计数值变为最小值(－32 768)。同样，达到最小值(－32 768)后，下一个 CD 输入上升沿将使计数值变为最大值(32 767)。增/减计数器指令应用程序及时序分析如图 7-33 所示。

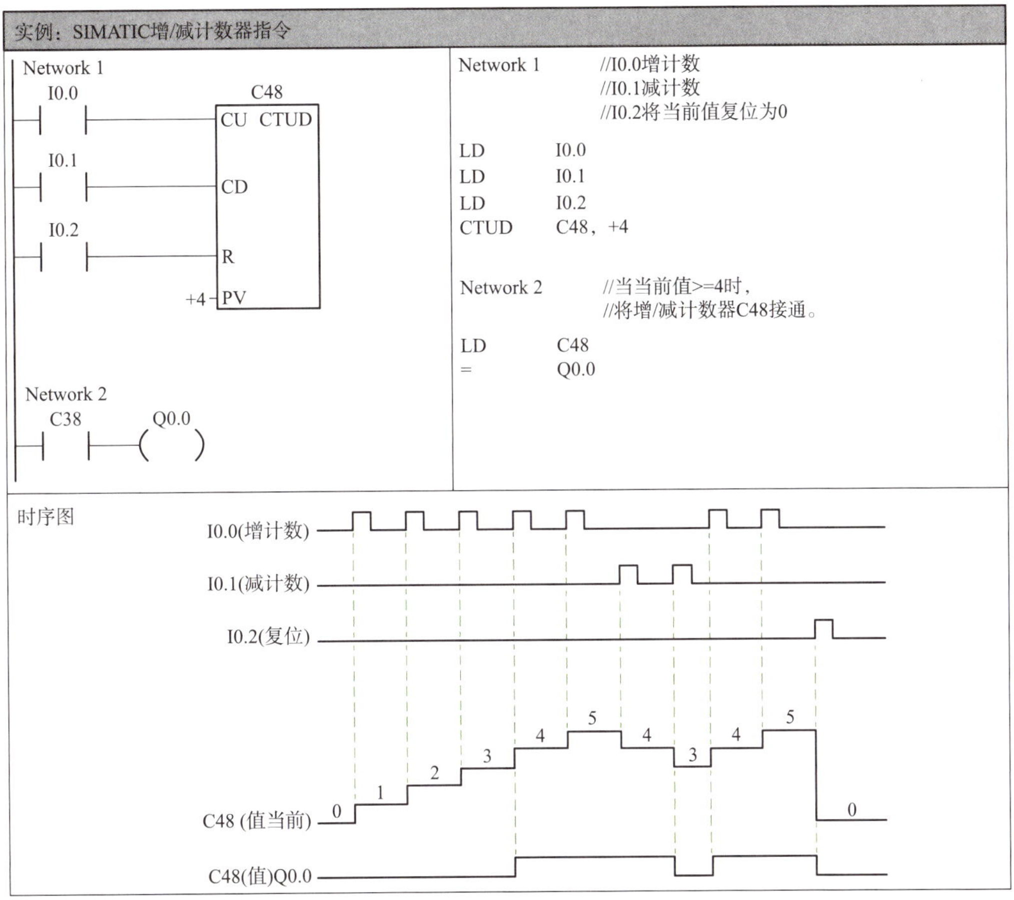

图 7-33 增/减计数指令实例

4. 实训步骤

(1)I/O 分配(表 7-8)

表 7-8 实例五 停车场车辆数量监测程序 I/O 分配

输　入		输　出	
S1	I0.0	L1	Q0.0
S2	I0.1	L3	Q0.1
S3	I0.2		

（2）实物接线（图 7-34）

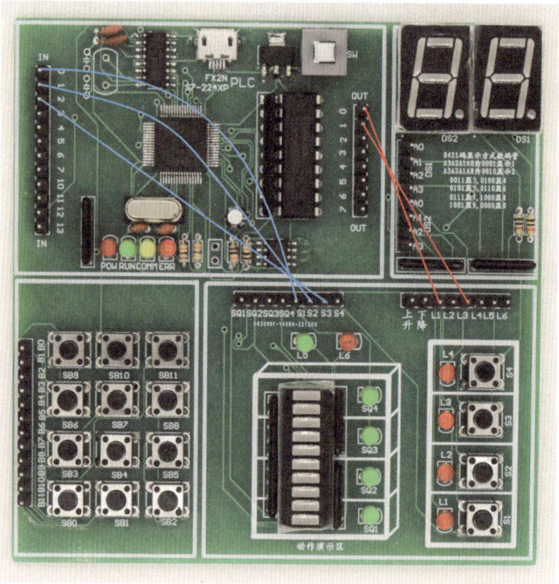

图 7-34　实例五　停车场车辆数量监测程序硬件接线

（3）编写程序

本程序梯形图主要程序如图 7-35～图 7-37 所示。

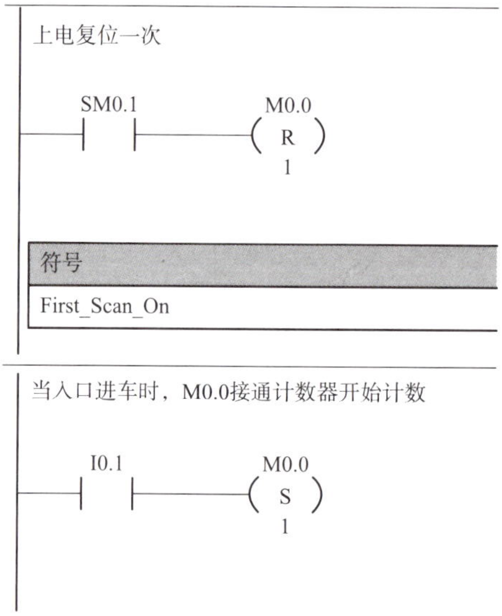

图 7-35　停车场车辆数量监测程序 1

程序分析：当 PLC 上电接通时复位一次 M0.0 标志位，当入口进车时，M0.0 接通计数器开始计数，I0.1 接通一次，代表进入一辆车，计数器加 1，I0.2 接通一次，代表出去一辆车，计数器减 1。SM0.1 上电复位计数器，计数器不满足时，Q0.0 输出绿灯亮可以进车，计数器满足时，Q0.1 红灯亮，禁止进入车辆。

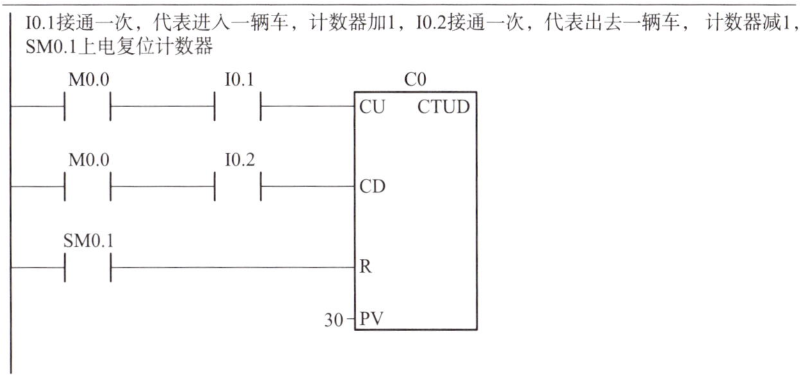

图 7-36　停车场车辆数量监测程序 2

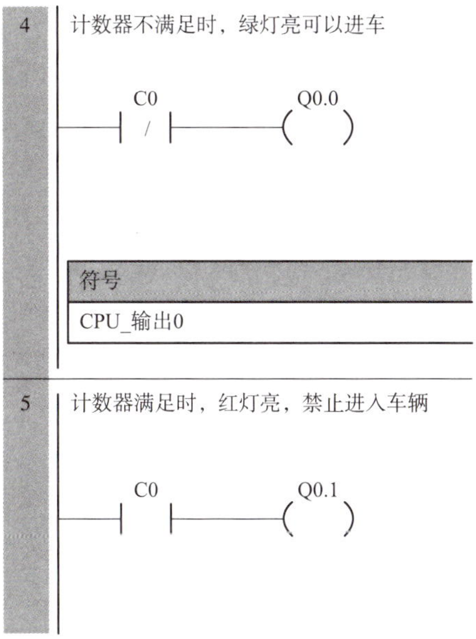

图 7-37　停车场车辆数量监测程序 3

(4)程序写入 PLC 并调试

实例六　按键号显示、认识移位指令

1. 学习任务

学习板上按钮区有 S1 到 S10 十个按钮，要求按下按钮 S1，数码管 DS1 显示 1；按下按钮 S2，数码管 DS1 显示 2；如此类推，按下按钮 S10 数码管 DS1 显示 0。

2. 学习目的

(1)学习 MOV 指令的工作原理。

(2)学习 MOV 指令的基本应用。

3. 知识准备

数据传送指令 MOV 有字节、字、双字和实数的单个传送指令，字节立即传送（读和写）指令和以字节、字、双字为单位的数据块的块传送指令，其用来完成各存储器单元之间的数据传送。

单个数据传送指令每次传送一个数据，传送数据的类型包括字节（B）传送、字（W）传送、双字（D）传送和实数（R）传送。不同的数据类型应采用不同的传送指令。

对于传送指令，输入和输出的数据类型可以不同，但数据长度必须相同。传送指令的有效操作数见表 7-9。

表 7-9　传送指令的有效操作数

输入/输出	数据类型	操作数
IN	BYTE	IB、QB、VB、MB、SMB、SB、LB、AC、* VD、* LD、* AC、常数
	WORD、INT	IW、QW、VW、MW、SMW、SW、T、C、LW、AC、AIW、* VD、* AC、* LD、常数
	DWORD、DINT	ID、QD、VD、MD、SMD、SD、LD、HC、&VB、&IB、&QB、&MB、&SB、&T、&C、&SMB、&AIW、&AQW、AC、* AD、* LD、* AC、常数
	REAL	ID、QD、VD、MD、SMD、SD、LD、AC、* VD、* LD、* AC、常数
OUT	BYTE	IB、QB、VB、MB、SMB、SB、LB、AC、* VD、* LD、* AC
	WORD、INT	IW、QW、VW、MW、SMW、SW、T、C、LW、AC、AQW、* VD、* LD、* AC
	DWORD、DINT、REAL	ID、QD、VD、MD、SMD、SD、LD、AC、* VD、* LD、* AC

（1）字节传送指令

字节传送指令以字节作为数据传送单元，包括字节传送指令 MOVB 和立即读/写字节传送指令 BIR、BIW。

①字节传送指令 MOVB

字节传送指令的指令格式如图 7-38 所示。

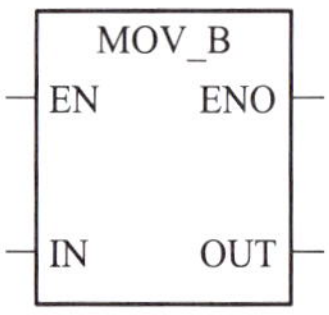

LAD指令

MOVB　IN，OUT

STL指令

图 7-38　字节传送指令

其中，MOV_B 为字节传送梯形图指令盒标识符（也称功能符号，B 表示字节数据类型），MOVB 为语句表指令操作码助记符，EN 为使能控制输入端（I、Q、M、T、C、SM、V、S、L 中的位），IN 为传送数据输入端，OUT 为数据输出端，ENO 为指令和能流输出端（即传送状态位）。

MOVB 指令的功能是在使能输入端 EN 有效时，将由 IN 指定的一个 8 位字节数据传送到由 OUT 指定的字节单元中。

②立即读字节传送指令 BIR

立即读字节传送指令 BIR 的指令格式如图 7-39 所示。

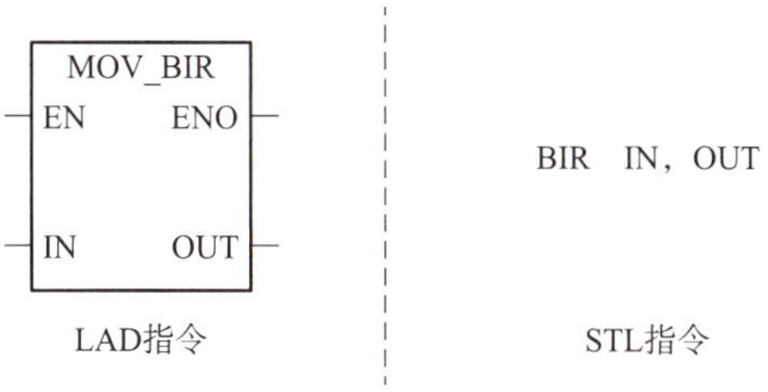

图 7-39 BIR 指令的指令格式

其中，MOV_BIR 为立即读字节传送梯形图指令盒标识符，BIR 为语句表指令操作码助记符。

当使能输入端 EN 有效时，BIR 指令立即(不考虑扫描周期)读取当前输入继电器中由 IN 指定的字节(IB)，并送入 OUT 字节单元(并未立即输出到负载)。

注意：IN 只能为 IB。

③立即写字节传送指令 BIW

立即写字节传送指令 BIW 的指令格式如图 7-40 所示。

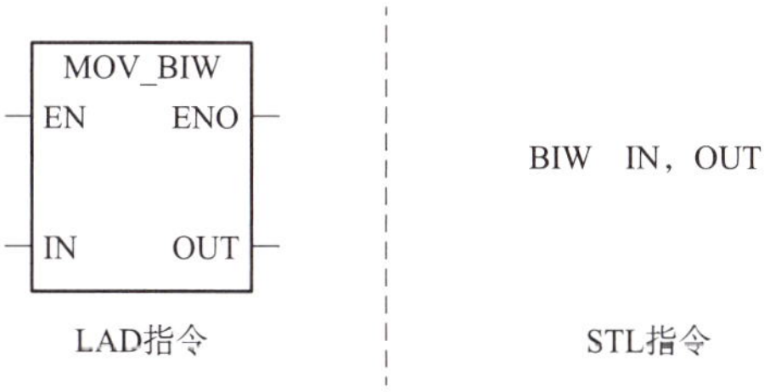

图 7-40 BIW 指令的指令格式

其中，MOV_BIW 为立即写字节传送梯形图指令盒标识符，BIW 为语句表指令操作码助记符。

当使能输入端 EN 有效时，BIW 指令立即(不考虑扫描周期)将由 IN 指定的字节数据写入到输出继电器中由 OUT 指定的 QB，即立即输出到负载。

注意：OUT 只能是 QB。

(2)字/双字传送指令

字/双字传送指令以字/双字作为数据传送单元。

字/双字指令格式与字节传送指令类同，只是指令中功能符号(标识符或助计符)的数据类型符号不同而已。具体来说，MOV_W/MOV_DW 为字/双字梯形图指令盒标识符，MOVW/MOVD 为字/双字语句表指令操作码助记符。

例：在 I0.1 控制开关导通时，将 VW100 中的字数据传送到 VW200 中，程序如图 7-41 所示。

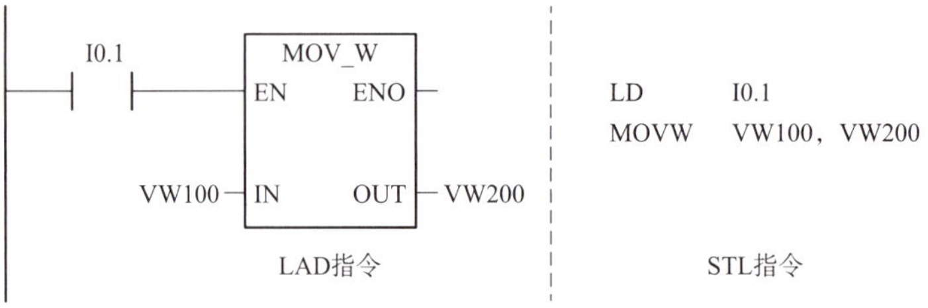

图 7-41　字传送指令应用示例

例:在 I0.1 控制开关导通时,将 VD100 中的双字数据传送到 VD200 中,程序如图 7-42 所示。

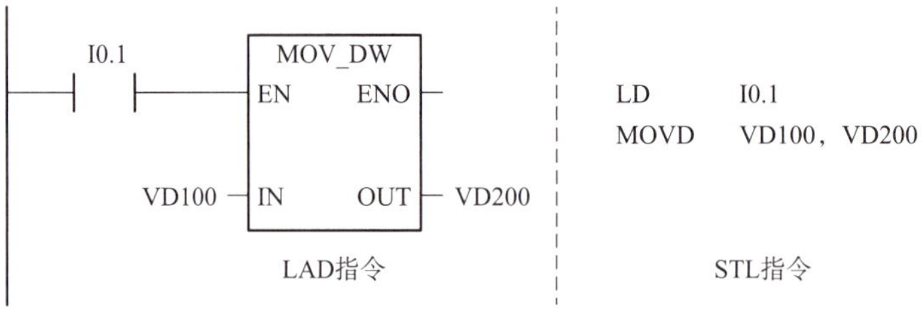

图 7-42　双字传送指令应用示例

(3)实数传送指令 MOVR

实数传送指令以 32 位实数双字作为数据传送单元:其功能符号 MOV_R 为实数传送梯形图指令盒标识符,MOVR 为实数传送语句表指令操作码助记符。

例:在 I0.1 控制开关导通时,将常数 3.14 传送到双字单元 VD200 中,程序如图 7-43 所示。

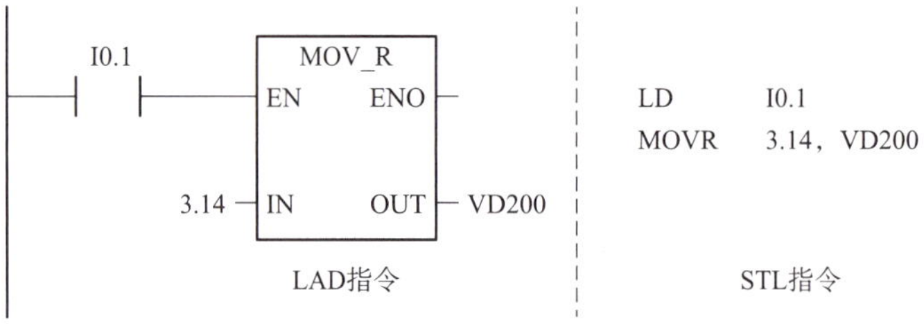

图 7-43　实数传送指令应用示例

4. 实训步骤

(1)I/O 分配(表 7-10)

表 7-10　实例六　按键号显示程序(BCD 码)I/O 分配

输　入		输　出	
S1	I0.0	A0	Q0.0
S2	I0.1	A1	Q0.1
S3	I0.2	A2	Q0.2
S4	I0.3	A3	Q0.3

续上表

输　入		输　出	
S5	I0.4		
S6	I0.5		
S7	I0.6		
S8	I0.7		
S9	I1.0		
S10	I1.1		

(2)实物接线(图 7-44)

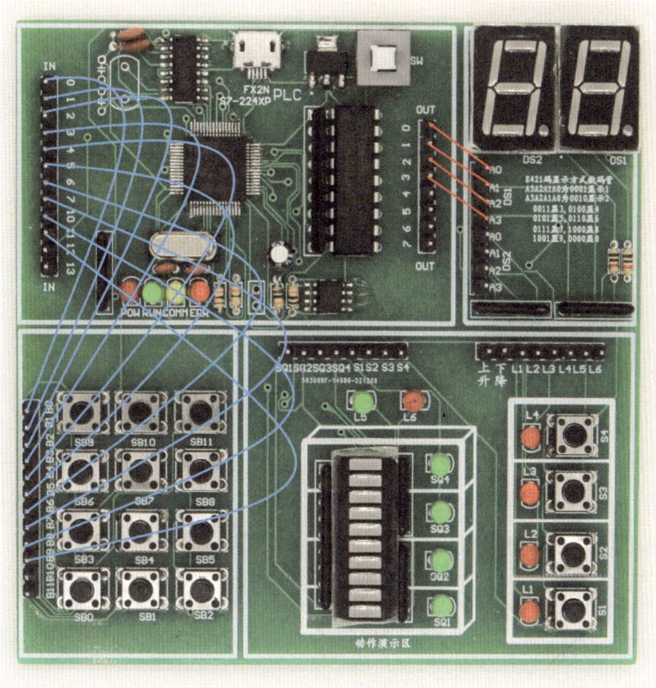

图 7-44　实例六　按键号显示程序接线

(3)编写程序

本程序梯形图主要程序如图 7-45 所示。

程序分析:本实例采用了 8241 码显示方式数码管,A3A2A1A0 为 0001 显示 1,A3A2A1A0 为 0010 显示 2,依此类推 0011 显示 3,0100 显示 4,0101 显示 5,0110 显示 6,0111 显示 7,1000 显示 8,1001 显示 9,0000 显示 0,依次看出此码对应二进制模式。在 PLC 里 I0.0 接通将 1 传送到 QB0,则传送 0001 送入 QB0,数码管显示为 1。以此类推 I0.1 接通将 2 传送到 QB0,I0.2 接通将 3 传送到 QB0,I0.3 接通将 4 传送到 QB0,I0.4 接通将 5 传送到 QB0,I0.5 接通将 6 传送到 QB0,I0.6 接通将 7 传送到 QB0,I0.7 接通将 8 传送到 QB0,I1.0 接通将 9 传送到 QB0,I1.1 接通将 0 传送到 QB0。

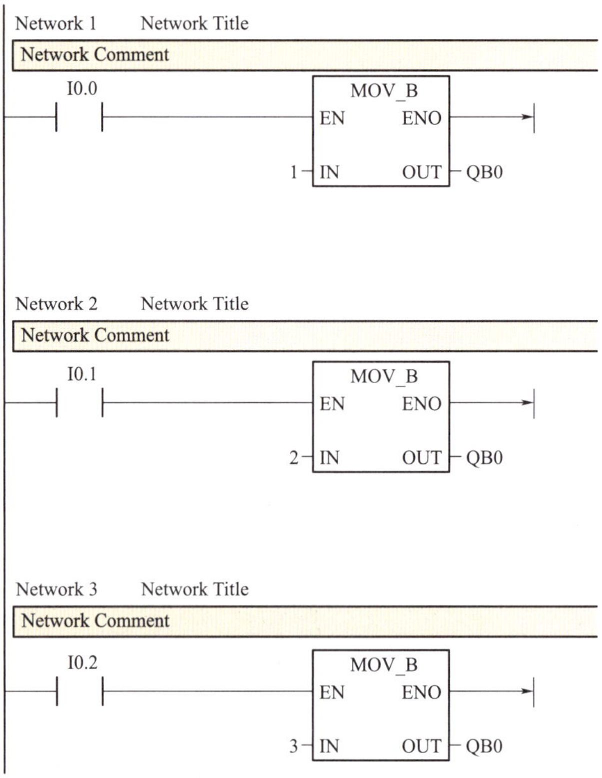

图 7-45 按键号显示程序 1(BCD 码)

(4)7 段数码管显示接线(图 7-46)

如图 7-46 所示,Q0.0 对应数码管的 A,Q0.1 对应 B,Q0.2 对应 C,Q0.3 对应 D,Q0.4 对应 E,Q0.5 对应 F,Q0.6 对应 G。

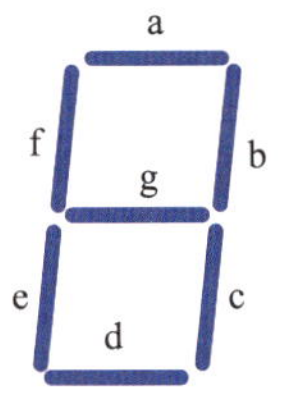

数码管脚位置图

输入码	管脚输入 . g f e d c b a	段显示
0000	0 0 1 1 1 1 1 1	0
0001	0 0 0 0 0 1 1 0	1
0010	0 1 0 1 1 0 1 1	2
0011	0 1 0 0 1 1 1 1	3
0100	0 1 1 0 0 1 1 0	4
0101	0 1 1 0 1 1 0 1	5
0110	0 1 1 1 1 1 0 1	6
0111	0 0 0 0 0 1 1 1	7
1000	0 1 1 1 1 1 1 1	8
1001	0 1 1 0 0 1 1 1	9
1010	0 1 1 1 1 1 0 0	A
1011	0 1 1 0 1 1 0 1	B
1100	0 0 1 1 1 0 0 1	C
1101	0 1 0 1 1 1 1 0	D
1110	0 1 1 1 1 0 0 1	E
1111	0 1 1 1 0 0 0 1	F

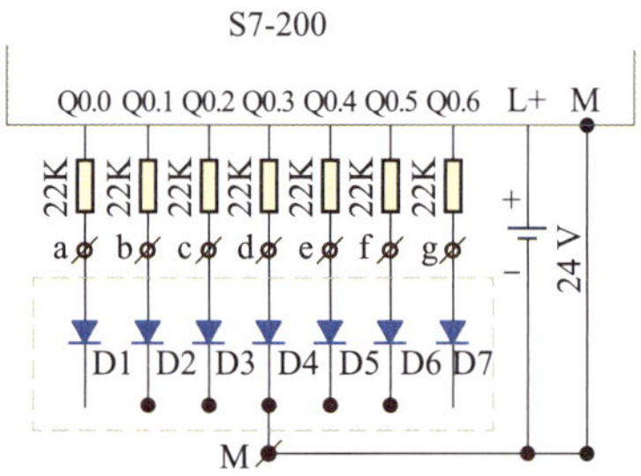

共阴极数码管与S7-200输出口连线图

图 7-46 七段数码管显示接线

实例六按键号显示程序(7段数码管)I/O分配见表7-11。

表7-11 实例六 按键号显示程序(7段数码管)I/O分配

输 入		输出	
S1	I0.0	管脚A	Q0.0
S2	I0.1	管脚B	Q0.1
S3	I0.2	管脚C	Q0.2
S4	I0.3	管脚D	Q0.3
S5	I0.4	管脚E	Q0.4
S6	I0.5	管脚F	Q0.5
S7	I0.6	管脚G	Q0.6
S8	I0.7		
S9	I1.0		
S10	I1.1		

本程序的程序如图7-47、7-48所示。

程序分析:I0.0接通,传送二进制00111111到QB0,此时Q0.0~Q0.5输出,对应a~f,数码管显示0;I0.1接通,传送二进制00000110到QB0,此时Q0.1、Q0.2输出,对应b、c,数码管显示1;I0.2接通,传送二进制01011011到QB0,此时Q0.0、Q0.1、Q0.3、Q0.4、Q0.6输出,对应a、b、d、e、g,数码管显示2;I0.3接通,传送二进制01001111到QB0,此时Q0.0、Q0.1、Q0.2、Q0.3、Q0.6输出,对应a、b、c、d、g,数码管显示3;I0.4接通,传送二进制01100110到QB0,此时Q0.1、Q0.2、Q0.5、Q0.6输出,对应b、c、f、g,数码管显示4;I0.5接通,传送二进制01101101到QB0,此时Q0.0、Q0.2、Q0.3、Q0.5、Q0.6输出,对应a、c、d、f、g,数码管显示5;I0.6接通,传送二进制01111101到QB0,此时Q0.0、Q0.2、Q0.3、Q0.4、Q0.5、Q0.6输出,对应a、c、d、e、f、g,数码管显示6;I0.7接通,传送二进制00000111到QB0,此时Q0.0、Q0.1、Q0.2输出,对应a、b、c,数码管显示7;I1.0接通,传送二进制01111111到QB0,此时Q0.0~Q0.6输出,对应a~g,数码管显示8;I1.1接通,传送二进制01100111到QB0,此时Q0.0、Q0.1、Q0.2、Q0.5、Q0.6输出,对应a、b、c、f、g,数码管显示9。

(5)程序写入PLC并调试。

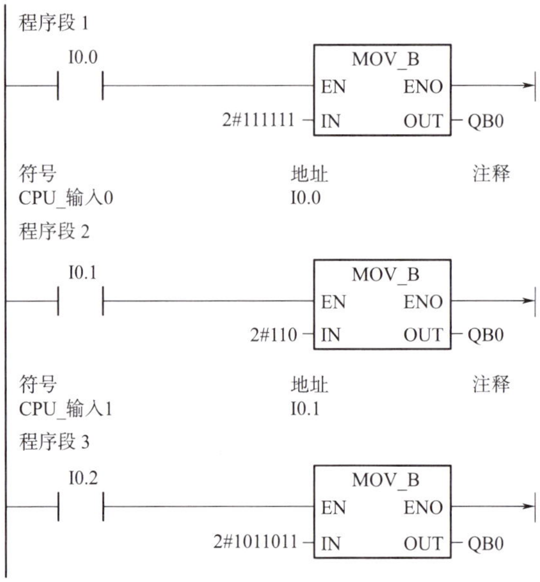

图 7-47　按键号显示程序 1(7 段数码管)

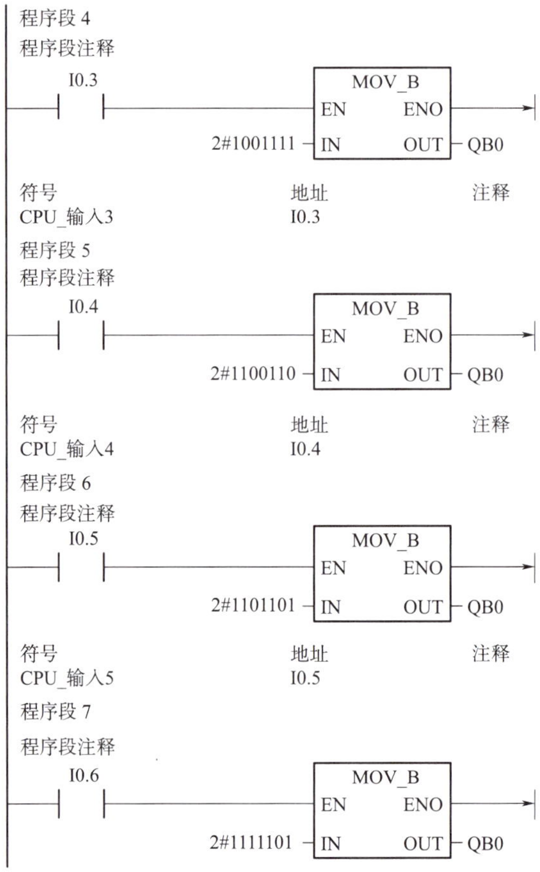

图 7-48　按键号显示程序 2(7 段数码管)

实例七 运货小车控制程序，认识顺序控制指令

1. 学习任务

(1)用学习板上动作演示区的 LED 条上下流转代表运货小车的运动。动作演示区有三个按钮 S1、S2、S3 即“启动”“停止”“归位”三个按钮。要求按下“启动”按钮后，小车开始工作，按下“停止”按钮后，小车停止工作。SQ1(A)、SQ2(B)、SQ3(C)为三个位置传感器，用于检测小车的位置。

(2)开始工作之前，小车可能位于 LED 条上任何位置，所以如果小车不在 SQ3 点位置，则要求通电后动作演示区的 L6(红指示灯)按 1 Hz 的频率闪烁不断，提示小车须归位到 SQ3 处。按下“归位”按钮后，小车开始上行，SQ3 检测到后停下，L6 指示灯熄灭然后才能开始按要求运行。

(3)当小车停在 SQ3 点，按下“启动”按钮后小车开始下行，在途中 SQ2 点停下装货(L2 灯闪烁 5 s 表示装货过程)，5 s 后又开始下行，一直运行到 SQ1 点停下，小车在 SQ1 点继续装货 5 s，(L1 灯闪烁 5 s 表示装货过程)。然后小车上行，直到 SQ3 检测到后卸货 7 s(L3 灯闪烁 7 s 表示卸货过程)停下。如果小车运行过程中按下了停止按钮，则小车回到 SQ3 点后，小车自动停止运行。如果没按停止按钮，则小车在 SQ3 处卸货(L3 灯闪烁 7 s 表示卸货过程)7 s 后重复上述过程，直到按下停止按钮。

(4)小车每完成 5 个工作周期应自动停止检查，如检查没有问题，则按下启动按钮又可以重复上述过程。

2. 学习目的

(1)学习西门子 PLC 顺序控制继电器及其应用。

(2)学习西门子 PLC 的三个顺序控制指令及其应用。

(3)学习单序列状态转移图编程方法。

3. 知识准备

(1)顺序控制继电器

顺序控制继电器(S)是 PLC 内部软继电器的一种，它和输入继电器(I)和输出继电器(Q)一样，有无数对常开触点和常闭触点，如不作顺序控制状态软元件，可作一般的辅助继电器(M)使用。

西门子 S7-200 系列 PLC 的顺序控制继电器的编号范围为 S0.0～S31.7。

(2)顺序控制指令

顺序控制指令是专为顺序控制而设计的指令。在工业控制领域许多的控制过程都可用顺序控制的方式来实现，使用顺序控制指令实现顺序控制既方便实现又便于阅读修改。

西门子 S7-200 系列 PLC 提供了三条顺序控制指令：

其中 S 是顺序控制继电器，用 S 的位状态表示步的活动状态，一个 SCR 段对应于顺序功能图中的一步，S 位的状态决定对应的 SCR 段程序是否执行。西门子 S7-200 系列 PLC 的顺序控制指令见表 7-12。

LSCR 装载顺序控制继电器指令，标志一个顺序控制继电器段(SCR 段)的开始。LSCR 指令将 S 位的值装载到 SCR 堆栈和逻辑堆栈的栈顶，其值决定 SCR 段是否执行，值为 1 执行该 SCR 段；值为 0 不执行该段。

表 7-12　顺序控制指令

STL	LAD	功能	操作元件
LSCR S_bit	S_bit SCR	顺序状态开始	S(位)
SCRT S_bit	S_bit —(SCRT)	顺序状态转移	S(位)
SCRE	—(SCRE)	顺序状态结束	无
CSCRE		条件顺序状态结束	无

SCRT 顺序控制继电器转换指令，用于执行 SCR 段的转换。SCRT 指令包含两方面功能：一是通过置位下一个要执行的 SCR 段的 S 位，使下一个 SCR 段开始工作；二是使当前工作的 SCR 段的 S 位复位，使该段停止工作。

SCRE 顺序控制继电器结束指令，使程序退出当前正在执行的 SCR 段，表示一个 SCR 段的结束。每个 SCR 段必须由 SCRE 指令结束。

(3)状态转移图编程方法

在工业控制过程中，简单的逻辑或顺序控制可以用基本指令通过编程解决。但在实际应用中，系统常要求具有并行顺序控制或程序选择控制能力。同时，多数系统都是由若干个功能相对独立但各部分之间又有相互联锁关系的工序构成，若以基本指令完成控制功能，其联锁部分编程较易出错，且程序较长。为方便处理以上问题，PLC 中设计了顺序控制指令来完成多程序块联锁顺序运行和多分支、多功能选择并行或循环运行的功能，也制定了状态转移图，辅助顺序控制程序的设计。

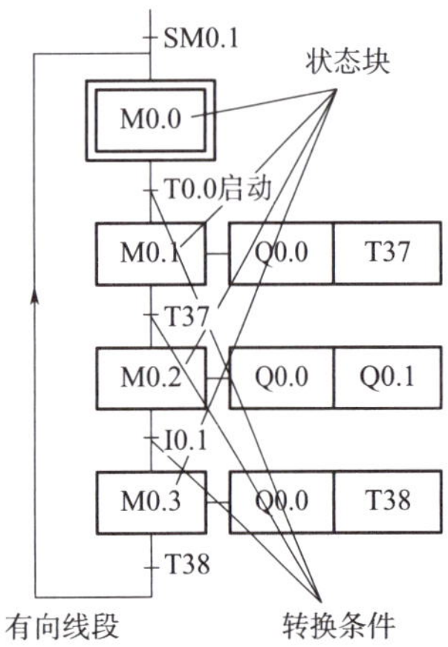

图 7-49　状态块

状态转移图：也称功能流程图，它使用图解方式描述顺序控制程序，属于一种功能说明性语言；主要由“状态块”“转移条件”“连接线段”等要素构成；合理运用各元素，就可得到顺序控制程序的静态表示图，再根据图形编辑为顺序控制程序即可。

状态块：每一个状态块相对独立，拥有自己的编号或代码，表示顺序控制程序中的每一个 SCR 段(顺序控制继电器段)。状态转移图往往以一个横线表示开始，如图 7-49 所示为一个个的状态块连接。

每一个状态块在控制系统中都具有一定的动作和功能，在画状态转移图时也要表示出来。一般在状态块的右端用线段连接一方框，描述该段内的动作和功能。

(4)转移条件

转移条件在状态转移图中是必不可少的，它表明了从一个状态到另一个状态转移时所要具备的条件。其表示方法为在各状态块之间的线段上画一短横线，旁边标注上条件。

有向线段表示程序的流程。从上往下从左到右的有向线段可以省略箭头符号，但从下到上和从右到左的有向线段不能省略箭头符号。

(5)实例讲解

例：某车辆段检修车间的排气系统由一台引风机和一台鼓风机组成。当按下启动按钮后，引风机先工作，8 s后鼓风机也开始工作。当按下停止按钮后，鼓风机先停止工作，12 s后引风机也停止工作。试画出PLC接线图并编写梯形图控制程序。

I/O分配见表7-13。

表7-13　排气系统I/O分配

输　　入		输　　出	
启动按钮	I0.0	引风机	Q0.0
停止按钮	I0.1	鼓风机	Q0.1

编程思路和方法：

由控制过程可知，该检修车间排气系统实际上是一个顺序控制系统，整个控制过程可分为4个工序(也叫状态、阶段)：先是准备状态，引风机和鼓风机可以开始工作；然后是按下启动按钮后进入引风机工作状态；接着是8 s后鼓风机也开始进入工作状态；最后是按下停止按钮鼓风机立即停止，12 s后引风机也停止工作状态。各个状态之间只要条件成立就可以过渡(也叫转移)到下一状态。因此，该工厂排气系统的工作流程图如图7-50所示。

再把上面的工作流程图进行规范化整理，就可以得到该排气控制系统的状态转移图如图7-51所示(状态块也可用顺序控制继电器S0.0～S31.7)。

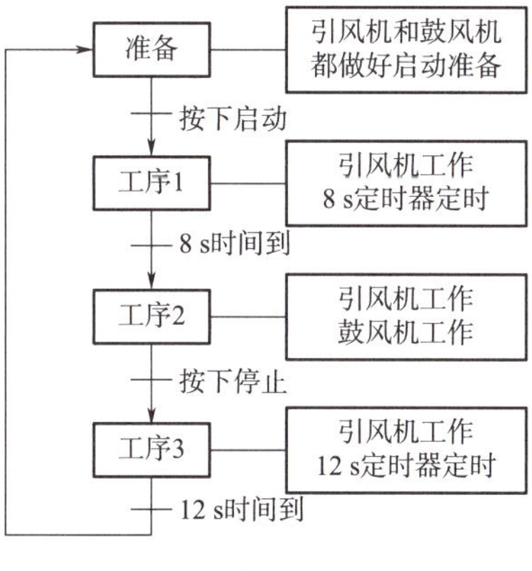

图7-50　排气系统工作流程

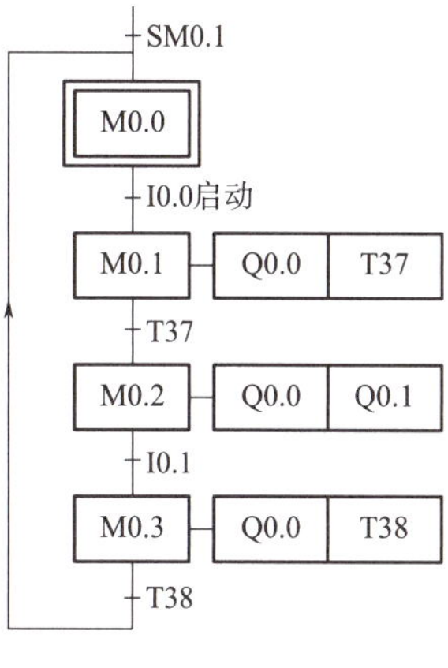

图7-51　排气系统状态转移

整理方法：

①将流程图中的每一个工序(或状态)用PLC的一个状态继电器来替代；

②将流程图中的每个阶段要完成的工作(或动作)用PLC的线圈指令或功能指令来替代；

③将流程图中各个阶段之间的转移条件用PLC的触点或电路块来替代；

④流程图中的箭头方向就是PLC状态转移图中的转移方向。

从图 7-50、图 7-51 可看出：任何一个状态转移图都由活动步、转换和有向线段三要素组成。

(6)状态转移图工作原理

①每次只能有一个活动步，某个步被设置为 1 则其他的步都要设置为 0。由于 PLC 运行梯形图程序第一个循环时一般状态继电器都为 0，所以要用首循环标志位 SM0.1 启动 S0 准备步。

②只有上一步为 1 且转换条件达到才能启动下一步。

(7)状态转移图与梯形图之间的转换

根据控制系统的功能画出的状态转移图不是梯形图，还要把状态转移图转换为梯形图。需要使用两个新的指令：步进顺控指令 STL 和 RET。

SCR(装载 SCR)标记 SCR 段的开始，SCRE(结束 SCR)标记 SCR 程序的结束。SCR 和 SCRE 指令之间的所有逻辑是否执行取决于 S 堆栈的值。SCRE 和下一条 SCR 指令之间的逻辑与 S 堆栈的值无关。

SCRT(SCR 转换)将控制权从激活的 SCR 段转交给另一个 SCR 段。

SCR 转换指令有能流时，执行该指令将复位当前激活的 SCR 段的 S 位，并会置位所引用段的 S 位。SCR 转换指令执行时，复位激活段的 S 位不会影响 S 堆栈。因此，SCR 段保持接通直至退出该段。

仅 STL 指令 CSRE(有条件 SCR 结束)存在激活的 SCR 段，而不在 CSRE 和 SCRE(SCR 结束)指令之间执行指令。有条件 SCR 结束指令不影响任何 S 位，也不会影响 S 堆栈。

(8)顺序控制编程要点

①顺序控制指令的操作数为顺控继电器 S，也称为状态器，每一个 S 位都表示状态转移图中一个 SCR 段的状态。S 的范围是 S0.0～S31.7。各 SCR 段的程序能否执行取决于对应的 S 位是否被置位。若需要结束某个 SCR 段，需要使用 SCRT 指令或对该段对应的 S 位进行复位操作。

②要注意不能把同一个 S 位在一个程序中多次使用。例如在主程序中使用了 S0.1，在子程序中就不能再次被使用。

③状态图中的顺控继电器 S 位的使用不一定要遵循元件的顺序，即可以任意使用各 S 位。但编程时为避免在程序较长时各 S 位重复，最好做到分组、顺序使用。

④每一个 SCR 段都要注意三个方面的内容：

本 SCR 段要完成什么样的工作?

什么条件下才能实现状态的转移?

状态转移的目标是什么?

⑤在 SCR 段中，不能使用 JMP 和 LBL 指令，即不允许跳入、跳出 SCR 段或在 SCR 段内跳转。也不能使用 FOR、NEXT 和 END 指令。

⑥一个 SCR 段被复位后，其内部的元件(线圈、定时器等)一般也要复位，若要保持输出状态，则需要使用置位指令。

⑦在所有 SCR 段结束后，要用复位指令 R 复位仍为运行状态的 S 位，否则程序会出现运行错误。

4. 实训步骤

(1)I/O 分配(表 7-14)

表 7-14 实例七 运货小车控制程序 I/O 分配

输入		输出	
启动 S1	I0.0	上升	Q0.0
停止 S2	I0.1	下降	Q0.1
归位 S3	I0.2	装货 2 指示 L1	Q0.2
SQ1	I0.3	装货 1 指示 L2	Q0.3
SQ2	I0.4	卸货指示 L3	Q0.4
SQ3	I0.5	L6	

(2)实物接线(图 7-52)

图 7-52 实例七 运货小车控制硬件接线

(3)状态转移图(图 7-53)

(4)编写程序

本程序梯形图主要程序如图 7-54～图 7-65 所示,梯形图程序完整地显示了本实例采用顺序编程法的实际程序。

程序分析:当 PLC 上电时,SM0.1 通电一次,复位 S0.0、Q0.0,置位 S0.0 进入顺序流程图,在限位 SQ3 时 I0.5 常开触点闭合处转到 S0.3 步,不在 I0.5 处转到 S0.1 步,步进到 S0.1 时 L6 灯标志位 M1.0 闪烁,按下归位按钮 I0.2 步进到 S0.2,M1.1 线圈得电小车开始

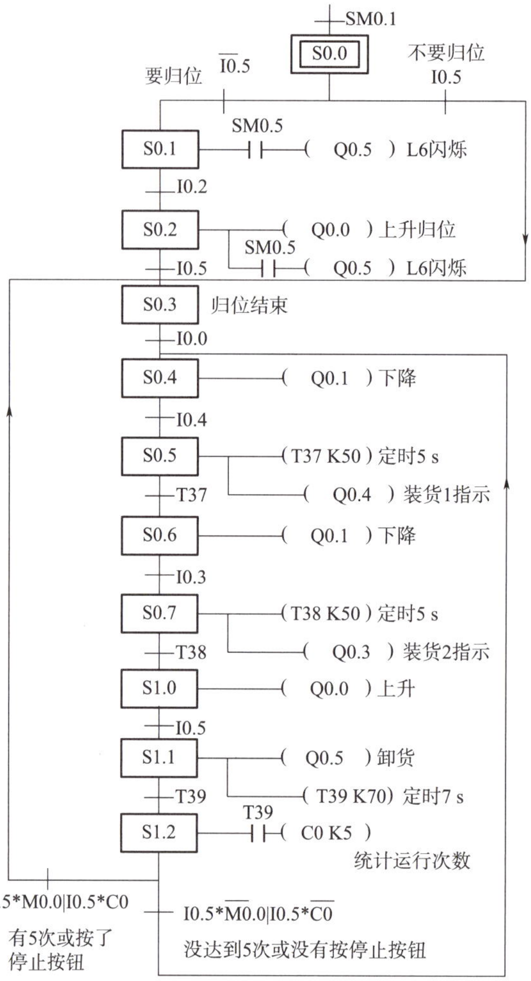

图 7-53　状态转移示意

上升,L6 灯标志位 M1. 2 闪烁,到限位 SQ3 时 I0. 5 常开触点闭合步进到 S0. 3,按下启动按钮 I0. 0 步进到 S0. 4,下降标志位 M1. 3 得电开始下降,到限位 SQ2 处是 I0. 04 常开触点闭合步进到 S0. 5 处,定时器 T37 开始得电计时 5 s 同时装货物 1 灯 Q0. 3 输出闪烁,5 s 到 T37 常开触点闭合步进到 S0. 6 处,下架标志位 M1. 4 线圈得电开始下降,到限位 SQ1 处是 I0. 3 常开触点闭合步进到 S0. 7 处,定时器 T38 启动定时 5 s,同时装货物 2 灯 Q0. 2 输出闪烁,5 s 到 T38 敞开触点闭合步进到 S1. 0 处,上升标志位 M1. 5 线圈得电开始上升,到限位 SQ3 处步进到 S1. 1,T39 开始定时 7 s,卸货灯 Q0. 4 输出闪烁,定时 7 s 到,T39 常开触点闭合步进到 S1. 2,计数器 C0、T39 启动一次,统计运行次数,第一次上电时复位计数器 C0,当碰到 I0. 1 或到达 5 次时,计数器复位,达到 5 次或按了停止按钮步进到 S0. 3,没有达到 5 次或没按停止按钮,步进到 S0. 4,步进结束,按下停止按启动编制为 M0. 0,M1. 3、M1. 4 是 Q0. 1 的下降标志位,M1. 1、M1. 5 是 Q0. 0 的上升标志位,M1. 0、M1. 2 是 L6 灯 Q0. 5 的标志位。

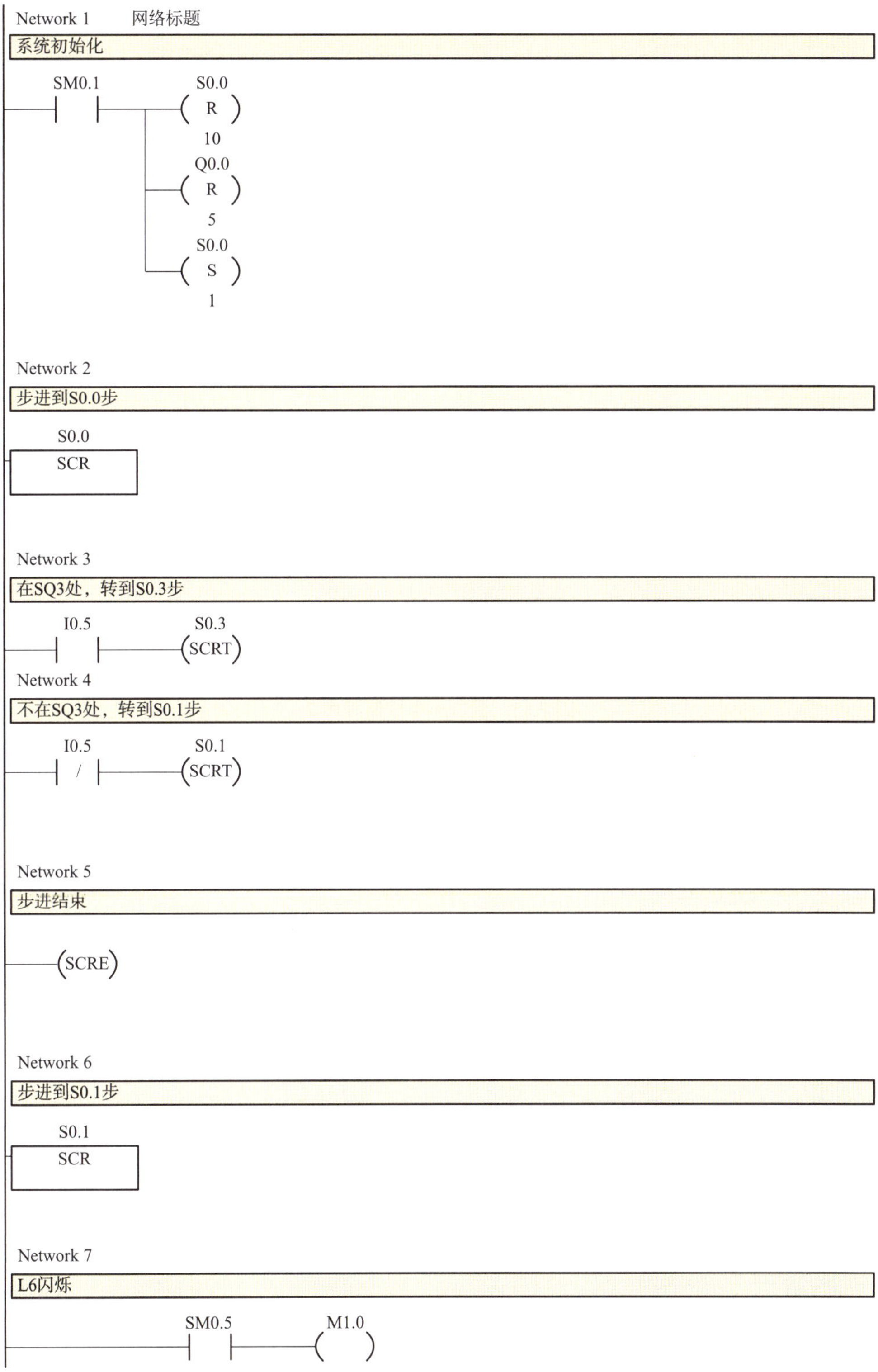

图 7-54 运货小车控制程序 1

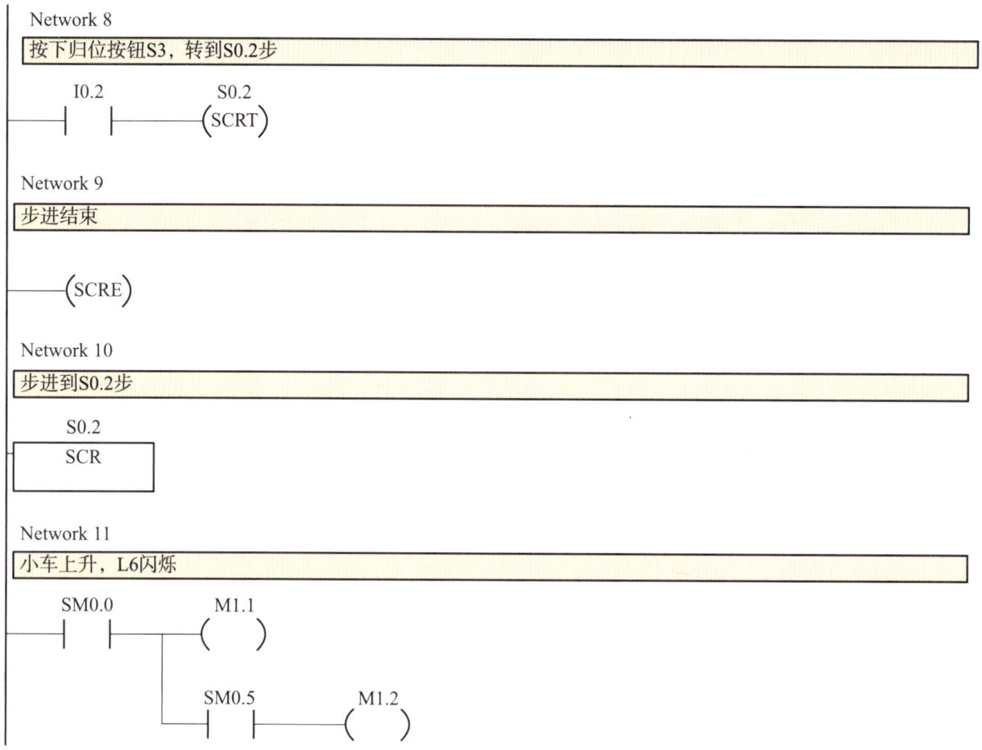

图 7-55　运货小车控制程序 2

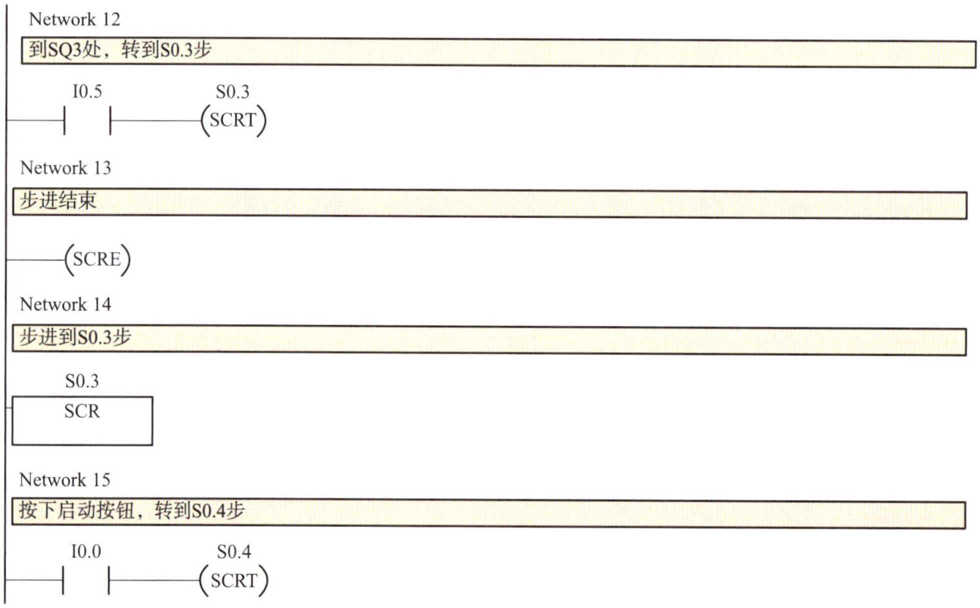

图 7-56　运货小车控制程序 3

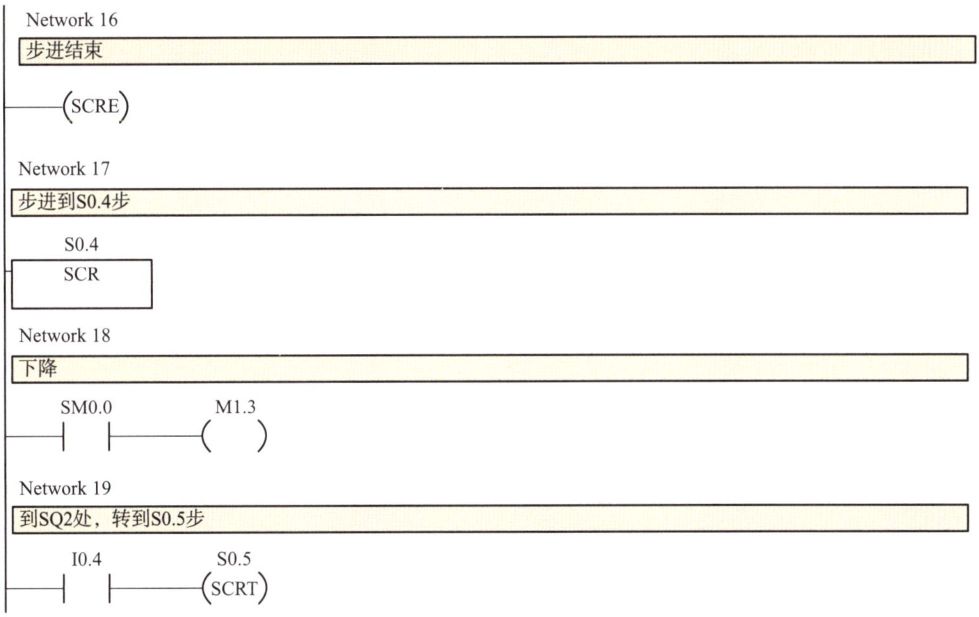

图 7-57　运货小车控制程序 4

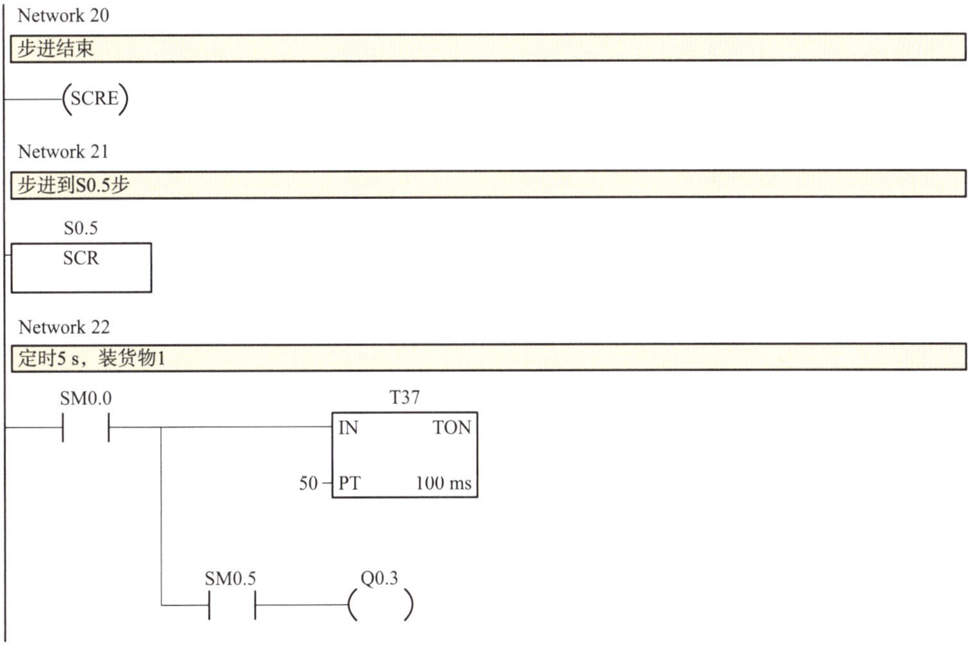

图 7-58　运货小车控制程序 5

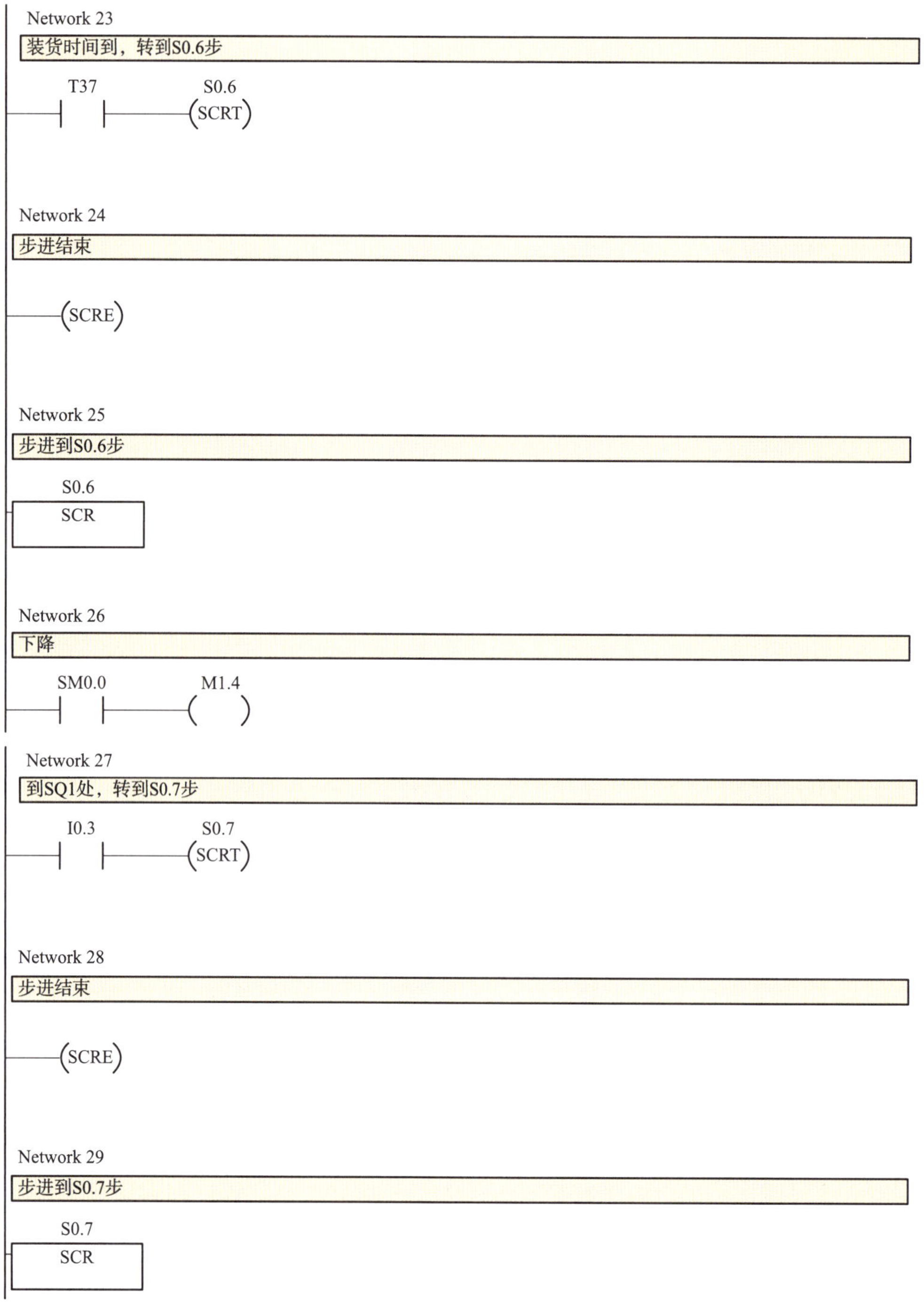

图 7-59　运货小车控制程序 6

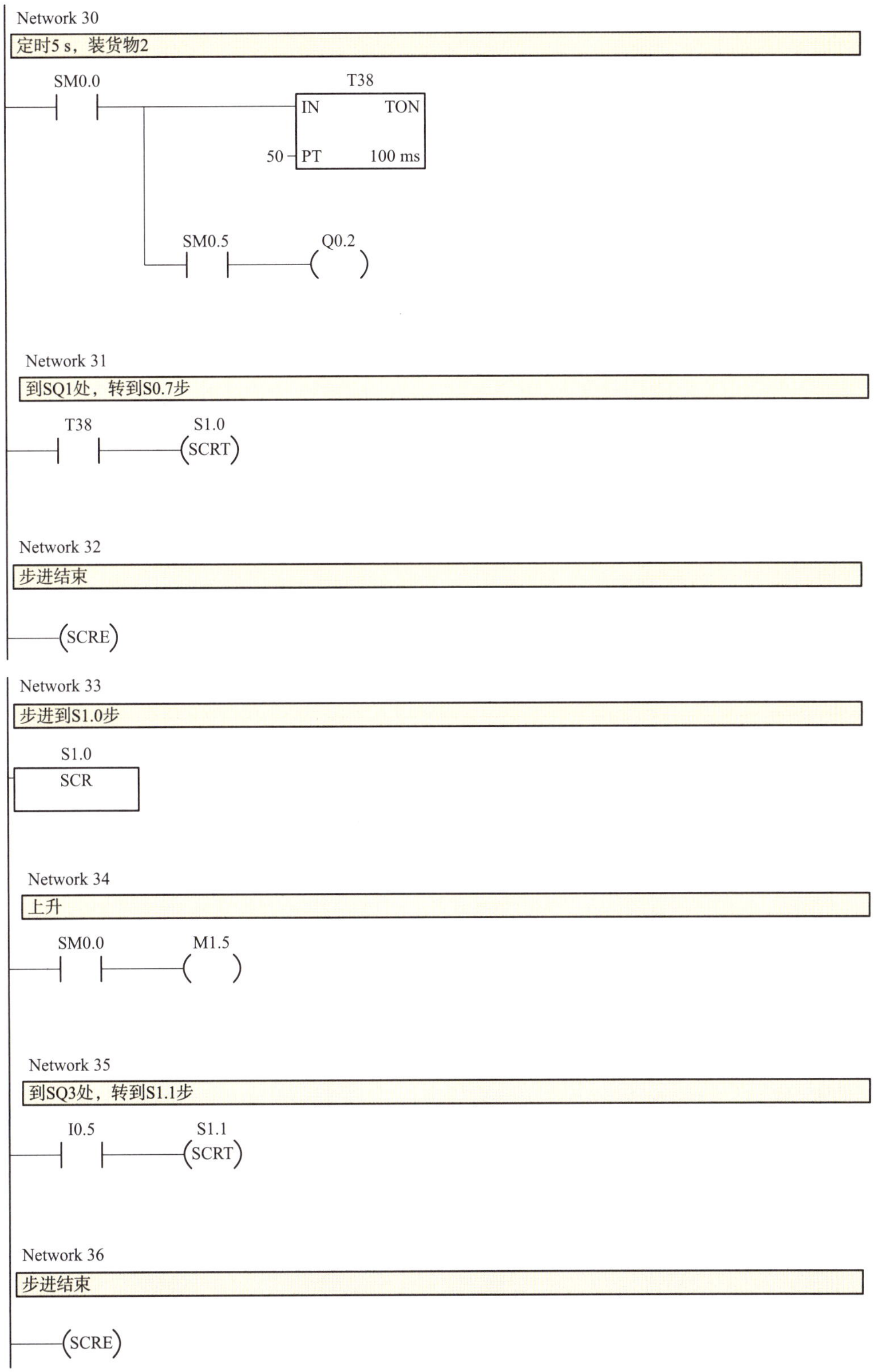

图 7-60 运货小车控制程序 7

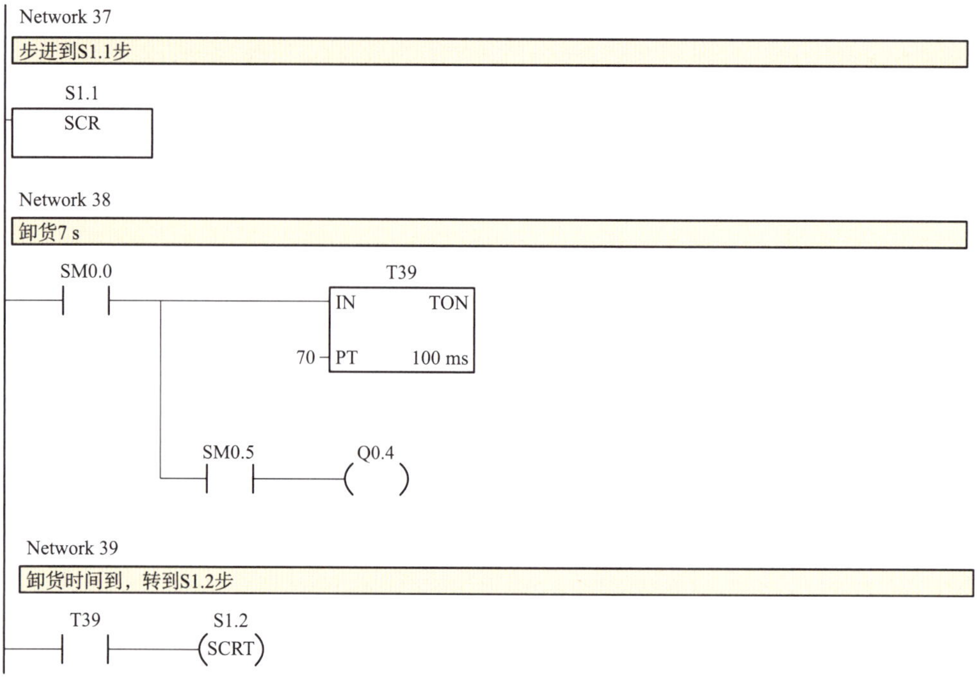

图 7-61 运货小车控制程序 8

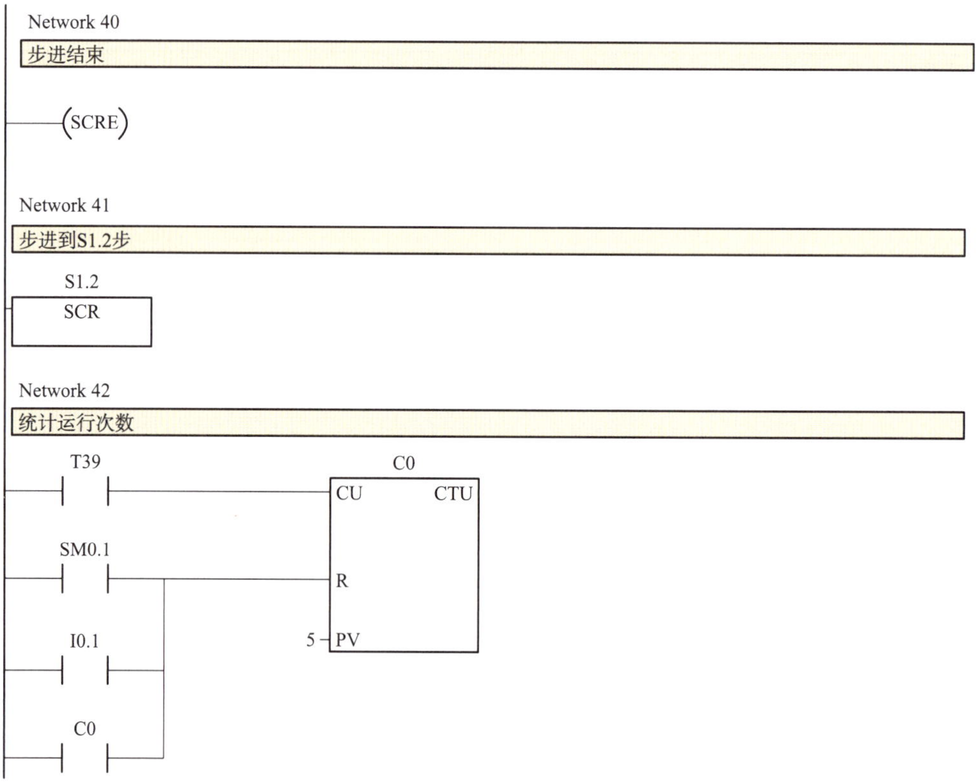

图 7-62 运货小车控制程序 9

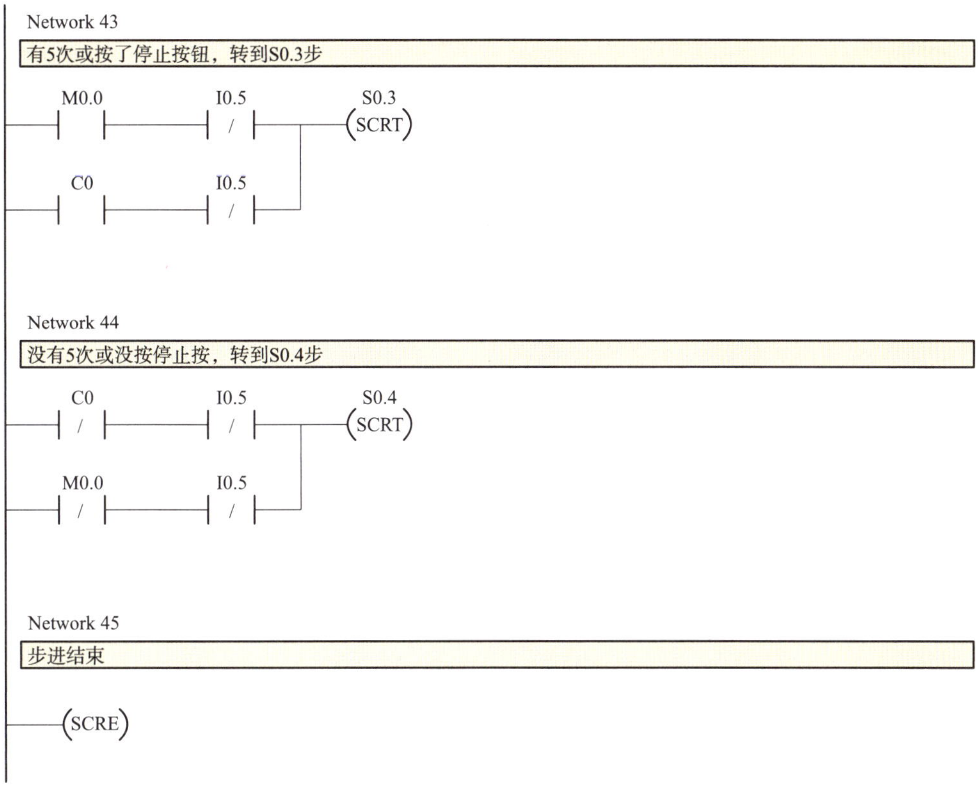

图 7-63　运货小车控制程序 10

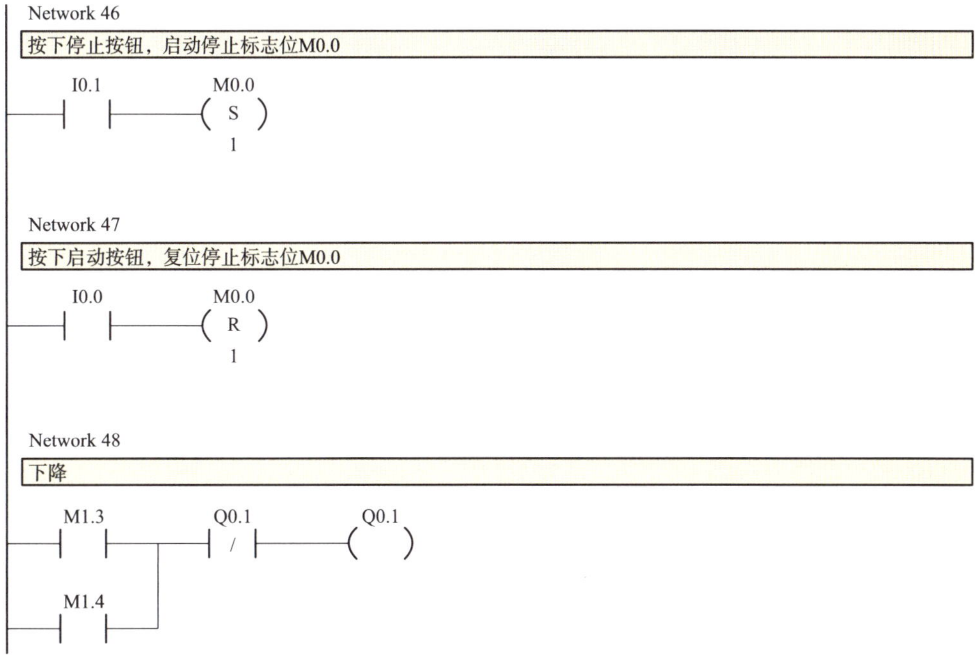

图 7-64　运货小车控制程序 11

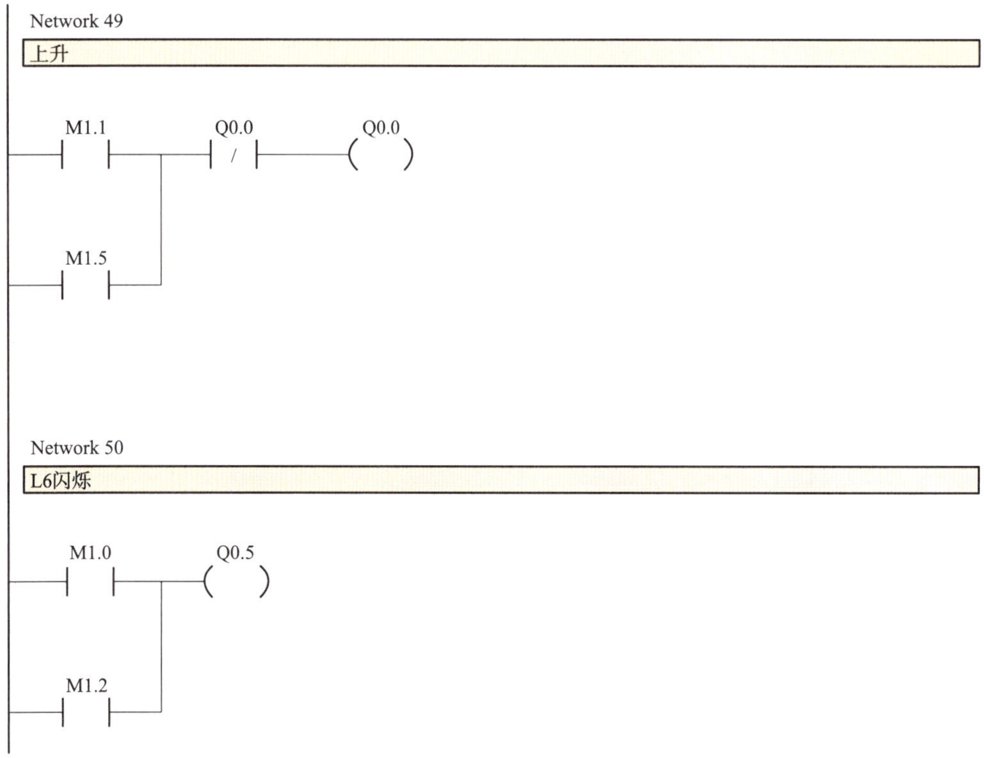

图 7-65　运货小车控制程序 12

(5)程序写入 PLC 并调试。

第二节　变频器基础实例解析

实例一　西门子V20变频器功能参数设置与操作

1. 学习任务

(1)掌握用基本操作面板(BOP)改变变频器参数的步骤。

(2)掌握用基本操作面板(BOP)快速调试变频器的方法。

2. 学习目的

(1)了解变频器基本操作面板(BOP)的功能。

(2)掌握宏的设置和接线。

3. 知识准备

(1)基本操作面板(BOP)

①如图 7-66 所示是基本操作面板的显示和按键功能提示。

②西门子 V20 变频器基本操作面板(BOP)各按钮功能见表 7-15。

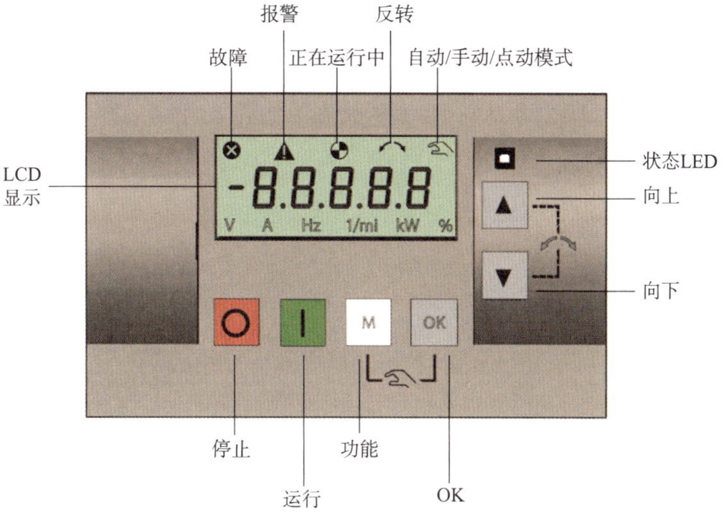

图 7-66　基本操作面板(BOP)

表 7-15　按钮功能

	停止变频器	
	单击	OFF1 停车方式：电机按参数 P1121 中设置的斜坡下降时间减速停车。 说明：若变频器配置为 OFF1 停车方式，则该按钮在自动运行模式下无效
	双击(<2 s) 或长按(>3 s)	OFF2 停车方式：电机不采用任何斜坡下降时间按惯性自由停车
	启动变频器： 若变频器在“手动”/“点动”运行模式下启动，则显示变频器运行图标(◕)。 说明： 若当前变频器处于外部端子控制(P0700=2，P1000=2)并处于“自动“运行模式，则该按钮无效	
	多功能按钮	
	短按(<2 s)	(1)进入参数设置菜单或转至下一显示画面 (2)就当前所选项重新开始按位编辑 (3)在按位编辑模式下连按两次即返回编辑前画面
	长按(>2 s)	(1)返回状态显示画面 (2)进入设置菜单
	短按(<2 s)	(1)在状态显示数值间切换 (2)进入数值编辑模式或换至下一位 (3)清除故障
	长按(>2 s)	快速编辑参数号或参数值
	手动/点动/自动 按下该组合键在不同运行模式间切换： 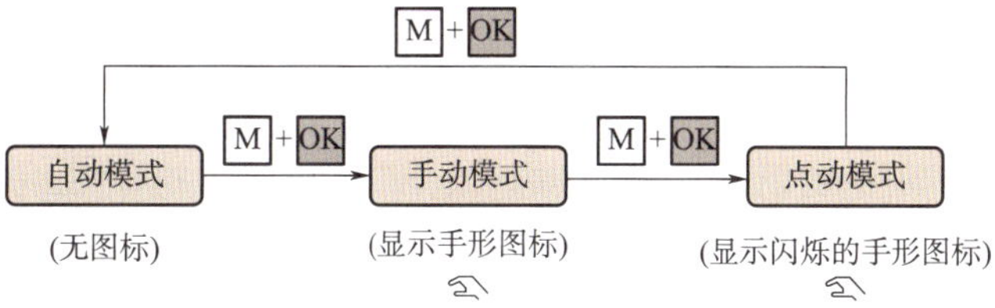 说明： 只有当电机停止运行时才能启用点动模式	

续上表

▲	(1)当浏览菜单时,按下该按钮即向上选择当前菜单下可用的显示画面 (2)当编辑参数值时。按下该按钮增大数值 (3)当变频器处于“运行”模式,按下该按钮增大速度 (4)长按(>2 s)该按钮快速向上滚动参数号、参数下标或参数值
▼	(1)当浏览菜单时,按下该按钮即向下选择当前菜单下可用的显示画面 (2)当编辑参数值时,按下该按钮减小数值 (3)当变频器处于“运行”模式,按下该按钮减小速度 (4)长按(>2 s)该按钮快速向下滚动参数号、参数下标或参数值
▲ + ▼	使电机反转。按下该组合键一次启动电机反转。再次按下该组合键撤销电机反转。变频器上显示反转图标()表明输出速度与设定值相反

③西门子 V20 变频器基本操作面板(BOP)状态图标及功能见表 7-16。

表 7-16　变频器状态图标及功能

⚠	变频器存在至少一个未处理报警	
		变频器在运行中(电机频率可能为 0)
	(闪烁)	变频器可能被意外上电(例如,霜冻保护模式时)
	电机反转	
		变频器处于“手动”模式
	(闪烁)	变频器处于“点动”模式

④西门子 V20 变频器基本操作面板(BOP)菜单结构如图 7-67 所示。

⑤查看变频器状态

如图 7-68 所示,显示菜单可以显示诸如频率、电压、电流等关键参数,从而实现对变频器的基本监控。

(2)快速调试

①设置菜单结构(图 7-69)

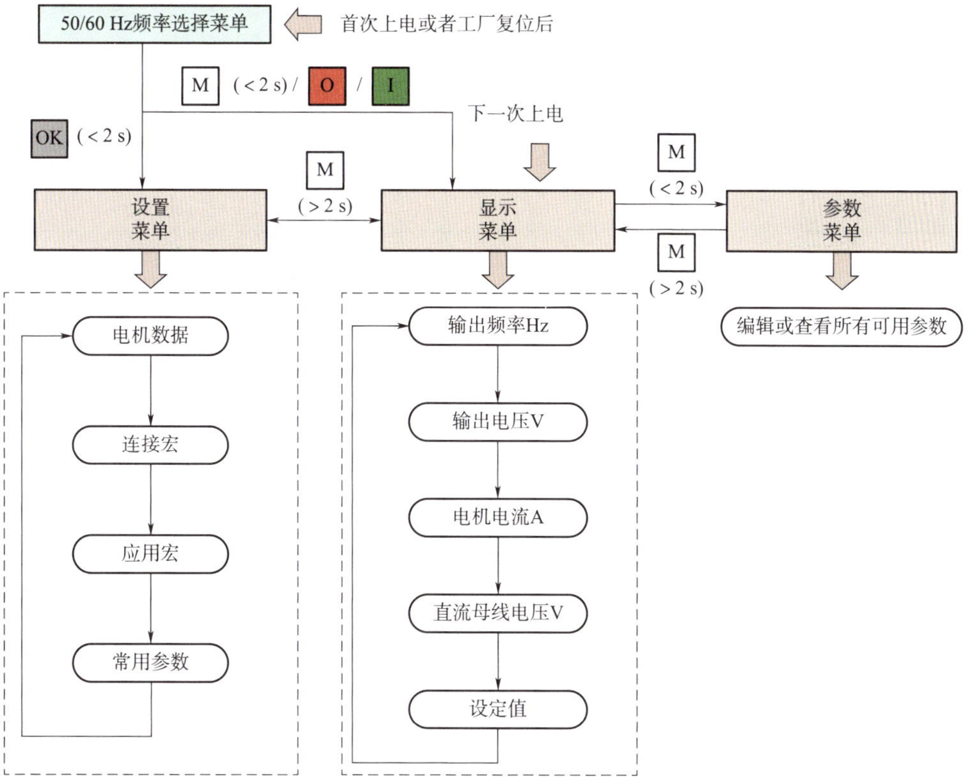

图 7-67　变频器菜单结构

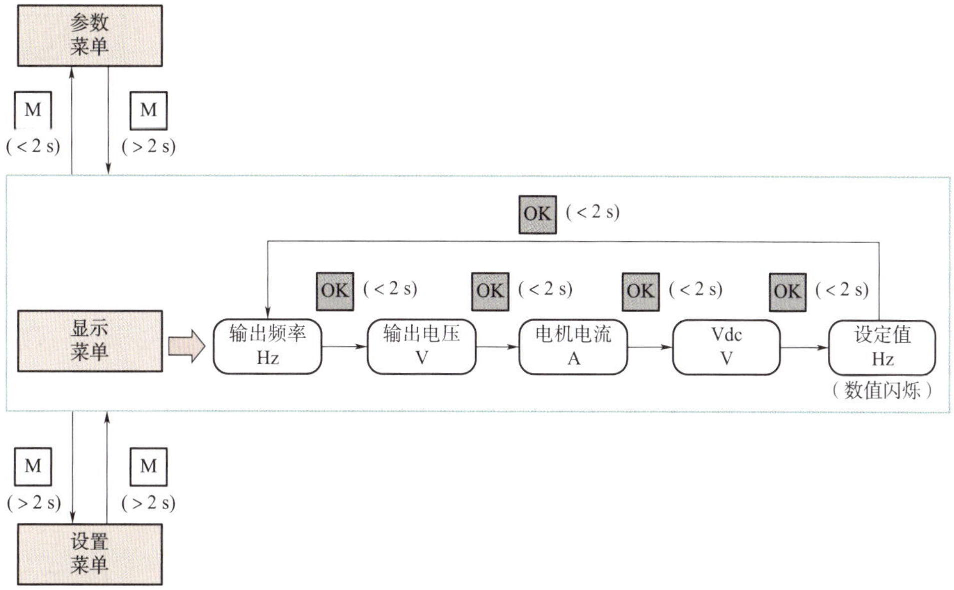

图 7-68　查看变频器状态

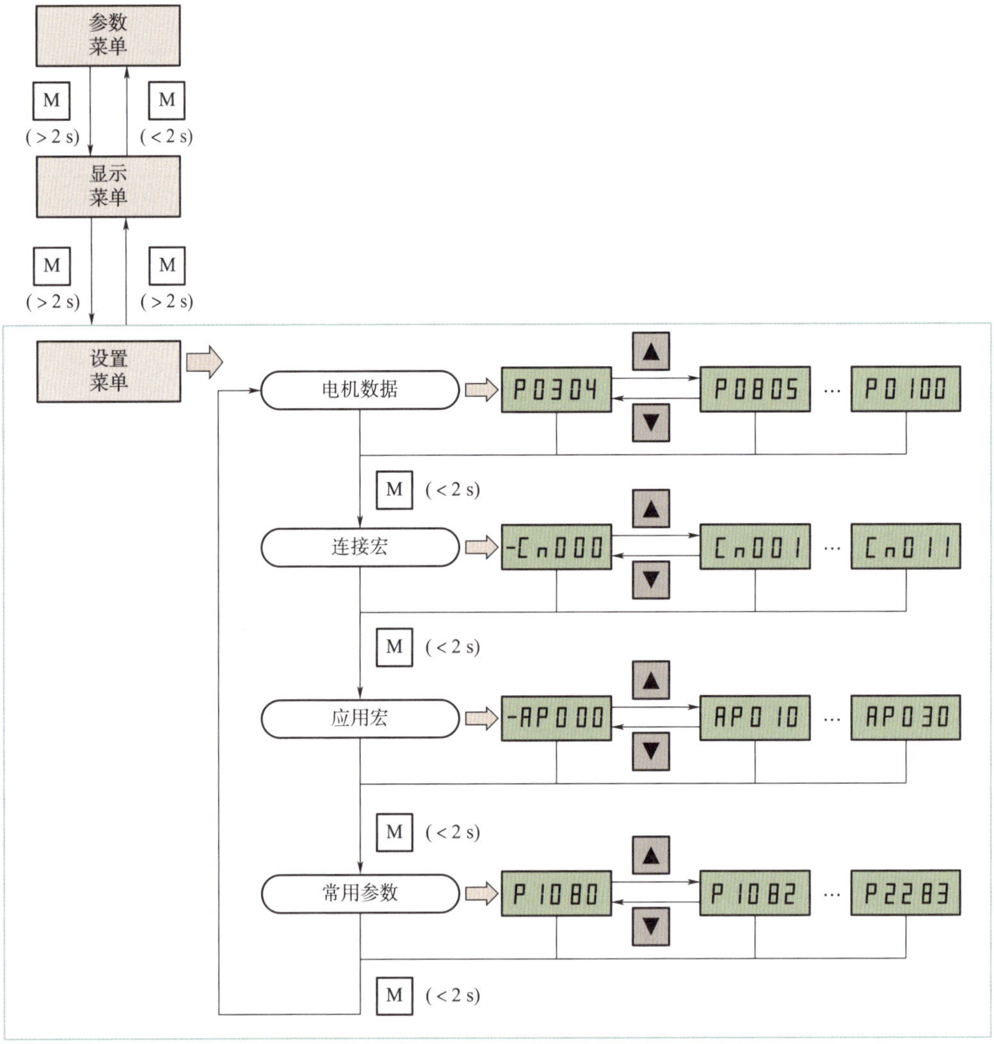

图 7-69　菜单结构

②设置电机数据

用户通过此菜单可轻松设置电机铭牌数据。文本菜单若将参数 P8553 设定 1，则此菜单显示文本而非参数号。设置电机数据见表 7-17。

表 7-17　设置电机数据

参　数	访问级别	功　能	文本菜单（若 P8553=1）
P0305[0]·	1	电机额定电流[A] 请注意输入的铭牌数据必须与电机接线（星形/三角形）一致	MoT A (MOT A)

续上表

参　　数	访问级别	功　　能	文本菜单 （若 P8553＝1）
P0307[0]•	1	电机额定功率[kW/hp] 如 P0100＝0 或 2，电机功率单位为[kW] 如 P0100＝1，电机功率单位为[hp]	P0100=0或2  (MOT P) P0100=1:  (MOT HP)
P0308[0]•	1	电机额定功率因数（cosφ） 仅当 P0100＝0 或 2 时可见	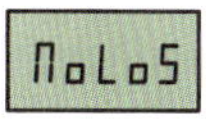 (M COS)
P0309[0]•	1	电机额定效率[%] 仅当 P0100＝1 时可见 此参数设为 0 时内部计算电机效率	 (M EFF)
P0310[0]•	1	电机额定频率[Hz]	 (M FREQ)
P0311[0]•	1	电机额定转速[RPM]	 (M RPM)
P1900	2	选择电机数据识别 ＝0：禁止 ＝2：静止时识别所有参数	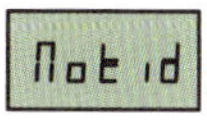 (MOT ID)

③设置连接宏

当调试变频器时，连接宏设置为一次性设置，设置连接宏见表 7-18。在更改上次的连接宏设置前，务必执行以下操作：

(a)对变频器进行工厂复位（P0010＝30，P0970＝21）。

(b)重新进行快速调试操作并更改连接宏。

如未执行上述操作，变频器可能会同时接受更改前后所选宏对应的参数设置，从而可能导致变频器非正常运行。

请注意，连接宏 Cn010 和 Cn011 中所涉及的通信参数 P2010、P2011、P2021 及 P2023 无法通过工厂复位来自动复位。如有必要，请手动复位这些参数。在更改连接宏 Cn010 和 Cn011 中的参数 P2023 后，须对变频器重新上电。在此过程中，请在变频器断电后等待数秒，确保 LED 灯熄灭或显示屏空白后方可再次接通电源。

表 7-18　设置连接宏

连接宏	说　　明	显示示例
Cn000	出厂默认设置。不更改任何参数设置	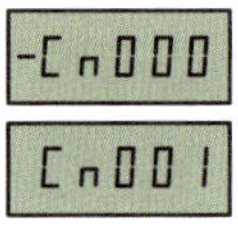 负号表明此连接宏为当前选定的连接宏
Cn001	BOP 为唯一控制源	
Cn002	通过端子控制(PNP/NPN)	
Cn003	固定转速	
Cn004	二进制模式下的固定转速	
Cn005	模拟量输入及固定频率	
Cn006	外部按钮控制	
Cn007	外部按钮与模拟量设定值组合	
Cn008	PID 控制与模拟量输入参考组合	
Cn009	PID 控制与固定值参考组合	
Cn010	USS 控制	
Cn011	MODBUS RTU 控制	

④连接宏 Cn001-BOP 为唯一控制源

连接宏 Cn001 接线如图 7-70 所示。

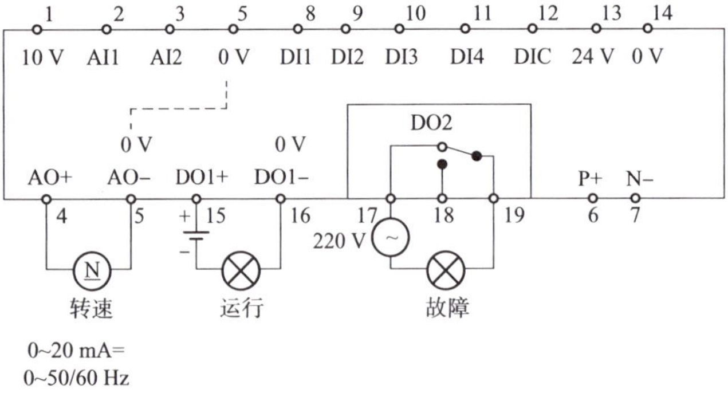

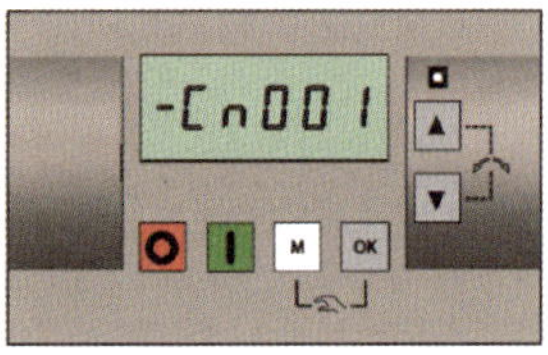

图 7-70　连接宏 Cn001 接线

连接宏 Cn001 的设置参数见表 7-19。

表 7-19　连接宏 Cn001 设置参数

参　　数	说　　明	工厂缺省值	Cn001 默认值	备　　注
P0700[0]	选择命令源	1	1	BOP
P1000[0]	选择频率	1	1	BOP MOP
P0731[0]	BI:数字量输出 1 的功能	52.3	52.2	变频器正在运行
P0732[0]	BI:数字量输出 2 的功能	52.7	52.3	变频器故障激活
P0771[0]	CI:模拟量输出	21	21	实际频率
P0810[0]	BI:CDS 位 0(手动/自动)	0	0	手动模式

⑤连接宏 Cn002—通过端子控制(PNP/NPN)

按 M + OK 组合键可在 BOP 和端子之间进行手动/自动运行模式的切换。

NPN 型和 PNP 型控制均可通过相同的参数实现。用户可通过改变数字量输入公共端子的连接(接至 24 V 或 0)来改变控制模式。

连接宏 Cn002 的 PNP 型接线如图 7-71 所示,NPN 型接线如图 7-72 所示。

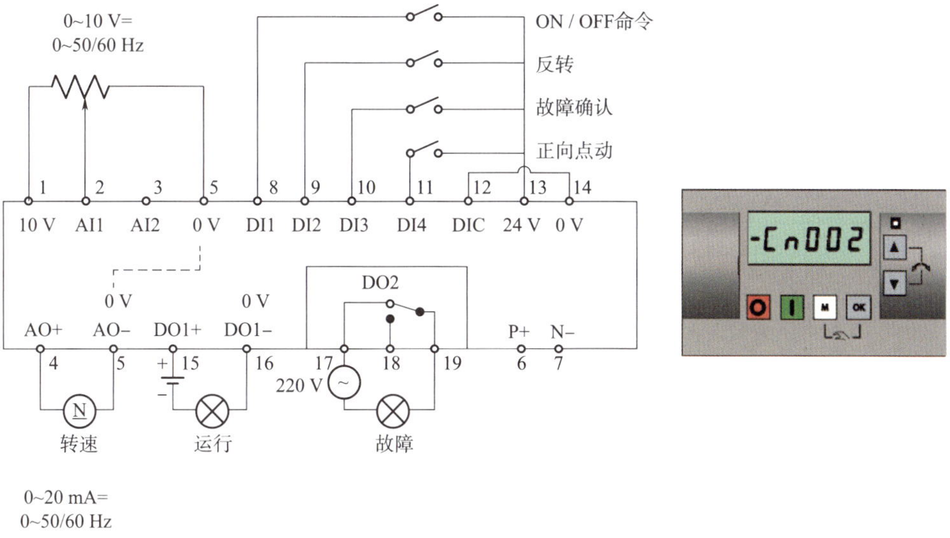

图 7-71　连接宏 **Cn002**(PNP 型)接线

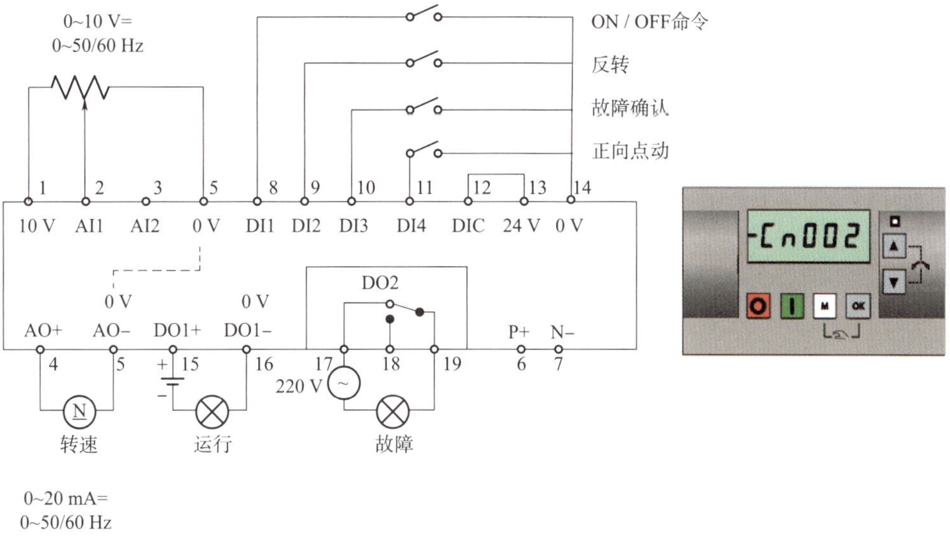

图 7-72　连接宏 **Cn002**(NPN 型)接线

连接宏 Cn002 的设置参数见表 7-20。

表 7-20　连接宏 Cn002 设置参数

参　　数	说　　明	工厂缺省值	Cn002 默认值	备　　注
P0700[0]	选择命令源	1	2	以端子为命令源
P1000[0]	选择频率	1	2	模拟量为速度设定值
P0701[0]	数字量输入 1 的功能	0	1	ON/OFF 命令
P0702[0]	数字量输入 2 的功能	0	12	反转
P0703[0]	数字量输入 3 的功能	9	9	故障确认
P0704[0]	数字量输入 4 的功能	15	10	正向点动
P0771[0]	CI:模拟量输出	21	21	实际频率
P0731[0]	BI:数字量输出 1 的功能	52.3	52.2	变频器正在运行
P0732[0]	BI:数字量输出 2 的功能	52.7	52.3	变频器故障激活

⑥连接宏 Cn003—固定转速

三种固定转速与 ON/OFF 命令组合。

按 M+OK 组合键可在 BOP 和端子之间进行手动/自动运行模式的切换。

若多个数字量输入同时激活，则所选的频率会相加，例如 FF1+FF2+FF3。

连接宏 Cn003 的接线如图 7-73 所示。

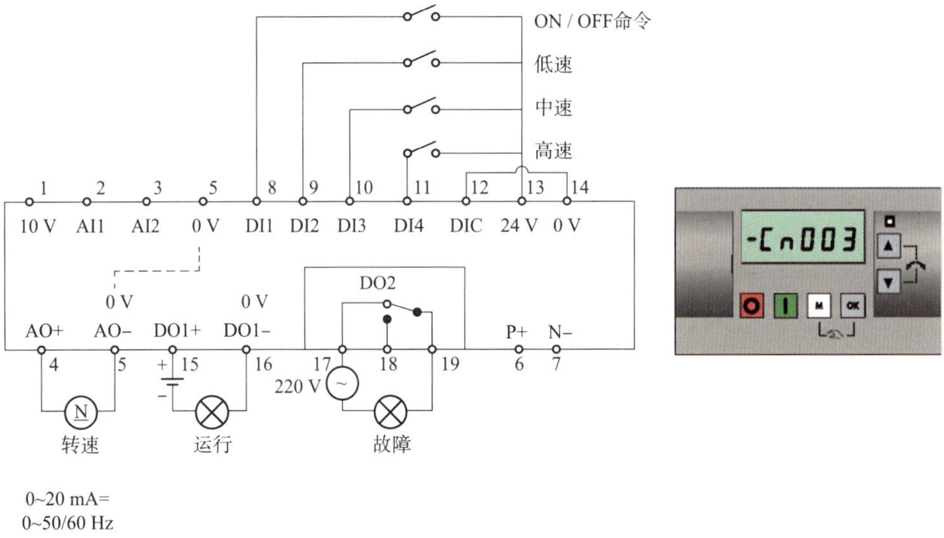

图 7-73　连接宏 Cn003 接线

连接宏 Cn003 的设置参数见表 7-21。

表 7-21　连接宏 Cn003 设置参数

参　　数	说　　明	工厂缺省值	Cn003 默认值	备　　注
P0700[0]	选择命令源	1	2	以端子为命令源
P1000[0]	选择频率	1	3	固定频率

续上表

参　　数	说　　明	工厂缺省值	Cn003 默认值	备　　注
P0701[0]	数字量输入 1 的功能	0	1	ON/OFF 命令
P0702[0]	数字量输入 2 的功能	0	15	固定转速位 0
P0703[0]	数字量输入 3 的功能	9	16	固定转速位 1
P0704[0]	数字量输入 4 的功能	15	17	固定转速位 2
P1016[0]	固定频率模式	1	1	直接选择模式
P1020[0]	BI:固定频率选择位 0	722.3	722.1	DI2
P1021[0]	BI:固定频率选择位 1	722.4	722.2	DI3
P1022[0]	BI:固定频率选择位 2	722.5	722.3	DI4
P1001[0]	固定频率 1	10	10	低速
P1002[0]	固定频率 2	15	15	中速
P1003[0]	固定频率 3	25	25	高速
P0771[0]	CI:模拟量输出	21	21	实际频率
P0731[0]	BI:数字量输出 1 的功能	52.3	52.2	变频器正在运行
P0732[0]	BI:数字量输出 2 的功能	52.7	52.3	变频器故障激活

⑦连接宏 Cn004—二进制模式下的固定转速

二进制模式下的固定转速与 ON 命令组合。

固定频率选择器(P1020,...,P1023)最多可选择 16 个不同的固定频率数值(0,P1001,...,P1015)。

连接宏 Cn004 的接线如图 7-74 所示。

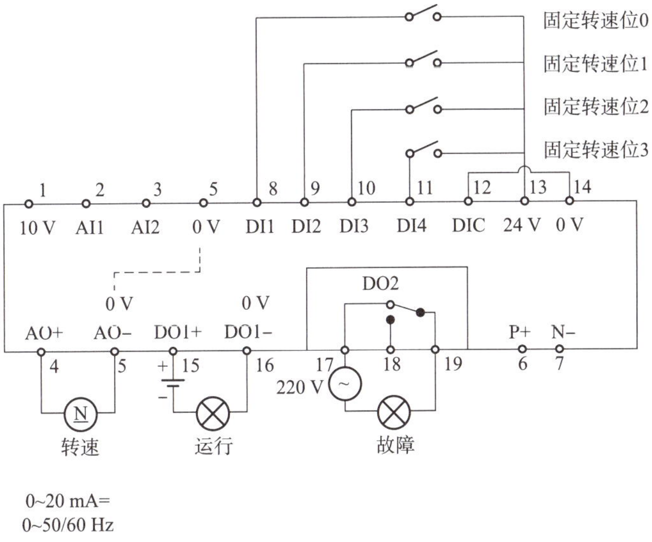

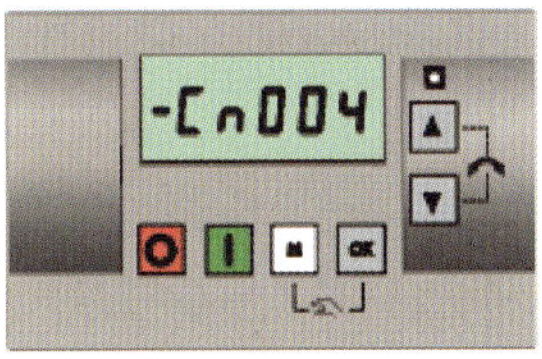

图 7-74　连接宏 Cn004 接线

连接宏 Cn004 的设置参数见表 7-22、表 7-23。

表 7-22　连接宏 Cn004 设置参数(一)

参　　数	说　　明	工厂缺省值	Cn004 默认值	备　　注
P0700[0]	选择命令源	1	2	以端子为命令源
P1000[0]	选择频率	1	3	固定频率
P0701[0]	数字量输入 1 的功能	0	15	固定转速位 0
P0702[0]	数字量输入 2 的功能	0	16	固定转速位 1
P0703[0]	数字量输入 3 的功能	9	17	固定转速位 2
P0704[0]	数字量输入 4 的功能	15	18	固定转速位 3
P1016[0]	固定频率模式	1	2	二进制模式
P0840[0]	BI:ON/OFF 1 命令	19.0	1 025.0	变频器以所选的固定转速启动
P1020[0]	BI:固定频率选择位 0	722.3	722.0	DI1
P1021[0]	BI:固定频率选择位 1	722.4	722.1	DI2
P1022[0]	BI:固定频率选择位 2	722.5	722.2	DI3
P1023[0]	BI:固定频率选择位 3	722.6	722.3	DI4

表 7-23　连接宏 Cn004 设置参数(二)

参　　数	说　　明	工厂缺省值	Cn004 默认值	备　　注
P0771[0]	CI:模拟量输出	21	21	实际频率
P0731[0]	BI:数字量输出 1 的功能	52.3	52.2	变频器正在运行
P0732[0]	BI:数字量输出 2 的功能	52.7	52.3	变频器故障激活

⑧连接宏 Cn005—模拟量输入与固定频率

模拟量输入为附加设定值。

若 DI2 和 DI3 同时激活,则所选的频率会相加,即 FF1+FF2。

连接宏 Cn005 的接线如图 7-75 所示。

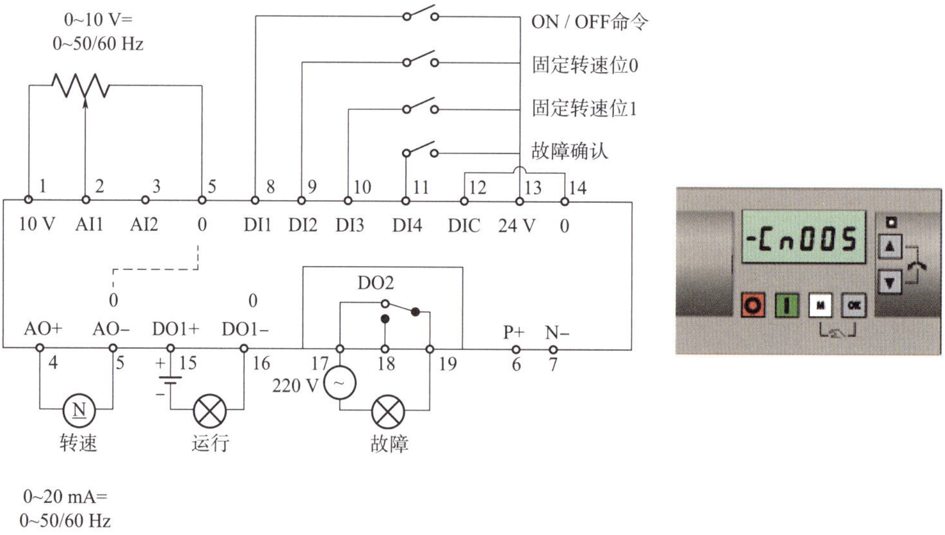

图 7-75　连接宏 Cn005 接线

连接宏 Cn005 的设置参数见表 7-24。

表 7-24　连接宏 Cn005 设置参数

参　数	说　明	工厂缺省值	Cn005 默认值	备　注
P0700[0]	选择命令源	1	2	以端子为命令源
P1000[0]	选择频率	1	23	固定转速＋模拟量输入
P0701[0]	数字量输入 1 的功能	0	1	ON/OFF 命令
P0702[0]	数字量输入 2 的功能	0	15	固定转速位 0
P0703[0]	数字量输入 3 的功能	9	16	固定转速位 1
P0704[0]	数字量输入 4 的功能	15	9	故障确认
P1016[0]	固定频率模式	1	1	直接选择模式
P1020[0]	BI:固定频率选择位 0	722.3	722.1	DI2
P1021[0]	BI:固定频率选择位 1	722.4	722.2	DI3
P1001[0]	固定频率 1	10	10	固定转速 1
P1002[0]	固定频率 2	15	15	固定转速 2
P1074[0]	BI:禁止附加设定值	0	1 025.0	固定频率禁止附加设定值
P0771[0]	CI:模拟量输出	21	21	实际频率
P0731[0]	BI:数字量输出 1 的功能	52.3	52.2	变频器正在运行
P0732[0]	BI:数字量输出 2 的功能	52.7	52.3	变频器故障激活

⑨连接宏 Cn006—外部按钮控制

请注意命令源为脉冲信号。

连接宏 Cn006 的接线如图 7-76 所示。

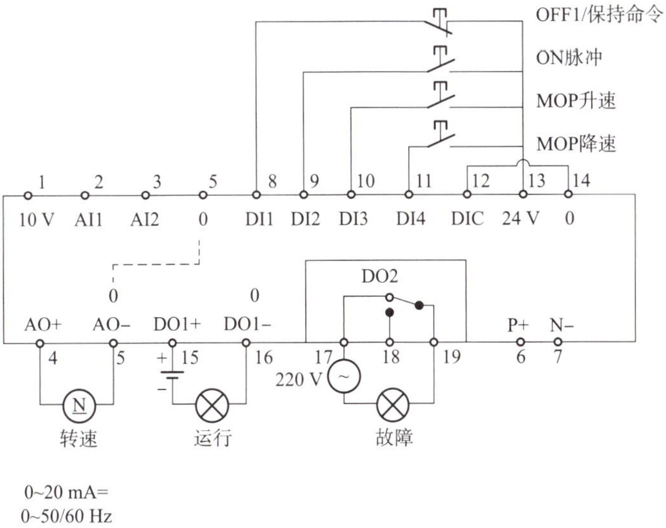

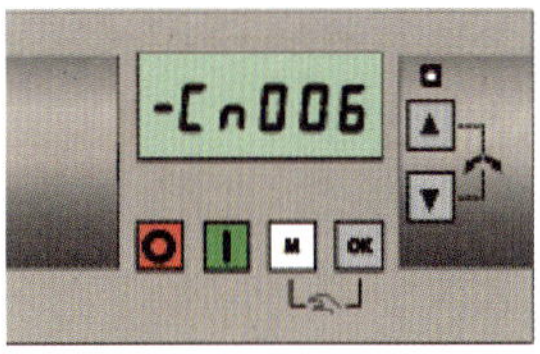

图 7-76　连接宏 Cn006 接线

连接宏 Cn006 的设置参数见表 7-25。

表 7-25　连接宏 Cn006 设置参数

参　　数	说　　明	工厂缺省值	Cn006默认值	备　　注
P0700[0]	选择命令源	1	2	以端子为命令源
P1000[0]	选择频率	1	1	BOP MOP
P0701[0]	数字量输入 1 的功能	0	2	OFF1/保持命令
P0702[0]	数字量输入 2 的功能	0	1	ON 脉冲
P0703[0]	数字量输入 3 的功能	9	13	MOP(电动电位计)升速脉冲
P0704[0]	数字量输入 4 的功能	15	14	MOP 降速脉冲
P0727[0]	2/3 线控制方式选择	0	3	3 线 ON 脉冲＋OFF1/保持命令＋反向
P0771[0]	CI:模拟量输出	21	21	实际频率
P0731[0]	BI:数字量输出 1 的功能	52.3	52.2	变频器正在运行
P0732[0]	BI:数字量输出 2 的功能	52.7	52.3	变频器故障激活
P1040[0]	MOP 设定值	5	0	初始频率
P1047[0]	RFG(斜坡函数发生器)的 MOP 斜坡上升时间	10	10	从零上升到最大频率的斜坡时间
P1048[0]	RFG 的 MOP 斜坡下降时间	10	10	从最大频率下降到零的斜坡时间

(4)设置常用参数

用户可以通过表 7-26、表 7-27 菜单进行常用参数的设置,从而实现变频器性能优化。若将参数 P8553 设定 1,则菜单显示文本而非参数号。

表 7-26　设置常用参数(一)

参　　数	访问级别	功　　能	文本菜单(若 P8553＝1)
P1080[0]	1	最小电机频率	 (MN RPM)
P1082[0]	1	最大电机频率	 (MX RPM)
P1120[0]	1	斜坡上升时间	 (RMP UP)
P1121[0]	1	斜坡下降时间	 (RMP DN)

续上表

参　数	访问级别	功　能	文本菜单(若 P8553=1)
P1058[0]	2	正向点动频率	(JOG P)
P1060[0]	2	点动斜坡上升时间	(JOG UP)
P1001[0]	2	固定频率设定值 1	(FIX F1)
P1002[0]	2	固定频率设定值 2	(FIX F2)

表 7-27　设置常用参数(二)

参　数	访问级别	功　能	文本菜单(若 P8553=1)
P1003[0]	2	固定频率设定值 3	(FIX F3)
P2201[0]	2	固定 PID 频率设定值 1	(PID F1)
P2202[0]	2	固定 PID 频率设定值 2	(PID F2)
P2203[0]	2	固定 PID 频率设定值 3	(PID F3)

(4)恢复默认设置

恢复出厂默认设置参数见表 7-28。

表 7-28　恢复出厂默认设置参数

参　数	功　能	设　置
P0003	用户访问级别	=1(标准用户访问级别)
P0010	调试参数	=30(出厂设置)
P0970	工厂复位	=21:参数复位为出厂默认设置并清除用户默认设置(如已存储)

恢复用户默认设置参数见表 7-29。

表 7-29 恢复用户默认设置参数

参数	功能	设置
P0003	用户访问级别	=1(标准用户访问级别)
P0010	调试参数	=30(出厂设置)
P0970	工厂复位	=1:参数复位为用户默认设置(如已存储),否则复位为出厂默认设置

设置参数 P0970 后,变频器会显示“88888”字样且随后显示“P0970”。P0970 及 P0010 自动复位至初始值 0。

实例二 西门子V20变频器外部端子点动控制

1. 学习任务

正确设置变频器输出的额定频率、额定电压、额定电流、额定功率、额定转速。

通过外部端子控制电机启动/停止、正转/反转,按下按钮“S1”电机正转启动,松开按钮“S1”电机停止;按下按钮“S2”电机反转,松开按钮“S2”电机停止。

运用操作面板改变电机启动的点动运行频率和加减速时间。

2. 学习目的

了解变频器外部控制端子的功能,掌握外部运行模式下变频器的操作方法。

3. 实训步骤

(1)参数功能见表 7-30。

表 7-30 参数功能

序号	变频器参数	出厂值	设定值	功能说明
1	P0304	230	380	电动机的额定电压(380 V)
2	P0305	3.25	1.5	电动机的额定电流(0.35 A)
3	P0307	0.75	0.04	电动机的额定功率(60 W)
4	P0310	50.00	50.00	电动机的额定频率(50 Hz)
5	P0311	0	1 430	电动机的额定转速(1 430 r/min)
6	P1000	1	1	用基本操作面板(BOP)控制频率的升降
7	P1080	0	0	电动机的最小频率(0 Hz)
8	P1082	50	50.00	电动机的最大频率(50 Hz)
9	P1120	10	10	斜坡上升时间(10 s)
10	P1121	10	10	斜坡下降时间(10 s)
11	P0700	2	2	选择命令源(由端子排输入)
12	P0701	1	10	正向点动
13	P0702	12	11	反向点动
14	P1032	1	0	允许电机反转
15	P1058	5.00	30	正向点动频率(20 Hz)

续上表

序号	变频器参数	出厂值	设定值	功能说明
16	P1059	5.00	20	反向点动频率(10 Hz)
17	P1060	10.00	10	点动斜坡上升时间(10 s)
18	P1061	10.00	5	点动斜坡下降时间(5 s)

注:①设置参数前先将变频器参数复位为工厂的缺省设定值(P0010=30,P970=1)。
②设定 P0003=2 允许访问扩展参数。
③设定电机参数时先设定 P0010=1(快速调试),电机参数设置完成设定 P0010=0(准备)。

(2)变频器外部接线如图 7-77 所示,按钮"S"公共端接 24 V,DIC 接 0。

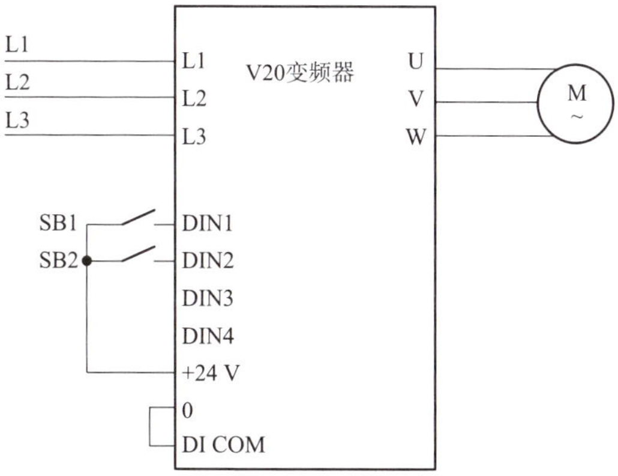

图 7-77　变频器外部接线

实例三　西门子V20变频器多段速度选择

1. 学习任务

(1)正确设置变频器输出的额定频率、额定电压、额定电流、额定功率、额定转速。

(2)通过外部端子控制电机多段速度运行,开关"K1""K2""K3"按不同的方式组合,可选择 7 种不同的输出频率。

(3)运用操作面板改变电机启动的点动运行频率和加减速时间。

2. 学习目的

了解变频器外部控制端子的功能,掌握外部运行模式下变频器的操作方法。

3. 实训步骤

(1)参数功能见表 7-31。

表 7-31　参数功能

序号	变频器参数	出厂值	设定值	功能说明
1	P0304	230	380	电动机的额定电压(380 V)
2	P0305	3.25	0.35	电动机的额定电流(0.35 A)
3	P0307	0.75	0.06	电动机的额定功率(60 W)

续上表

序号	变频器参数	出厂值	设定值	功能说明
4	P0310	50.00	50.00	电动机的额定频率(50 Hz)
5	P0311	0	1 430	电动机的额定转速(1 430 r/min)
6	Cn000	0	4	连接宏(二进制模式下的固定转速)
7	P0700	1	2	选择命令源(由端子排输入)
8	P1000	2	3	固定频率设定
9	P0701	1	15	数字量输入 1 的功能
10	P0702	12	16	数字量输入 2 的功能
11	P0703	9	17	数字量输入 3 的功能
12	P1016	1	2	二进制模式选择
13	P0840	19.0	1 025.0	ON/OFF1 命令
14	P1020	722.3	722.0	固定频率选择位 0
15	P1021	722.4	722.1	固定频率选择位 1
16	P1022	722.5	722.2	固定频率选择位 2
17	P1023	722.6	722.3	固定频率选择位 3
18	P1001	0.00	5.00	固定频率 1
19	P1002	5.00	10.00	固定频率 2
20	P1003	10.00	20.00	固定频率 3
21	P1004	15.00	25.00	固定频率 4
22	P1005	20.00	30.00	固定频率 5
23	P1006	25.00	40.00	固定频率 6
24	P1007	30.00	50.00	固定频率 7

注:①设置参数前先将变频器参数复位为工厂的缺省设定值(P0010=30,P970=1)。
②设定 P0003=2 允许访问扩展参数。
③设定电机参数时先设定 P0010=1(快速调试),电机参数设置完成设定 P0010=0(准备)。

(2)变频器外部接线如图 7-78 所示,开关“K”公共端接 24 V,DIC 接 0。

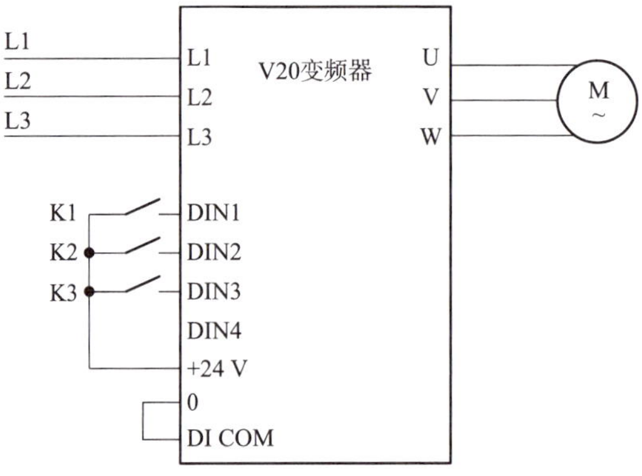

图 7-78 变频器外部接线

实例四　基于西门子PLC数字量方式多段速控制

1. 学习任务

(1)正确设置变频器输出的额定频率、额定电压、额定电流、额定功率、额定转速。

(2)通过 PLC 控制变频器外部端子。打开开关“SB1”变频器每过一段时间自动变换一种输出频率,关闭开关“K1”电机停止。

(3)运用操作面板改变电机启动的点动运行频率和加减速时间。

2. 学习目的

了解变频器外部控制端子的功能,掌握外部运行模式下变频器的操作方法,熟悉 PLC 的编程。

3. 实训步骤

(1)参数功能见表 7-32。

表 7-32　参数功能

序号	变频器参数	出厂值	设定值	功能说明
1	P0304	230	380	电动机的额定电压(380 V)
2	P0305	3.25	0.35	电动机的额定电流(0.35 A)
3	P0307	0.75	0.06	电动机的额定功率(60 W)
4	P0310	50.00	50.00	电动机的额定频率(50 Hz)
5	P0311	0	1 430	电动机的额定转速(1 430 r/min)
6	Cn000	0	4	连接宏(二进制模式下的固定转速)
7	P0700	1	2	选择命令源(由端子排输入)
8	P1000	2	3	固定频率设定
9	P0701	1	15	数字量输入 1 的功能
10	P0702	12	16	数字量输入 2 的功能
11	P0703	9	17	数字量输入 3 的功能
12	P1016	1	2	二进制模式选择
13	P0840	19.0	1 025.0	ON/OFF1 命令
14	P1020	722.3	722.0	固定频率选择位 0
15	P1021	722.4	722.1	固定频率选择位 1
16	P1022	722.5	722.2	固定频率选择位 2
17	P1023	722.6	722.3	固定频率选择位 3
18	P1001	0.00	5.00	固定频率 1
19	P1002	5.00	10.00	固定频率 2
20	P1003	10.00	20.00	固定频率 3

续上表

序号	变频器参数	出厂值	设定值	功能说明
21	P1004	15.00	25.00	固定频率 4
22	P1005	20.00	30.00	固定频率 5
23	P1006	25.00	40.00	固定频率 6
24	P1007	30.00	50.00	固定频率 7

注:①设置参数前先将变频器参数复位为工厂的缺省设定值(P0010＝30,P970＝1)。
②设定 P0003＝2 允许访问扩展参数。
③设定电机参数时先设定 P0010＝1(快速调试),电机参数设置完成设定 P0010＝0(准备)。

(2)变频器外部接线如图 7-79 所示。

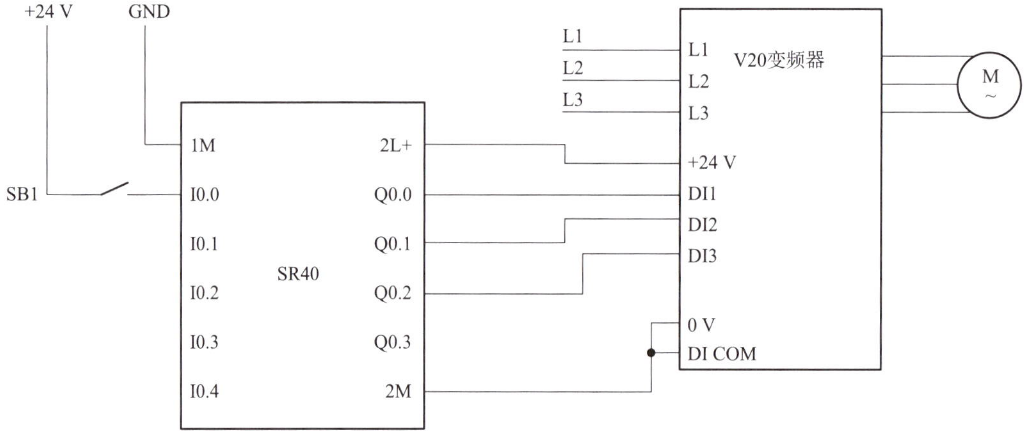

图 7-79　变频器外部接线

实例五　三菱变频器功能参数设置与操作

1. 学习任务

(1)了解变频器操作面板的功能。

(2)掌握用操作面板改变变频器参数的步骤。

2. 学习目的

三菱变频器操作面板的认知与操作。

3. 实训步骤

改变参数 P7 加速时间,设置方法见表 7-33。

表 7-33　设定参数 P7

操作步骤		显示结果
1	 按键,选择 PU 操作模式	PU显示灯亮。

续上表

操作步骤		显示结果
2	MODE 按键，进入参数设定模式	PRM显示灯亮。 P. 0 PRM
3	拨动设定用旋钮，选择参数号码 P7	P. 7
4	SET 按键，读出当前的设定值	3.0
5	拨动设定用旋钮，把设定值变为 10	4.0
6	SET 按键，完成设定	4.0 P. 7 闪烁

改变参数 P160，打开扩展参数，设置方法见表 7-34。

表 7-34 改变参数 P160

操作步骤		显示结果
1	PU/EXT 按键，选择 PU 操作模式	PU显示灯亮。 0.00 PU
2	MODE 按键，进入参数设定模式	PRM显示灯亮。 P. 0 PRM
3	拨设定用旋钮，选择参数号码 P160	P.160
4	SET 按键，读出当前的设定值	0
5	拨动设定用旋钮，把设定值变为 1	1
6	SET 按键，完成设定	1 P.160 闪烁

参数清零设置方法见表 7-35。

表 7-35 参数清零

操作步骤		显示结果
1	PU/EXT 按键，选择 PU 操作模式	PU显示灯亮。 0.00 PU

续上表

操作步骤		显示结果
2	MODE 按键，进入参数设定模式	PRM显示灯亮。 P. 0 PRM
3	设定用旋钮，选择参数号码 ALLC	ALLC 参数全部清除
4	SET 按键，读出当前的设定值	0
5	拨动设定用旋钮，把设定值变为 1	1
6	SET 按键，完成设定	1 ALLC 闪烁

注：无法显示 ALLC 时，将 P160 设为 1，无法清零时将 P79 改为 1。

用操作面板设定频率运行，参数设置见表 7-36。

表 7-36　设定频率

操作步骤		显示结果
1	PU/EXT 按键，选择 PU 操作模式	PU显示灯亮。 0.00 PU
2	旋转设定用旋钮，把频率改为设定值	50.00 闪烁约5 s
3	SET 按键，设定值频率	50.00 F 闪烁
4	闪烁 3 s 后显示回到 0.0，按 RUN 键运行	3 s后 0.00 → 50.00 Hz
5	STOP/RESET 按键，停止	50.00 → 0.00 Hz

注：按下设定按钮，显示设定频率。

查看输出电流设置方法见表 7-37。

表 7-37　查看输出电流

操作步骤		显示结果
1	MODE 按键，显示输出频率	50.00
2	SET 按住键，显示输出电流	1.00 Hz A 灯亮
3	SET 放开键，回到输出频率显示模式	50.00

实例六　三菱PLC控制变频器外部端子的电机运行时间控制

1. 学习任务

(1)正确设置变频器输出的额定频率、额定电压、额定电流、额定功率、额定转速。

(2)通过 PLC 设置时间控制外部端子控制电机启动/停止、按下按钮“S1”电机正转启动，按下按钮“S3”电机停止，待电机停止运转，按下按钮“S2”电机反转。

(3)运用操作面板改变电机启动的点动运行频率和加减速时间。

2. 学习目的

了解 PLC 控制变频器外部端子的方法。

3. 实训步骤

(1)参数功能见表 7-38。

表 7-38　参数功能

序号	变频器参数	出厂值	设定值	功能说明
1	P1	50	50	上限频率(50 Hz)
2	P2	0	0	下限频率(0 Hz)
3	P7	5	10	加速时间(10 s)
4	P8	5	10	减速时间(10 s)
5	P9	0	0.35	电子过电流保护(0.35 A)
6	P160	9 999	0	扩张功能显示选择
7	P79	0	3	操作模式选择
8	P179	61	61	STR 反向启动信号

注：设置参数前先将变频器参数复位为工厂的缺省设定值。

(2)变频器外部接线如图 7-80 所示。

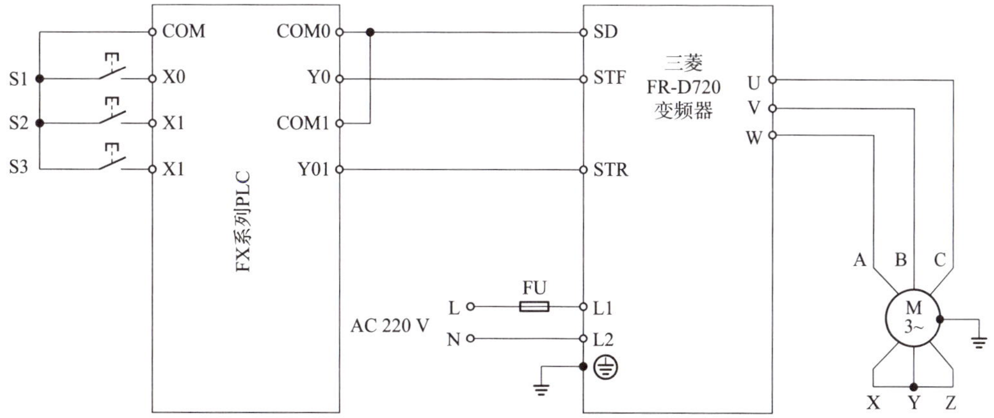

图 7-80　变频器外部接线

第三节　综合应用实例解析

实例一　工业空调项目

1. 学习任务

某段制动室的空调恒温系统，采用变频拖动，触摸屏控制。启动时手动接通电源后设备各部件得电准备运行。点屏幕开机运行，触摸屏中显示“工业空调控制系统”并以中速闪烁；系统依实际室温自动选择制冷制热，当温度高于 24 ℃制冷（压缩机电机反转），低于 24 ℃制热（压缩机电机正转），如果室温在 24 ℃则不运行，处于待机状态。

制冷状态：开始制冷即运行强冷 55 Hz、8 s，然后可根据室内温度变化自动调整；高于 30 ℃以高冷 45 Hz 运行，高于 26 ℃低于 30 ℃以中冷 35 Hz 运行，低于 26 ℃以低冷 15 Hz 运行，到 24 ℃以微冷 5 Hz 运行 5 s 后待机。

制热状态：开始制热即运行强热 55 Hz、8 s，然后可根据温度变化自动调整，低于 18 ℃以高热 45 Hz 运行，高于 18 ℃低于 22 ℃以中热 35 Hz 运行，高于 22 ℃以低热 15 Hz 运行，到 24 ℃以微热 5 Hz 运行 5 s 后待机。

提示：每变换一个运行模式，都会由外置指示灯闪烁 3 次。

屏幕显示：开机运行钮。当前运行状态，温度手动调节画面（模拟实时温度）。

2. 主要设备（表 7-39）

表 7-39　工业空调项目设备

设备名称	规格型号
PLC	西门子 S7-200 SMART ST40
变频器	西门子 V20
触摸屏	昆仑通态 7072GI
开关电源	24 V、5 A
指示灯	24 V 绿色 LD11-16

3. 学习目的

学习西门子 PLC S7-200 SMART 传送指令应用、比较指令应用。

学习昆仑通态触摸屏的按钮、指示灯、数据输入等控件的用法。

学习变频器的二进制多段速设置。

学习 PLC、触摸屏和变频器的通信和综合应用。

4. 实训步骤

（1）在做自动化项目设计的时候，首先是要把项目简化，让自己能知道中心点，这样思路才能清晰。

①首先点击开机运行按钮后才可以进行下一步操作，程序依靠实时温度来运行，运行模式为三种，一为当温度等于 24 ℃时不运行，二为当温度高于 24 ℃时制冷，三为当温度低于 24 ℃时制热。

②制冷和制热状态：结合正反转共有 10 种频率运行，因频率较多，采用二进制方式设置频率，即制热为 55 Hz、45 Hz、35 Hz、15 Hz、5 Hz，制冷为 −55 Hz、−45 Hz、−35 Hz、−15 Hz、−5 Hz。

③每变换一个模式蜂鸣器响 3 次。

④屏幕显示要求：标题中速显示、启动运行按钮、各状态的指示、模拟温度设置。

(2)I/O 分配

明确整体要求后，列出 I/O 分配情况，见表 7-40。

表 7-40　I/O 分配

输　入			输　出		
地址	名称	元件编号	地址	名称	元件编号
			Q0.0	二进制频率	DI1
			Q0.1		DI2
			Q0.2		DI3
			Q0.3		DI4
			Q0.4	蜂鸣器	HA1

(3)程序分析

①PLC 编程分析

项目按照实时温度要求控制变频器进行相应频率带动压缩机运行，从而实现制冷和制热，共需要十个频率。西门子 V20 变频器的频率控制输入端分别为 DI1～DI4，使用命令 P701～P705 进行控制方式设置。日常使用频率设置方式有直接设置、叠加设置、二进制设置等方法，同时要考虑正反转控制和启动使能控制。项目因所需频率较多，使用二进制方式设置最为方便快捷。

同时在 PLC 编程中，可以使用传送指令，将四位二进制的状态直接送入 QB0 寄存器。QB0 寄存器 Q 是输出点的意思，B 是字节，一个字节有 8 个位，那么 QB0 代表输出 0 组的这八个位，分别是 Q0.0～Q0.7。程序将数字即相应二进制直接送入 Q0.0～Q0.7，从而带动变频器输出相应频率。

二进制控制时，Q0.0～Q0.3 和变频器的 DI1～DI4 相配合，结合不同的状态输出不同的频率，见表 7-41。

表 7-41　频率控制输出

输出状态	Q0.0	Q0.1	Q0.2	Q0.3	Q0.4	Q0.5	Q0.6	Q0.7	十进制	二进制
5 Hz	1	0	0	0	0	0	0	0	0	0001
15 Hz	0	1	0	0	0	0	0	0	0	0010
35 Hz	1	1	0	0	0	0	0	0	0	0011
45 Hz	0	0	1	0	0	0	0	0	0	0100
55 Hz	1	0	1	0	0	0	0	0	0	0101
−5 Hz	0	1	1	0	0	0	0	0	0	0110

续上表

输出状态	Q0.0	00.1	Q0.2	Q0.3	Q0.4	Q0.5	Q0.6	Q0.7	十进制	二进制
—15 Hz	1	1	1	0	0	0	0	0	0	0111
—35 Hz	0	0	0	1	0	0	0	0	0	1000
—45 Hz	1	0	0	1	0	0	0	0	0	1001
—55 Hz	0	1	0	1	0	0	0	0	0	1010

如图 7-81 所示，M0.0 为中间继电器，对应触摸屏中的启动按钮，按钮按下后自锁，M0.0 接通，所取温度值送入 VW0 进行暂存，通过 VW0 进行比较，所取温度值大于 24 ℃时，传送 1 到 QB0，及 Q0.0～Q0.7 一组中 Q0.0 输出，其他输出点无输出，对应变频器相应二进制输入，变频器设置 P1001＝5 Hz，从而实现第一个频率 5 Hz 的运行。在相应频率运行后，相应时间的定时器开始运行，进行相应的定时。

程序 10 个频率，均按此方式，比较后进行传送 1 个十进制数，即将对应的二进制数送到输出点，从而输出相应的频率。

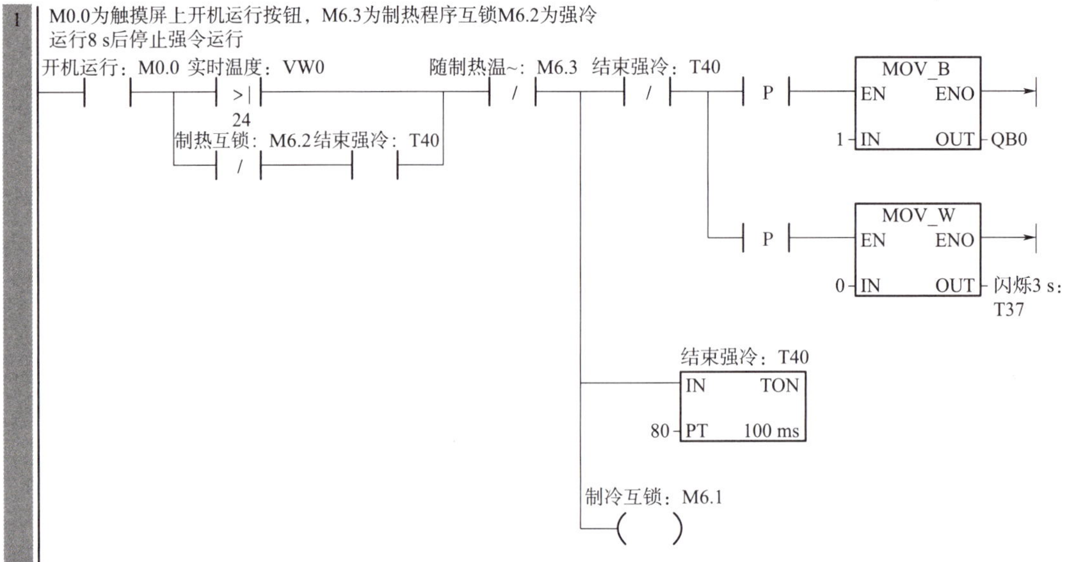

符　号	地　址	注　释
结束强冷	T40	
开机运行	M0.0	
闪烁3 s	T37	
实时温度	VW0	
随制热温度变化互锁	M6.3	
制冷互锁	M6.1	
制热互锁	M6.2	

图 7-81　传送指令的用法

②变频器的设置解析

程序变频器采用二进制方式设置固定频率，可以选择宏 4 进行设置，变频器设置参数见表 7-42。

表 7-42 工业空调项目变频器参数

序号	变频器参数	出厂值	设定值	功能说明
1	P0010		30	恢复出厂设置
2	P0970		21	恢复出厂设置
3	P0304	230	380	电动机的额定电压
4	P0305	3.25	1.5	电动机的额定电流
5	P0307	0.75	0.04	电动机的额定功率
6	P0310	50.00	50.00	电动机的额定频率
7	P0311	0	1 430	电动机的额定转速
8	Cn000	0	4	选择宏 4 二进制固定频率方式
9	P1001		5 Hz	微热运行
10	P1002		15 Hz	低热运行
11	P1003		35 Hz	中热运行
12	P1004		45 Hz	强热运行
13	P1005		55 Hz	高热运行
14	P1006		−5 Hz	微冷运行
15	P1007		−15 Hz	弱冷运行
16	P1008		−35 Hz	中冷运行
17	P1009		−45 Hz	高冷运行
18	P1010		−55 Hz	强冷运行

变频器宏是指在变频器控制器内部嵌入的一种程序语言，用于编写针对具体应用的特定功能程序，以实现更高效的工作。

在工业自动化领域，变频器广泛应用于各种机电设备中，用于控制电机的旋转速度和转矩大小。传统的变频器通常是基于固化的控制模块，不能适应各种不同的应用场景，而变频器宏则可以方便地实现多种功能需求。

西门子 V20 变频器所有连接宏仅改变第一命令数据组（CDS0）中的参数，见表 7-43。第二命令数据组（CDS1）用于 BOP 控制。

表 7-43 宏设置

连接宏	描　述	显示示例
Cn000	出厂默认设置，不更改任何参数设置	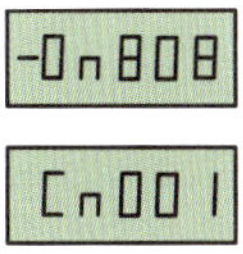 负号表明此应用宏为当前选定的应用宏
Cn001	BOP 为唯一控制源	
Cn002	通过端子控制（PNP/NPN）	
Cn003	固定转速	
Cn004	二进制模式下的固定转速	
Cn005	模拟量输入及固定频率	
Cn006	外部按钮控制	
Cn007	外部按钮与模拟量设定值组合	
Cn008	PID 控制与模拟量输入参考组合	
Cn009	PID 控制与固定值参考组合	
Cn010	USS 控制	
Cn011	MODBUS RTU 控制	

宏 4 为二进制模式下的固定转速，结合 DI1～DI4 四个输入端，共可以设置最多 15 个固定转速，见表 7-44。程序设置中，要进入快速调试，设置电机参数后，选择 Cn000 选项，选择 Cn004，连接宏 4，再后在 P1001～P1015 设置相应的固定速度，本实例中设置到 P1010 即可。

表 7-44　宏 4 主要相关参数

参数	描　述	工厂缺省值	Cn004 默认值	备注
P0700[0]	选择命令源	1	2	以端子为命令源
P1000[0]	选择频率	1	3	固定频率
P0701[0]	数字量输入 1 的功能	0	15	固定转速位 0
P0702[0]	数字量输入 2 的功能	0	16	固定转速位 1
P0703[0]	数字量输入 3 的功能	9	17	固定转速位 2
P0704[0]	数字量输入 4 的功能	15	18	固定转速位 3
P1001[0]	固定频率 1	10	10	固定转速 1
P1002[0]	固定频率 2	15	15	固定转速 2
P1003[0]	固定频率 3	25	25	固定转速 3
P1004[0]	固定频率 4	50	50	固定转速 4
P1016[0]	固定频率模式	1	2	二进制模式
P0840[0]	BI：ON/OFF1	19.0	1 025.0	变频器以所选的固定转速启动
P1020[0]	BI：固定频率选择位 0	722.3	722.0	DI1
P1021[0]	BI：固定频率选择位 1	722.4	722.1	DI2
P1022[0]	BI：固定频率选择位 2	722.5	722.2	DI3
P1023[0]	BI：固定频率选择位 3	722.6	722.3	DI4
P0771[0]	CI：模拟量输出	21	21	实际频率
P0731[0]	BI：数字量输出 1 的功能	52.3	52.2	变频器正在运行
P0732[0]	BI：数字量输出 2 的功能	52.7	52.3	变频器故障激活

在实际应用中，还需要注意接线方式，如图 7-82 所示为宏 4 的接线方式。

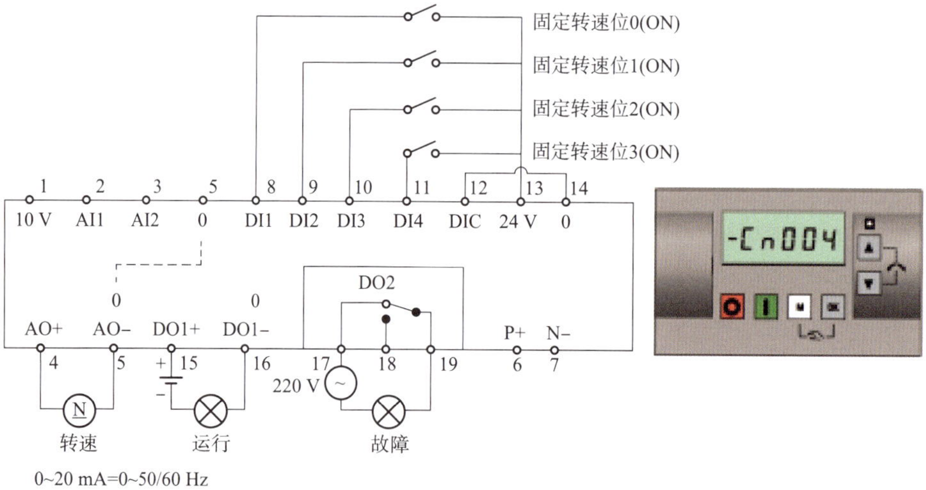

图 7-82　宏 4 接线

(4)触摸屏组态解析

①标题闪烁

使用文字标签,输入文字,输入后点击属性,调整文字的属性大小或颜色,选择属性框底部的“闪烁效果”选项,如图 7-83 所示。

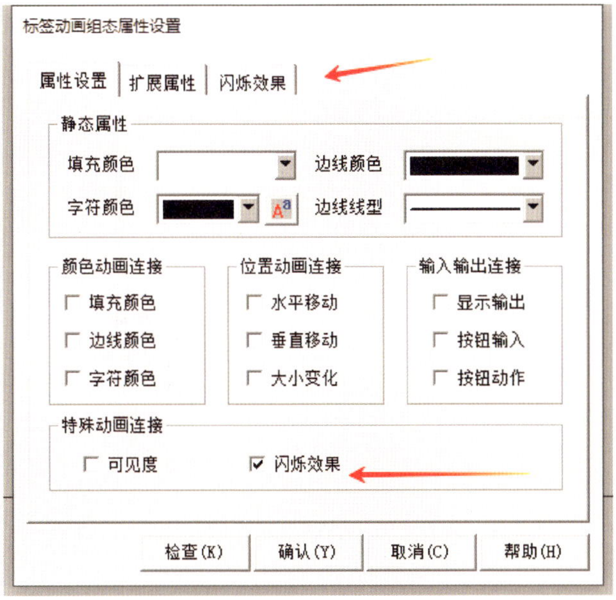

图 7-83　选择闪烁效果

勾选后选择属性窗口上部的“闪烁效果”菜单,选择闪烁速度中的“中”,如图 7-84 所示。

图 7-84　选择闪烁速度

②模拟温度控制

实时温度控制采用滑动输入器进行模拟，如图 7-85 所示，滑动输入器构件可以在设定范围内输出实时数值，输出的数据送入 PLC 寄存器 VW0，PLC 控制程序使用 VW0 进行数值比较，从而进行相应的动作控制。

a. 设定滑动输入器构件首先要链接设备变量。

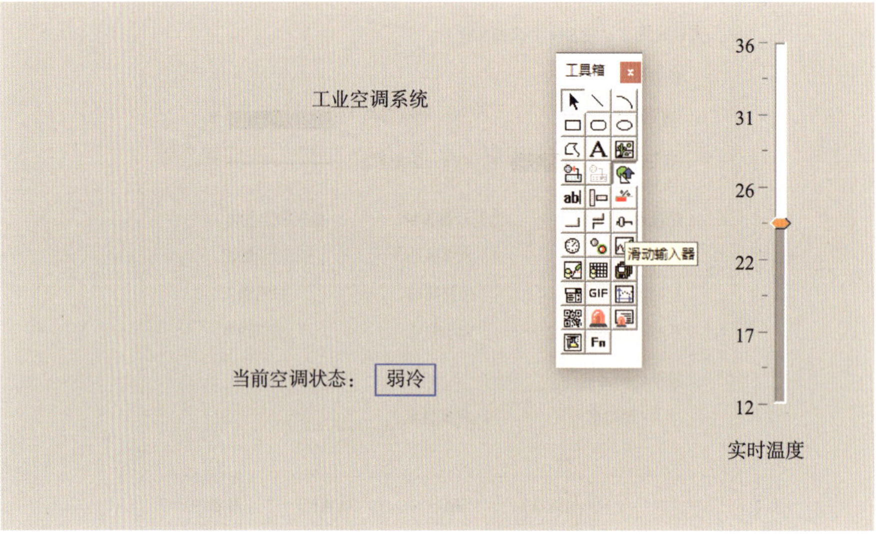

图 7-85　选择滑动输入器

首先打开设备窗口，如图 7-86 所示，点击鼠标右键打开设备工具箱，点击通用 TCP/IP 父设备，再点击西门子—Smart200。

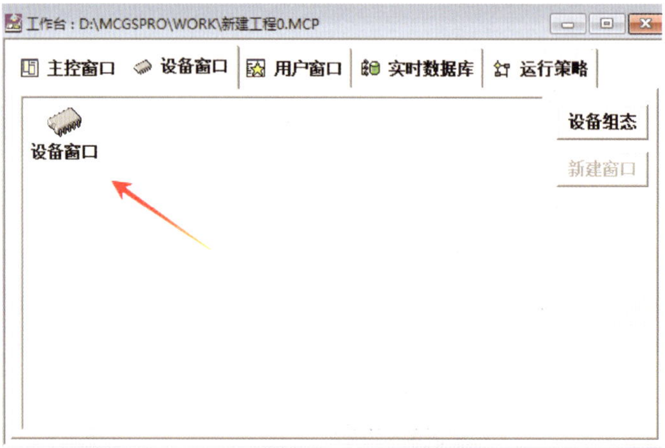

图 7-86　打开设备窗口

双击设备 0-【西门子—Smart200】，如图 7-87 所示，打开设备通道属性窗口。点击添加设备通道，如图 7-88 所示，在通道类型点击 V 数据寄存器，数据类型选择 16 位无符号二进制，点击确定，这时显示已添加 VW0 变量，关闭设备编辑窗口。

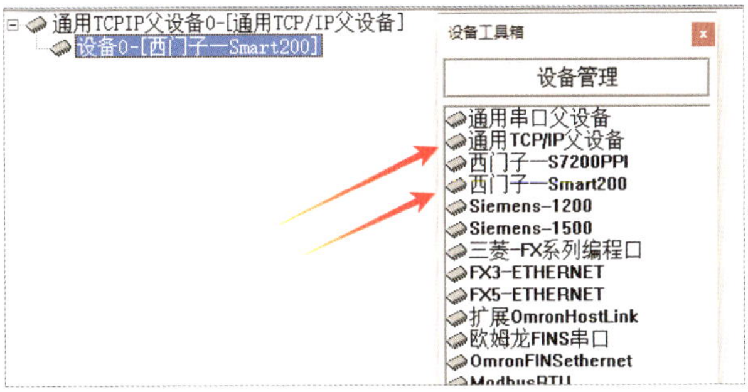

图 7-87　添加设备类型

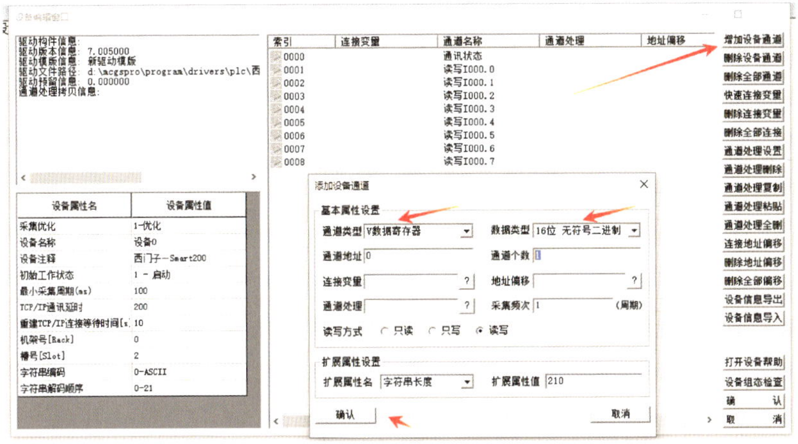

图 7-88　添加设备变量

b. 打开用户窗口，如图 7-89 所示，打开滑动输入器属性，设置滑块在最下边时的对应的值，滑块在最上边时对应的值。点击对应数据对象的名称右侧的“?”打开变量选择窗口。

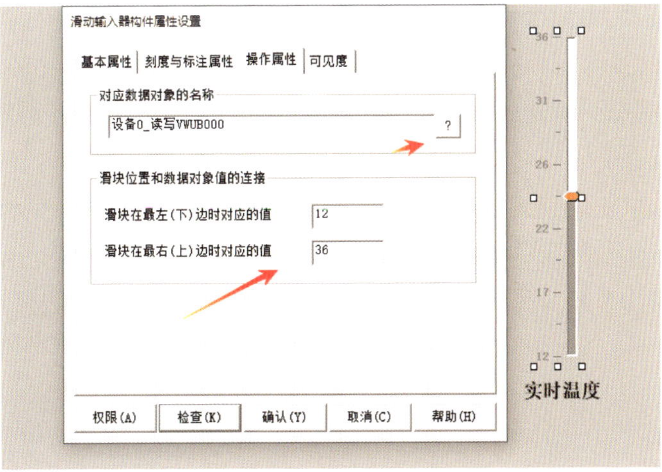

图 7-89　设定滑动输入器属性

c. 在变量选择窗口选择从数据中心选择，如图 7-90 所示，再从下部对象名中双击选择 VW0 变量，点击确定即可。此时滑动输入器构件变量连接完毕，滑动该滑块，相应的数值就会送入 PLC VW0 寄存器，进行相应的控制。

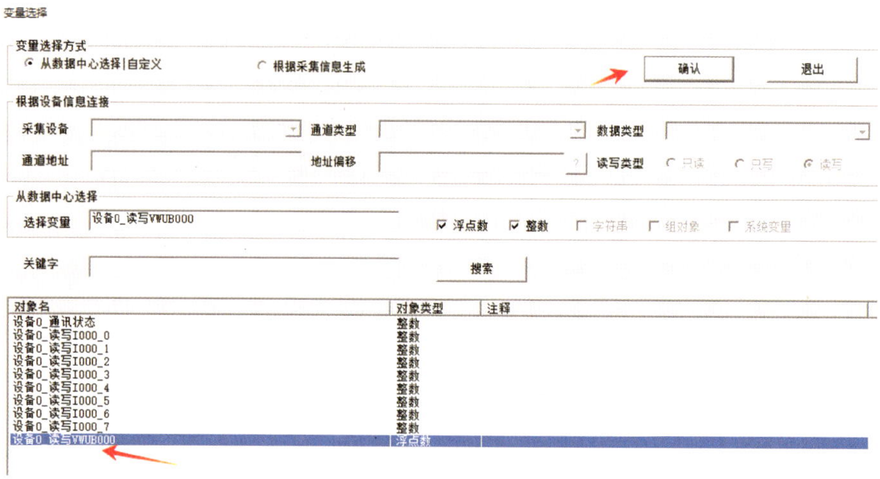

图 7-90　变量选择

实例二　机械手控制项目

1. 学习任务

如图 7-91 所示，M1 为控制机械手左右移动的电动机，M2 为控制机械手上下升降的电动机，YV 线圈用来控制机械手夹紧防松，SQ1 为左到位检测开关，SQ2 为右到位检测开关，SQ3 为上到位检测开关，SQ4 为下到位检测开关，SQ5 为工件检测开关。

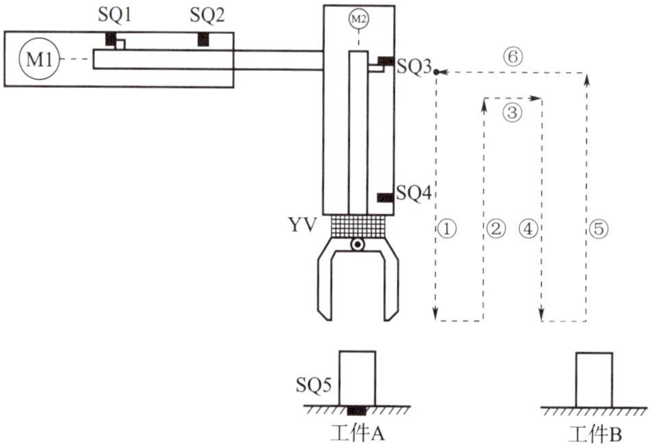

图 7-91　机械手控制项目

控制要求：

(1)机械手要将工件从工位 A 移到工位 B 处。

(2)机械手的初始状态(原点条件)是机械手应停在工位 A 的上方，SQ1、SQ3 均闭合。

(3)若原点条件满足且 SQ5 闭合(工件 A 处有工件),按下启动按钮,机械手按原点→下降→夹紧→上升→右移→下降→防松→上升→左移→原点的步骤工作。

(4)SQ5 用自锁转换开关,SQ1～SQ4 用行程开关。启动、停止按钮采用实体按钮,触摸屏要有每个工序的工作指示灯,即:准备就绪,夹紧,上升、下降、左行、右行。

(5)M2 电机负载上升时速度为 30 Hz,空载下降时为 45 Hz。M1 电机接触器吸合即可。

(6)如图 7-92 所示,登录系统界面,用户名工程师,密码 123,登录后按开始按钮后按以上步骤自动循环,随时可以停止。不登录按开始按钮无效。

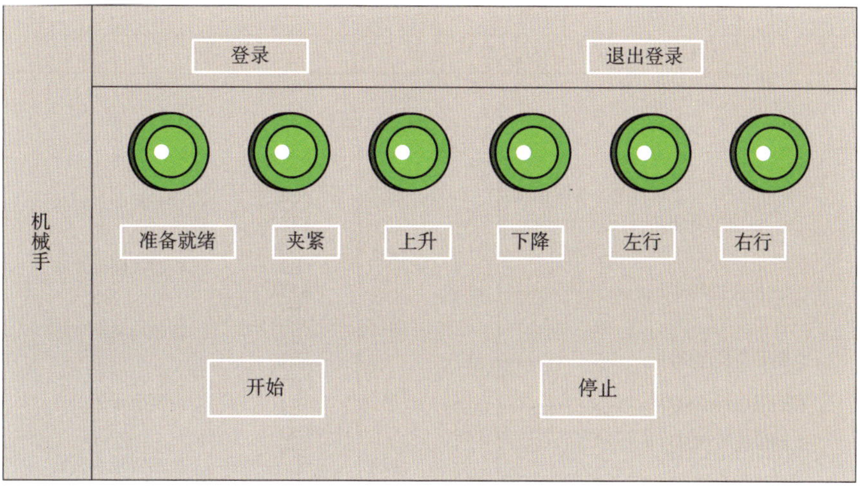

图 7-92　机械手控制屏

根据设备控制要求,画出 PLC 的 I/O 表,画出变频器参数修改表,画出主电路及控制电路图,按照图纸接线,其中变频器的电源输出到电机及交流接触器的主电路可不接线。

2. 主要设备(表 7-45)

表 7-45　机械手项目设备

设备名称	规格型号
PLC	西门子 S7-200 SMART SR40
变频器	西门子 V20
触摸屏	昆仑通态 7072GI
开关电源	24 V、5 A

3. 学习目的

学习和体验顺序编程的方法,用各种编程方法完成项目,并比较触摸屏常用构件的熟练应用。

4. 实训步骤

实训步骤的电路原理如图 7-93 所示。

5. I/O 分配

机械手项目 I/O 分配见表 7-46。

表 7-46　机械手项目 I/O 分配

输　入			输　出		
地址	名称	元件编号	地址	名称	元件编号
I0.0	启动控制	SB1	Q0.0	机械手右移	KM1
I0.1	停止控制	SB2	Q0.1	机械手左移	KM2
I0.2	左到位检测	SQ1	Q0.2	机械手下降	KM3
I0.3	右到位检测	SQ2	Q0.3	机械手上升	KM4
I0.4	上到位检测	SQ3	Q0.4	机械手夹紧	KM5
I0.5	下到位检测	SQ4			
I0.6	工件检测	SQ5			

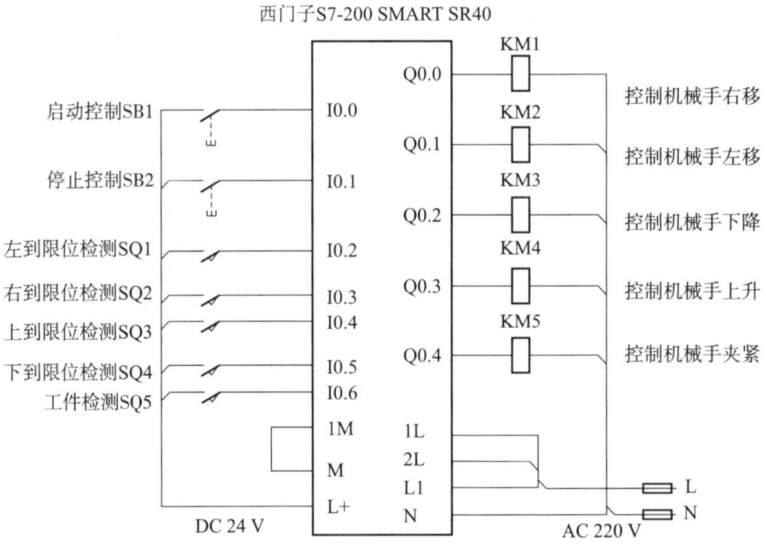

图 7-93　电路原理

6. 变频器参数

机械手项目变频器参数见表 7-47。

表 7-47　变频器参数

序号	变频器参数	出厂值	设定值	功能说明
1	P0010		30	恢复出厂设置
2	P0970		21	恢复出厂设置
3	P0304	230	380	电动机的额定电压
4	P0305	3.25	1.5	电动机的额定电流
5	P0307	0.75	0.04	电动机的额定功率
6	P0310	50.00	50.00	电动机的额定频率
7	P0311	0	1 430	电动机的额定转速
8	Cn000	0	3	选择宏 3 固定频率方式
9	P1001		30 Hz	负载上升频率
10	P1002		45 Hz	空载下降频率

7. PLC 程序分析

如图 7-94 所示，当按下开始按钮时，启动标志位 M0.0 吸合并自保，如按下停止按钮，则整个系统断开停止。启动 SM0.1 为 PLC 启动时自动接通的第一个扫描周期，S0.0 初始状态继电器置位。

符号	地址	注释
气动控制	I0.0	
启动控制	I0.1	

输入注释

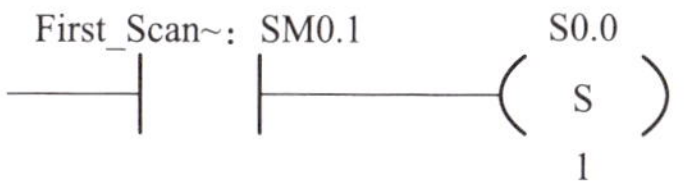

图 7-94　机械手控制项目程序 1

第一步：当系统上电时，SM0.0 接通，全部中间点复位；如机械手未在起始位置，即左到位检测和上到位检测未检测到物体，则机械手左移或上移，以回到初始位置；当检测到机械手回到左到位和上到位的位置，则进入下一步程序，程序如图 7-95 所示。

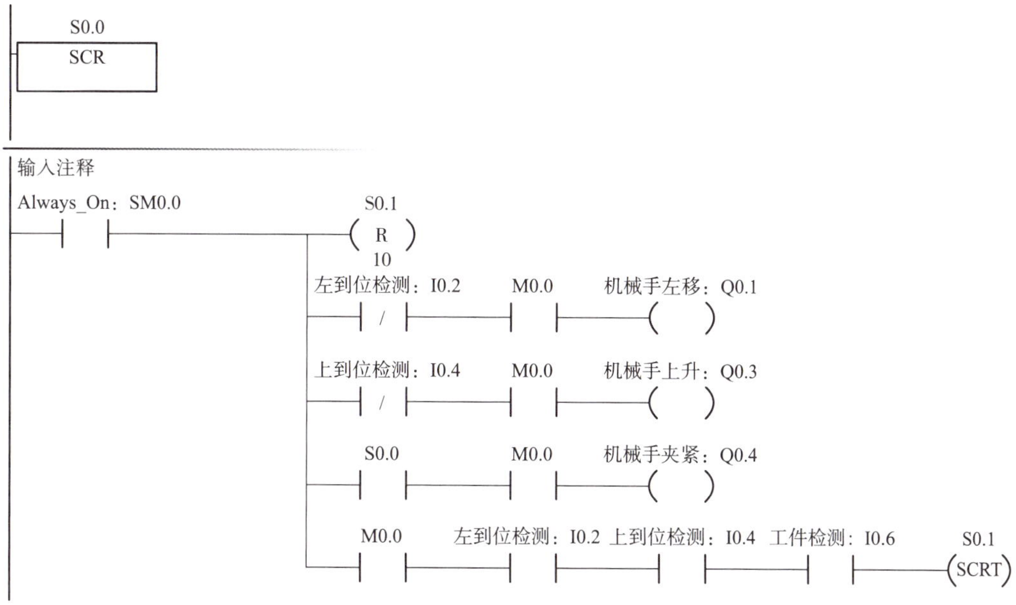

图 7-95　机械手控制项目程序 2 第一步

第二步:当机械手在原点并且有工件时机械手会下降到下限位位置并进行下一步动作,程序如图7-96所示。

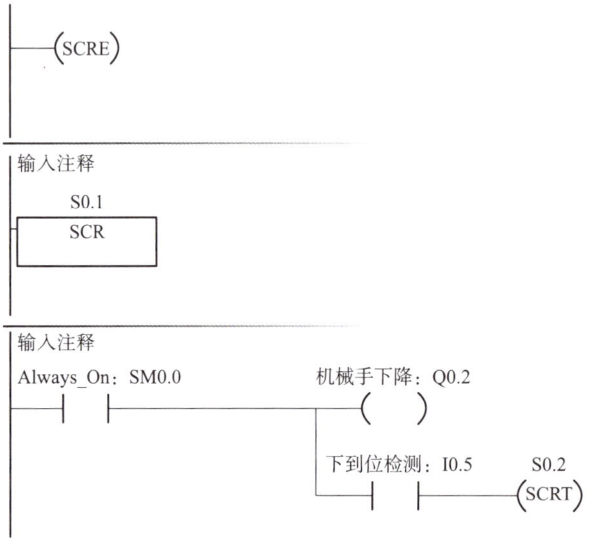

图7-96　机械手控制项目程序3第二步

第三步:当系统上电SM0.0接通后,Q0.4接通,机械手夹紧,转移程序后依然夹紧,T50接通,夹紧动作持续1 s后进行下一步程序,程序如图7-97所示。

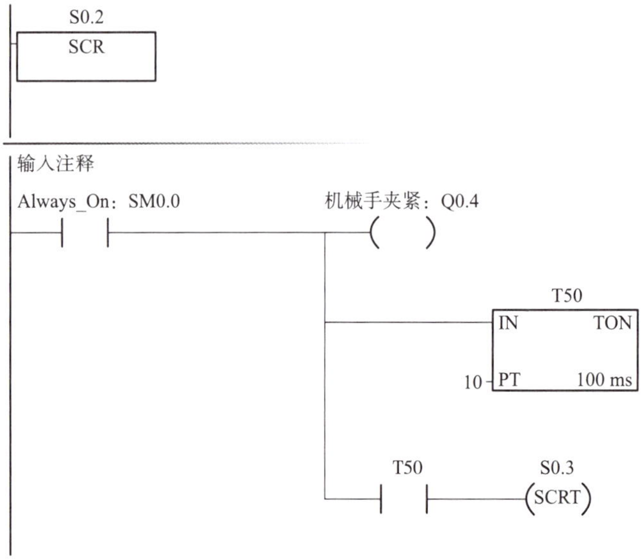

图7-97　机械手控制项目程序4第三步

第四步:当机械手夹到东西后,Q0.3接通,机械手上升到最顶端后转移到下一段程序,程序如图7-98所示。

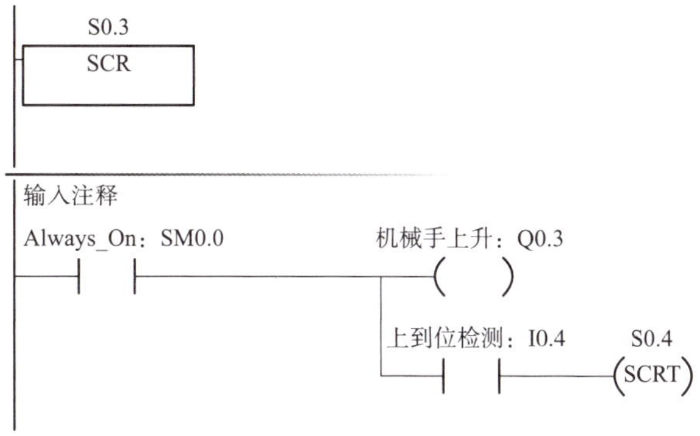

图 7-98 机械手控制项目程序 5 第四步

第五步：上到最顶端后，Q0.0 接通后机械手右移，到达最右端后 I0.3 接通转移到下一段程序，程序如图 7-99 所示。

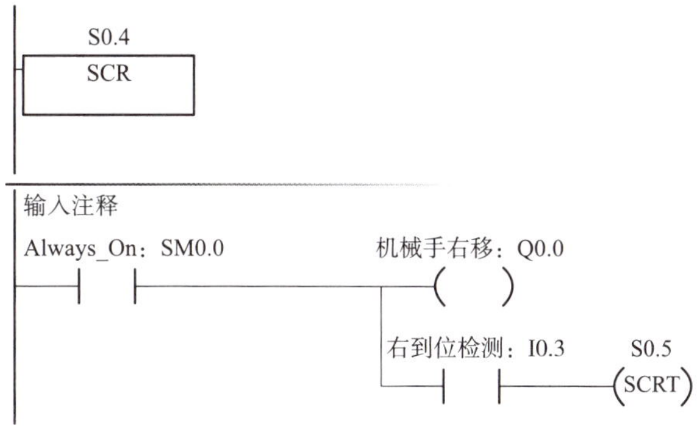

图 7-99 机械手控制项目程序 6 第五步

第六步：到达最右侧后，Q0.2 接通，机械手下降，下降到最下端后 I0.5 接通转移到下一段程序，程序如图 7-100 所示。

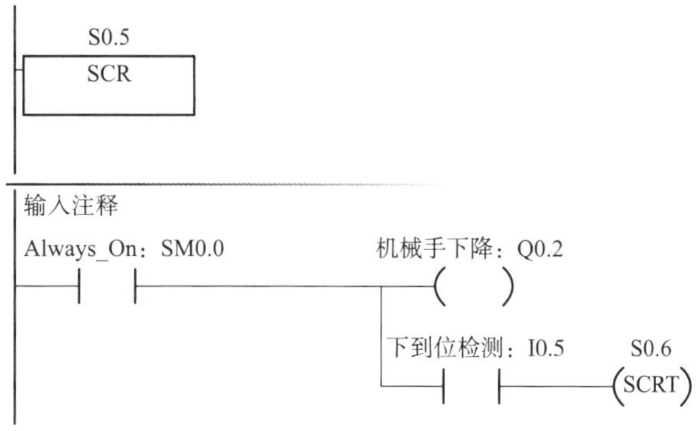

图 7-100 机械手控制项目程序 7 第六步

第七步：将上面程序中置位的机械手夹紧程序复位松开，T50 启动，计时 1 s 后转移到下一段程序，程序如图 7-101 所示。

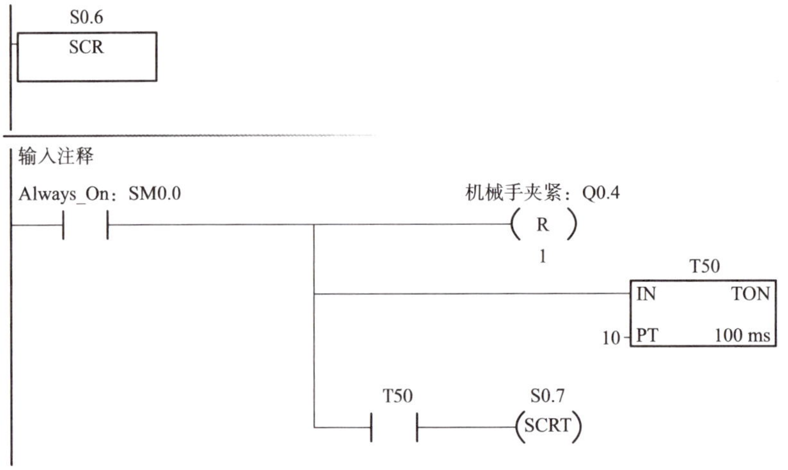

图 7-101　机械手控制项目程序 8 第七步

第八步：当机械手放下，工件 Q0.3 接通，机械手上升到最顶端后转移到下一段程序，程序如图 7-102 所示。

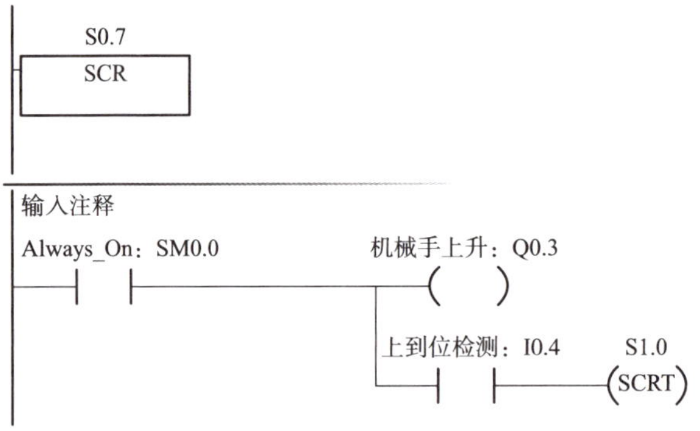

图 7-102　机械手控制项目程序 9 第八步

第九步：机械手上升到最顶端后返回原点，Q0.1 接通到位后 I0.2 断开，当启动后未按停止机械手到达最左端，然后到达上端，然后有工件并且继续进行下一个循环：向下、抓、起、移动、向下、松，程序如图 7-103 所示。

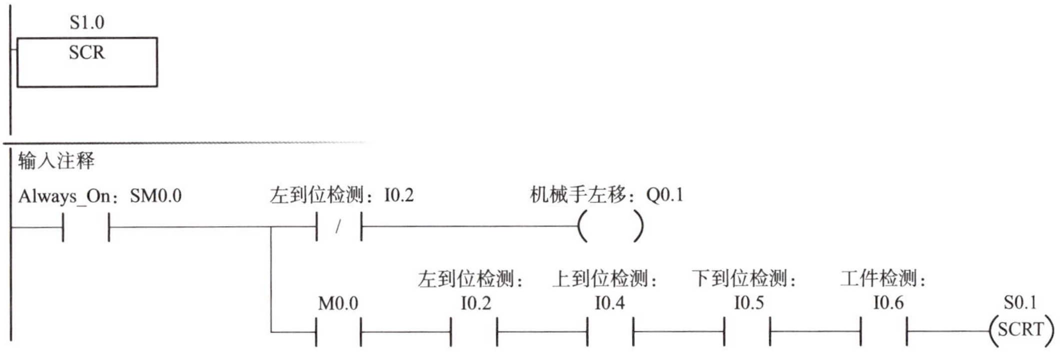

图 7-103　机械手控制项目程序 10 第九步

实例三 电动三轮车项目

1. 学习任务

某三轮车，直流逆变后由变频器驱动，高、中、低三挡速度可调，车辆自带路况侦测系统，带有一个 500 W 的超亮探照灯。

打开电门锁后电源指示灯亮，控制继电器接通系统电源，点击屏幕的登录框识别身份后（王老师，密码 125）即可进入准备状态，按启动按钮启动车辆，并以低速运行，如侦测到前方没有障碍，车辆自动每隔 5 s 增高一挡，三挡速度分别为 0～15 Hz 为低速、16～30 Hz 为中速、31～40 Hz 为高速，并在屏幕相应显示（屏幕只显示相应速度）；如侦测到前方有障碍，车辆自动每 3 s 降低一挡速度，直至停车。运行期间捏手刹车系统取消自动增速，以当前速度运行，如果再同时踩脚刹车，无论什么速度，会在 5 s 内立即停车。停车状态下按"停止"按钮，系统进入准备状态，车灯关闭。关闭电门锁后，整车电源关闭。

打开灯开关后，在每个速度的启动阶段（前 3 s），灯自动熄灭，3 s 后灯自动点亮。停车、减速、灯不熄灭。这辆高挡电动三轮车屏幕上可以显示电源指示灯、运行指示灯、大灯点亮指示灯，在三挡速度还可以相应的在同一位置提示"低速运行""中速运行"" 高速运行"，屏幕设有启动、停止按钮。未登录和退出登录后，本车无法启动。

请充分考虑车辆的各种保护措施，按此要求设计和调试出车辆的触摸屏、PLC 程序和变频器运行参数。

电门锁用按钮代替，自动侦测系统用限位开关代替，手刹车、脚刹车用按钮代替，大灯输出到接触器动作即可，触摸屏界面示例如图 7-104 所示。

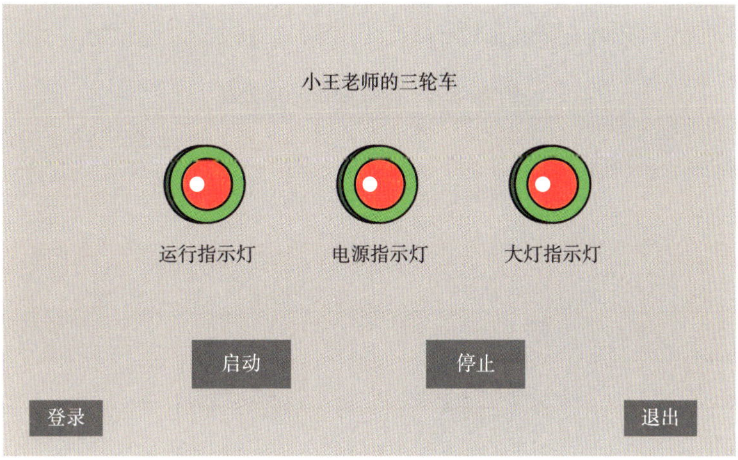

图 7-104 三轮车项目屏幕示例

2. 学习目的

学习复杂逻辑项目在 PLC 编程中的应用。

学习 PLC、变频器和触摸屏的综合应用。

3. 实训步骤

(1)三轮车项目电路接线如图 7-105 所示。

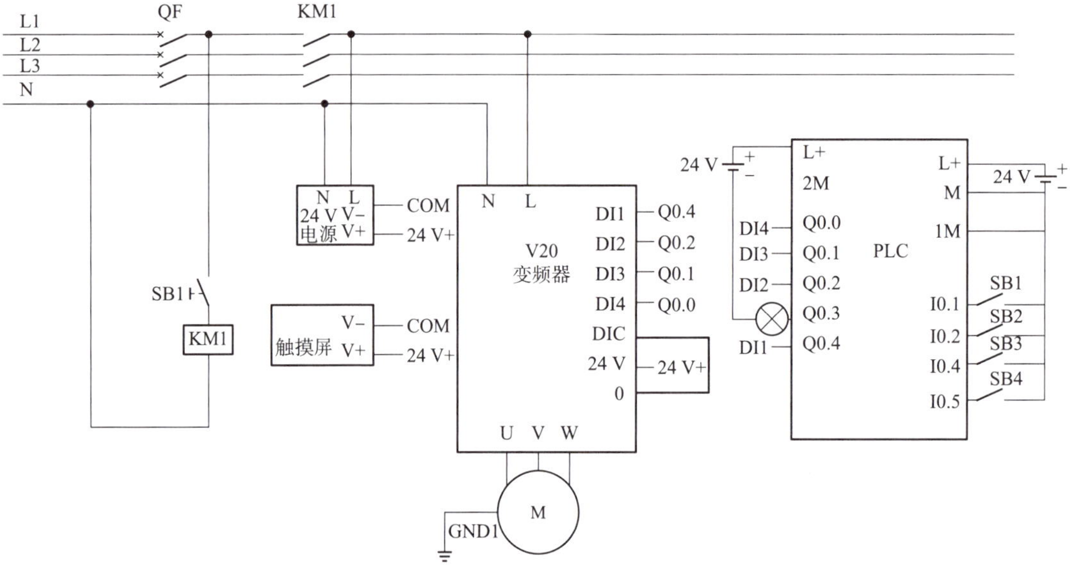

图 7-105　三轮车项目接线

(2)I/O 分配

做 PLC 项目时,首先要明白项目的工艺流程,根据流程来细化步骤,思路才能清晰。根据题意:登录后按启动按钮以低速运行,当前方没有障碍时速度每 5 s 增加一挡,当前方有障碍时每 3 s 降低一挡,直到停车,运行期间,手刹取消自动增速,再同时踩刹车 5 s 内停车。停车状态下按停止车灯关闭进入准备状态。明确整体要求后,I/O 分配见表 7-48。

表 7-48　三轮车项目 I/O 分配

输　　入			输　　出		
I0.1	SB1	障碍	Q0.0	40 Hz	高速
I0.2	SB2	手刹	Q0.1	30 Hz	中速
I0.4	SB3	刹车	Q0.2	15 Hz	低速
I0.5	SB4	电门锁	Q0.3		大灯
			Q0.4		使能

(3)变频器参数(表 7-49)

表 7-49　变频器参数

序号	变频器参数	出厂值	设定值	功能说明
1	P0010		30	恢复出厂设置
2	P0970		21	恢复出厂设置
3	P0304	230	380	电动机的额定电压

续上表

序号	变频器参数	出厂值	设定值	功能说明
4	P0305	3.25	1.5	电动机的额定电流
5	P0307	0.75	0.04	电动机的额定功率
6	P0310	50.00	50.00	电动机的额定频率
7	P0311	0	1 430	电动机的额定转速
8	Cn000	0	3	选择宏 3 固定频率控制
9	P1001		40 Hz	频率
10	P1002		30 Hz	频率
11	P1003		15 Hz	频率

(4)PLC 程序分析

①定时器的应用

定时器的应用较多,要熟悉定时器的编号、分辨率等要求,定时器程序示例如图 7-106 所示。

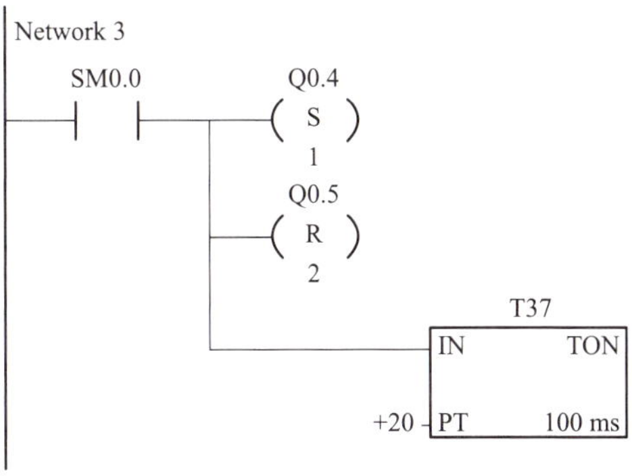

图 7-106　定时器程序示例

定时器操作指令用来操作特定的定时器,西门子 S7-SMART 系列 PLC 三种定时器操作指令的含义为:

TON:延时接通定时器(Timer On-Delay)指令;

TONR:具有保持功能的延时接通定时器(Timer On-Delay Retain)指令;

TOF:延时断开定时器指令;

定时器编号与分辨率、操作指令类型的对应关系见表 7-50。

表 7-50　定时器指令编号

定时器指令	分辨率	定时器	最大定时时间
TONR	1 ms	T0,T64	32.767 s
	10 ms	T1～T4,T65～T68	327.67 s
	100 ms	T5～T31,T65～T95	3 276.7 s

续上表

定时器指令	分辨率	定时器	最大定时时间
TON/TOF	1 ms	T32,T96	32.767 s
	10 ms	T33～T36,T97～T100	327.67 s
	100 ms	T37～T63,T101～T255	3 276.7 s

1 ms:1 ms 分辨率的定时器,定时器位和当前值的更新不与扫描周期同步。对于大于 1 ms 的程序扫描周期,在一个扫描周期内,定时器位和当前值刷新多次。

10 ms:10 ms 分辨率的定时器,定时器位和当前值在每个程序扫描周期的开始刷新。定时器位和当前值在整个扫描周期过程中为常数。在每个扫描周期的开始会将一个扫描累计的时间间隔加到定时器的当前值上。

100 ms:100 ms 分辨率的定时器,定时器位和当前值在指令执行时刷新。因此为了保证正确的定时值,要确保在一个程序扫描周期中,只执行一次 100 ms 定时器指令。

上边为时间继电器编号,PT 为需要的时间,此项目定时器选用 100 ms。

②打开电门锁时,整车主电源接通。按下启动按钮 M0.0 时,小车以 15 Hz 低速运行;当无障碍时,定时器 T39 启动,5 s 后转为 30 Hz 中速运行,程序如图 7-107 所示。

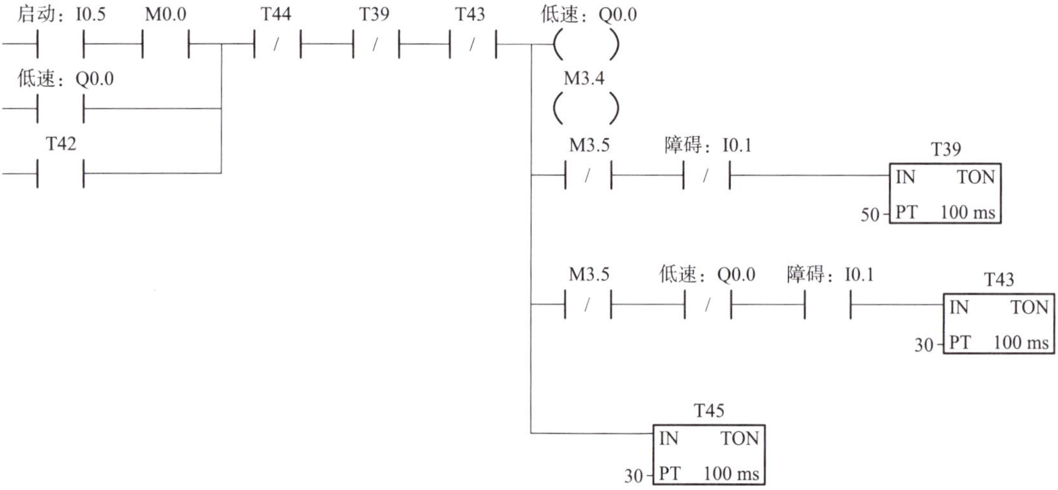

图 7-107 电动三轮车项目程序 1

中速运行时,定时器 T40 启动,5 s 过后小车以 40 Hz 高速运行,程序如图 7-108 所示。

小车高速运行后保持当前状态,程序如图 7-109 所示。

当有障碍时,如图 7-110 所示中的障碍点启动,切换到每过 3 s 降低一挡直到停止。手刹 I0.2 启动后保持当前速度不变,同时刹车 I0.4 启动,5 s 内立即停车,在停车状态下按下停止按钮 M0.3 车灯关闭,进入准备状态。

如图 7-110 所示为手刹和刹车程序显示,其中手刹启动后中间量 M3.5 使其时间继电器失效从而达到保持速度的目的。刹车程序是利用时间继电器 T44 来断开程序。

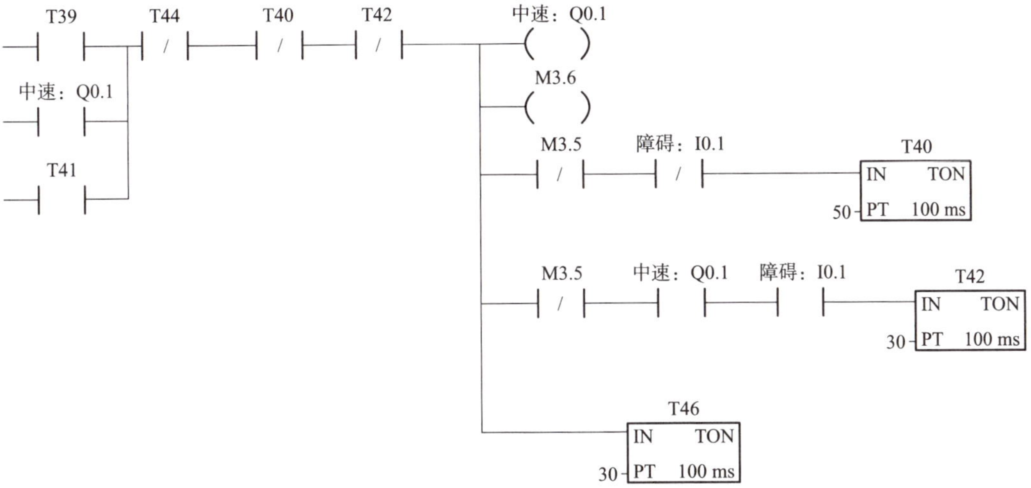

图 7-108　电动三轮车项目程序 2

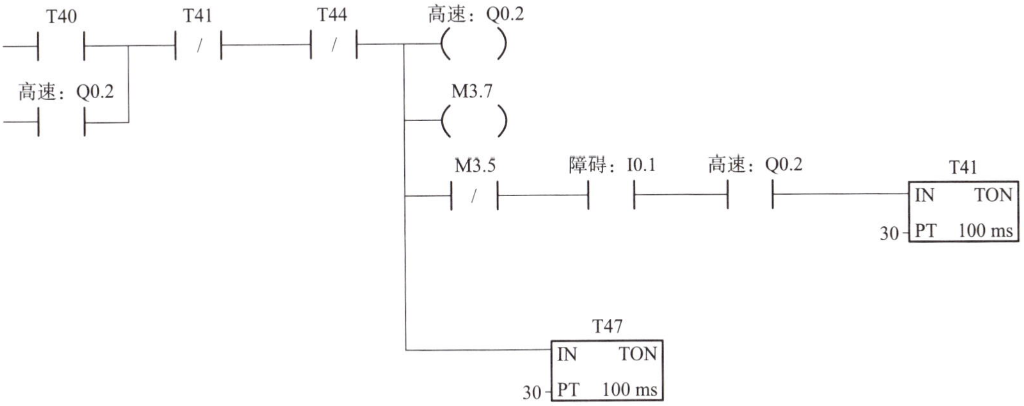

图 7-109　电动三轮车项目程序 3

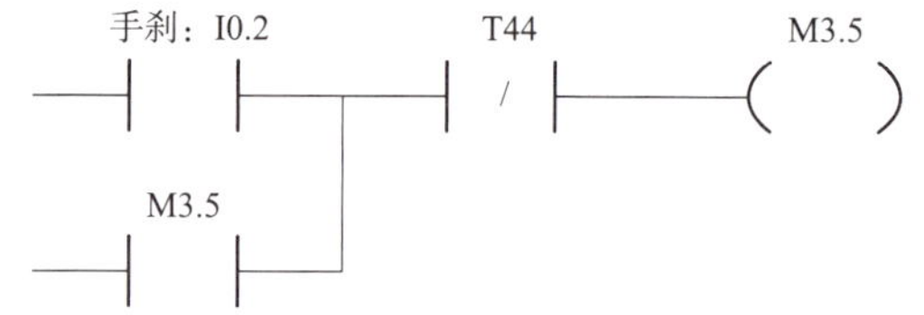

符　　号	地　　址	注　　释
手刹	I0.2	

输入注释

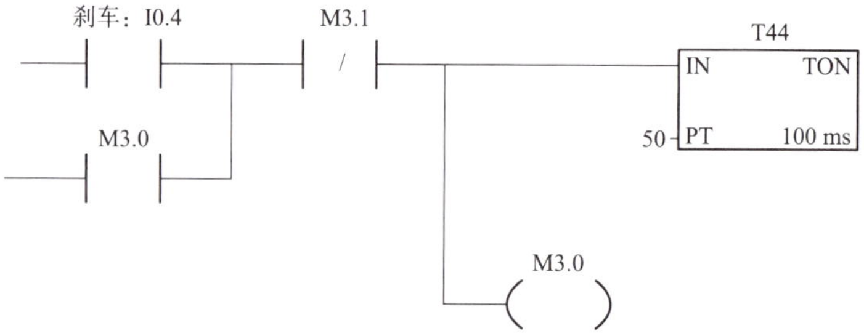

图 7-110　电动三轮车项目程序 4

第八章
技能竞赛真题解析

第一节　2019 年全路机辆系统职业技能竞赛真题解析

一、低压电气控制盘(柜)的安装与调试

1. 竞赛任务书

2019 年全路机辆系统
职业技能竞赛设备维修实作(二)电工作业任务书
[低压电气控制盘(柜)的安装与调试]

一、作业内容

某机床主轴运行控制如下:按下右行启动按钮后,电机正转带动主轴右行,按下停止按钮后,立即反接制动,制动采用时间继电器控制,定时 2 s。按下左行启动按钮后,电机反转带动主轴左行,按下停止按钮后,立即反接制动,时间到后结束。需要考虑过载保护

二、要求

1. 画出电气原理图。
2. 正确选择元件,做出元件清单,只需写出元件名称及数量,不需要具体型号。
3. 根据元件清单在元件库领取相应的元件。
4. 按功能要求正确配线、布线和接线。
5. 安装完毕后,提请监考到位方可通电试车。
6. 能熟练地对电路进行调试。
7. 如遇故障自行排除

三、时间安排:120 min

2. 元件清单

序号	名　　称	库存数量	请领数量
1	3P 空开(20A)	1	
2	2P 空开(6A)	1	
3	交流接触器 AC 220 V,cjx1 系列	4	
4	交流接触器 AC 380 V,cjx2 系列	1	
5	中间继电器 AC 220 V	6	
6	时间继电器 AC 220 V(通电延时)	3	

续上表

序号	名　　称		库存数量	请领数量
7	热继电器		2	
8	按钮盒 3P		2	
9	熔断器 3P		1	
10	熔断器 1P		2	
11	熔体(个)20A		6	
12	熔体(个)2A		6	
13	行程开关		3	
请领人	铁路局	机务、车辆段	抽签号	裁判员

3. 评分标准

考核内容	考核要求	标 准 分	扣　　分
开工前准备(5 分)	1. 按规定穿戴劳动保护用品 要求正确着装,向裁判员报告,我是××局××机务(车辆)段×××,考号××,报告完毕,请指示。并按规定出示特种作业电工操作证,有效期应符合规定要求。 向选手发放作业任务书、作业报告纸、草稿纸、记录板	1 分	每缺一项扣 1 分。 无特种作业电工操作证或不在有效期内取消竞赛资格
	2. 检查工具准备是否齐全、完好 平头螺丝刀(100 mm、75 mm 各一把),十字螺丝刀(100 mm、75 mm 各一把),测电笔,钢丝钳,剥线钳,尖嘴钳,斜嘴钳,电工刀,活扳手,绝缘鞋,工作服、帽等	2 分	每缺一项或有问题扣 0.5 分,扣完为止
	3. 检查各种检测仪表(检验合格证在检定有效期范围内) 万用表、兆欧表、钳形电流表(带负荷实验时,检测电流)、工具、仪表	1 分	缺一项(无合格证或合格证超期按缺项处理)扣 0.5 分,扣完为止
	检查作业周围环境是否存在危及安全隐患。 向裁判员报告,准备工作完毕	1 分	选手未检查作业周围环境是否存在危及安全隐患扣 1 分
安全生产(5 分)	1. 检查三相电源是否正常 正确使用验电器,验电前应将电压等级合适的且合格的验电器在有电的设备上试验,证明验电器指示无误。 然后在所使用的电源进出线两侧,各相分别验电	2 分	不符合要求每处扣 1 分
	2. 停、验、挂操作顺序应符合要求 断电作业时必须执行停电、验电、悬挂标志牌,严禁带负荷拉、合刀闸	3 分	每错、缺一项扣 1 分
	3. 违章作业,发生不安全苗头失格		失格

续上表

考核内容	考核要求	标 准 分	扣　　分
工具、仪表使用（5 分）	正确使用工具、测量仪表 1. 测量前应认真检查表笔位置，红色表笔应接在标有“＋”的接线柱上，黑色表笔应接在标有“－”的接线柱上。 在测量电压时，应并联接入被测电路。 在测量电流时，应串联接入被测电路。 在测量直流电流、电压时，红表笔应接被测电路正极，黑表笔应接被测电路负极。 2. 根据测量对象，将转换开关拨到相应挡位。 3. 兆欧表使用前做短路及开路检查。 4. 工具、仪表使用安全可靠，文明作业	5 分	使用方法错误每处扣 0.5 分，未检查扣 1 分，违规使用造成仪表损坏扣 2 分。工具、仪表乱放，竞赛退场遗失工具、仪表每处扣 0.5 分
电路设计（20 分）	正确设计电路原理图	20 分	电路设计不正确，符号不规范，每处扣 2 分，出现短路情况每处扣 5 分
元器件的选择（5 分）	元器件选择 按正确设计的电路原理图选装元件。根据任务书，主要元件应选用： 1 个 3P 断路器，1 个 3P 熔断器，2 个 1P 熔断器，2 个交流接触器，1 个或 2 个时间继电器，1 个热继电器，3～6 个中间继电器，1 个按钮盒，3 个 20 A 熔体，2 个 2 A 熔体	5 分	元件清单中每处错误扣 1 分，选择错误每个扣 1 分
元器件安装接线（30 分）	1. 正确选用部件、按要求接线	5 分	主要器件未进行接线，每处扣 1 分
	2. 布线平直、美观	5 分	布线不平直、不美观，每根扣 1 分
	3. 接点无松动，无露铜过长、反圈、压绝缘层	4 分	接点松动，露铜过长、反圈、压绝缘层每处扣 1 分
	4. 不得损伤导线绝缘或线芯	3 分	损伤导线，每根扣 1 分
	5. 原件无损坏	10 分	损坏原件，每件扣 5 分
	6. 电源进出线及按钮盒的进出线需经过接线端子排	3 分	未经过接线端子排，每处扣 1 分
运行操作调试（30 分）	1. 按下正转启动按钮后，主轴右行	4 分	功能未实现扣除该项分数
	2. 按下停止，反接制动延时停止	8 分	功能未实现扣除该项分数
	3. 按下反转启动按钮后，主轴左行	4 分	功能未实现扣除该项分数
	4. 按下停止，反接制动延时停止	8 分	功能未实现扣除该项分数
	5. 过载保护时能立即停车	3 分	功能未实现扣除该项分数
	第一次交卷调试未成功，第二次交卷调试成功扣 3 分。每项只能最多交卷调试两次	3 分	

4. 真题解析

（1）电路原理图（图 8-1）

（2）元件清单（表 8-1）

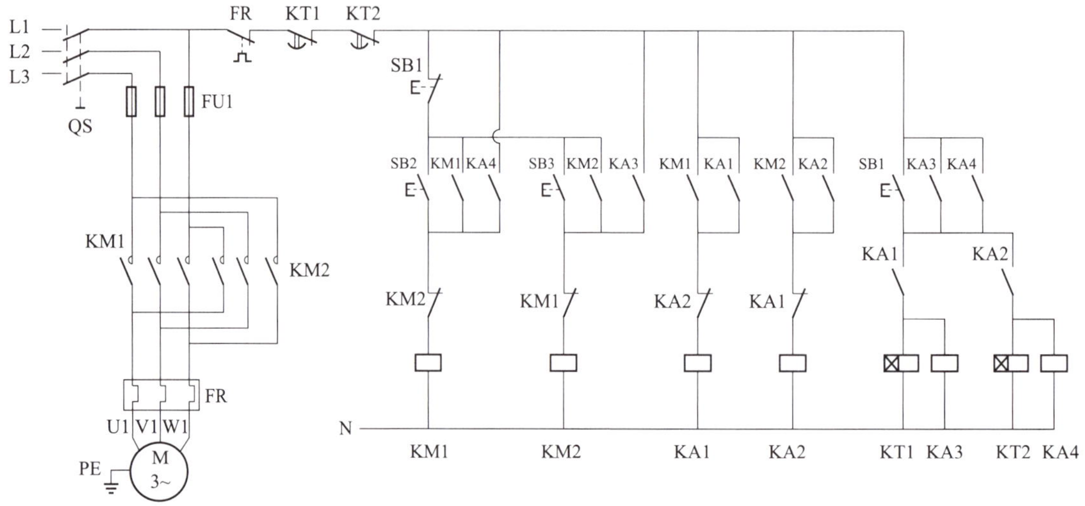

图 8-1　2019 年低压电气控制盘(柜)的安装与调试项目电路原理

表 8-1　2019 年低压电气控制盘(柜)的安装与调试项目元件清单

序号	名　称		库存数量	请领数量
1	3P 空开(20A)		1	1
2	2P 空开(6A)		1	—
3	交流接触器 AC 220 V,cjx1 系列		4	2
4	交流接触器 AC 380 V,cjx2 系列		1	—
5	中间继电器 AC 220 V		6	4
6	时间继电器 AC 220 V(通电延时)		3	2
7	热继电器		2	1
8	按钮盒 3P		2	1
9	熔断器 3P		1	1
10	熔断器 1P		2	1
11	熔体(个)20A		6	3
12	熔体(个)2A		6	1
13	行程开关		3	2
请领人	铁路局	机务、车辆段	抽签号	裁判员

(3)电路原理解析

主电路由 1 个空气开关、3 个熔断器、2 个接触器、1 个热继电器组成。控制电路由 3 个按钮、4 个中间继电器、2 个时间继电器组成。

正转反接制动:当按下正转按钮 SB2 时,接触器 KM1 线圈得电自锁。电机开始正转运行,同时 KM1 常开点触点闭合,KA1 线圈得电自锁,KA1 常开点闭合,当按下停止按钮 SB1 时,常闭触点断开,KM1 线圈失电,同时 SB1 常开触点闭合,KT1 与 KA3 线圈得电自锁,KA3 常开触点闭合,接触器 KM2 线圈得电自锁,开始反转,同时 KT1 计时 2 s 时间到时，KT1 常闭触点断开，整个电路失电。正转反接制动结束。

反转反接制动：当按下正转按钮 SB3 时，接触器 KM2 线圈得电自锁。电机开始正转运行，同时 KM2 常开点触点闭合，KA2 线圈得电自锁，KA2 常开点闭合，当按下停止按钮 SB1 时，常闭触点断开，KM2 线圈失电，同时 SB1 常开触点闭合，KT2 与 KA4 线圈得电自锁，KA4 常开触点闭合，接触器 KM1 线圈得电自锁，开始反转，同时 KT2 计时 2 s 时间到时，KT2 常闭触点断开，整个电路失电。正转反接制动结束。

二、PLC、变频器功能控制技术

1. 竞赛任务书

2019 年全路机辆系统
职业技能竞赛设备维修实作(三)电工作业任务书
(技能竞赛设备维修电工作业任务书)

一、作业内容

控制要求：触屏供电后进入界面 1，单击“进入设备监控画面”按钮进入界面 2。

界面 1：

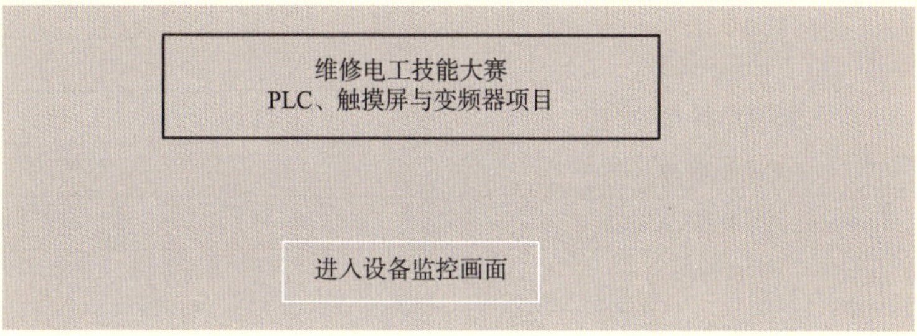

界面 2：

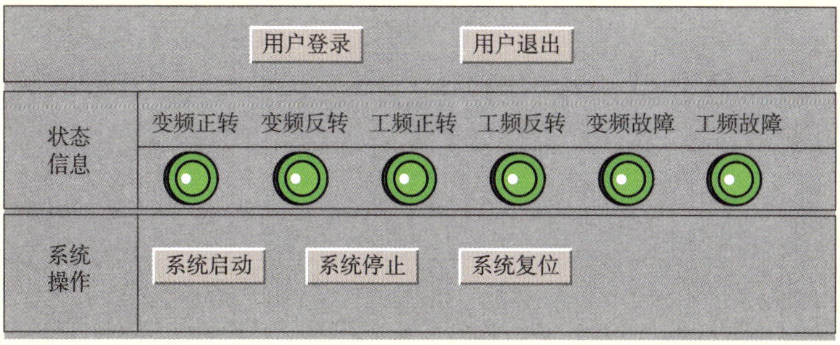

单击按钮“用户登录”，选择“工程师”，输入密码：128，则“系统启动”“系统停止”和“系统复位”按钮可进行操作。

不登录用户，启动、停止和复位三个按钮不起作用。

状态信息栏需要在触屏中做出 6 个指示灯(不局限图中的样子及颜色)，显示当前设备的运行状态。

登录用户后，按下系统启动按钮，PLC 控制电机拖动小车以 42 Hz 频率正转启动，到限位 A 处立即反转，反转频率 35 Hz，小车返回到 B 处后，继续以 40 Hz 速度重复上一个周期往返运行。

按下系统停止按钮后，小车停止运行。

当小车停止后，按下复位按钮，无论小车在哪个位置，都会工频返回到 B 处停下。

小车在运行过程中，如果变频器发出故障，则立即自动切换到工频运行模式，并继续按原来的运行工艺运动，按下系统停止，立即停止。

变频故障或热继故障时 PLC 控制一个报警灯闪烁(报警灯使用中间继电器代替)，故障消失，则灯熄灭。

退出用户登录，则所有按钮无法操作

二、要求

1. 根据上面设备控制要求，画出 PLC 的 I/O 表。
2. 画出变频器参数修改表。
3. 画出主电路及控制电路图。
4. 按照图纸接线，其中变频器的电源输出到电机及交流接触器的主电路都不需要接线(特别注意)。
5. 此次考核内容为小车电气控制系统，不需要考虑小车的安装。
6. 编写 PLC 及触摸屏程序并下载到相应设备，现场调试，实现功能要求。
7. 如需保存文件，请保存到电脑的 D 盘中

三、时间安排：120 min

2. 元件清单

<table>
<tr><th>序　号</th><th>名　称</th><th>库存数量</th><th>选用数量</th></tr>
<tr><td>1</td><td>西门子 S7 226/AC/DC/RLY</td><td>1</td><td>已安装</td></tr>
<tr><td>2</td><td>西门子 MM440 变频器</td><td>1</td><td>已安装</td></tr>
<tr><td>3</td><td>昆仑通泰触摸屏 TPC7062TI(含下载线，USB)</td><td>1</td><td>已安装</td></tr>
<tr><td>4</td><td>开关电源 DC 24 V-3 A</td><td>1</td><td>已安装</td></tr>
<tr><td>5</td><td>3P 空开</td><td>1</td><td></td></tr>
<tr><td>6</td><td>2P 空开</td><td>1</td><td></td></tr>
<tr><td>7</td><td>交流接触器 AC 220 V</td><td>4</td><td></td></tr>
<tr><td>8</td><td>交流接触器 AC 380 V</td><td>1</td><td></td></tr>
<tr><td>9</td><td>中间继电器 AC 220 V</td><td>6</td><td></td></tr>
<tr><td>10</td><td>热继电器</td><td>2</td><td></td></tr>
<tr><td>11</td><td>行程开关</td><td>3</td><td></td></tr>
<tr><td>12</td><td>按钮盒</td><td>2</td><td></td></tr>
<tr><td>13</td><td>中间继电器 DC 24 V</td><td>6</td><td></td></tr>
<tr><td colspan="4">请领人：　　　　　　局　　　　　机务、车辆段</td></tr>
<tr><td colspan="2">裁判员：</td><td colspan="2">抽签号：</td></tr>
</table>

3. 评分标准

<table>
<tr><th>考核内容</th><th>考核要求</th><th>标准分</th><th>扣　分</th></tr>
<tr><td rowspan="2">开工前准备(5 分)</td><td>1. 按规定穿戴劳动保护用品
要求正确着装，向裁判员报告，我是××局××机务(车辆)段×××，考号××，报告完毕，请指示。并按规定出示特种作业电工操作证，有效期应符合规定要求
向选手发放作业任务书、作业报告纸、草稿纸</td><td>1 分</td><td>每缺一项扣 1 分，无特种作业电工操作证或不在有效期内取消竞赛资格</td></tr>
<tr><td>2. 检查工具准备是否齐全、完好
平头螺丝刀(100 mm、75 mm 各一把)，十字螺丝刀(100 mm、75 mm 各一把)，测电笔，钢丝钳，剥线钳，尖嘴钳，斜嘴钳，电工刀，活扳手，绝缘鞋，工作服、帽等</td><td>2 分</td><td>每缺一项或有问题扣 0.5 分，扣完为止</td></tr>
</table>

续上表

考核内容	考核要求	标准分	扣分
开工前准备（5分）	3. 检查各种检测仪表（检验合格证在检定有效期范围内） 万用表、兆欧表、钳形电流表（带负荷实验时，检测电流）工具、仪表	1分	缺一项（无合格证或合格证超期按缺项处理）扣0.5分，扣完为止
	检查作业周围环境是否存在危及安全隐患。 向裁判员报告，准备工作完毕	1分	选手未检查作业周围环境是否存在危及安全隐患扣1分
安全生产（5分）	1. 检查三相电源是否正常 正确使用验电器，验电前应将电压等级合适的且合格的验电器在有电的设备上试验，证明验电器指示无误。 然后在所使用的电源进出线两侧，各相分别验电	2分	不符合要求每处扣1分
	2. 停、验、挂操作顺序应符合要求。 断电作业时必须执行停电、验电、悬挂标志牌，严禁带负荷拉、合刀闸	3分	每错、缺一项扣1分
	3. 违章作业，发生不安全苗头失格		失格
工具、仪表使用（5分）	正确使用工具、测量仪表 1. 测量前应认真检查表笔位置，红色表笔应接在标有“+”的接线柱上，黑色表笔应接在标有“−”的接线柱上。 在测量电压时，应并联接入被测电路。 在测量电流时，应串联接入被测电路。 在测量直流电流、电压时，红表笔应接被测电路正极，黑表笔应接被测电路负极。 2. 根据测量对象，将转换开关拨到相应挡位。 3. 兆欧表使用前做短路及开路检查。 4. 工具、仪表使用安全可靠，文明作业	5分	使用方法错误每处扣0.5分，未检查扣1分，违规使用造成仪表损坏扣2分。工具、仪表乱放，竞赛退场遗失工具、仪表每处扣0.5分
I/O表（5分）	正确写出I/O表	5分	每错一处扣1分，扣完为止
电路设计（15分）	正确设计电路原理图	15分	电路设计不正确，符号不规范，缺少功能件每处扣2分，出现变频器输出接触器与工频接触器未互锁或短路情况扣10分
变频器参数表（5分）	正确写出变频器修改参数	5分	每错一处扣1分，扣完为止
元器件的选择（5分）	正确选择元器件	5分	1. 元器件清单提报，第一次选取完毕后，每再取一个元件扣0.5分；每剩余一个元件扣0.5分 2. 元件清单中每处错误扣1分
元器件安装接线（20分）	正确选用部件、按要求接线 按正确设计的电路原理图选装元件，以下主要器件应进行接线。根据任务书，应选用： 1个3P断路器，1个2P断路器，3个220 V交流接触器，1个PLC，1个变频器，1个触摸屏，1个开关电源，1个中间继电器，1个热继电器，2个限位开关	5分	主要器件未进行接线，每处扣1分
	正确安装元器件，按规范布线	15分	布线不平直、不美观，接点松动，露铜过长、反圈、压绝缘层；损伤导线绝缘或线芯，每处扣1分。损坏原件，每件扣5分

续上表

考核内容	考核要求	标准分	扣　分
调试功能（35分）	界面一2分，其中画面1分，按钮进入界面二1分	2分	功能未实现扣除该项分数
	界面二画面登录及退出各1分。实现登录工程师功能2分	4分	功能未实现扣除该项分数
	启动后变频右行2分	2分	功能未实现扣除该项分数
	到限位变频返回2分	2分	功能未实现扣除该项分数
	能够实现循环2分	2分	功能未实现扣除该项分数
	变频、工频能够停止每次1分	2分	功能未实现扣除该项分数
	停止后能工频复位3分	3分	功能未实现扣除该项分数
	变频故障能切到工频6分（变频器的故障端子需接到PLC输入，否则扣2分）	6分	功能未实现扣除该项分数
	故障报警实现3分	3分	功能未实现扣除该项分数
	触屏指示灯每个1分	6分	功能未实现扣除该项分数
	选手全部完成要求第一次交卷调试未成功，扣3分。每项只能最多交卷调试两次（自己调试通电过程不算交卷调试）	3分	功能未实现扣除该项分数

4. 真题解析

(1)电路原理图

本项目主电路由1个空气开关、3个接触器、4个中间继电器组成。控制电路由两个限位开关SQ1、SQ2，模拟变频故障按钮SB1，热继电器FR等元件组成，参考电路原理图如图8-2所示。

(2)I/O分配(表8-2)

表8-2　2019年PLC、变频器功能控制技术项目I/O分配

输　入			输　出		
I0.0	SQ1	A点限位	Q0.0	40 Hz	变频正转
I0.1	SQ2	B点限位	Q0.1	35 Hz	变频反转
I0.2	SB1	变频故障	Q0.2	KA1	工频正转
I0.3	FR	热继故障	Q0.3	KA2	工频反转
			Q0.6	KA3	故障灯
			Q0.7	KA4	变频器输出

(3)变频器参数(表8-3)

表 8-3　2019 年 PLC、变频器功能控制技术项目变频器参数

序号	变频器参数	出厂值	设定值	功能说明
1	P0010		30	恢复出厂设置
2	P0970		21	恢复出厂设置
3	P0304	230	380	电动机的额定电压
4	P0305	3.25	1.5	电动机的额定电流
5	P0307	0.75	0.04	电动机的额定功率
6	P0310	50.00	50.00	电动机的额定频率
7	P0311	0	1 430	电动机的额定转速
8	P700	0	2	=2 I/O 端子控制
9	P1000	0	3	=3 固定频率
10	P1001	0	40 Hz	电动机的频率
11	P1002	0	−35 Hz	电动机的频率

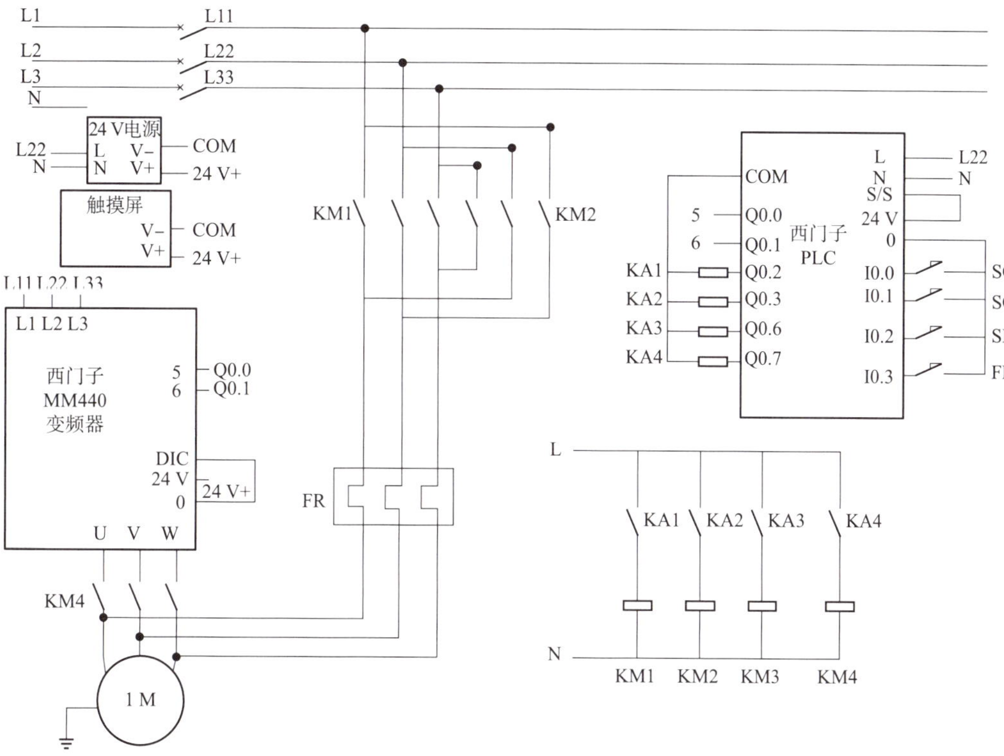

图 8-2　2019 年 PLC、变频器功能控制技术项目电路原理

(4)元件清单(表 8-4)

表 8-4　2019 年 PLC、变频器功能控制技术项目元件清单

序号	名　　称	库存数量	选用数量
1	西门子 S7226/AC/DC/RLY	1	已安装
2	西门子 MM440 变频器	1	已安装
3	昆仑通泰触摸屏 TPC7062TI(含下载线,USB)	1	已安装
4	开关电源 DC 24 V-3 A	1	已安装
5	3P 空开	1	1
6	2P 空开	1	0
7	交流接触器 AC 220 V	4	3
8	交流接触器 AC 380 V	1	0
9	中间继电器 AC 220 V	6	0
10	热继电器	2	1
11	行程开关	3	2
12	按钮盒	2	1
13	中间继电器 DC 24 V	6	4
请领人:　　局　　机务、车辆段			
裁判员:		抽签号:	

(5)实作解析

如图 8-3 所示程序为启动按钮标志位 M0.0 后 Q0.7 输出,接触器 KM1 线圈得电吸合,Q0.0 输出变频器正转 45 Hz 运行,当碰到限位开关 I0.0 点位时,正转断开,反转接通,Q0.1 输出变频器反转 35 Hz 输出。

如图 8-4 所示程序,当小车停止时,启动复位标志位 M0.2 后,Q0.3 输出接触器 KM2 得电吸合,小车开始工频反转,当碰到 A 点限位 SQ1 时,小车停止运行。

当变频器出现故障时,输出故障信号到 I0.2,这时从变频切到工频,以当前转向继续运行,同时故障灯闪烁。

如图 8-5 所示程序,当工频运行时,按下热继电器按钮,工频停止运行,同时 SM0.5 接通,故障灯 Q0.6 闪烁。SM0.5 针对 1 s 的周期时间,时钟脉冲接通 0.5 s,断开 0.5 s。

程序段 1

程序段注释

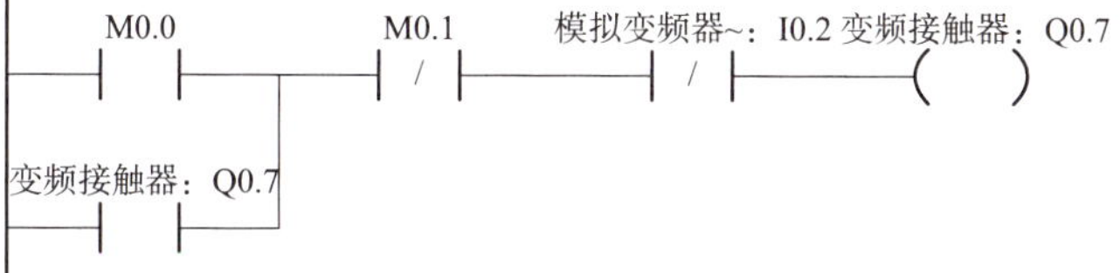

符号	地址	注释
变频接触器	Q0.7	变频接触器
模拟变频器故障	I0.2	模拟变频器故障

程序段 2

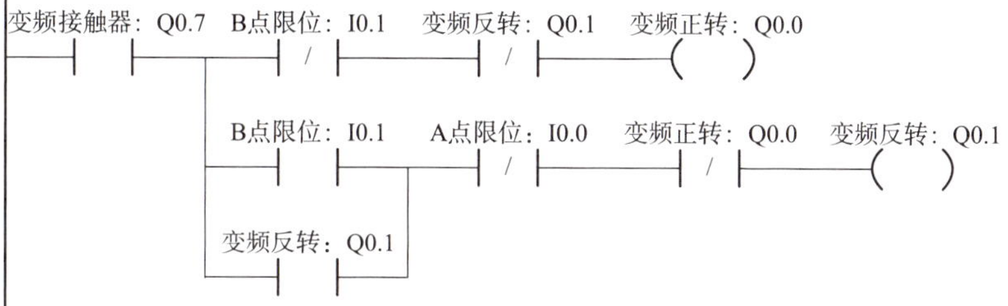

符号	地址	注释
A点限位	I0.0	A点限位
B点限位	I0.1	B点限位
变频反转	Q0.1	35 Hz
变频接触器	Q0.7	变频接触器
变频正转	Q0.0	40 Hz

程序段 3

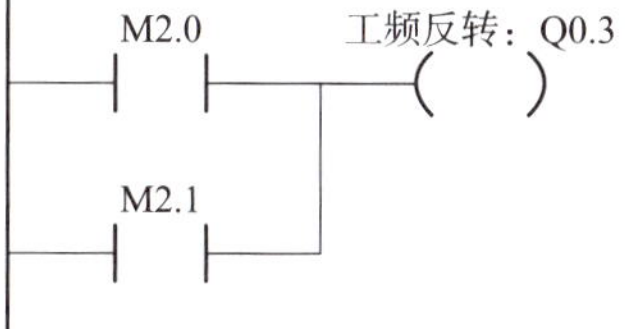

符号	地址	注释
工频反转	Q0.3	工频反转

图 8-3　2019 年 PLC、变频器功能控制技术项目程序 1

出书小车往返/ MAIN

程序段 4

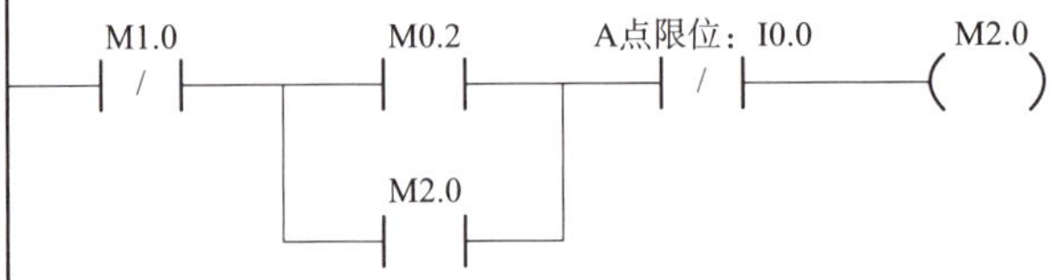

符号	地址	注释
A点限位	I0.0	A点限位

程序段 5

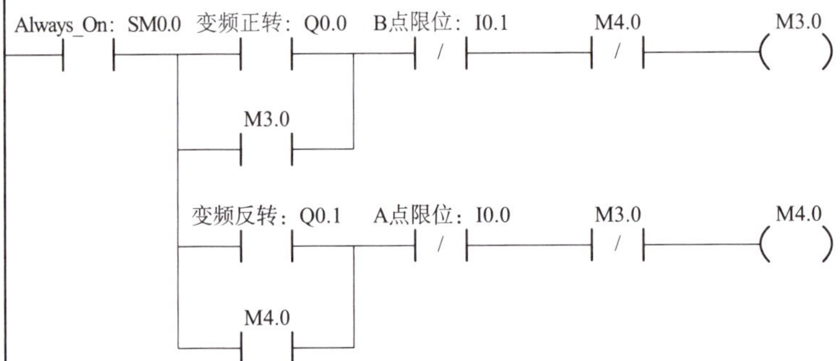

符号	地址	注释
Always_On	SM0.0	始终接通
A点限位	I0.0	A点限位
B点限位	I0.1	B点限位
变频反转	Q0.1	35 Hz
变频正转	Q0.0	40 Hz

程序段 6

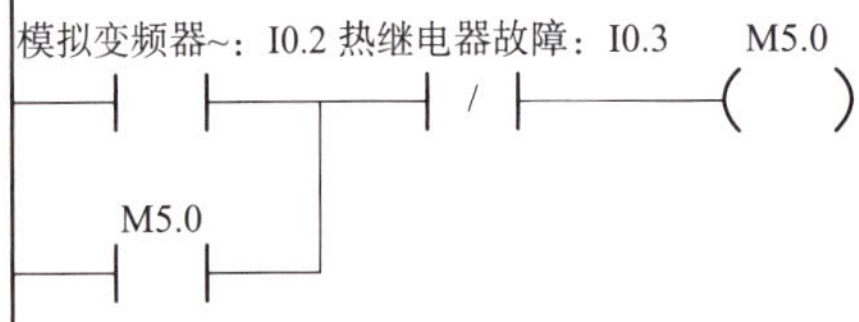

符号	地址	注释
模拟变频器故障	I0.2	模拟变频器故障
热继电器故障	I0.3	热继电器故障

图 8-4　2019 年 PLC、变频器功能控制技术项目程序 2

程序段 7

出书小车往返/ MAIN

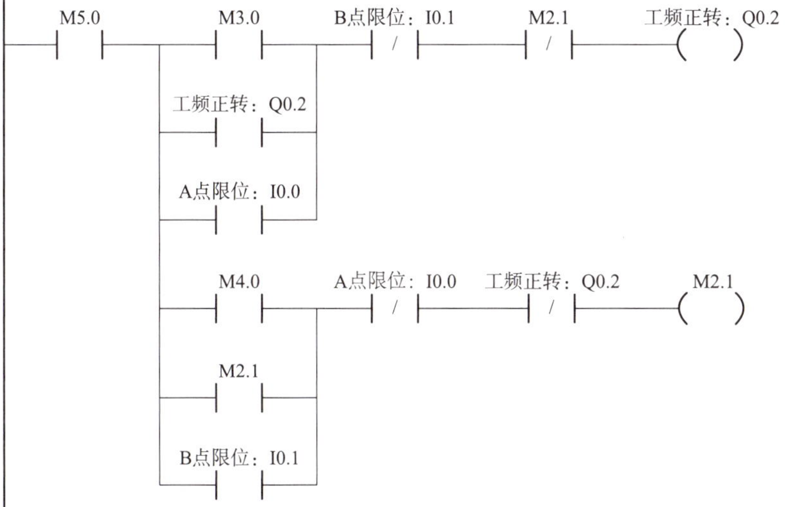

符号	地址	注释
A点限位	I0.0	A点限位
B点限位	I0.1	B点限位
工频正转	Q0.2	工频正转

程序段 8

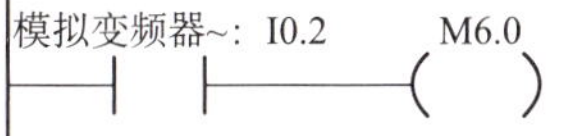

符号	地址	注释
模拟变频器故障	I0.2	模拟变频器故障

程序段 9

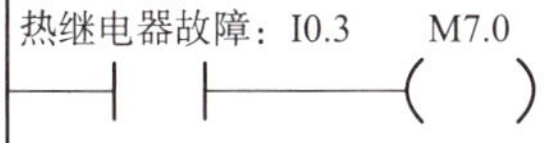

符号	地址	注释
热继电器故障	I0.3	热继电器故障

程序段 10

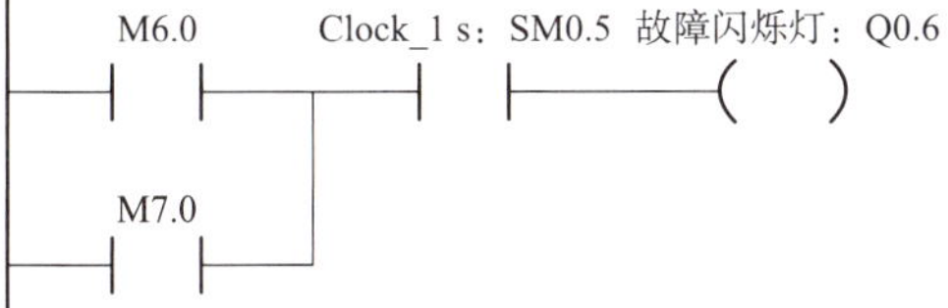

符号	地址	注释
Clock_1 s	SM0.5	针对1 s的周期时间，时钟脉冲接通0.5 s，断开 0.5 s。
故障闪烁灯	Q0.6	故障闪烁灯

图 8-5 2019 年 PLC、变频器功能控制技术项目程序 3

第二节　2022年全路机辆系统职业技能竞赛真题解析

1. 竞赛任务书

维修电工项目

（A卷）

工作任务书

请按要求在180 min内完成以下工作任务：

(1)根据任务书的要求，完成低压电气器件识别和选型。

(2)根据任务书及电气原理图，完成电气电路的连接。

(3)按照任务书要求，完成上电前的安全测试。

(4)根据任务书要求，完成PLC控制程序的设计与调试。

(5)根据任务书要求，完成触摸屏控制界面的设计与调试。

(6)按照任务书要求，完成系统调试，实现要求的各项功能。

(7)遵守安全文明生产，操作过程规范，合理选用工具进行操作等职业素养规范及要求。

本次工作任务请在工位内独立完成，操作过程中，须遵守安全操作规程和职业素养要求的相关规定

1. 系统描述

某简易物体定向输送系统示意如图所示。

系统采用专用行车，可以实现水平和升降运动，水平移动电机M1为三相交流异步电动机(带有制动器，以指示灯模块上的HL2表示，灯亮表示制动器打开)，由继电器控制。升降移动电机M2为由变频器驱动的三相交流异步电动机。升降机构的末端有吊钩(吊钩上安装有物体自动抓取机构，以指示灯模块上的HL1表示，灯亮表示已抓取)。

左限位SQ1、右限位SQ2、上限位SQ3、下限位SQ4分别为四个方向运动的极限保护。变速限位SQ5为升降过程中的变速控制。

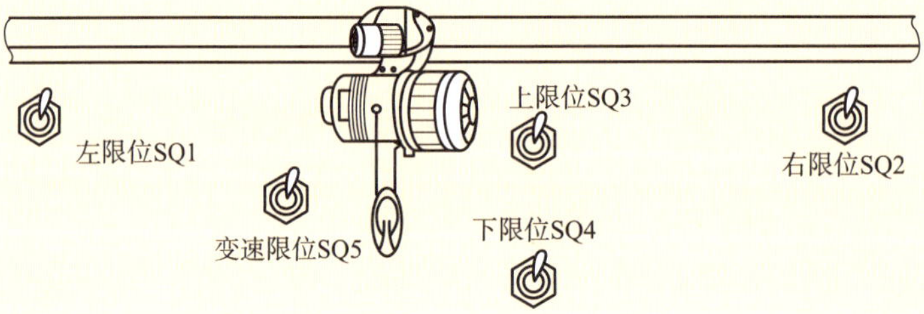

2. 竞赛任务要求

任务一：电气线路的连接

(1)参赛选手根据现场提供的电气原理图，完成所需电气元件的选型、元器件的型号和规格要正确。

(2)要求利用工具检查、判断器件的好坏。

(3)参赛选手根据现场提供的电气原理图，完成电气线路的连接。

(4)配线要求：

①要求所有行程开关、按钮开关、指示灯的接线端子必须先引出到安装板底部端子排下端，再由端子排上端引出接入电气系统。

②要求正确选取主回路和控制回路导线的颜色(黄、绿、红、黑等)和线径，主回路使用1.5 mm^2导线，控制回路使用1 mm^2导线，接地使用黄绿线。

③要求接线应美观、牢固、露铜不能超过2 mm、短接处不能超过2根导线、线槽进线口要分布合理整齐、线槽内部线缆不能过长。

④根据导线的线径和数量选择不同规格的管型绝缘端子或U形绝缘端子进行接线。

⑤按钮盒等出口处需捆绑扎带，扎带要剪短，不能超出1 mm。

⑥各导线连接处需要按原理图编号套号码管，长短一致(8～10 mm)，标号字迹清晰，且标号朝外，工作完成后盖上线槽盖。

⑦要求接线、接地正确，能实现后续要求电气功能的调试。

任务二：控制系统的编程及调试

(1)按钮操作手动模式

序号	控制系统任务描述
①	水平电机 M1 控制：按下按钮盒中 SB1(绿色)按钮，水平电机正方向旋转(KM1 动作，右行)，松开 SB1，水平电机停转；按下 SB2(黑色)按钮，水平电机反方向旋转(KM2 动作，左行)，松开 SB2，水平电机停转
②	垂直电机 M2 控制：按一下按钮盒中 SB3(红色)按钮，垂直电机(变频器驱动)以 50 Hz 频率正方向(下行)旋转 5 s 后以 5 Hz 频率反方向(上行)旋转 3 s 后停止

(2)触摸屏操作手动模式

序号	控制系统任务描述
①	水平电机 M1 控制：进入触摸屏“手动操作”界面，按下“正转”按钮，水平电机正方向旋转 5 s 后停止；按下“反转”按钮，水平电机反方向旋转 5 s 后停止
②	垂直电机 M2 控制：进入触摸屏“手动操作”界面，按下“下降”按钮，垂直电机(变频器驱动)以 50 Hz 频率正方向旋转，松开“下降”按钮，电机停止运行；按下“上升”按钮，垂直电机(变频器驱动)以 5 Hz 频率反方向旋转，松开“上升”按钮，电机停止运行

(3)触摸屏操作自动模式

序号	控制系统任务描述
①	系统复位：进入触摸屏“自动操作”界面，按下界面内运行、停止按钮，系统不会有任何动作。按下“复位”按钮，水平和垂直电机(以 40 Hz 频率)分别运行到左限位和上限位处，“原位”指示灯亮，两个电机均停转
②	在原位指示灯亮的情况之下，按下“运行”按钮之后，按流程开始工作： (1)“运行”指示灯点亮；(2)离开原位后，“原位”指示灯灭；(3)水平电机移动 15 s 后停止，垂直电机以 50 Hz 的频率正方向向下降至 SQ5 处，变速为 5 Hz 频率运行 3 s 后抓取重物；(4)抓取后以 50 Hz 的频率上升至顶部，水平电机继续向原方向运行触摸屏设定的时间后，向下放下重物(和抓取过程类似)；(5)重物放下后，先上升后水平回到原位；(6)再次按下运行按钮后重复以上动作；(7)自动运行过程中，在界面上显示本次自动运行的时间(精确到秒)
③	停止操作： 系统运行过程中，按下触摸屏界面“停止”按钮，系统停止运行，“运行”指示灯灭，所有电机运转回到原位后停转(抓取的重物维持原状)

(4)控制系统触摸屏画面制作

主界面：

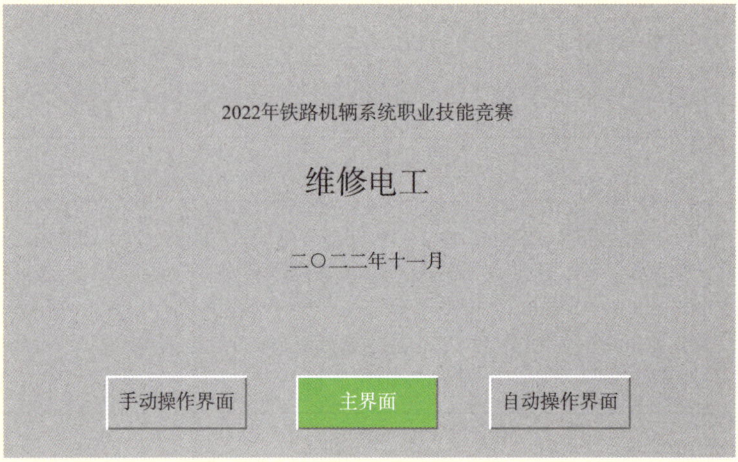

手动操作界面：

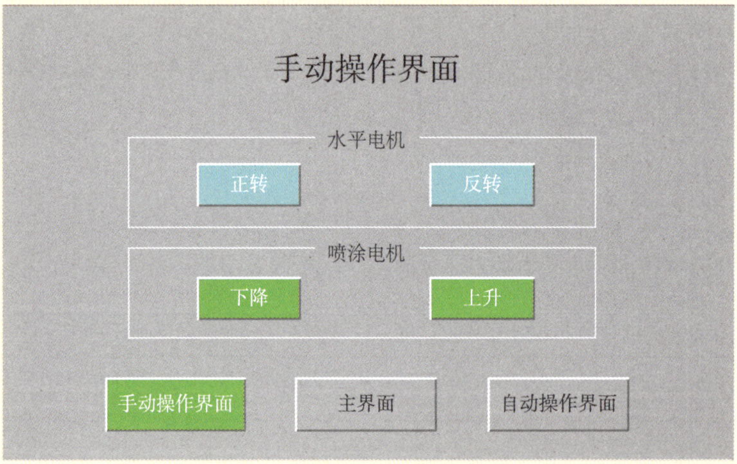

自动操作界面：

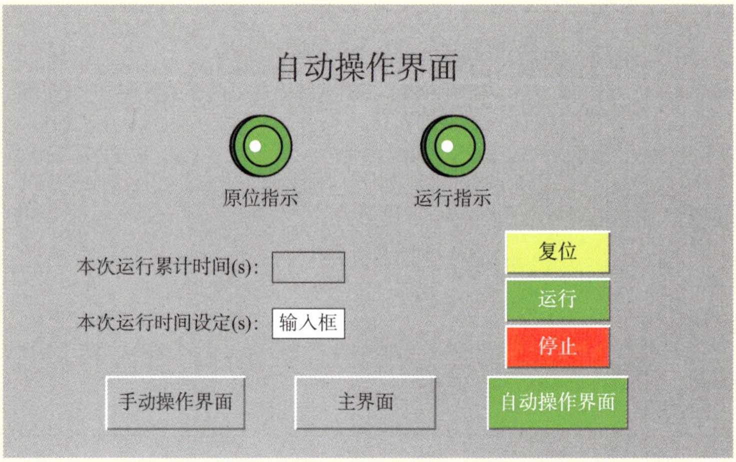

触摸屏画面制作要求：

序号	制作要求
1	手动画面颜色和给定颜色保持一致
2	手动画面对象位置和给定图纸保持一致
3	手动画面对象格式和给定图纸保持一致
4	手动画面文字和给定图纸保持一致
5	自动画面颜色和给定颜色保持一致
6	自动画面对象位置和给定图纸保持一致
7	自动画面对象格式和给定图纸保持一致
8	自动画面文字和给定图纸保持一致
9	自动画面中输入类型域不能超出边框，数字显示要居中
10	画面器件要齐全，分布要均匀、居中，整体要美观

(5)填写变频器参数设置表

(本参数表由选手根据现场实际设置情况进行填写)

序号	参数号	参数含义	设定值
1			
2			
3			
4			
5			
6			
7			
8			
9			
10			
11			
12			
13			

(6)输入输出地址分配表

(本地址分配表由选手进行完善)

输入地址			输出地址		
元件代号	作用	输入继电器	元件代号	作用	输出继电器
SB1	水平电机正方向控制	I0.0	KM1	正方向接触器	Q0.0
SB2	水平电机反方向控制	I0.1	KM2	反方向接触器	
SB3	垂直电机控制	I0.2	HL1	重物指示灯	Q0.2
SQ1	左极限保护控制		HL2		Q0.3
SQ2	右极限保护控制	I0.5	DI1	变频器控制	Q0.4
SQ3	上极限保护控制	I0.6	DI2	变频器控制	Q0.5
SQ4	下极限保护控制	I0.7	DI3	变频器控制	Q0.6
SQ5		I1.0	DI4	变频器控制	Q0.7

2. 评分标准

序号	控制要求	配分	实现效果	扣分	得分	备注
一、按钮控制部分(实现控制要求得分,否则该项不得分)						
1	按下SB1(不松开),电动机正方向运转,带动机构向右运行	1分	指示灯HL4亮;指示灯HL2亮			注1
2	在上一功能基础上,松开SB1,电动机停止运行	1分	指示灯HL4灭;指示灯HL2灭			
3	重复序号1功能,触动行程开关SQ2,电动机停止运行	1分	指示灯HL4亮;指示灯HL2亮; 触动SQ2后指示灯HL4灭;指示灯HL2灭			
4	按下SB2(不松开),电动机反方向运转,带动机构向左运行	1分	指示灯HL5亮;指示灯HL2亮			注1
5	在上一功能基础上,松开SB2,电动机停止运行	1分	指示灯HL5灭;指示灯HL2灭			
6	重复序号4功能,触动行程开关SQ1,电动机停止运行	1分	指示灯HL5亮;指示灯HL2亮; 触动SQ1后指示灯HL5灭;指示灯HL2灭			
7	按下SB3,电动机以50 Hz频率旋转5 s,带动机构向下运行 后以5 Hz频率反方向旋转3 s(带动机构向上运行)后停止	2分	白炽灯组亮5 s后灭; 后闪烁3 s灭			
8	重复上一功能,在向下运行过程中,触动行程开关SQ4,电动机停止运行	1分	白炽灯组亮5 s的过程中灭			
二、触摸屏手动控制部分(实现控制要求得分,否则该项不得分)						
1	进入触摸屏"手动操作"界面,按下"正转"按钮,水平电机正方向旋转5 s后停止	1分	指示灯HL4亮5 s后灭;指示灯HL2同步动作			
2	水平电机M1控制:按下"反转"按钮,水平电机反方向旋转5 s后停止	1分	指示灯HL5亮5 s后灭;指示灯HL2同步动作			

续上表

序号	控制要求	配分	实现效果	扣分	得分	备注
3	按下“下降”按钮，垂直电机（变频器驱动）以 50 Hz 频率正方向旋转，松开“下降”按钮，电机停止运行	2 分	按下按钮白炽灯组亮，松开按钮白炽灯组灭			
4	按下“上升”按钮，垂直电机（变频器驱动）以 5 Hz 频率反方向旋转，松开“上升”按钮，电机停止运行	2 分	按下按钮白炽灯组闪，松开按钮白炽灯组灭			
5	重复序号 1 功能，触动行程开关 SQ2，电动机停止运行	1 分	指示灯 HL4 亮，触动 SQ2 后 HL4 灭；指示灯 HL2 同步动作			
6	重复序号 2 功能，触动行程开关 SQ1，电动机停止运行	1 分	指示灯 HL5 亮，触动 SQ1 后 HL5 灭；指示灯 HL2 同步动作			
7	重复序号 3 功能，触动行程开关 SQ4，电动机停止运行	1 分	白炽灯组亮，触动 SQ4 后白炽灯组灭			
8	重复序号 4 功能，触动行程开关 SQ3，电动机停止运行	1 分	白炽灯组闪，触动 SQ3 后白炽灯组灭			
三、触摸屏自动控制部分（实现控制要求得分，否则该项不得分）						
1	系统复位：在触摸屏“自动操作”界面，按下界面内运行、停止按钮，系统不会有任何动作	2 分	无任何动作			
2	按下“复位”按钮，水平和垂直电机（以 40 Hz 频率）分别运行到左限位和上限位处	4 分	指示灯 HL5 亮，触动 SQ1 后 HL5 灭；指示灯 HL2 同步动作； 白炽灯组亮，触动 SQ3 后白炽灯组灭			
3	在原位处（左限位和上限位动作），“原位”指示灯亮	1 分	触摸屏上“原位”指示灯亮			
4	在原位指示灯亮的情况之下，按下“运行”按钮之后，“运行”指示灯点亮	1 分	触摸屏上“运行”指示灯亮			
5	离开原位后，“原位”指示灯灭	1 分	触摸屏上“原位”指示灯灭			
6	水平电机移动 15 s 后停止	1 分	指示灯 HL4 亮 15 s 后灭，指示灯 HL2 同步动作			
7	垂直电机以 50 Hz 的频率正方向下降至 SQ5 处变速为 5 Hz 频率运行 3 s 后抓取重物	3 分	白炽灯组亮，触动 SQ5 后白炽灯组闪 3 s 灭； 白炽灯组灭后，指示灯 HL1 亮			
8	垂直电机以 50 Hz 的频率上升至顶部	2 分	指示灯 HL1 亮；白炽灯组亮；触动 SQ5 无变化；触动 SQ3 后白炽灯组灭			
9	水平电机继续向原方向运行触摸屏设定的时间	2 分	指示灯 HL1 亮；指示灯 HL4 亮触摸屏设定时间后灭；指示灯 HL2 同步动作			
10	垂直电机以 50 Hz 的频率正方向下降至 SQ5 处，变速为 5 Hz 频率运行 3 s 后松开重物	2 分	指示灯 HL1 亮；白炽灯组亮，触动 SQ5 后白炽灯组闪 3 s 灭； 白炽灯组灭后，指示灯 HL1 灭			
11	垂直电机以 50 Hz 的频率上升至顶部，水平电机反方向运转回到原位	4 分	白炽灯组亮；触动 SQ5 无变化；触动 SQ3 后白炽灯组灭； 指示灯 HL5 亮；指示灯 HL2 同步动作； 触动 SQ1 后，指示灯 HL5 灭；指示灯 HL2 灭；触摸屏“运行”指示灯灭，“原位”指示灯亮			

续上表

序号	控制要求	配分	实现效果	扣分	得分	备注
12	再次按下运行按钮后重复以上动作	2分	可以重复以上动作			
13	自动运行过程中,在界面上显示本次自动运行的时间(精确到秒)	2分	在界面上显示自按下“运行”按钮后至当前的时间,回到原位后计时停止			
14	系统运行过程中,按下触摸屏界面“停止”按钮,系统停止运行,“运行”指示灯灭,所有电机运转回到原位后停转(抓取的重物维持原状)	4分	“运行”指示灯灭;指示灯HL1保持原有状态; 白炽灯组亮;触动SQ5无变化;触动SQ3后白炽灯组灭; 指示灯HL5亮;指示灯HL2同步动作;触动SQ1后,指示灯HL5灭;指示灯HL2灭; 到原位后,触摸屏“原位”指示灯亮			

注:1. 在按钮控制测试过程中,抽测接线端子排上电动机M1接线处电压,若HL4或HL5亮,电动机M1接线端子处无电压,总分中扣10分。

2. 操作过程中,发生人身或设备安全事故扣10~20分,严重者取消比赛资格;未穿工作服扣5分;未穿电工鞋扣3分;赛后工位未整理、清扫扣5分。

3. 电路原理图(图8-6、图8-7)

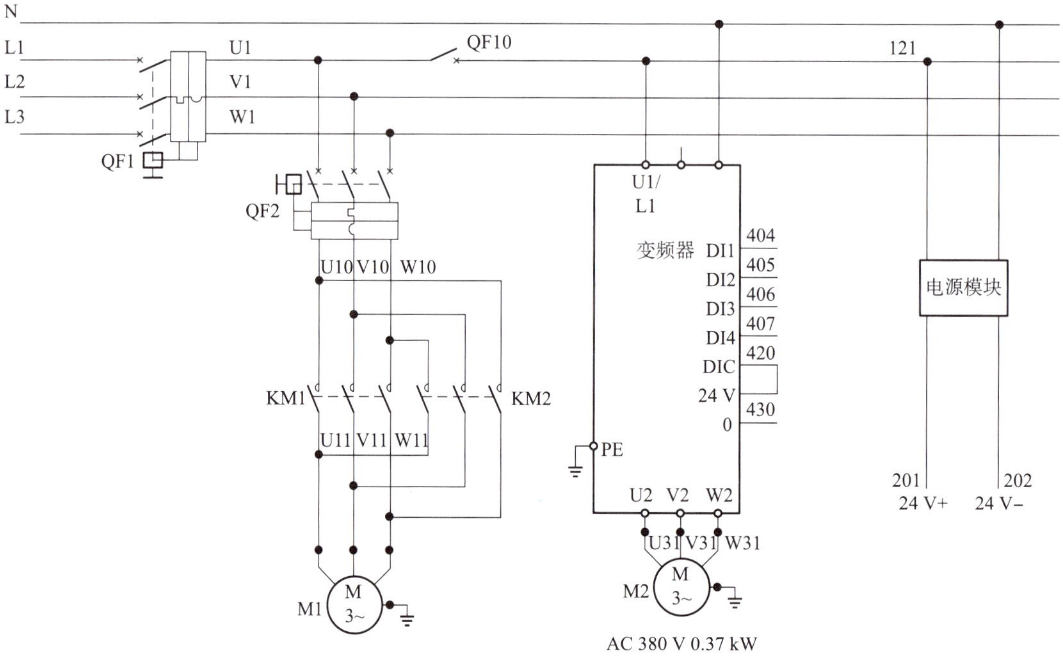

注:1.M1电机的电源引至端子排后,电机可不接。2.M2电机由三个白炽灯按星形接法构成的负载替代。

图8-6 主电路

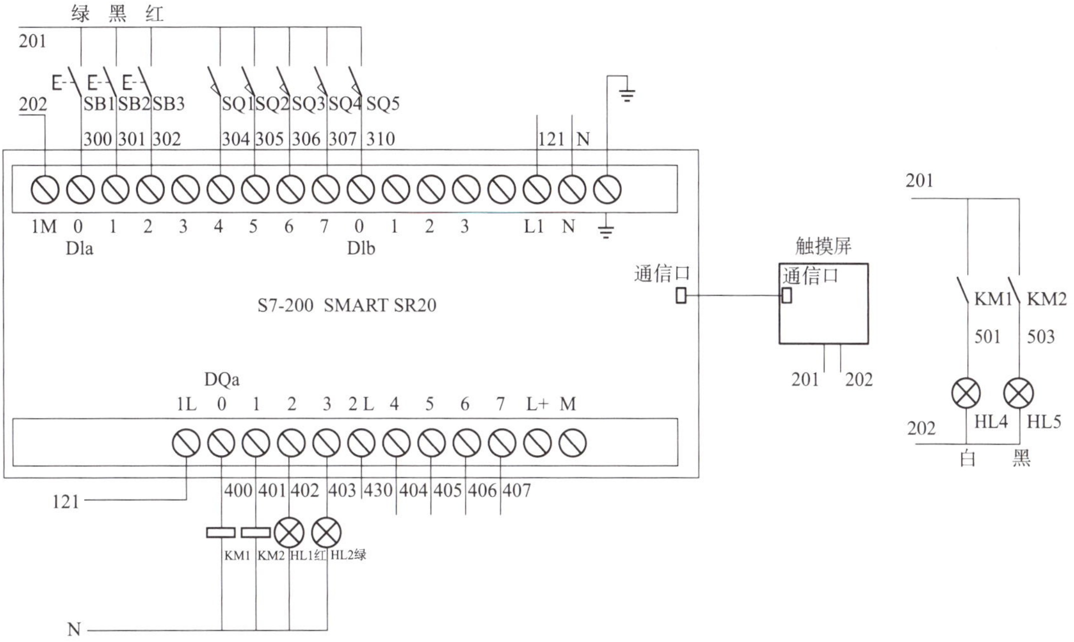

图 8-7　控制电路

比赛实物设备如图 8-8 所示。

图 8-8　比赛实物设备

4. 真题解析

(1)I/O 分配(表 8-5)。

表 8-5　2022 年维修电工项目 I/O 分配

输入地址			输出地址		
元件代号	作用	输入	元件代号	作用	输出
SB1	水平电机正方向控制	I0.0	KM1	正向接触器	Q0.0
SB2	水平电机反方向控制	I0.1	KM2	反向接触器	Q0.1
SB3	垂直电机控制	I0.2	HL1	重物指示灯	Q0.2
SQ1	左极限保护控制	I0.4	HL2	制动器打开	Q0.3
SQ2	右极限保护控制	I0.5	DI1	变频器控制	Q0.4
SQ3	上极限保护控制	I0.6	DI2	变频器控制	Q0.5
SQ4	下极限保护控制	I0.7	DI3	变频器控制	Q0.6
SQ5	变速控制	I1.0	DI4	变频器控制	Q0.7

(2)变频器参数(表 8-6)

表 8-6　2022 年维修电工项目变频器参数

序　　号	参 数 号	参数含义	设 定 值
1	P0010	恢复出厂设置	30
2	P0970	恢复出厂设置	21
3	P0304	电动机的额定电压	380
4	P0305	电动机的额定电流	1.5
5	P0307	电动机的额定功率	0.04
6	P0310	电动机的额定频率	50.00
7	P0311	电动机的额定转速	1 430
8	Cn000	选择宏 4	4
9	P1001	电动机的频率	50 Hz
10	P1002	电动机的频率	−5 Hz
11	P1003	电动机的频率	40 Hz
12	P1004	电动机的频率	5 Hz
13	P1008	电动机的频率	−50 Hz

(3)程序分析

梯形图分析如下：

按下 SB1 按钮 I0.0 常开触点闭合，传送 1 指令到 QB0，Q0.0 线圈得电输出，水平电机正方向旋转(KM1 动作，右行)，松开 SB1，水平电机停转，程序如图 8-9 所示。

按下 SB2 按钮 I0.1 常开触点闭合，传送 2 指令到 QB0，Q0.1 线圈得电输出，水平电机反方向旋转(KM2 动作，左行)，松开 SB2，水平电机停转，程序如图 8-10 所示。

Q0.0 正转输出与 Q0.1 反向输出时，制动器 Q0.3 线圈得电输出，程序如图 8-11 所示。

程序注释

程序段 1

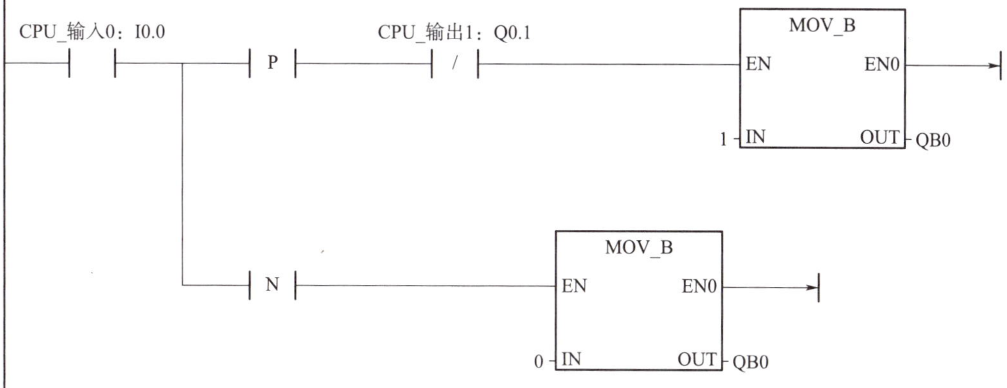

符号	地址	注释
CPU_输出1	Q0.1	反方向接触器
CPU_输入0	I0.0	水平电机正方向控制

图 8-9　2022 年维修电工项目程序 1

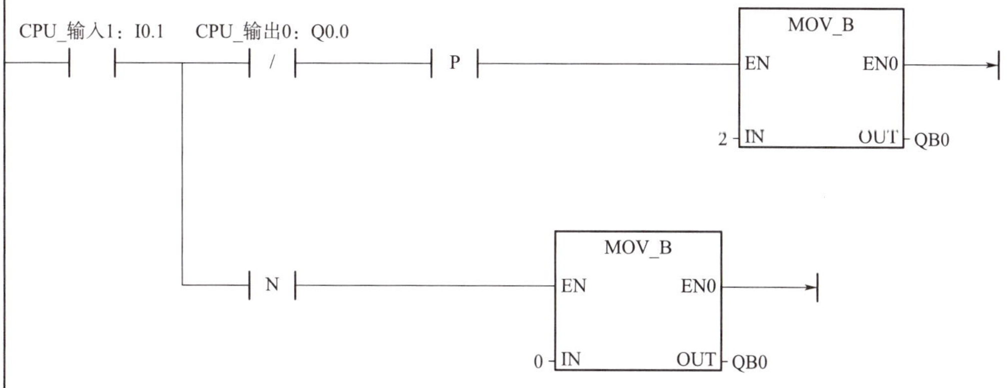

符号	地址	注释
CPU_输出0	Q0.0	正方向接触器
CPU_输入1	I0.1	水平电机反方向控制

图 8-10　2022 年维修电工项目程序 2

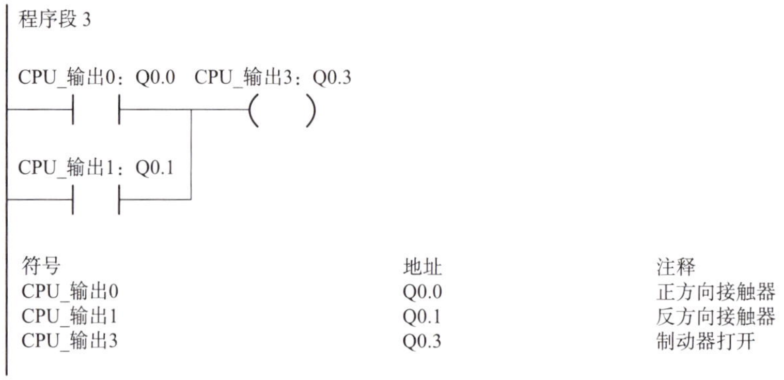

图 8-11　2022 年维修电工项目程序 3

当按下 SB3 时 I0.2 常开触点闭合，传送 16 到 QB0，Q0.4 线圈得电输出，垂直电机（变频器驱动）以 50 Hz 频率正方向（下行），T37 设定 5 s 后传送 32 到 QB0，Q0.5 线圈得电输出以 5 Hz 频率反方向（上行）旋转，T38 设定 3 s 后停止，程序梯形图如图 8-12 所示。

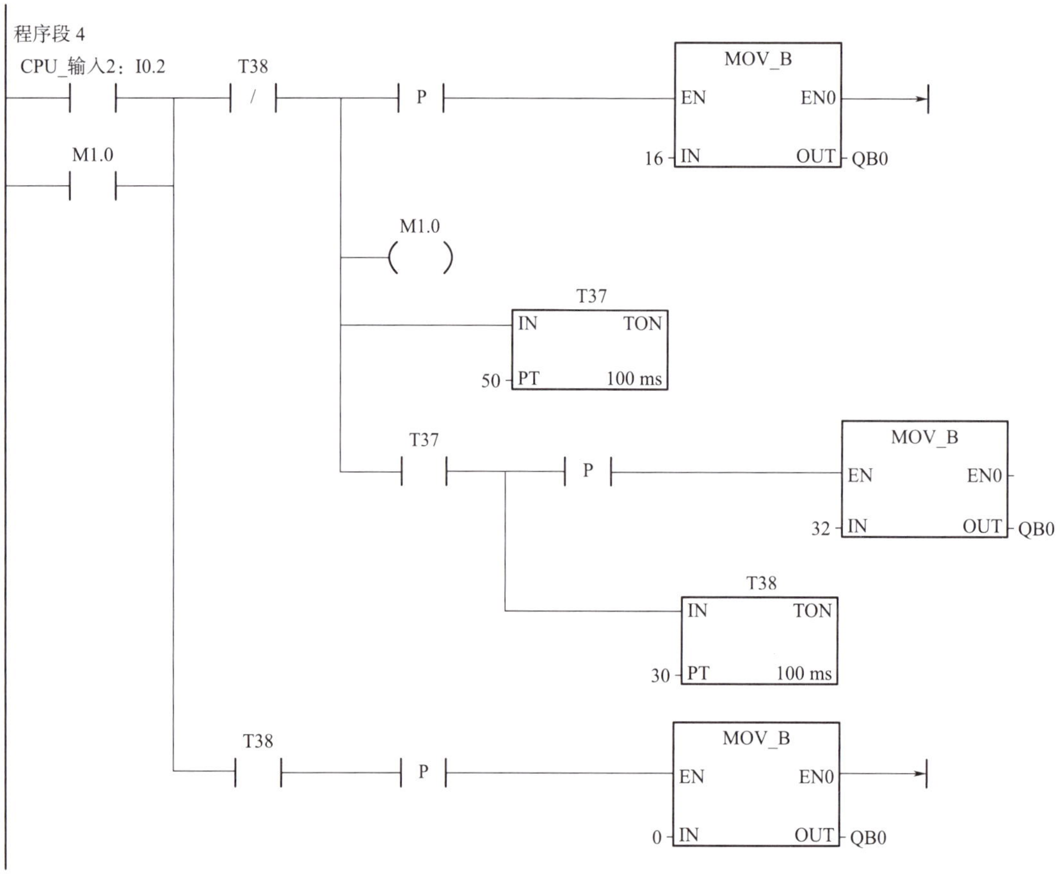

图 8-12　2022 年维修电工项目程序 4

进入触摸屏手动操作界面，按下正转按钮 M0.1，传送 16 到 QB0，Q0.4 线圈得电输出，水平电机正方向旋转，T39 设定 5 s后传送 0 到 QB0 线圈失电停止，程序梯形图如图 8-13 所示。

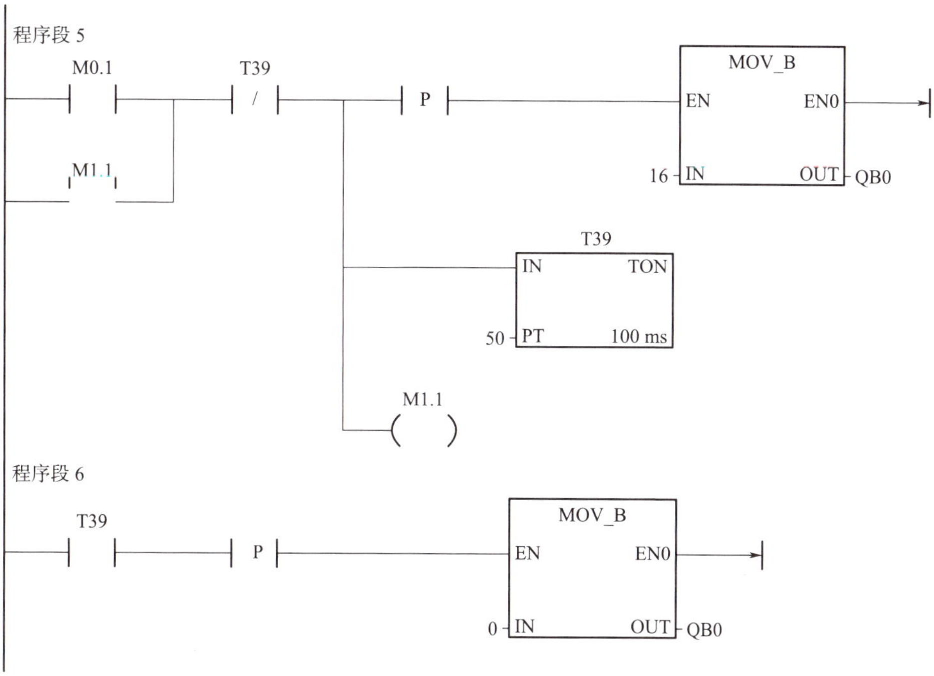

图 8-13　2022 年维修电工项目程序 5

按下反转按钮 M0.2，传送 32 到 QB0，Q0.5 线圈得电输出，水平电机反方向旋转，T40 设定 5 s 后停止，程序梯形图如图 8-14 所示。

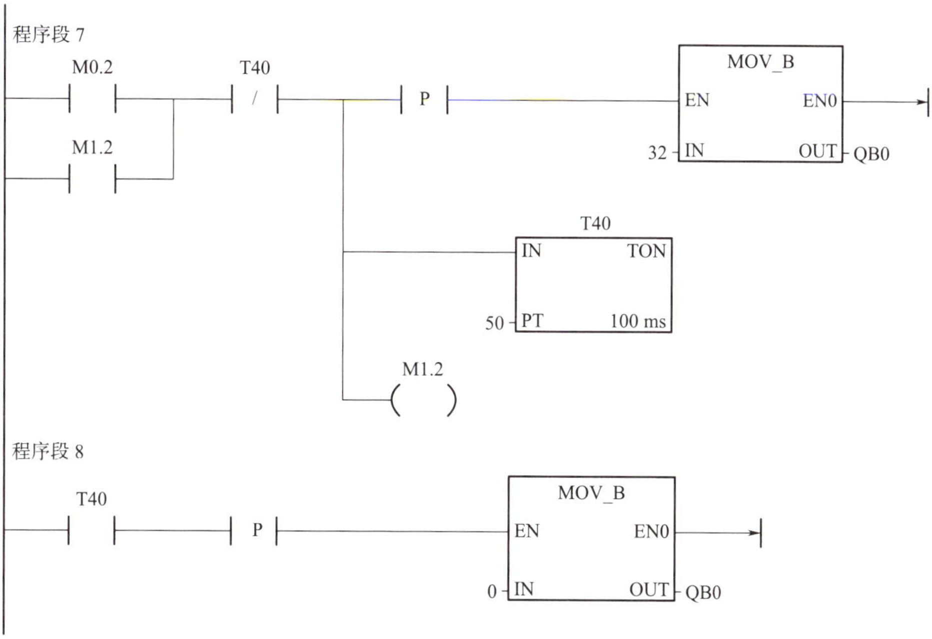

图 8-14　2022 年维修电工项目程序 6

进入触摸屏手动操作界面，按下下降按钮 M0.3，传送 16 到 QB0，Q0.4 线圈得电输出，垂直电机（变频器驱动）以 50 Hz 频率正方向旋转，松开下降按钮，电机停止运行，程序梯形图如图 8-15 所示。

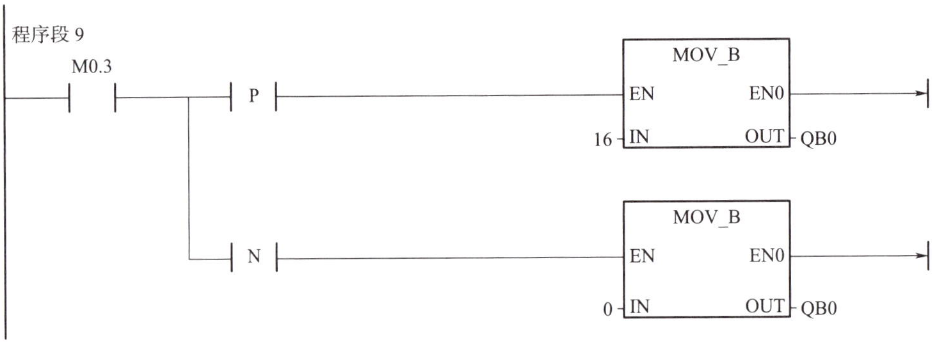

图 8-15　2022 年维修电工项目程序 7

按下上升按钮 M0.4，传送 32 到 QB0，垂直电机（变频器驱动）以 5 Hz 频率反方向旋转，松开上升按钮，传送 0 至 QB0 线圈失电，电机停止运行，程序梯形图如图 8-16 所示。

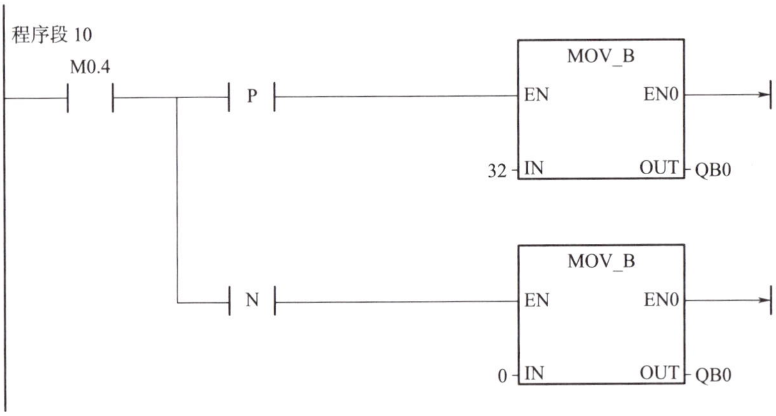

图 8-16　2022 年维修电工项目程序 8

进入触摸屏自动操作界面，按下界面内运行、停止按钮，系统不会有任何动作。按下复位按钮 M0.7，传送 66 到 QB0，Q0.6 和 Q0.1 同时输出，水平和垂直电机（以 40 Hz 频率）分别运行到左限位 I0.4 和上限位 I0.6 处，程序梯形图如图 8-17 所示。

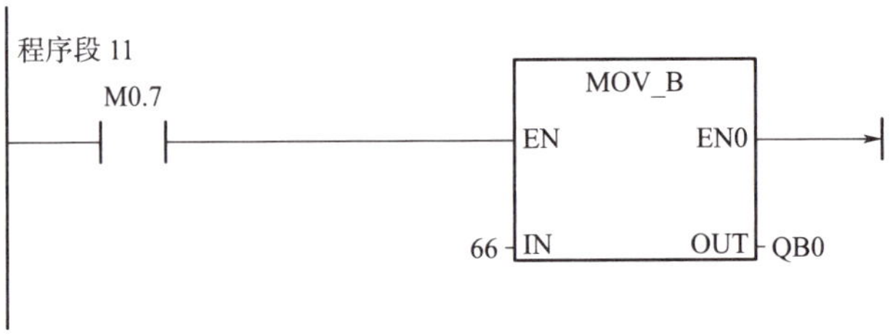

图 8-17　2022 年维修电工项目程序 9

如果先碰到左限位 I0.4，则传送 64 到 QB0，Q0.6 垂直电机继续 40 Hz 上升，如果先碰到上限位 I0.6，则传送 2 到 QB0，Q0.1 水平电机继续向左运行，当上限位 I0.6 与 I0.4 都接同时，传送 0 至 QB0，所有输出停止，程序梯形图如图 8-18 所示。

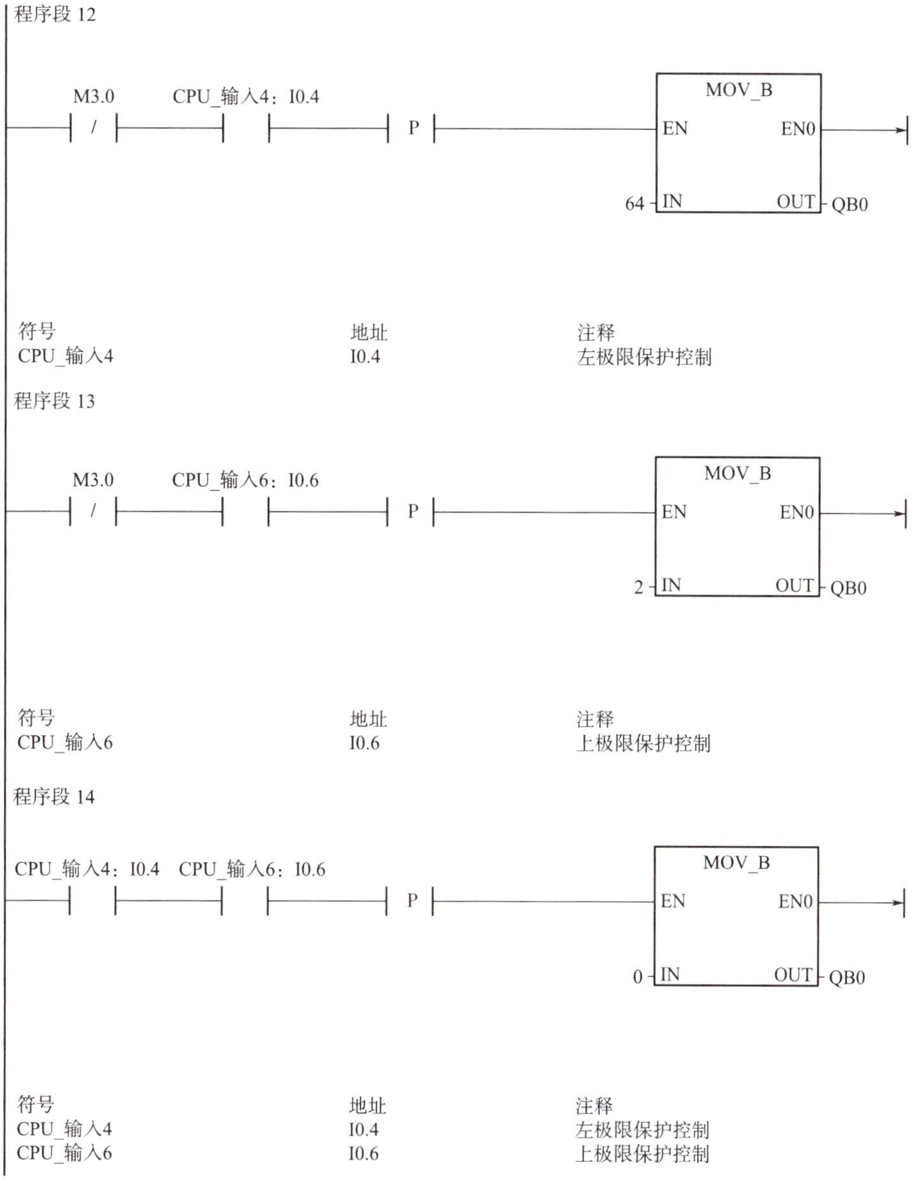

图 8-18　2022 年维修电工项目程序 10

当上限位 I0.6 与 I0.4 都接通时，原点位指示 M2.0 线圈接通自锁。原位接通时，按下运行按钮 M0.5，运行指示灯 M3.0 线圈得电自锁，程序梯形图如图 8-19 所示。

M3.0 接通时，传送到 QB0，Q0.0 得电输出水平电机移动，定时器 T41 设定 15 s 后停止，T41 敞开出点闭合，传送 16 到 QB0，Q0.4 得电输出直流电机以 50 Hz 的频率正方向下

程序段 15

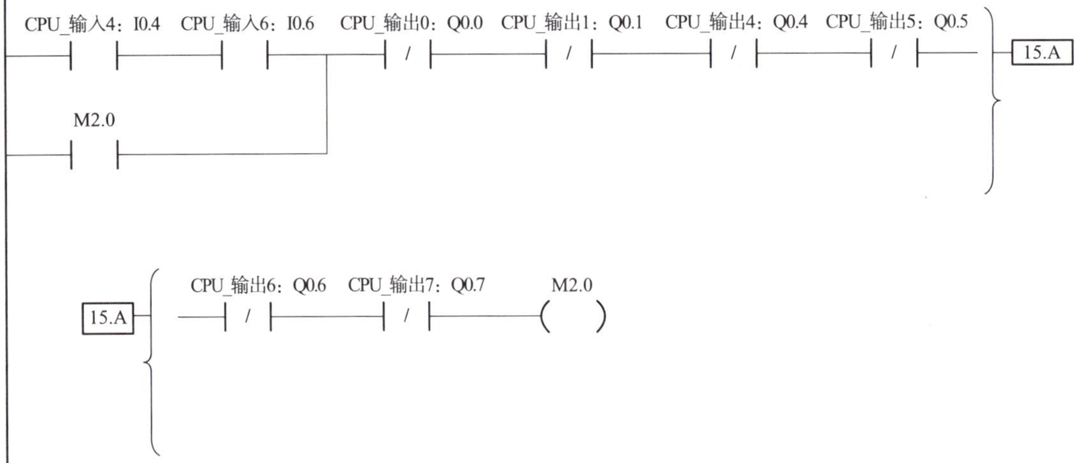

符号	地址	注释
CPU_输出0	Q0.0	正方向接触器
CPU_输出1	Q0.1	反方向接触器
CPU_输出4	Q0.4	变频器控制
CPU_输出5	Q0.5	变频器控制
CPU_输出6	Q0.6	变频器控制
CPU_输出7	Q0.7	变频器控制
CPU_输入4	I0.4	左极限保护控制
CPU_输入6	I0.6	上极限保护控制

程序段 16

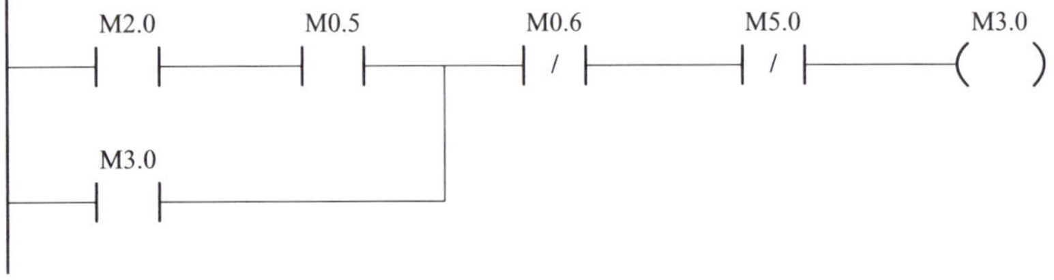

图 8-19　2022 年维修电工项目程序 11

降至 SQ5，I1.0 变速控制处，传送 128 到 QB0，Q0.7 线圈得电输出，变速为 5 Hz 频率运行 T42 设定时间 3 s 后抓取重物，程序梯形图如图 8-20 所示。

重物指示灯 Q0.2 得电输出。抓取后传送 48 到 QB0，Q0.4、Q0.5 同时得电输出以 50 Hz 的频率上升至 I0.6 顶部，然后传送 1 到 QB0，Q0.0 线圈得电输出水平电机继续向原方向运行触摸屏设定（MW30）的时间后，向下放下重物（和抓取过程类似），重物放下后，先上升后水平回到原位；再次按下运行按钮后重复以上动作；程序梯形图如图 8-21 所示。

自动运行过程中，在界面上显示本次自动运行（MW20）的时间（精确到秒）。设定 Q0.0 输出的时间 MW30。程序梯形图如图 8-22 所示。

运行时复位 T10 与 T43 定时器。程序梯形图如图 8-23 所示。

重物指示在 T10 接通后 M4.1 随流程常闭触点断开，重物指示 Q0.2 失电。程序梯形图如图 8-24 所示。

当按下停止按钮 M0.6 时，M6.0 中间量线圈得电自锁，传送 50 到 QB0，Q0.1 与 Q0.4、Q0.5 同时输出，如果先碰到左限位 I0.4，则传送 48 到 QB0，Q0.4、Q0.5 垂直电机继续 50 Hz 上升如果先碰到上限位 I0.6，则传送 2 到 QB0，Q0.1 水平电机继续向左运动。当左限位 I0.4 上限位 I0.6 都接通时，传送 0 到 QB0，所有线圈失电，同时输出 M7.0 线圈断开 M6.0 自锁。程序梯形图如图 8-25 所示。

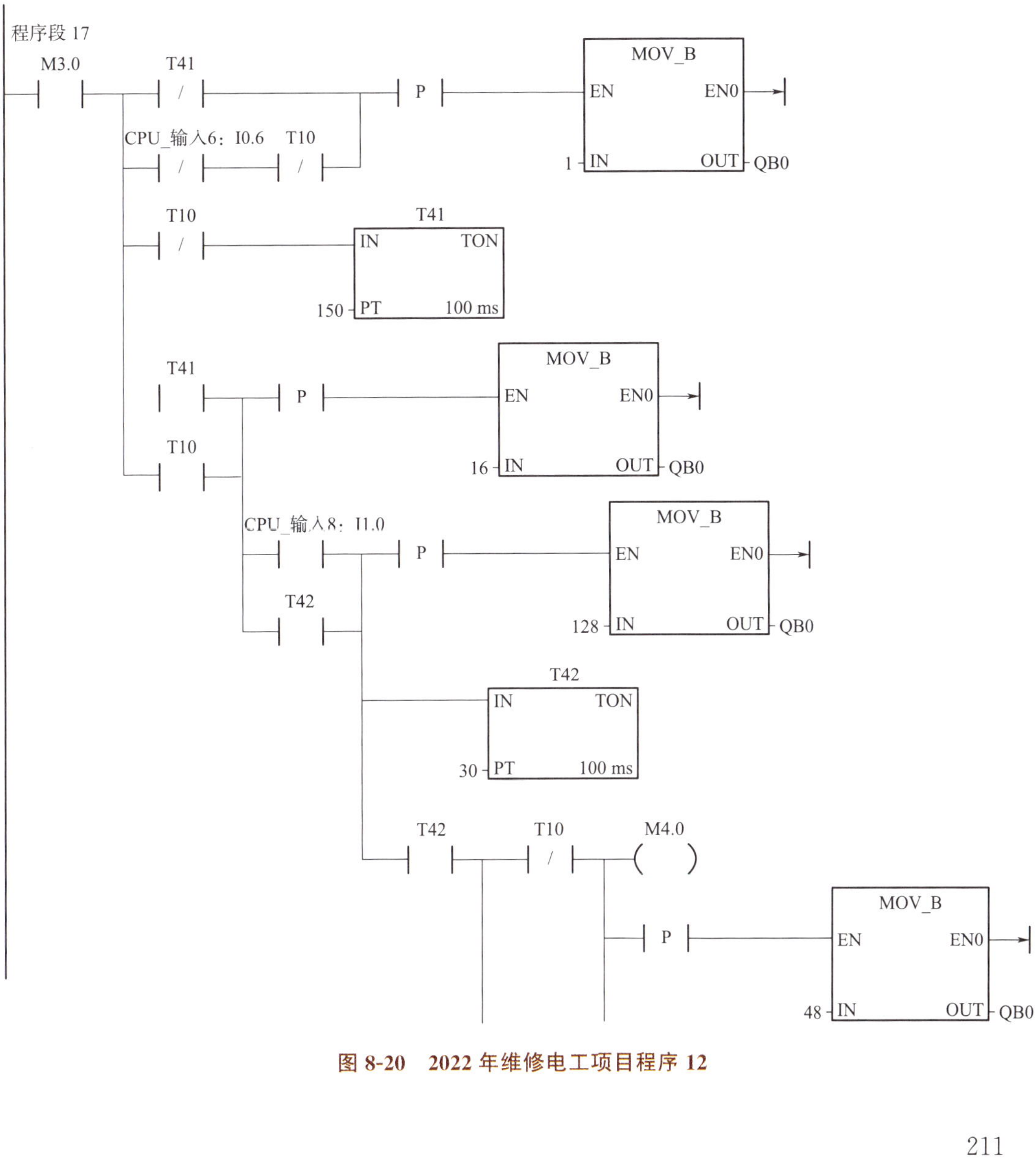

图 8-20　2022 年维修电工项目程序 12

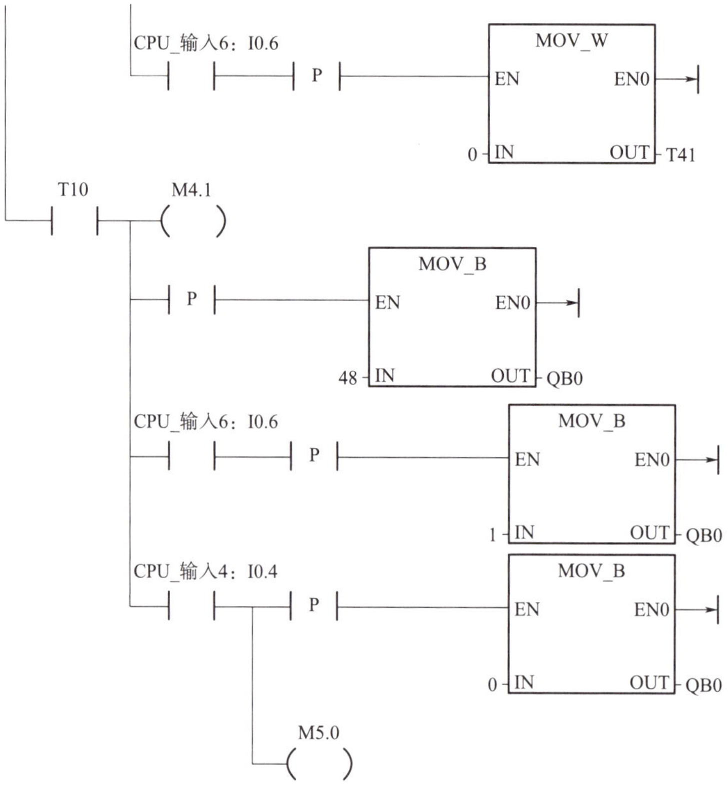

图 8-21　2022 年维修电工项目程序 13

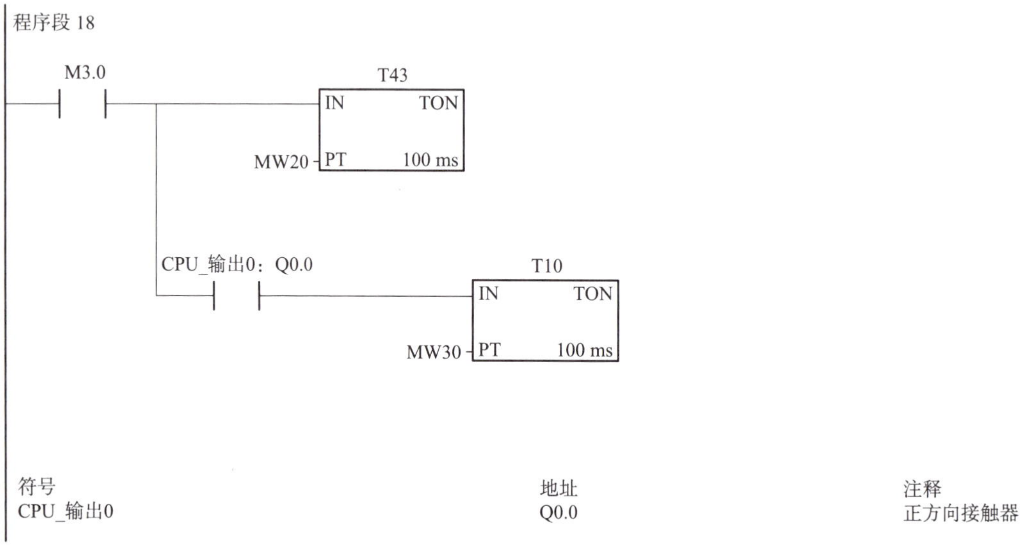

图 8-22　2022 年维修电工项目程序 14

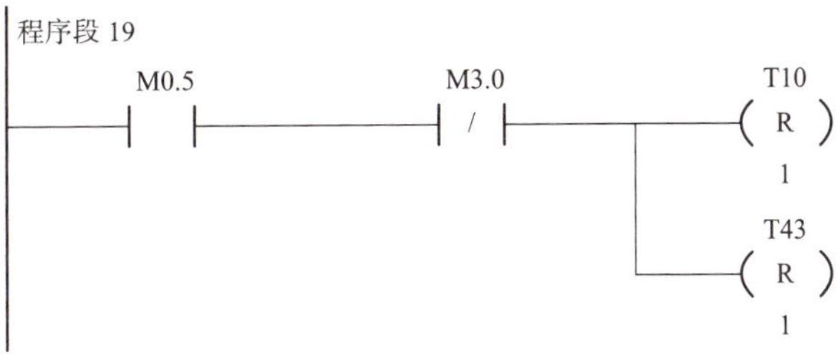

图 8-23　程序 15

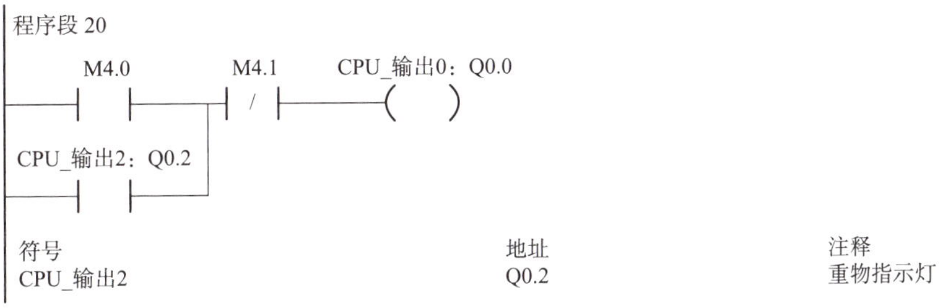

图 8-24　2022 年维修电工项目程序 16

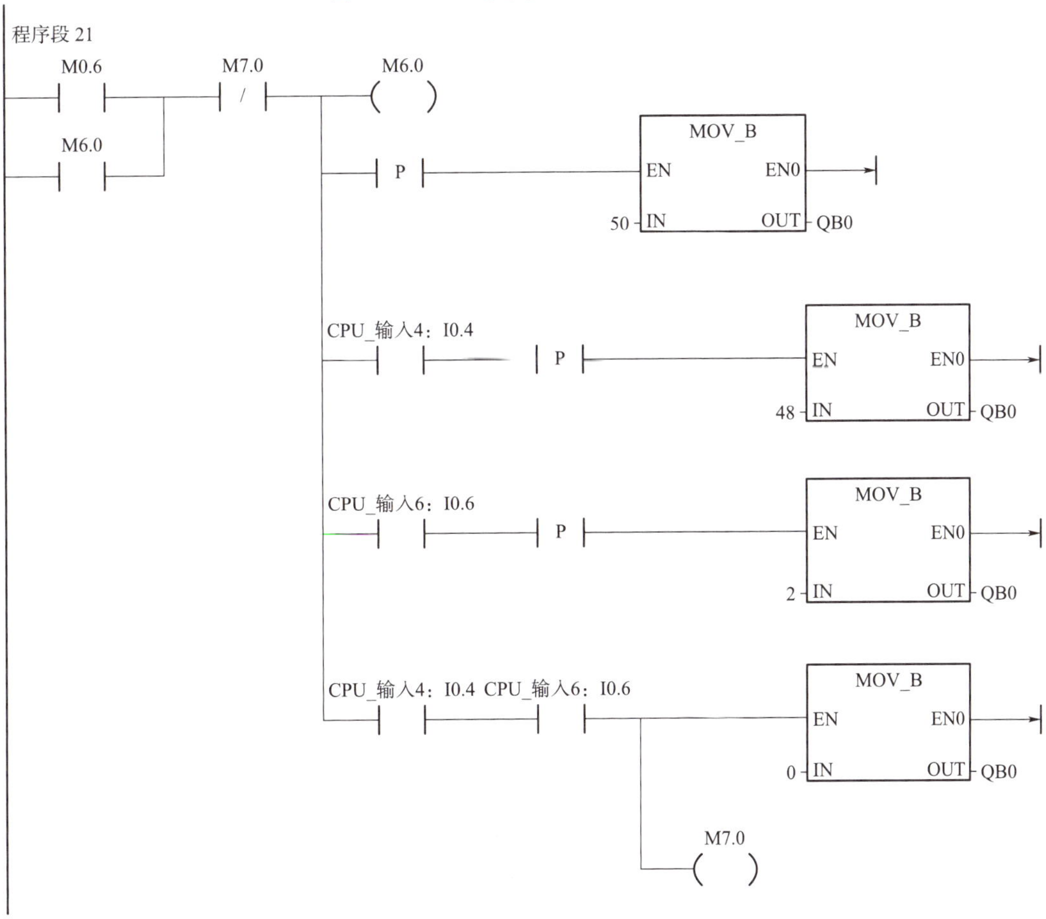

图 8-25　2022 年维修电工项目程序 17

第三节　2023年北京局集团公司车辆系统技能竞赛真题解析

一、低压电气控制盘(柜)的安装与调试

1. 竞赛任务书

2023年北京局集团有限公司车辆系统
职业技能竞赛设备维修实作(二)电工作业任务书
[低压电气控制盘(柜)的安装与调试]

一、作业内容

某单位大门采用自动伸缩门,根据下列要求设计三相鼠笼异步电动机的主电路和控制电路。
有手动和自动运行功能。
手动时开门点动运行。
自动时按开门按钮自动开门到限位停止,停2 min后自动关门到限位停止,按关门按钮自动到限位停止。
开门优先,有短路、过载和失压保护。
按停止按钮,自动手动都会停止

二、要求

1. 画出电气原理图。
2. 正确选择元件,做出元件清单,只需写出元件名称及数量,不需要具体型号(附录2)。
3. 根据元件清单在元件库领取相应的元件。
4. 按功能要求正确配线、布线和接线。
5. 安装完毕后,提请监考到位方可通电试车。
6. 能熟练地对电路进行调试。
7. 如遇故障自行排除

三、时间安排:120 min

2. 元件清单

序　号	代　号	名　称	型　号	规　格	数　量
1	—	三相电源开关	—	—	
2	—	三相电源熔断器	—	—	
3	—	控制线路熔断器	—	—	
4	—	交流接触器	—	—	
5	—	接触器扩展模块	—	—	
6	—	中间继电器	—	—	
7	—	按钮开关	—	—	
8	—	热继电器	—	—	
9	—	导线	—	—	

续上表

序　　号	代　　号	名　　称	型　　号	规　　格	数　　量
10	—	微型电机	—	—	
11	—		—	—	
12	—		—	—	
13	—		—	—	
14	—		—	—	
15	—		—	—	
16					

请领人：

3. 评分标准

考核内容	考核要求	标 准 分	扣　　分
开工前准备（5分）	1. 按规定穿戴劳动保护用品 要求正确着装，向裁判员报告，我是××车辆段×××，考号××，报告完毕，请指示。并按规定出示特种作业电工操作证，有效期应符合规定要求。 向选手发放作业任务书、作业报告纸、草稿纸、记录板	1分	每缺一项扣1分。 无特种作业电工操作证或不在有效期内取消竞赛资格
	2. 检查工具准备是否齐全、完好 平头螺丝刀（100 mm、75 mm各一把），十字螺丝刀（100 mm、75 mm各一把），测电笔，钢丝钳，剥线钳，尖嘴钳，斜嘴钳，电工刀，活扳手，绝缘鞋，工作服、帽等	2分	每缺一项或有问题扣0.5分，扣完为止
	3. 检查各种检测仪表（检验合格证在检定有效期范围内） 万用表、兆欧表、钳形电流表（带负荷实验时，检测电流）、工具、仪表	1分	缺一项（无合格证或合格证超期按缺项处理）扣0.5分，扣完为止
	检查作业周围环境是否存在危及安全隐患 向裁判员报告，准备工作完毕	1分	选手未检查作业周围环境是否存在危及安全隐患扣1分
安全生产（5分）	1. 检查三相电源是否正常 正确使用验电器，验电前应将电压等级合适的且合格的验电器在有电的设备上试验，证明验电器指示无误。 然后在所使用的电源进出线两侧，各相分别验电	2分	不符合要求每处扣1分
	2. 停、验、挂操作顺序应符合要求 断电作业时必须执行停电、验电、悬挂标志牌，严禁带负荷拉、合刀闸	3分	每错、缺一项扣1分
	3. 违章作业，发生不安全苗头失格		失格

续上表

考核内容	考核要求	标准分	扣分
工具、仪表使用（5分）	正确使用工具、测量仪表 1. 测量前应认真检查表笔位置，红色表笔应接在标有“+”的接线柱上，黑色表笔应接在标有“-”的接线柱上。在测量电压时，应并联接入被测电路。在测量电流时，应串联接入被测电路。在测量直流电流、电压时，红表笔应接被测电路正极，黑表笔应接被测电路负极。 2. 根据测量对象，将转换开关拨到相应挡位。 3. 兆欧表使用前做短路及开路检查。 4. 工具、仪表使用安全可靠，文明作业	5分	使用方法错误每处扣0.5分，未检查扣1分，违规使用造成仪表损坏扣2分。工具、仪表乱放，竞赛退场遗失工具、仪表每处扣0.5分
电路设计（20分）	正确设计电路原理图	20分	电路设计不正确，符号不规范，每处扣2分，出现短路情况每处扣5分
元器件的选择（5分）	元器件选择 按正确设计的电路原理图选装元件，根据任务书，主要元件应选用： 1个3P断路器，1个3P熔断器，2个1P熔断器，2个交流接触器，1个或2个时间继电器，1个热继电器，3～6个中间继电器，1个按钮盒，3个20A熔体，2个2A熔体	5分	元件清单中每处错误扣1分，选择错误每个扣1分
元器件安装接线（30分）	1. 正确选用部件、按要求接线	5分	主要器件未进行接线，每处扣1分
	2. 布线平直、美观	5分	布线不平直、不美观，每根扣1分
	3. 接点无松动，无露铜过长、反圈、压绝缘层	4分	接点松动，露铜过长、反圈、压绝缘层每处扣1分
	4. 不得损伤导线绝缘或线芯	3分	损伤导线，每根扣1分
	5. 原件无损坏	10分	损坏原件，每件扣5分
	6. 电源进出线及按钮盒的进出线需经过接线端子排	3分	未经过接线端子排，每处扣1分
运行操作调试（30分）	1. 有手动和自动运行	4分	功能未实现扣除该项分数
	2. 手动时点动运行	8分	功能未实现扣除该项分数
	3. 自动时按开门按钮自动开门到限位停止，停2 min后自动关门到限位停止，按关门按钮自动到限位停止	4分	功能未实现扣除该项分数
	4. 开门优先，有短路、过载和失压保护	8分	功能未实现扣除该项分数
	5. 按停止按钮，自动手动都会停止	3分	功能未实现扣除该项分数
	第一次交卷调试未成功，第二次交卷调试成功扣3分。每项只能最多交卷调试两次	3分	

4. 真题解析

（1）电路原理图（图8-26）。

（2）元件清单（表8-7）

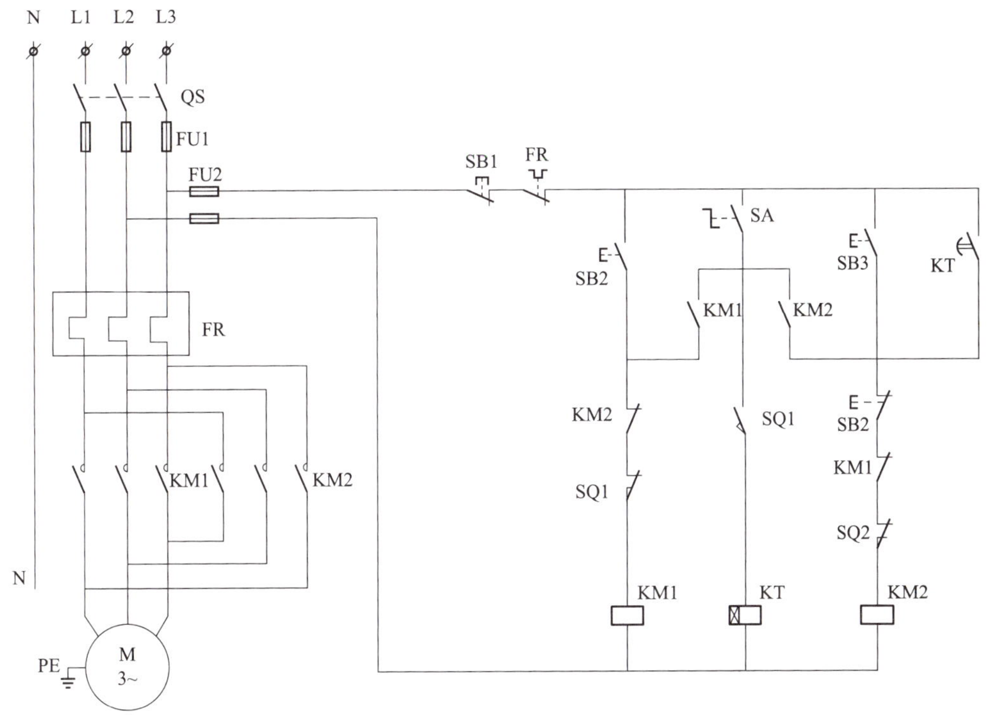

图 8-26　2023 年低压电气控制盘(柜)的安装与调试项目电路原理

表 8-7　2023 年低压电气控制盘(柜)的安装与调试项目元件清单

序　　号	代　　号	名　　称	型　　号	规　　格	数　　量
1	—	三相电源开关	—	—	1
2	—	三相电源熔断器	—	—	1
3	—	控制线路熔断器	—	—	1
4	—	交流接触器	—	—	2
5	—	接触器扩展模块	—	—	2
6	—	中间继电器	—	—	0
7	—	按钮开关	—	—	3
8	—	热继电器	—	—	1
9	—	导线	—	—	
10	—	微型电机	—	—	1
11	—	时间继电器	—	—	1
12	—		—	—	
13	—		—	—	
14	—		—	—	
15	—		—	—	
16					

请领人：

(3)电路原理分析

此电路采用三相五线制,3 根火线、1 根零线、1 根地线。主电路由 1 个空气开关、3 个熔断器、1 个热继电器、2 个接触器、1 台电机组成。控制电路由 1 个停止按钮、2 个启动按钮、1 个转换开关、2 个限位开关、1 个时间继电器组成。

点动模式:转换开关常开点时,按下开门启动按钮 SB2 时,SB2 常开触点闭合,接触器线圈 KM1 得电,电机正转开始开门动作,当松开 SB2 时,接触器 KM1 线圈失电,开门动作停止。当按下关门按钮 SB3 时,SB3 常开触点闭合,接触器 KM2 线圈得电,电机反转开始关门动作,当松开 SB3 时,接触器 KM2 线圈失电,关门动作停止。

自动模式:转换开关触点闭合时,当按下开门按钮 SB2 时,SB2 常开触点闭合,接触器线圈 KM1 得电自锁,电机正转开始开门动作,当碰到限位开关 SQ1 时,SQ1 常闭触点断开,KM1 线圈失电,开门动作停止,同时 SQ1 常开触点闭合,KT1 时间继电器开始计时 2 min,2 min 时间到时,时间继电器常开触点闭合,KM2 线圈得电,电机反转开始关门运行,当碰到限位开关 SQ2 时,接触器线圈 KM2 失电,关门动作停止。

开门优先:当自动模式按下关门按钮 SB3 时,SB3 常开触点闭合,接触器线圈 KM2 得电自锁,电机反转开始关门动作,当按下开门按钮 SB2 时,SB2 常开触点闭合,常闭触点断开,接触器 KM2 失电,同时 KM1 线圈得电,关门动作停止,开门动作开始。

停止动作:当自动运行,或点动运行时,按下停止按钮 SB1,整个控制电路失电。所有动作失电。

二、 PLC、变频器功能控制技术

1. 竞赛任务书

2023 年北京局集团有限公司车辆系统
职业技能竞赛设备维修实作(三)电工作业任务书
(技能竞赛设备维修电工作业任务书)

一、作业内容

1. 触屏供电后进入界面 1。单击"登录进入操作画面"按钮进入登录界面,选择"工程师",输入密码:123 ,登录后进入控制界面 2。

界面 1:

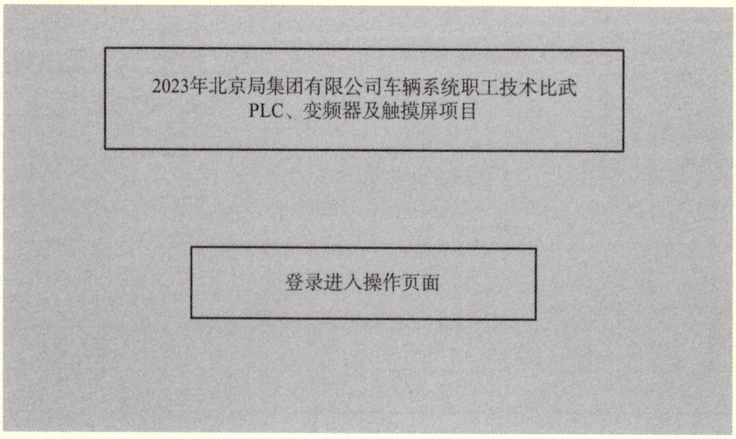

2. 界面 2：

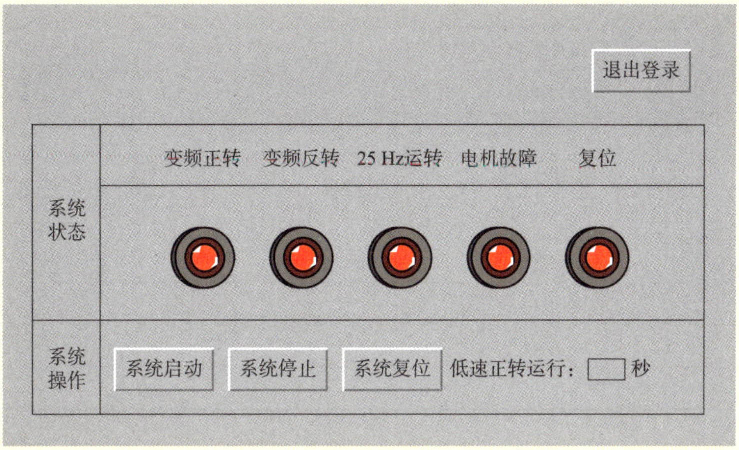

3. 不登录用户，无法进入操作界面 2。

4. 状态信息栏需要在触摸屏中做出 5 个指示灯（不局限图中的样子及颜色），显示当前设备的运行状态。

5. 运行前需在触摸屏输入设定低速正转运行时间 N s，按下系统启动按钮，PLC 控制电机拖动小车以 20 Hz 频率低速正转启动，运行设定时间后以 45 Hz 运行，到限位 A 处立即反转，反转频率 40 Hz 继续运行返回到 B 处后，继续以 20 Hz 速度重复上一个周期往返运行。

6. 按下系统停止按钮后，小车停止运行。

7. 当小车停止后，按下复位按钮，无论小车在哪个位置，都会工频返回到 B 处停下，复位走行时复位指示灯亮，到达 B 点后，复位指示灯灭。

8. 小车在运行过程中，如果达到 25 Hz 频率速度，触摸屏“25 Hz 运转”指示灯亮。

9. 退出用户登录，退出操作界面 2，返回操作界面 1。

二、要求

1. 根据上面设备控制要求，画出 PLC 的 I/O 表。
2. 画出变频器参数修改表。
3. 画出主电路及控制电路图。
4. 按照图纸接线，其中变频器的电源输出到电机及交流接触器的主电路都不需要接线（特别注意）。
5. 此次考核内容为小车电气控制系统，不需要考虑小车的安装。
6. 编写 PLC 及触摸屏程序并下载到相应设备，现场调试，实现功能要求。
7. 如需保存文件，请保存到电脑的 D 盘中。

三、时间安排：120min

2. 元件清单

序　号	名　称	库存数量	选用数量
1	西门子 S7226/AC/DC/RLY	1	已安装
2	西门子 MM420 变频器	1	已安装
3	昆仑通泰触摸屏 TPC7062TI（含下载线，USB）	1	已安装
4	开关电源 DC 24 V-3 A	1	已安装
5	3P 空开	1	
6	2P 空开	1	

续上表

序　　号	名　　称	库存数量	选用数量
7	交流接触器 AC 220 V	4	
8	交流接触器 AC 380 V	1	
9	中间继电器 AC 220 V	6	
10	热继电器	2	
11	行程开关	3	
12	按钮盒	2	
13	中间继电器 DC 24 V	6	
请领人：	局	机务、车辆段	
裁判员：		抽签号：	

3. 评分标准

考核内容	考核要求	标准分	扣　　分
开工前准备（5 分）	1. 按规定穿戴劳动保护用品 要求正确着装，向裁判员报告，我是××车辆段×××，考号××，报告完毕，请指示。并按规定出示特种作业电工操作证，有效期应符合规定要求。 向选手发放作业任务书、作业报告纸、草稿纸	1 分	每缺一项扣 1 分。 无特种作业电工操作证或不在有效期内取消竞赛资格
	2. 检查工具准备是否齐全、完好 平头螺丝刀（100 mm、75 mm 各一把），十字螺丝刀（100 mm、75 mm 各一把），测电笔，钢丝钳，剥线钳，尖嘴钳，斜嘴钳，电工刀，活扳手，绝缘鞋，工作服、帽等	2 分	每缺一项或有问题扣 0.5 分，扣完为止
	3. 检查各种检测仪表（检验合格证在检定有效期范围内） 万用表、兆欧表、钳形电流表（带负荷实验时，检测电流）工具、仪表	1 分	缺一项（无合格证或合格证超期按缺项处理）扣 0.5 分，扣完为止
	检查作业周围环境是否存在危及安全隐患。 向裁判员报告，准备工作完毕	1 分	选手未检查作业周围环境是否存在危及安全隐患扣 1 分
安全生产（5 分）	1. 检查三相电源是否正常 正确使用验电器，验电前应将电压等级合适的且合格的验电器在有电的设备上试验，证明验电器指示无误。 然后在所使用的电源进出线两侧，各相分别验电	2 分	不符合要求每处扣 1 分
	2. 停、验、挂操作顺序应符合要求 断电作业时必须执行停电、验电、悬挂标志牌，严禁带负荷拉、合刀闸	3 分	每错、缺一项扣 1 分
	3. 违章作业，发生不安全苗头失格		失格

续上表

考核内容	考核要求	标准分	扣　分
工具、仪表使用（5分）	正确使用工具、测量仪表 1. 测量前应认真检查表笔位置，红色表笔应接在标有“+”的接线柱上，黑色表笔应接在标有“−”的接线柱上。在测量电压时，应并联接入被测电路；在测量电流时，应串联接入被测电路。在测量直流电流、电压时，红表笔应接被测电路正极，黑表笔应接被测电路负极。 2. 根据测量对象，将转换开关拨到相应挡位。 3. 兆欧表使用前做短路及开路检查。 4. 工具、仪表使用安全可靠，文明作业	5分	使用方法错误每处扣0.5分，未检查扣1分，违规使用造成仪表损坏扣2分。工具、仪表乱放，竞赛退场遗失工具、仪表每处扣0.5分
I/O表（5分）	正确写出I/O表	5分	每错一处扣1分，扣完为止
电路设计（15分）	正确设计电路原理图	15分	电路设计不正确，符号不规范，缺少功能件每处扣2分，出现变频器输出接触器与工频接触器未互锁或短路情况扣10分
变频器参数表（5分）	正确写出变频器修改参数	5分	每错一处扣1分，扣完为止
元器件的选择（5分）	正确选择元器件	5分	1. 元器件清单提报，第一次选取完毕后，每再取一个元件扣0.5分；每剩余一个元件扣0.5分。 2. 元件清单中每处错误扣1分
元器件安装接线（20分）	正确选用部件、按要求接线 按正确设计的电路原理图选装元件，以下主要器件应进行接线。根据任务书，应选用但不限于： 1个3P断路器、1个2P断路器、2个220 V交流接触器、1个PLC、1个变频器、1个触摸屏、1个开关电源、2个24 V中间继电器、1个热继电器、2个限位开关	5分	主要器件未进行接线，每处扣1分
	正确安装元器件，按规范布线	15分	布线不平直、不美观；接点松动，露铜过长、反圈、压绝缘层；损伤导线绝缘或线芯，每处扣1分。损坏原件，每件扣5分
调试功能（35分）	界面一共5分，其中画面1分，按钮进入界面二1分。 登录1分，实现登录工程师功能2分	5分	功能未实现扣除该项分数
	输入设定时间2分，设定时间上下限值1分	3分	功能未实现扣除该项分数
	启动后按设定时间低速变频正转2分	2分	功能未实现扣除该项分数
	切换高速变频正转2分	2分	功能未实现扣除该项分数
	到限位变频返回2分	2分	功能未实现扣除该项分数
	能够实现循环2分	2分	功能未实现扣除该项分数
	能够停止2分	2分	功能未实现扣除该项分数
	停止状态按复位工频复位返回B点停止3分	3分	功能未实现扣除该项分数

续上表

考核内容	考核要求	标准分	扣　　分
调试功能（35分）	变频运行监控 25 Hz 指示灯亮 4 分	4 分	功能未实现扣除该项分数
	电机故障 1 分	1 分	功能未实现扣除该项分数
	触屏指示灯每个 1 分	5 分	功能未实现扣除该项分数
	退出登录 1 分	1 分	功能未实现扣除该项分数
	选手全部完成要求第一次交卷调试未成功，扣 3 分。每项只能最多交卷调试两次（自己调试通电过程不算交卷调试）	3 分	功能未实现扣除该项分数

4. 真题解析

（1）电路接线图（图 8-27）。

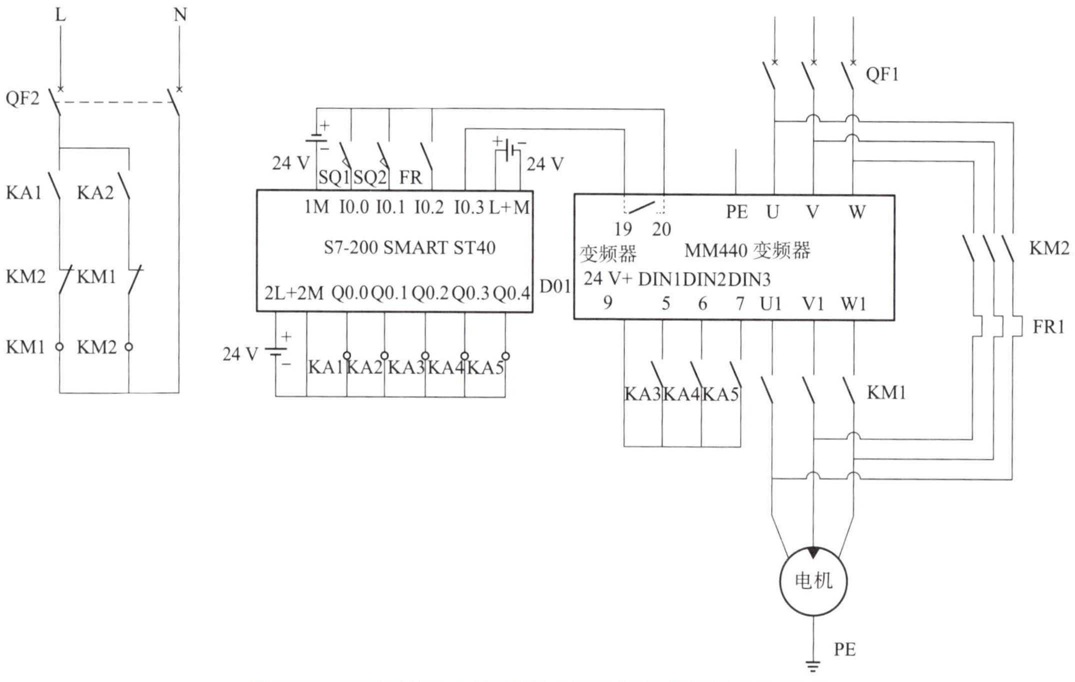

图 8-27　2023 年 PLC、变频器功能控制技术项目电路原理

（2）元件清单（表 8-8）

表 8-8　2023 年 PLC、变频器功能控制技术项目元件清单

序　　号	名　　称	库存数量	选用数量
1	西门子 S7226/AC/DC/RLY	1	已安装
2	西门子 MM420 变频器	1	已安装
3	昆仑通泰触摸屏 TPC7062TI（含下载线，USB）	1	已安装
4	开关电源 DC 24 V-3 A	1	已安装
5	3P 空开	1	1

续表

序　　号	名　　称	库存数量	选用数量
6	2P 空开	1	1
7	交流接触器 AC 220 V	4	1
8	交流接触器 AC 380 V	1	0
9	中间继电器 AC 220 V	6	0
10	热继电器	2	1
11	行程开关	3	2
12	按钮盒	2	0
13	中间继电器 DC 24 V	6	2
请领人：	局	机务、车辆段	
裁判员：		抽签号：	

（3）编程分析

①I/O 分配（表 8-9）

表 8-9　2023 年 PLC、变频器功能控制技术项目 I/O 分配

输入地址			输出地址		
元件代号	作用	输入继电器	元件代号	作用	输出继电器
SQ1	A 点限位	I0.0	DI1	使能	Q0.0
SQ2	B 点限位	I0.1	DI2	变频正转	Q0.1
DO2NO	25 Hz 时启动	I0.2	DI3	变频正转	Q0.2
FR	电机故障	I0.3	DI4	变频反转	Q0.3
			KM2	工频反转	Q0.4
			KM1	变频输出	Q0.5

②变频器参数（表 8-10）

表 8-10　2023 年 PLC、变频器功能控制技术项目变频器参数

序　　号	参 数 号	参数含义	设 定 值
1	P0010	恢复出厂设置	30
2	P0970	恢复出厂设置	21
3	P0304	电动机的额定电压	380
4	P0305	电动机的额定电流	1.5
5	P0307	电动机的额定功率	0.04
6	P0310	电动机的额定频率	50.00
7	P0311	电动机的额定转速	1 430
8	Cn000	选择宏 3	3
9	P1001	电动机的频率	20 Hz
10	P1002	电动机的频率	45 Hz
11	P1003	电动机的频率	−40 Hz

续上表

序　　号	参 数 号	参数含义	设 定 值
12	P731	BI:数字量输出 1 的功能	52.3
13	P2155	设定比较频率	25

③程序分析

a. PLC 程序分析

如图 8-28 所示，程序开始，先用 SM0.0 通电即通的特殊寄存器，带一个乘法变送器，将屏幕输入的定时时间数值乘以 10，以送入定时器中，适应定时器 0.1 s 的最小单位。在 PLC 通电运行时，利用特殊寄存器 SM0.1 或系统停止按钮 M0.3 任何一个接通，即对系统全部中间量进行复位，对所有输出点进行复位，同时将定时器的设定时间设为 0。

1　输入时间乘以十给定时器传送

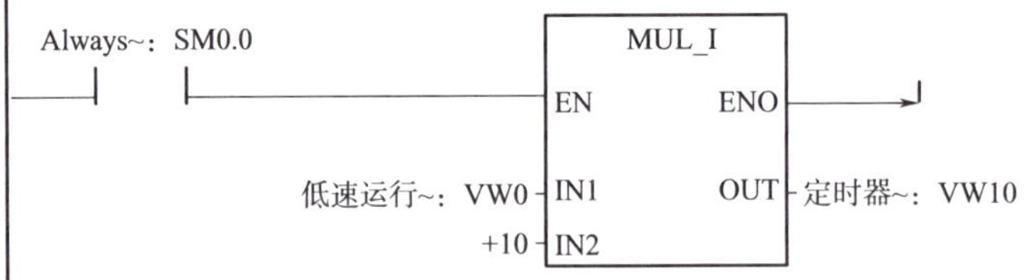

符　　号	地　　址	注　　释
Always_On	SM0.0	通电即始终接通
低速运行时间	VW0	
定时器时间	VW10	

2　第一次扫描复位所有置位点位，停止按钮复位所有置位点位，输入时间清零

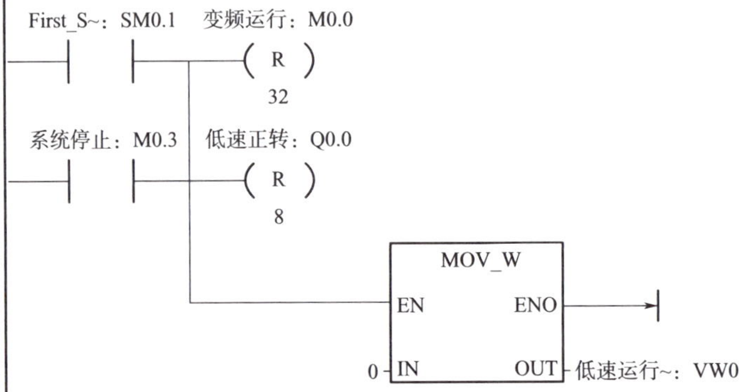

符　　号	地　　址	注　　释
First_Scan_On	SM0.1	仅在第一个扫描周期时接通
变频运行	M0.0	
低速运行时间	VW0	
低速正转	Q0.0	
系统停止	M0.3	

图 8-28　2023 年 PLC、变频器功能控制技术项目程序 1

如图 8-29 所示，屏幕有输入低速运行时间，该数值不等于 0 时，变频运行标志位置 1，启动低速正转运行，启动定时器。

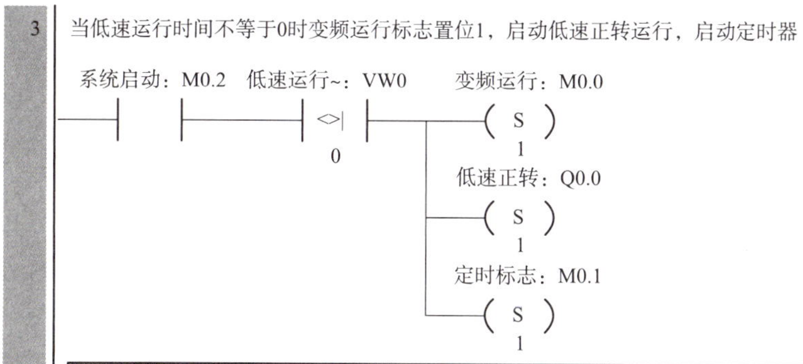

符　　号	地　　址	注　　释
变频运行	M0.0	
低速运行时间	VW0	
低速正转	Q0.0	
定时标志	M0.1	
系统启动	M0.2	

图 8-29　2023 年 PLC、变频器功能控制技术项目程序 2

如图 8-30 所示，变频运行下定时器开始计时，时间到后复位定时标志，复位低速正转，置位高速正转。

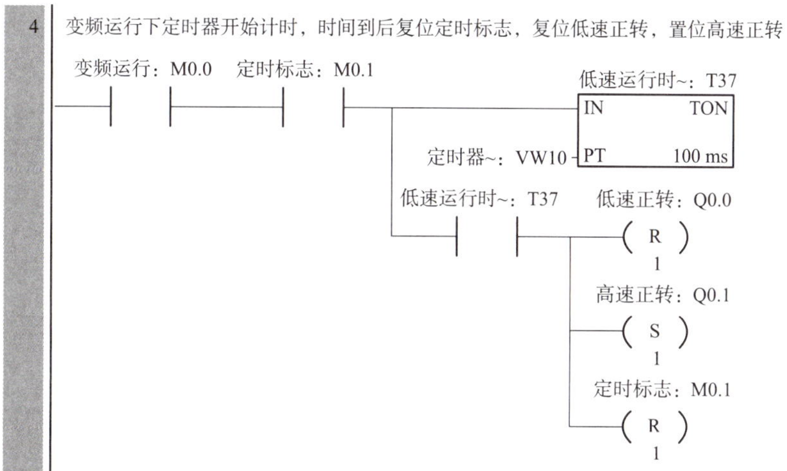

符　　号	地　　址	注　　释
变频运行	M0.0	
低速运行时间计时	T37	
低速正转	Q0.0	
定时标志	M0.1	
定时器时间	VW10	
高速正转	Q0.1	

图 8-30　2023 年 PLC、变频器功能控制技术项目程序 3

如图 8-31 所示，变频运行下到达 A 点限位，A 点限位动作复位高速正转，置位反转；变频运行下到达 B 点限位，B 点限位动作复位反转，置位定时标志开始重复之前动作。

5 变频运行下到达A点限位，A点限位动作复位高速正转，置位反转

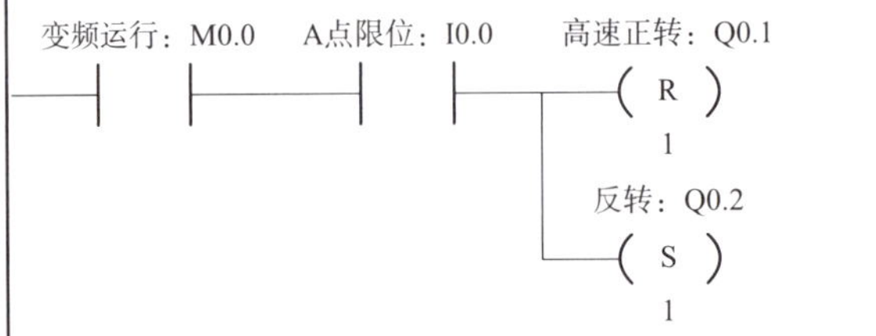

符　　号	地　　址	注　　释
A点限位	I0.0	
变频运行	M0.0	
反转	Q0.2	
高速正转	Q0.1	

6 变频运行下到达B点限位，B点限位动作复位反转，置位定时标志开始重复之前动作

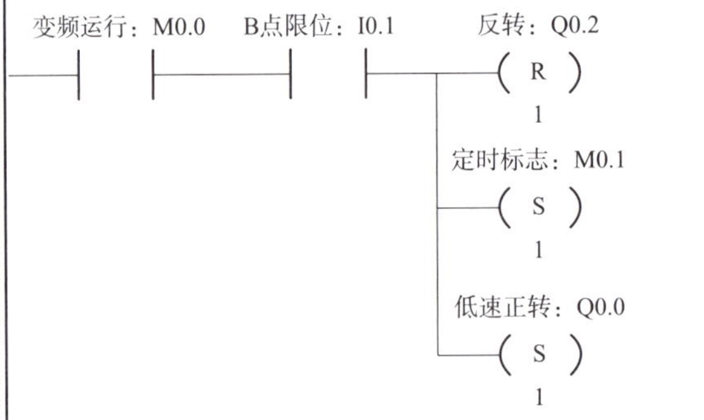

符　　号	地　　址	注　　释
B点限位	I0.1	
变频运行	M0.0	
低速正转	Q0.0	
定时标志	M0.1	
反转	Q0.2	

图 8-31　2023 年 PLC、变频器功能控制技术项目程序 4

如图 8-32 所示，变频停止状态下按系统复位按钮置位工频反转开始工频运行；变频停止状态下到达 B 点限位，B 点限位动作，工频反转复位，工频停止运行。

如图 8-33 所示，当频率到达 25 Hz 时指示灯点亮；任何一个变频正转启动变频正转灯被点亮；电机热继电器动作则电机故障灯亮。

b. 触摸屏输入定时器参数的转换

7 变频停止状态下按系统复位按钮置位工频反转开始工频运行

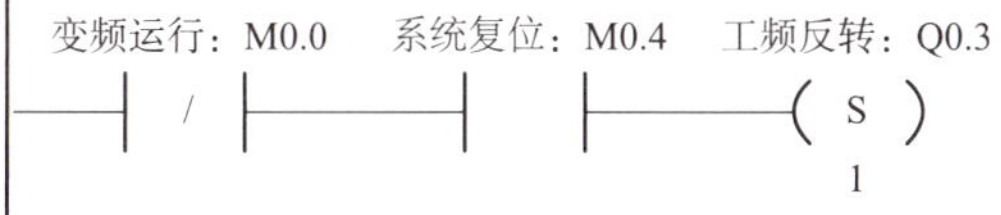

符　号	地　址	注　释
变频运行	M0.0	
工频反转	Q0.3	
系统复位	M0.4	

8 变频停止状态下到达B点限位，B点限位动作，工频反转复位，工频停止运行

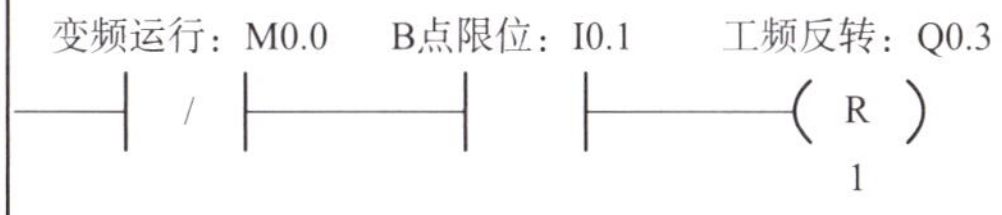

符　号	地　址	注　释
B点限位	I0.1	
变频运行	M0.0	
工频反转	Q0.3	

图 8-32　程序 5

9 当频率到达25 Hz时指示灯点亮

符　号	地　址	注　释
到25 Hz	I0.2	
指示灯25 Hz	M0.6	

10 任何一个变频正转启动变频正转灯被点亮

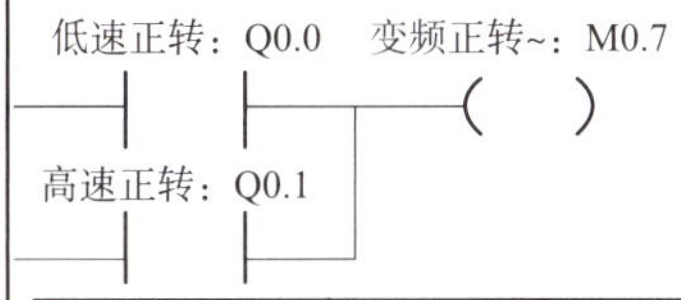

符　号	地　址	注　释
变频正转指示灯	M0.7	
低速正转	Q0.0	
高速正转	Q0.1	

11 电机热继电器动作则电机故障灯亮

符　号	地　址	注　释
电机故障	I0.3	
电机故障指示灯	M1.0	

图 8-33　2023 年 PLC、变频器功能控制技术项目程序 6

本项目中 PLC 编程中用到定时器，定时器 T37 的定时单位是 100 ms，即 0.1 s，而实际在屏幕上输入的是以 s 为单位，这样就需要在屏幕输入的秒和 PLC 计算的 0.1 s 之间进行转换。

转换的第一种方法，通过触摸屏的设置进行工程转换。

(a)在 MCGS pro 软件设备窗口，双击打开驱动，对于需要做通道处理的通道，双击对应的通道处理列，如图 8-34 所示。

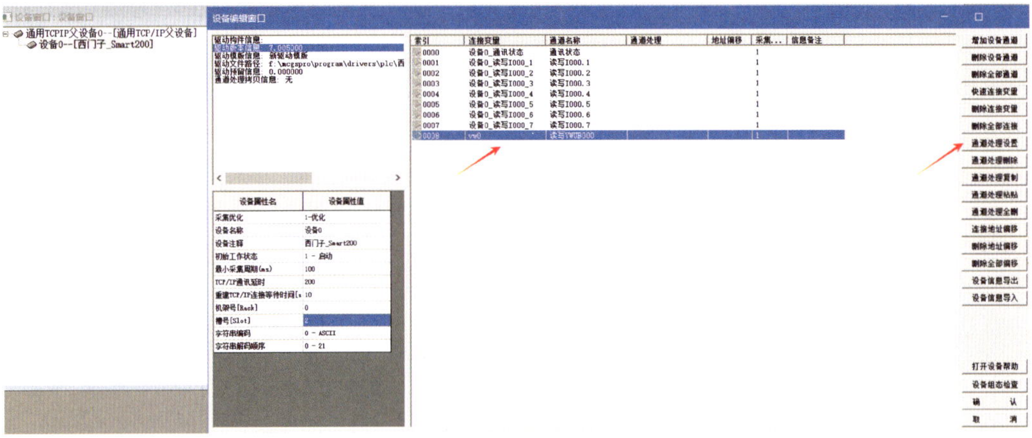

图 8-34　添加通道

(b)以 VW0 为例，双击上图红色区域，会出现“通道处理设置”窗口，双击右边“处理内容”红框部分，会弹出如图 8-35 所示“工程量转换”窗口，若“处理内容”为空，点击左下角“处理方法”第 5 项“工程转换”。

输入最小值/最大值规定了下位机数值的范围，工程最小值/最大值规定了屏上数值的范围，输入最小值/最大值和工程最小值/最大值的数值不可超出−10 000 000～10 000 000，否则会引起数据不精确。

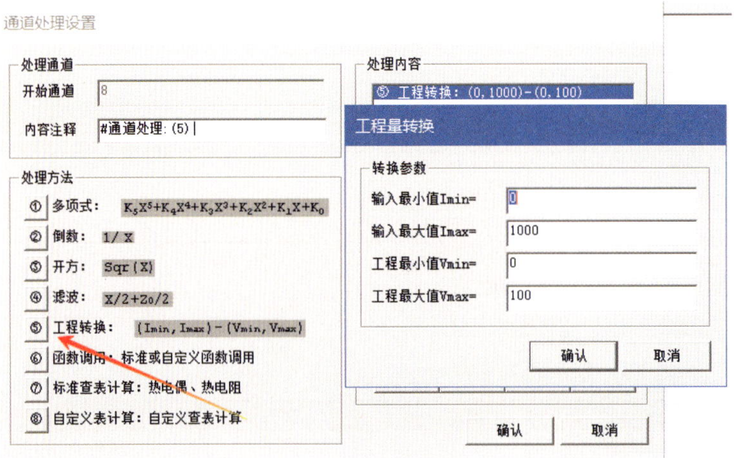

图 8-35　设置工程转换

工程运行时会将下位机的数值范围转换成上位机的数值范围，图 8-35 中就是将定时器 0～1 000 的数据转换成触摸屏上面 0～100 的数据，相差了 10 倍，即多了一个小数点。如果触摸屏输入 10 s，那么送入 PLC VW0 的数据自动乘了 10 倍，则为 100，这样送入定时器的数据为 100 ms，也就是 10 s，实现了输入和控制的同步。

(c)用户窗口中共有 3 个地方，“自然小数位”不打，“四舍五入”打√，“小数位数”选成需要的位数，如图 8-36 所示。

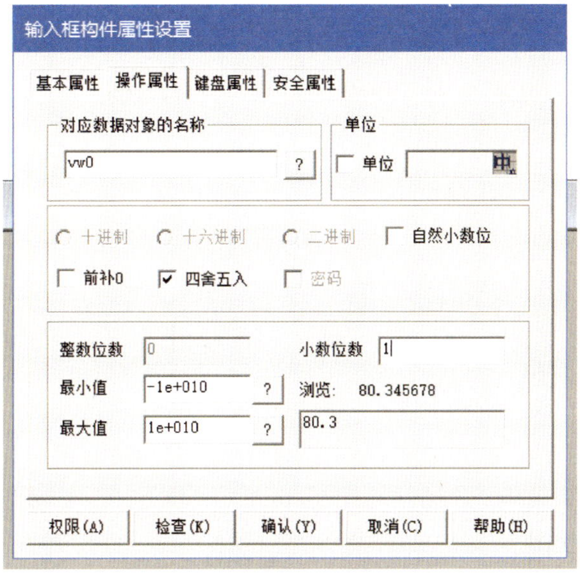

图 8-36　设置输入数据的小数

图 8-36 是将下位机 0～1 000 的数据转换成触摸屏上面 0～100 的数据，相差了 10 倍，即多了一个小数点，所以这里“小数位数”就写为 1。

如果图 8-36 是将下位机 0～100 000 的数据转换成触摸屏上面 0～1 000 的数据，相差了 100 倍，即多了两个小数点，所以这里“小数位数”就写为 2。

转换的第二种方法从 PLC 编程时转换。

从 PLC 程序中加入一句乘法程序，将 VW0 这个变量乘 10，得出的结果送入定时器。

西门子特殊存储器(SM)标志位：如图 8-37 所示，SM0.0-PLC 上电运行时，该位始终为 1(始终为 ON)。表示 PLC 上电后，触摸屏输入的数值送入变量 VW0，只要 VW0 有数值，即乘以 10，然后送入 VW10 寄存，同时下边的定时器调用 VW10 的数据作为定时参数，可以方便地实现触摸屏输入参数和定时器参数的转换。

知识扩展：

特殊标志继电器用“SM”表示，特殊标志继电器区根据功能和性质不同具有位、字节、字和双字操作方式。其中 SMB0、SMB1 为系统状态字，只能读取其中的状态数据，不能改写，可以位寻址。系统状态字中部分常用的标志位说明如下：

SM0.0：始终接通；

SM0.1：首次扫描为1，以后为0，常用来对程序进行初始化；

SM0.2：当机器执行数学运算的结果为负时，该位被置1；

SM0.3：开机后进入RUN方式，该位被置1，一个扫描周期；

SM0.4：该位提供一个周期为1 min的时钟脉冲，30 s为1，30 s为0；

SM0.5：该位提供一个周期为1 min的时钟脉冲，0.5 s为1，0.5 s为0；

SM0.6：该位为扫描时钟脉冲，本次扫描为1，下次扫描为0；

SM1.0：当执行某些指令，其结果为0时，将改位置1；

SM1.1：当执行某些指令，其结果溢出或为非法数值时，将改位置1；

SM1.2：当执行数学运算指令，其结果为负数时，将改位置1；

SM1.3：试图除以0时，将改位置1。

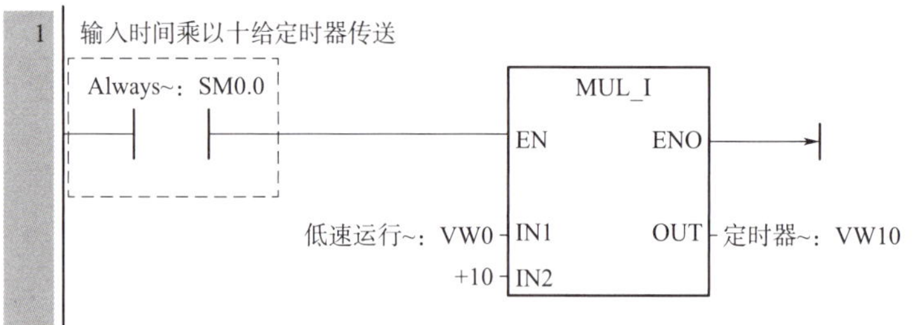

符　号	地　址	注　释
Always_On	SM0.0	通电即始终接通
低速运行时间	VW0	
定时器时间	VW10	

图8-37　特殊存储器的使用

c. 触摸屏的登录功能

触摸屏的登录功能非常常用，但是本作业中要求不登录不能进入下一步，这样普通的登录就无效了，使用普通的用户权限设置，会出现输入错误密码也会进入操作界面的情况，所以需要使用脚本函数的登录设置。

如图8-38点击按钮属性，点击脚本程序，然后打开脚本编辑器。

(a)用户账号创建和密码设定

用户账号创建和密码设定是在“用户管理器”中操作完成的。用户管理器分为“用户名”和“用户组名”两个部分，主要用于用户名和用户组名的创建，及隶属关系划分。具体操作如下：

用户管理器打开方法：选中“工具”中“用户权限管理”，如图8-39所示。

用户组名的创建：选中“用户组名”，新增用户组名“管理员组”。

用户名的创建：选中“用户名”，新增用户“工程师”，完成密码设定，并在隶属用户组分配中选择“管理员组”。

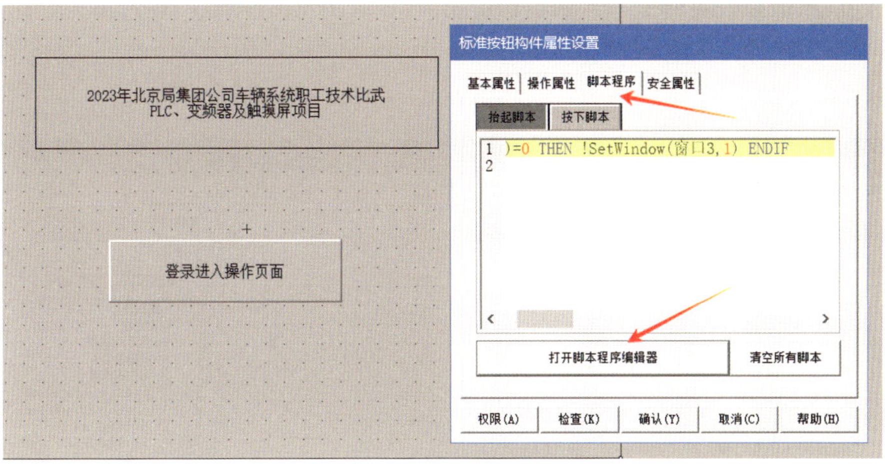

图 8-38　登录脚本的使用

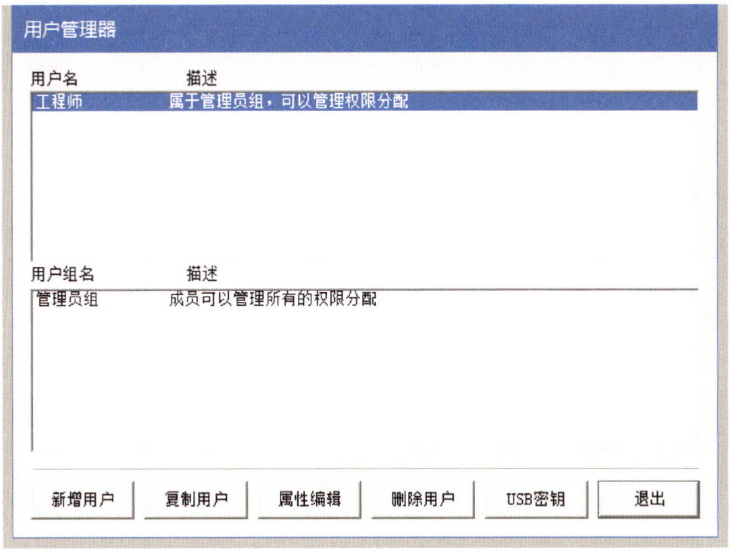

图 8-39　添加用户

(b)脚本程序编写

在 MCGS 组态软件的“运行策略”中含有多种系统函数,包括运行环境操作、数据对象操作、用户登录操作、字符串操作、定时器操作、系统操作、数学函数、文件操作、配方操作、时间运算函数等。

对本项目工作任务的分析可知该任务是利用按钮打开相应的用户窗口,必然要用到用户登录操作函数。在编写的脚本程序中,用到 “！ LogOn”用户登录函数。可通过在“系统函数”下属的“用户登录操作函数”中去查找,如图 8-40 所示。

！ LogOn(　)

函数意义:打开用户对话框。

返回值:数值型。返回值=0,表示调用成功,登录用户操作成功;返回值为其他,表示调用失败,登录用户操作失败。

参数:无。

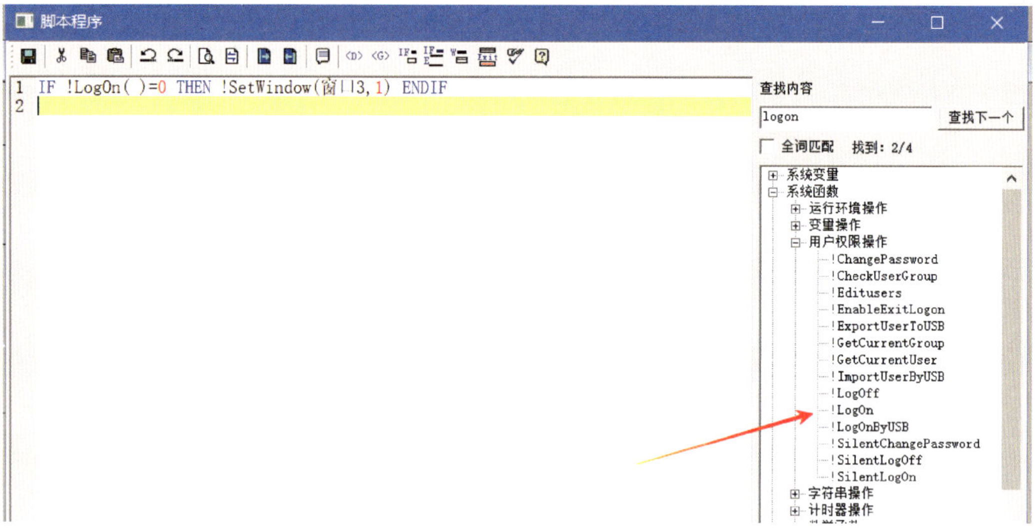

图 8-40 输入脚本函数

“登录运行”按钮的脚本程序如下:

IF! LogOn( )=0 THEN ! SetWindow(窗口 3,1)ENDIF

程序释义为如果按下“登录进入操作页面”按钮打开输入对话框,同时选择隶属于“管理员组”的用户名“工程师”进行登录,就能进入用户窗口操作界面“窗口 3”,否则只能停留原窗口。

实现 MCGS 组态软件的权限设定,关键是对按钮动作的权限进行权限设置。首先是要在用户管理器中创建用户名和用户组,并确定隶属关系。再利用系统函数中的用户登录函数编制脚本程序,从而实现权限设定功能。在自动化设备的组态软件中,进行权限的设定后,就能避免现场操作的任意性,对安全生产有着重大的意义。这也是本作业的重点和难点。

d. 变频器的比较参数

本作业中要求在运行频率达到 25 Hz 时点亮屏幕上相应指示灯,需要用到变频器的门限比较参数 P2155。

MM440 变频器的门限频率有 3 个(P2155、P2157、P2159),P2155 设定频率后,当运行频率大于设定频率时,变频器的继电器会接通,即输出 1。这时还需要将该继电器输出控制参数设置为 P0731=53.4(实际频率大于比较频率 P2155 时输出 1)。

当变频器的继电器输出 1,同样 PLC 的对应输入端输入了 1,这时对应变量的屏幕上指示灯也就点亮了。

第四节 综合应用题库

一、轴承立体库 PLC 项目

1. 作业任务书

设备维修实作电工作业任务书

一、作业内容

1. 准备工作。某车辆段新装了一套轴承立体库，运输装置由一台变频电机驱动，默认起点在一层入口，入库前放置轴承在托架后，登录用户：工程师，密码 128，不登录无法进行入库操作；输入工件号：21；入库位置：A20，系统将自动运行到 A20 位置入库，不输入则无法进行入库操作。

2. 工艺流程。准备工作完成后，按"入库"按钮，运输装置上升，接近开关检测到位后转水平入库，相应位置接近开关检测其到位后进行入库。入库时间 5 s(不考虑卸料过程)。入库完毕后，运输装置向回水平运行，再垂直落下到起点，运输结束。(接近开关可由按钮或限位开关代替)

3. 工作要求。①垂直运输时电机运转频率 45 Hz，水平运输时电机频率 35 Hz。②为确保安全，在运输过程中如遇变频器失电或故障，运输装置需立即切换到蓄电池逆变工频电源按原工艺运行，直至回到起点，同时变频器故障指示灯以 2 Hz 频率闪烁。③在运输过程中为防止入库错误，按停止按钮无论运输装置在任何位置均会立即停止，按复位按钮无论运输装置在任何位置均回到起点。④完成完整入库工艺后屏幕提示"已入库"，2 s后自动消失

二、作业要求

1. 显示要求。参考触摸屏图片做出屏幕画面以实现工艺要求，不限制于屏幕样式。

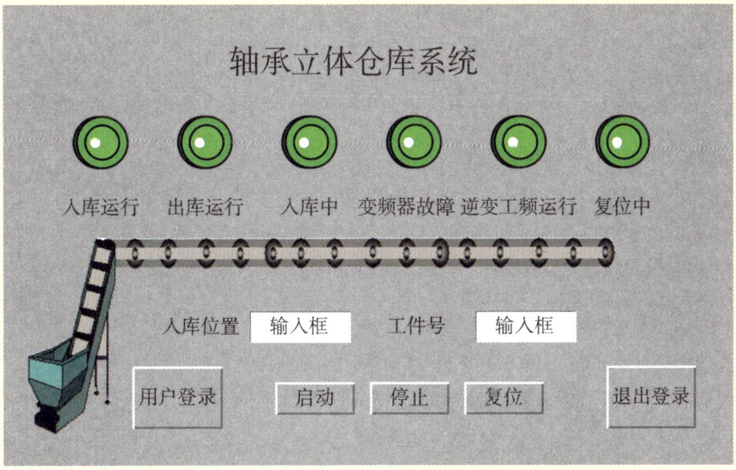

2. 设计要求。根据上面设备控制要求，画出 PLC 的 I/O 表。画出变频器参数修改表。画出主电路及控制电路图。按照图纸接线，其中变频器的电源输出到电机及交流接触器的主电路都不需要接线。此次考核内容为设备电气控制系统，不需要考虑设备的实际使用。编写 PLC 及触摸屏程序并下载到相应设备，现场调试，实现功能要求

三．时间安排：120 min

2. 评分标准

考核内容	考核要求	标准分	扣分
开工前准备（5分）	1. 按规定穿戴劳动保护用品 无单位发的电工上岗证、无国家发的特种作业操作证或证超期不得参加此项竞赛；比赛选手要求正确着装，向裁判员报告，我是××车辆段×××，考号××，报告完毕，请指示。 向选手发放作业任务书、作业报告纸、草稿纸	1分	无电工证失格
	2. 检查工具准备是否齐全、完好 平头螺丝刀（100 mm、75 mm 各一把），十字螺丝刀（100 mm、75 mm 各一把），测电笔，钢丝钳，剥线钳，尖嘴钳，斜嘴钳，电工刀，活扳手，绝缘鞋，工作服、帽等	2分	每缺一项或有问题扣 0.5 分，扣完为止
	3. 检查各种检测仪表（检验合格证在检定有效期范围内） 万用表、兆欧表、钳形电流表（带负荷实验时，检测电流）、工具、仪表	1分	缺一项（无合格证或合格证超期按缺项处理）扣 0.5 分，扣完为止
	检查作业周围环境是否存在危及安全隐患。 向裁判员报告，准备工作完毕	1分	选手未检查作业周围环境是否存在危及安全隐患扣 1 分
安全生产（5分）	1. 检查三相电源是否正常 正确使用验电器，验电前应将电压等级合适的且合格的验电器在有电的设备上试验，证明验电器指示无误。 然后在所使用的电源进出线两侧，各相分别验电	2分	不符合要求每处扣 1 分
	2. 停、验、挂操作顺序应符合要求 断电作业时必须执行停电、验电、悬挂标志牌，严禁带负荷拉、合断路器	3分	每错、缺一项扣 1 分
	3. 违章作业，发生不安全苗头失格		失格
工具、仪表使用（5分）	正确使用工具、测量仪表 1. 通电前使用万用表测量线路通断。 2. 根据测量对象，将转换开关拨到相应挡位。 3. 兆欧表使用前做短路及开路检查。 4. 工具、仪表使用安全可靠，文明作业。 5. 是否掉落工具、配件	5分	使用方法错误每处扣 0.5 分，未检查扣 1 分，违规使用造成仪表损坏扣 2 分。工具、仪表乱放、竞赛退场遗失工具、仪表每处扣 0.5 分。工作过程中掉落工具、配件每件扣 2 分
I/O 表（5分）	正确写出 I/O 表	5分	每错一处扣 1 分，扣完为止
电路设计（15分）	正确设计电路原理图	15分	电路设计不正确，符号不规范，缺少功能件每处扣 2 分，明显不合理或短路情况扣 10 分
变频器参数表（5分）	正确写出变频器修改参数	5分	每错一处扣 1 分，扣完为止

续上表

考核内容	考核要求	标准分	扣分
元器件的选择（5分）	正确选择元器件 按正确设计的电路原理图选装元件，以下主要器件应进行接线。根据任务书，应选用但不限于：1个3P断路器，4个熔断器，3个220 V交流接触器，2个24 V中间继电器，2个限位开关，2个按钮	5分	1. 元器件清单提报，第一次选取完毕后，每再取一个元件扣0.5分；每剩余一个元件扣0.5分。 2. 元件清单中每处错误扣1分
元器件安装接线（20分）	正确选用部件、按要求接线	5分	主要器件未进行接线，每处扣1分
	正确安装元器件，按规范布线，限位开关、按钮盒护盖螺栓是否装好	15分	布线不平直、不美观；接点松动，露铜过长、反圈、压绝缘层；损伤导线绝缘或线芯，每处扣1分。损坏原件，每件扣5分
调试功能（35分）	界面一共3分，其中画面2分。实现登录功能1分	3分	功能未实现扣除该项分数
	输入入库位置后方可运行	2分	功能未实现扣除该项分数
	垂直入库、水平入库频率符合要求	2分	功能未实现扣除该项分数
	垂直出库、水平出库频率符合要求	3分	功能未实现扣除该项分数
	入库运行，出库运行，入库中指示灯正确点亮	6分	功能未实现扣除该项分数
	可随时停止，可正常复位，复位中指示灯正确点亮	6分	功能未实现扣除该项分数
	变频器故障切换工频可按原工艺运行回到起点	4分	功能未实现扣除该项分数
	变频器失电自动切换工频可按原工艺运行回到起点	4分	功能未实现扣除该项分数
	变频器故障灯2 Hz闪烁	2分	功能未实现扣除该项分数
	选手全部完成要求第一次交卷调试未成功，扣3分。每项只能最多交卷调试两次。（自己调试通电过程不算交卷调试）	3分	功能未实现扣除该项分数

二、数控钻床PLC项目

1. 作业任务书

设备维修实作电工作业任务书

一、作业内容

某高级钻床为加工固定的零件，为提高工作效率，做了特定改造。工作时首先工作人员登录，用户名：加工2，密码123。登录后方可进行下一步操作。将钻床转臂定位后进行夹紧（夹紧动作输出到继电器即可），夹紧后屏幕“夹紧”指示灯亮。

加工零件的刀具会因为加工数量而磨损，设备采用光电传感器计数。加工电机具有20 Hz和30 Hz两个频率。按启动按钮，加工电机以初始频率20 Hz运行，当数量超过X，频率转为30 Hz，X可设置，初始为3，屏幕“换刀具”指示灯闪烁；当数量达到Y，Y可设置，初始为7，屏幕“换刀具”指示灯常亮。

加工数量达到Y后，停机按钮有效，按停机按钮后2 s设备停机，并清除自定X、Y数据；变频器故障时故障灯闪烁，自定X、Y数据不清除，消除故障后继续运行。

设计要求：Y 大于 X；变频器故障使用旋钮开关模拟；为确保加工精度，启动到定速时间不能小于 3 s；计数光电传感器用按钮代替。

设备的冷却泵 M 为双速电机，在加工电机启动后运行，运行时屏幕冷却指示灯亮绿灯；加工电机高速时 M 高速运行，加工电机低速时 M 低速运行；加工电机停机，M 延时 2 s 停机，M 故障停机则加工电机立即停机且屏幕冷却指示灯亮红灯，此时数据不清除，故障恢复后继续运行

二、作业要求

1. 显示要求。参考触摸屏图片做出屏幕画面以实现工艺要求，不限制于屏幕样式。

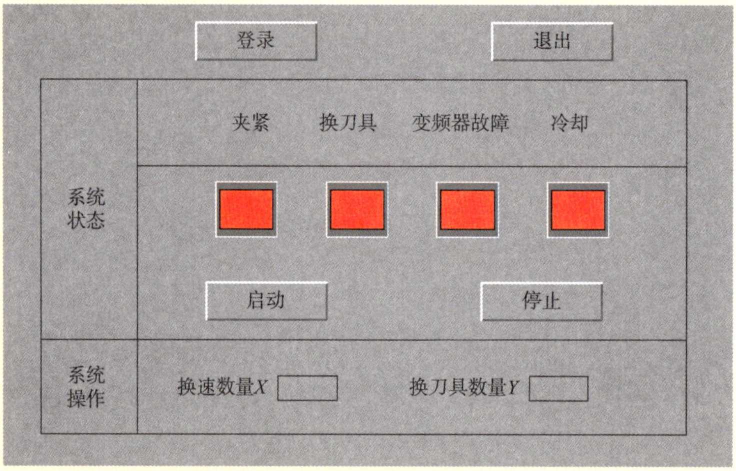

2. 设计要求。根据上面设备控制要求，画出 PLC 的 I/O 表。画出变频器参数修改表。画出主电路及控制电路图。按照图纸接线，其中变频器的电源输出到电机及交流接触器的主电路都不需要接线。此次考核内容为设备电气控制系统，不需要考虑设备的实际使用。编写 PLC 及触摸屏程序并下载到相应设备，现场调试，实现功能要求。编写 PLC 及触摸屏程序并下载到相应设备，现场调试，实现功能要求

三、时间安排：120 min

2. 评分标准

考核内容	考核要求	标准分	扣　分
开工前准备（5 分）	1. 按规定穿戴劳动保护用品 无单位发的电工上岗证、无国家发的特种作业操作证或证超期不得参加此项竞赛；比赛选手要求正确着装，向裁判员报告，我是××车辆段×××，考号××，报告完毕，请指示。 向选手发放作业任务书、作业报告纸、草稿纸	1 分	无电工证失格
	2. 检查工具准备是否齐全、完好 平头螺丝刀（100 mm、75 mm 各一把），十字螺丝刀（100 mm、75 mm 各一把），测电笔，钢丝钳，剥线钳，尖嘴钳，斜嘴钳，电工刀，活扳手，绝缘鞋，工作服、帽等	2 分	每缺一项或有问题扣 0.5 分，扣完为止
	3. 检查各种检测仪表（检验合格证在检定有效期范围内） 万用表、兆欧表、钳形电流表（带负荷实验时，检测电流）、工具、仪表	1 分	缺一项（无合格证或合格证超期按缺项处理）扣 0.5 分，扣完为止
	检查作业周围环境是否存在危及安全隐患。 向裁判员报告，准备工作完毕	1 分	选手未检查作业周围环境是否存在危及安全隐患扣 1 分

续上表

考核内容	考核要求	标准分	扣　分
安全生产（5分）	1. 检查三相电源是否正常 验电前应将电压等级合适的，且合格的验电器在有电的设备上试验，证明验电器指示无误；然后在所使用的电源进出线两侧，各相分别验电	2分	不符合要求每处扣1分
	2. 停、验、挂操作顺序应符合要求 断电作业时必须执行停电、验电、悬挂标志牌，严禁带负荷拉、合断路器	3分	每错、缺一项扣1分
	3. 违章作业，发生不安全苗头失格		失格
工具、仪表使用（5分）	正确使用工具、测量仪表 1. 通电前使用万用表测量线路通断。 2. 根据测量对象，将转换开关拨到相应挡位。 3. 兆欧表使用前做短路及开路检查。 4. 工具、仪表使用安全可靠，文明作业。 5. 是否掉落工具、配件	5分	使用方法错误每处扣0.5分，未检查扣1分，违规使用造成仪表损坏扣2分。工具、仪表乱放、竞赛退场遗失工具、仪表每处扣0.5分。工作过程中掉落工具、配件每件扣2分
I/O表（5分）	正确写出I/O表	5分	每错一处扣1分，扣完为止
电路设计（15分）	正确设计电路原理图	15分	电路设计不正确，符号不规范，缺少功能件每处扣2分，明显不合理或短路情况扣10分
变频器参数表（5分）	正确写出变频器修改参数	5分	每错一处扣1分，扣完为止
元器件的选择（5分）	正确选择元器件 按正确设计的电路原理图选装元件，以下主要器件应进行接线。根据任务书，应选用但不限于： 1个3P空开，1个24 V继电器，1个按钮盒，3个按钮，1个旋钮开关，1个双速电机	5分	1. 元器件清单提报，第一次选取完毕后，每再取一个元件扣0.5分；每剩余一个元件扣0.5分。 2. 元件清单中每处错误扣1分
元器件安装接线（20分）	正确选用部件、按要求接线	5分	主要器件未进行接线，每处扣1分
	正确安装元器件，按规范布线，限位开关、按钮盒护盖螺栓是否装好	15分	布线不平直、不美观；接点松动，露铜过长、反圈、压绝缘层；损伤导线绝缘或线芯，每处扣1分。损坏原件，每件扣5分
调试功能（35分）	界面一共3分，其中画面1分。实现登录功能2分	3分	功能未实现扣除该项分数
	夹紧继电器输出，准备运行指示灯亮，不夹紧无法进行下一步各1分	3分	功能未实现扣除该项分数
	按启动后20 Hz运行，X数值可设定，初始为3	6分	每项未实现扣2分
	数量$>X$，频率转为30 Hz，换刀具指示灯闪烁	3分	每项功能未实现扣1分
	Y数值可设置，初始值为7，数量$\geqslant Y$，换刀具指示灯常亮	4分	每项功能未实现扣1分

续上表

考核内容	考核要求	标准分	扣分
调试功能（35分）	数量≥Y 可停机，按停止按钮延时 2 s 停机，清除数据	6分	数量未达到 Y 停机扣 2 分，各项 2 分
	旋钮模拟变频器故障，不清除数据，变频器故障灯闪烁	3分	每项功能未实现扣 1 分
	启动到定速时间不小于 3 s 即变频器上坡时间大于 8 s	3分	每项功能未实现扣 3 分
	冷却电机高速运行，低速运行，停机延时，指示灯红、绿色分，模拟故障，不清除数据，消除故障恢复运行。各扣 0.5 分	4分	每项功能未实现扣 0.5 分
	选手全部完成要求第一次交卷调试未成功，扣 3 分。每项只能最多交卷调试两次（自己调试通电过程不算交卷调试）		功能未实现扣除该项分数

三、工业洗衣机 PLC 项目

1. 作业任务书

设备维修实作电工作业任务书

一、作业内容

某工业洗衣机采用变频器驱动，开机后，系统进入初始状态。屏幕设正常、强洗、轻柔三种模式，选择后相应指示灯亮（未选择模式指示灯不显示）。脱水时间 S 可设定，S 不小于 3。脱水时屏幕显示倒计时。要求触摸屏显示水位且可控。按启动按钮则开始运行所选择的程序，再按启动钮为暂停，再按启动钮可恢复。按急停按钮（实体按钮）随时停止。

1. 正常模式。首先排水阀动作 2 s（排水阀用继电器代替），屏幕排水灯同步点亮，停止排水后开始进水（进水阀用继电器代替），当水位达到中水位时（50%～60%水），停止进水，并开始洗涤。开始洗涤后“正常”模式指示灯闪烁。洗涤程序正转 6 s，停 3 s，反转 6 s，停 3 s，以此为一循环，其中洗涤旋转 30 Hz、3 s，40 Hz、3 s 共计 6 s。洗涤 3 次循环后开始排水，水排空后，进行脱水，脱水频率 50 Hz。洗涤 3 次和脱水一次为大循环，两次大循环后工作结束，系统提示“工作结束”亮 3 s，程序指示灯熄灭并隐藏。进入初始状态。

2. 强洗模式。首先排水阀动作 2 s（排水阀用继电器代替），屏幕排水灯亮，停止排水后开始进水（进水阀用继电器代替），当水位达到高水位时（90%～100%水），停止进水，并开始洗涤。开始洗涤后“强洗”模式指示灯闪烁。洗涤程序正转 6 s，停 2 s，反转 6 s，停 2 s，以此为一循环，其中正反转 45 Hz 运行。洗涤 3 次循环后开始排水，水排完后，进行脱水，脱水频率 50 Hz。洗涤 3 次和脱水一次为大循环，两次大循环后工作结束，系统提示“工作结束”亮 3 s。程序指示灯熄灭并隐藏，进入初始状态。

3. 轻柔模式。首先排水阀动作 2 s（排水阀用继电器代替），屏幕排水灯亮，停止排水后开始进水（进水阀用继电器代替），当水位达到低水位时（30%～40%水），停止进水，并开始洗涤。开始洗涤后“轻柔”模式指示灯闪烁。洗涤程序正转 4 s，停 2 s，反转 4 s，停 2 s，以此为一循环，其中正反转 20 Hz 运行。洗涤 3 次循环后开始排水，水排完后，进行脱水，脱水频率 50 Hz。洗涤 3 次和脱水一次为大循环，两次大循环后工作结束，系统提示“工作结束”亮 3 s，程序指示灯熄灭并隐藏，进入初始状态。

非排水阶段水位降为 0 均需立即停机，工作结束指示灯闪烁。水位等参数自行提前预设在程序中，可实现完整演示即可

二、作业要求

1. 显示要求。参考触摸屏图片做出屏幕画面以实现工艺要求，不限制于屏幕样式。

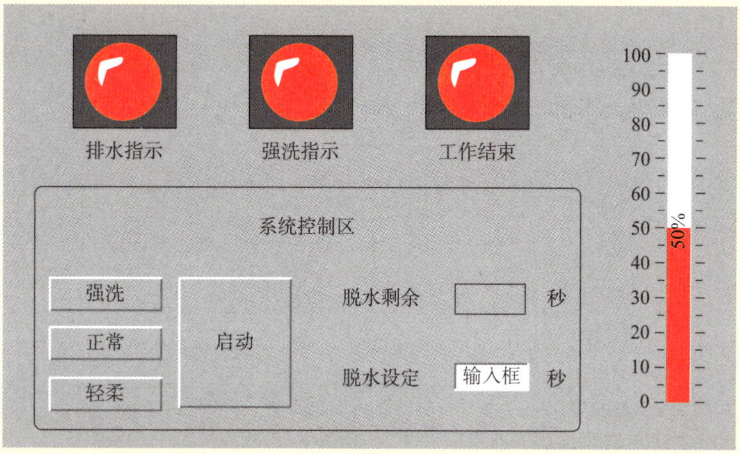

2. 设计要求。根据上面设备控制要求，画出 PLC 的 I/O 表。画出变频器参数修改表。画出主电路及控制电路图。按照图纸接线，其中变频器的电源输出到电机及交流接触器的主电路都不需要接线。此次考核内容为设备电气控制系统，不需要考虑设备的实际使用。编写 PLC 及触摸屏程序并下载到相应设备，现场调试，实现功能要求。编写 PLC 及触摸屏程序并下载到相应设备，现场调试，实现功能要求。

三、时间安排：120 min

2. 评分标准

考核内容	考核要求	标准分	扣　分
开工前准备（5 分）	1. 按规定穿戴劳动保护用品 无单位发的电工上岗证、无国家发的特种作业操作证或证超期不得参加此项竞赛；比赛选手要求正确着装，向裁判员报告，我是××车辆段×××，考号××，报告完毕，请指示。 向选手发放作业任务书、作业报告纸、草稿纸	1 分	无电工证失格
	2. 检查工具准备是否齐全、完好 平头螺丝刀(100 mm、75 mm 各一把)，十字螺丝刀(100 mm、75 mm 各一把)，测电笔，钢丝钳，剥线钳，尖嘴钳，斜嘴钳，电工刀，活扳手，绝缘鞋，工作服、帽等	2 分	每缺一项或有问题扣 0.5 分，扣完为止
	3. 检查各种检测仪表(检验合格证在检定有效期范围内) 万用表、兆欧表、钳形电流表(带负荷实验时，检测电流)、工具、仪表	1 分	缺一项(无合格证或合格证超期按缺项处理)扣 0.5 分，扣完为止
	检查作业周围环境是否存在危及安全隐患。 向裁判员报告，准备工作完毕	1 分	选手未检查作业周围环境是否存在危及安全隐患扣 1 分

续上表

考核内容	考核要求	标准分	扣　分
安全生产（5分）	1. 检查三相电源是否正常 验电前应将电压等级合适的，且合格的验电器在有电的设备上试验，证明验电器指示无误。 然后在所使用的电源进出线两侧，各相分别验电	2分	不符合要求每处扣1分
	2. 停、验、挂操作顺序应符合要求 断电作业时必须执行停电、验电、悬挂标志牌，严禁带负荷拉、合断路器	3分	每错、缺一项扣1分
	3. 违章作业，发生不安全苗头失格		失格
工具、仪表使用（5分）	正确使用工具、测量仪表 1. 通电前使用万用表测量线路通断。 2. 根据测量对象，将转换开关拨到相应挡位。 3. 兆欧表使用前做短路及开路检查。 4. 工具、仪表使用安全可靠，文明作业。 5. 是否掉落工具、配件	5分	使用方法错误每处扣0.5分，未检查扣1分，违规使用造成仪表损坏扣2分。工具、仪表乱放、竞赛退场遗失工具、仪表每处扣0.5分。工作过程中掉落工具、配件每件扣2分
I/O表（5分）	正确写出I/O表	5分	每错一处扣1分，扣完为止
电路设计（15分）	正确设计电路原理图	15分	电路设计不正确，符号不规范，缺少功能件每处扣2分，明显不合理或短路情况扣10分
变频器参数表（5分）	正确写出变频器修改参数	5分	每错一处扣1分，扣完为止
元器件的选择（5分）	正确选择元器件 按正确设计的电路原理图选装元件 主要器件应进行接线。根据任务书，应选用但不限于：1个3P断路器、1个2P断路器、1个PLC、1个变频器、1个触摸屏、1个急停按钮、1个电源开关、1个热继电器	5分	1. 元器件清单提报，第一次选取完毕后，每再取一个元件扣0.5分；每剩余一个元件扣0.5分 2. 元件清单中每处错误扣1分
元器件安装接线（20分）	正确选用部件、按要求接线	5分	主要器件未进行接线，每处扣1分
	正确安装元器件，按规范布线，限位开关、按钮盒护盖螺栓是否装好	15分	布线不平直、不美观；接点松动，露铜过长、反圈、压绝缘层；损伤导线绝缘或线芯，每处扣1分。损坏原件，每件扣5分
调试功能（35分）	界面一共1分	1分	功能未实现扣除该项分数
	界面三种模式可以选择，指示灯相应显示，未选择的模式指示灯隐藏。水量自动调整	3分	功能未实现扣除该项分数
	脱水时间可设定，脱水时可倒计时	4分	每项未实现扣2分

续上表

考核内容	考核要求	标准分	扣　分
调试功能（35分）	正常模式，排水、排水灯亮，洗涤频率时间符合，循环两次，脱水，工作结束灯亮，程序灯隐藏	6分	每项功能未实现扣1分
	轻柔模式，排水、排水灯亮，洗涤频率时间符合，循环两次，脱水，工作结束灯亮，程序灯隐藏	6分	每项功能未实现扣1分
	强洗模式，排水、排水灯亮，洗涤频率时间符合，循环两次，脱水，工作结束灯亮，程序灯隐藏	6分	每项功能未实现扣1分
	非排水阶段水位降为0均需立即停机	3分	每项功能未实现扣1分
	按急停按钮（实体按钮）随时停止	2分	每项功能未实现扣3分
	运行中按启动键暂停，再按继续	3分	每项功能未实现扣3分
	选手全部完成要求第一次交卷调试未成功，扣3分。每项只能最多交卷调试两次（自己调试通电过程不算交卷调试）		功能未实现扣除该项分数

四、清洗机设备PLC项目

1. 作业任务书

设备维修实作电工作业任务书

一、作业内容

某清洗机需要进行电气改造，将原有的电气系统加装一套变频控制。清洗机有一套转轮系统，套个主刷清洗，主刷移动是液压电磁阀控制。触摸屏参考画面如图所示：

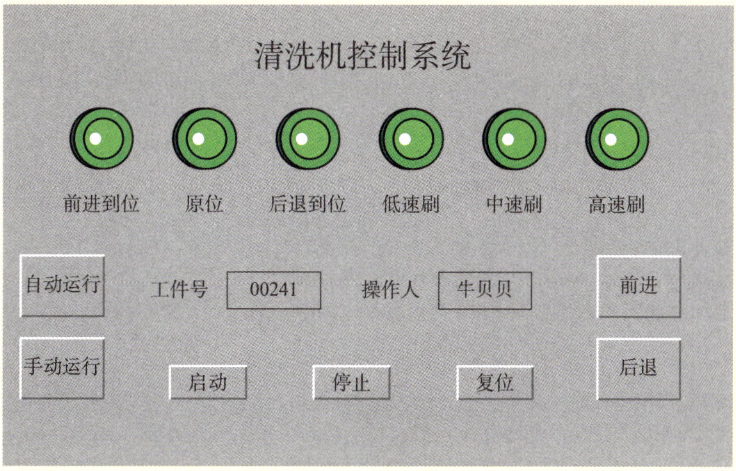

1. 在屏幕输入工件号:00241,输入操作人姓名:牛贝贝。

2. 选择屏幕自动运行,按屏幕启动按钮转轮系统先启动,5 s后清洗刷启动以低速25 Hz转动,达到低速后,清洗刷前进左移。5 s后以中速35 Hz转动,到终端限位后以高速45 Hz后退右移,到另一端限位后清洗刷停转,清洗刷返回原位,到位后全部停止,循环2次后自动结束。再次按下启动按钮可进行下一个循环。

3. 任意时刻按下屏幕停止按钮全机停止。停止状态下按屏幕复位按钮,清洗刷自动回到原位,到原位后停机。

4. 选择屏幕手动运行,按转轮启动按钮,清洗刷以工频运行,按清洗启动按钮清洗刷转动,优先启动转轮系统。系统启动后人工点动屏幕前进、后退按钮可控制清洗刷任意移动。按下停止按钮设备全停。

5. 屏幕需有,自动运行,手动运行,启动,停止,前进,后退,复位。前进到位显示,后退到位显示,原位显示,有三速显示

二、作业要求

1. 根据上面设备控制要求,画出PLC的I/O表。

2. 画出变频器参数修改表。

3. 画出主电路及控制电路图。

4. 按照图纸接线,其中变频器的电源输出到电机及交流接触器的主电路都不需要接线(特别注意)。此次考核内容为设备控制系统,不需要考虑设备的实际使用。

5. 编写PLC及触摸屏程序并下载到相应设备,现场调试,实现功能要求。

6. 清洗刷的移动电磁阀可用24 V指示灯代替,限位开关不够可以用按钮代替

三、时间安排:120 min

2. 评分标准

考核内容	考核要求	标准分	扣分
开工前准备(5分)	1. 按规定穿戴劳动保护用品 无单位发的电工上岗证、无国家发的特种作业操作证或证超期不得参加此项竞赛;比赛选手要求正确着装,向裁判员报告,我是××车辆段×××,考号××,报告完毕,请指示。 选手发放作业任务书、作业报告纸、草稿纸	1分	无电工证失格
	2. 检查工具准备是否齐全、完好 平头螺丝刀(100 mm、75 mm各一把),十字螺丝刀(100 mm、75 mm各一把),测电笔,钢丝钳,剥线钳,尖嘴钳,斜嘴钳,电工刀,活扳手,绝缘鞋,工作服、帽等	2分	每缺一项或有问题扣0.5分,扣完为止
	3. 检查各种检测仪表(检验合格证在检定有效期范围内) 万用表、兆欧表、钳形电流表(带负荷实验时,检测电流)、工具、仪表	1分	缺一项(无合格证或合格证超期按缺项处理)扣0.5分,扣完为止
	检查作业周围环境是否存在危及安全隐患。 向裁判员报告,准备工作完毕	1分	选手未检查作业周围环境是否存在危及安全隐患扣一分

续上表

考核内容	考核要求	标 准 分	扣　　分
安全生产（5 分）	1. 检查三相电源是否正常 验电前应将电压等级合适的，且合格的验电器在有电的设备上试验，证明验电器指示无误；然后在所使用的电源进出线两侧，各相分别验电	2 分	不符合要求每处扣一分
	2. 停、验、挂操作顺序应符合要求 断电作业时必须执行停电、验电、悬挂标志牌、严禁带负荷拉、合断路器	3 分	每错、缺一项扣 1 分
	3. 违章作业，发生不安全苗头失格		失格
工具、仪表使用（5 分）	正确使用工具、测量仪表 1. 通电前使用万用表测量线路通断。 2. 根据测量对象，将转换开关拨到相应挡位。 3. 兆欧表使用前做短路及开路检查。 4. 工具、仪表使用安全可靠，文明作业。 5. 是否掉落工具、配件	5 分	使用方法错误每处扣 0.5 分，未检查扣 1 分，违规使用造成仪表损坏扣 2 分。工具、仪表乱放、竞赛退场遗失工具、仪表每处扣 0.5 分。工作过程中掉落工具、配件每件扣 2 分
I/O 表（5 分）	正确写出 I/O 表	5 分	每错一处扣 1 分，扣完为止
电路设计（15 分）	正确设计电路原理图	15 分	电路设计不正确，符号不规范，缺少功能件每处扣 2 分，明显不合理或短路情况扣 10 分
变频器参数表（5 分）	正确写出变频器修改参数	5 分	每错一处扣 1 分，扣完为止
元器件的选择（5 分）	按正确设计的电路原理图选装元件，以下主要器件应进行接线。根据任务书，可选用但不限于：1 个 3P 断路器，1 个 2P 断路器，3 个 220V 交流接触器，1 个 PLC，1 个变频器，1 个触摸屏，1 个开关电源，3 个中间继电器，1 个热继电器，2 个限位开关	5 分	1. 元器件清单提报，第一次选取完毕后，每再取一个元件扣 0.5 分；每剩余一个元件扣 0.5 分 2. 元件清单中每处错误扣 1 分
元器件安装接线（20 分）	正确选用部件、按要求接线	5 分	主要器件未进行接线，每处扣 1 分
	正确安装元器件，按规范布线，限位开关、按钮盒护盖螺丝是否装好	15 分	布线不平直、不美观；接点松动，露铜过长、反圈、压绝缘层；损伤导线绝缘或线芯，每处扣 1 分。损坏原件，每件扣 5 分
调试功能（35 分）	界面布置完整，功能齐全	2 分	功能未实现扣除该项分数
	指示灯正常工作，每个得 1 分	6 分	每个灯未实现扣除该项分数
	正确输入工号，姓名进行启动，输入错误不启动	4 分	功能未实现扣除该项分数
	按启动按钮转轮先启动	3 分	功能未实现扣除 3 分
	清洗刷可按要求频率完成流程	10 分	功能未实现扣除 10 分
	手动工频运行	5 分	功能未实现扣除该项分数

续上表

考核内容	考核要求	标准分	扣分
调试功能（35分）	按停止按钮可停止	2分	功能未实现扣除该项分数
	按复位可自动回原点	3分	功能未实现扣除该项分数
	选手全部完成要求第一次交卷调试未成功，扣3分。每项只能最多交卷调试两次。（自己调试通电过程不算交卷调试）		功能未实现扣除该项分数

五、四轮电瓶车 PLC 项目

1. 作业任务书

设备维修实作电工作业任务书

一、作业内容：

一辆最新的国产变频四轮点评车，该车直流逆变后由变频器驱动，速度采用无级变速，车辆自带路况侦测系统和自动避险功能，带有一个 500 W 的反馈发电机。

打开电门锁后电源指示灯亮，控制继电器接通系统电源，操作人员点击屏幕的登录框识别身份后（王老师，密码 206）即可进入准备状态。按启动按钮启动车辆，并以初始值最低速 10 Hz 运行；如侦测到前方没有障碍，并已以最低速运行时间为 5 s，屏幕上的加、减速按钮无级变速功能生效，最高速度为 55 Hz，点动可线性连续增减，车辆最大增减速的时间为 15 s；并在屏幕相应显示速度（10～25 Hz 低速运行灯亮，26～40 Hz 中速运行灯亮，41～55 Hz 高速运行灯亮）；如侦测到前方有障碍，车辆自动每 3 s 降低一挡速度，直至停车。运行期间踩脚刹车，无论什么速度，会立即停车。停止状态下按“停止”按钮，系统进入准备状态。关闭电门锁后，整车电源关闭。

因为反馈发电机发出的电流不稳定，因此当发电机出现过流故障后，为避免引起其他隐患，驱动电机变频器将联锁报警停机，并在屏幕以跑马灯字幕显示“请检查发电机”。

这辆高挡电动四轮车具有最先进的大屏显示功能，屏幕上可以显示电源指示灯、运行指示灯、发电机发电指示灯，在三挡速度还可以提示“低速运行”“中速运行”“ 高速运行”指示灯，屏幕设有启动、停止、增速、减速按钮，跑马灯字幕。

未登录和退出登录后，本车无法启动。

为了王老师的安全，请大家充分考虑车辆的各种保护措施，按此要求设计和调试出车辆的触摸屏，PLC 程序，和变频器运行参数。

电门锁用旋钮开关代替，自动侦测系统用限位开关代替，脚刹车用按钮代替，发电机输出到接触器、热继电器，不需要接主回路和发电机

二、作业要求：

1. 根据上面设备控制要求，画出 PLC 的 I/O 表。
2. 画出变频器参数修改表。
3. 画出主电路及控制电路图。
4. 按照图纸接线，其中变频器的电源输出到电机及交流接触器的主电路都不需要接线（特别注意）。
5. 此次考核内容为四轮车电气控制系统，不需要考虑四轮车的实际使用。
6. 编写 PLC 及触摸屏程序并下载到相应设备，现场调试，实现功能要求。
7. 如需保存文件 ，请保存到电脑的 D 盘中

三、时间安排：120 min

2. 评分标准

考核内容	考核要求	标准分	扣　分
开工前准备（5分）	1. 按规定穿戴劳动保护用品 无单位发的电工上岗证、无国家发的特种作业操作证或证超期不得参加此项竞赛；比赛选手要求正确着装，向裁判员报告，我是××车辆段×××，考号××，报告完毕，请指示。 向选手发放作业任务书、作业报告纸、草稿纸	1分	无电工证失格
	2. 检查工具准备是否齐全、完好 平头螺丝刀（100 mm、75 mm 各一把），十字螺丝刀（100 mm、75 mm 各一把），测电笔，钢丝钳，剥线钳，尖嘴钳，斜嘴钳，电工刀，活扳手，绝缘鞋，工作服、帽等。	2分	每缺一项或有问题扣0.5分，扣完为止
	3. 检查各种检测仪表（检验合格证在检定有效期范围内） 万用表、兆欧表、钳形电流表（带负荷实验时，检测电流）、工具、仪表	1分	缺一项（无合格证或合格证超期按缺项处理）扣0.5分，扣完为止
	检查作业周围环境是否存在危及安全隐患。 向裁判员报告，准备工作完毕	1分	选手未检查作业周围环境是否存在危及安全隐患扣1分
安全生产（5分）	1. 检查三相电源是否正常 验电前应将电压等级合适的，且合格的验电器在有电的设备上试验，证明验电器指示无误。 然后在所使用的电源进出线两侧，各相分别验电	2分	不符合要求每处扣1分
	2. 停、验、挂操作顺序应符合要求 断电作业时必须执行停电、验电、悬挂标志牌，严禁带负荷拉、合断路器	3分	每错、缺一项扣1分
	3. 违章作业，发生不安全苗头失格		失格
工具仪表使用（5分）	正确使用工具、测量仪表 1. 通电前使用万用表测量线路通断。 2. 根据测量对象，将转换开关拨到相应挡位。 3. 兆欧表使用前做短路及开路检查。 4. 工具、仪表使用安全可靠，文明作业。 5. 是否掉落工具、配件	5分	使用方法错误每处扣0.5分，未检查扣1分，违规使用造成仪表损坏扣2分。工具、仪表乱放、竞赛退场遗失工具、仪表每处扣0.5分。工作过程中掉落工具、配件每件扣2分
I/O表（5分）	正确写出I/O表	5分	每错一处扣1分，扣完为止
电路设计（15分）	正确设计电路原理图	15分	电路设计不正确，符号不规范，缺少功能件每处扣2分，明显不合理或短路情况扣10分
变频器参数表（5分）	正确写出变频器修改参数	5分	每错一处扣1分，扣完为止

续上表

考核内容	考核要求	标准分	扣分
元器件的选择（5分）	按正确设计的电路原理图选装元件 主要器件应进行接线。根据任务书，应选用但不限于： 1个3P断路器，1个2P断路器，3个220 V交流接触器，1个PLC，1个变频器，1个触摸屏，1个开关电源，2个中间继电器，1个热继电器，2个按钮开关、2个接触器	5分	1. 元器件清单提报，第一次选取完毕后，每再取一个元件扣0.5分；每剩余一个元件扣0.5分。 2. 元件清单中每处错误扣1分
元器件安装接线（20分）	正确选用部件、按要求接线	5分	主要器件未进行接线，每处扣1分
	正确安装元器件，按规范布线，限位开关、按钮盒护盖螺栓是否装好	15分	布线不平直、不美观；接点松动，露铜过长、反圈、压绝缘层；损伤导线绝缘或线芯，每处扣1分。损坏原件，每件扣5分
调试功能（35分）	界面一共3分，其中画面2分，登录1分	2分	功能未实现扣除该项分数
	电门锁控制继电器接通电源	2分	功能未实现扣除该项分数
	按启动按钮启动车辆，以10 Hz初始值运行	2分	功能未实现扣除该项分数
	最低速运行5 s，加减速键不得起作用	3分	每项功能未实现扣除3分
	5 s后可点动线性加减速，最高频率55 Hz	4分	每项功能未实现扣除2分
	高速、中速、低速三个指示灯可按要求点亮	4分	功能未实现扣除该项分数
	有障碍，自动每3 s降低一挡速度	3分	功能未实现扣除该项分数
	运行期间踩刹车，自动停止	3分	功能未实现扣除该项分数
	静止状态按停止键，进入准备状态	3分	功能未实现扣除该项分数
	发电机过流，联锁带动变频器停机报警	3分	功能未实现扣除该项分数
	可按要求显示跑马灯字幕	3分	功能未实现扣除该项分数
	可按要求点亮电源指示灯、运行指示灯、发电机发电指示灯	3分	功能未实现扣除该项分数
	选手全部完成要求第一次交卷调试未成功，扣3分。每项只能最多交卷调试两次（自己调试通电过程不算交卷调试）		

六、工业洗衣机配盘项目

1. 作业任务书

设备维修实作（二）电工作业任务书

低压电气控制盘（柜）的安装与调试

（设备维修实作电工作业任务书）

一、作业内容

一台工业洗衣机，放入衣服和洗涤剂，按启动钮后，进水阀打开进水，到达高水位，滚筒开始正转4 s，反转5 s，循环三次后停止。洗衣时水量低于高水位时可随时补水，滚筒正常运转。洗衣结束后自动排空水，正转甩干，10 s后自动停止运转。要求能随时停止

二、作业要求

(1)画出电气原理图;进水阀、排水阀用继电器表示。
(2)正确选择元件,做出元件清单,高低水位传感器使用旋钮开关。
(3)根据元件清单在元件库领取相应的元件。
(4)按功能要求使用线槽正确配线、布线和接线。
(5)安装完毕后,提请监考到位方可通电试车。
(6)能熟练地对电路进行调试。
(7)如遇故障自行排除

三、时间安排:120 min

2. 评分标准

考核内容	考核要求	标准分	扣　　分
开工前准备(5分)	1. 按规定穿戴劳动保护用品 要求正确着装,向裁判员报告,我是××车辆段×××,考号××,报告完毕,请指示。并按规定出示特种作业电工操作证,有效期应符合规定要求。 向选手发放作业任务书、作业报告纸、草稿纸、记录板	1分	每缺一项扣1分,无特种作业电工操作证或不在有效期内取消竞赛资格
	2. 检查工具准备是否齐全、完好 平头螺丝刀(100 mm、75 mm各一把),十字螺丝刀(100 mm、75 mm各一把),测电笔,钢丝钳,剥线钳,尖嘴钳,斜嘴钳,电工刀,活扳手,绝缘鞋,工作服、帽等	2分	每缺一项或有问题扣0.5分,扣完为止
	3. 检查各种检测仪表(检验合格证在检定有效期范围内) 万用表、兆欧表、钳形电流表(带负荷实验时,检测电流)、工具、仪表	1分	缺一项(无合格证或合格证超期按缺项处理)扣0.5分,扣完为止
	检查作业周围环境是否存在危及安全隐患。 向裁判员报告,准备工作完毕	1分	选手未检查作业周围环境是否存在危及安全隐患扣1分
安全生产(5分)	1. 检查三相电源是否正常 正确使用验电器,验电前应将电压等级合适的,且合格的验电器在有电的设备上试验,证明验电器指示无误。 然后在所使用的电源进出线两侧,各相分别验电	2分	不符合要求每处扣1分
	2. 停、验、挂操作顺序应符合要求 断电作业时必须执行停电、验电、悬挂标志牌,严禁带负荷拉、合刀闸	3分	每错、缺一项扣1分
	3. 违章作业,发生不安全苗头失格		失格

续上表

考核内容	考核要求	标准分	扣　分
工具、仪表使用（5分）	正确使用工具、测量仪表 1. 测量前应认真检查表笔位置，红色表笔应接在标有“＋”的接线柱上，黑色表笔应接在标有“－”的接线柱上。 在测量电压时，应并联接入被测电路。 在测量电流时，应串联接入被测电路。 在测量直流电流、电压时，红表笔应接被测电路正极，黑表笔应接被测电路负极。 2. 根据测量对象，将转换开关拨到相应挡位。 3. 兆欧表使用前做短路及开路检查。 4. 工具、仪表使用安全可靠，文明作业	5分	使用方法错误每处扣0.5分，未检查扣1分，违规使用造成仪表损坏扣2分。工具、仪表乱放、竞赛退场遗失工具、仪表每处扣0.5分
电路设计（20分）	正确设计电路原理图	20分	电路设计不正确，符号不规范，每处扣2分，出现短路情况每处扣5分
元器件的选择（5分）	元器件选择 按正确设计的电路原理图选装元件，根据任务书，主要元件应选用： 1个3P断路器，1个3P熔断器，2个1P熔断器，2个交流接触器，1个或2个时间继电器，1个热继电器，3～6个中间继电器，1个按钮盒，3个20 A熔体，2个2 A熔体	5分	元件清单中每处错误扣1分，选择错误每个扣1分
元器件安装接线（30分）	1. 正确选用部件、按要求接线	5分	主要器件未进行接线，每处扣1分
	2. 布线平直、美观	5分	布线不平直、不美观，每根扣1分
	3. 接点无松动，无露铜过长、反圈、压绝缘层	4分	接点松动，露铜过长、反圈、压绝缘层每处扣1分
	4. 不得损伤导线绝缘或线芯	3分	损伤导线，每根扣1分
	5. 元件无损坏	10分	损坏原件，每件扣5分
	6. 电源进出线及按钮盒的进出线未经过接线端子排	3分	未经过接线端子排，每处扣1分
运行操作调试（30分）	1. 有手动和自动运行	4分	功能未实现扣除该项分数
	2. 手动是点动运行	8分	功能未实现扣除该项分数
	3. 自动时按开门按钮自动开门到限位停止，停2 min后自动关门到限位停止，按关门按钮自动到限位停止	4分	功能未实现扣除该项分数
	4. 开门优先，有短路、过载和失压保护	8分	功能未实现扣除该项分数
	5. 按停止按钮，自动手动都会停止	3分	功能未实现扣除该项分数
	第一次交卷调试未成功，第二次交卷调试成功扣3分。每项只能最多交卷调试两次	3分	

七、机床加工配盘项目

1. 作业任务书

设备维修实作(二)电工作业任务书

[低压电气控制盘(柜)的安装与调试]

一、作业内容

机床加工时，刀具离工件 20 cm 时开始快速进给，离工件 10 cm 时刀具低速运行，触碰工件后开始手动加工(此处限位器按下就抬起)，加工 5 s 后，刀具开始低速退出，2 s 后转快速退出，离工件 15 cm 处停止(电机能耗制动)。电机随时停止

二、作业要求

1. 画出电气原理图。
2. 正确选择元件，做出元件清单。
3. 根据元件清单在元件库领取相应的元件。
4. 按功能要求使用线槽正确配线、布线和接线。
5. 安装完毕后，提请监考到位方可通电试车。
6. 能熟练地对电路进行调试；如遇故障自行排除。
7. 能熟练地对电路进行调试。
8. 如遇故障自行排除

三、时间安排：120 min

2. 评分标准

考核内容	考核要求	标准分	扣　分
开工前准备(5分)	1. 按规定穿戴劳动保护用品 要求正确着装，向裁判员报告，我是××车辆段×××，考号××，报告完毕，请指示。并按规定出示特种作业电工操作证，有效期应符合规定要求。 向选手发放作业任务书、作业报告纸、草稿纸、记录板	1分	每缺一项扣1分，无特种作业电工操作证或不在有效期内取消竞赛资格
	2. 检查工具准备是否齐全、完好 平头螺丝刀(100 mm、75 mm各一把)，十字螺丝刀(100 mm、75 mm各一把)，测电笔，钢丝钳，剥线钳，尖嘴钳，斜嘴钳，电工刀，活扳手，绝缘鞋，工作服、帽等	2分	每缺一项或有问题扣0.5分，扣完为止
	3. 检查各种检测仪表(检验合格证在检定有效期范围内) 万用表、兆欧表、钳形电流表(带负荷实验时，检测电流)、工具、仪表	1分	缺一项(无合格证或合格证超期按缺项处理)扣0.5分，扣完为止
	检查作业周围环境是否存在危及安全隐患。 向裁判员报告，准备工作完毕	1分	选手未检查作业周围环境是否存在危及安全隐患扣1分

续上表

考核内容	考核要求	标准分	扣分
安全生产 （5分）	1. 检查三相电源是否正常 正确使用验电器，验电前应将电压等级合适的，且合格的验电器在有电的设备上试验，证明验电器指示无误。 然后在所使用的电源进出线两侧，各相分别验电	2分	不符合要求每处扣1分
	2. 停、验、挂操作顺序应符合要求。断电作业时必须执行停电、验电、悬挂标志牌，严禁带负荷拉、合刀闸	3分	每错、缺一项扣1分
	3. 违章作业，发生不安全苗头失格		失格
工具、仪表使用 （5分）	正确使用工具、测量仪表 1. 测量前应认真检查表笔位置，红色表笔应接在标有“＋”的接线柱上，黑色表笔应接在标有“－”的接线柱上。 在测量电压时，应并联接入被测电路。 在测量电流时，应串联接入被测电路。 在测量直流电流、电压时，红表笔应接被测电路正极，黑表笔应接被测电路负极。 2. 根据测量对象，将转换开关拨到相应挡位。 3. 兆欧表使用前做短路及开路检查。 4. 工具、仪表使用安全可靠，文明作业	5分	使用方法错误每处扣0.5分，未检查扣1分，违规使用造成仪表损坏扣2分。工具、仪表乱放、竞赛退场遗失工具、仪表每处扣0.5分
电路设计 （20分）	正确设计电路原理图	20分	电路设计不正确，符号不规范，每处扣2分，出现短路情况每处扣5分
元器件的选择 （5分）	元器件选择 按正确设计的电路原理图选装元件，根据任务书，主要元件应选用： 1个3P断路器、1个3P熔断器、2个1P熔断器、2个交流接触器、1个或2个时间继电器、1个热继电器、3～6个中间继电器、1个按钮盒、3个20 A熔体、2个2 A熔体	5分	元件清单中每处错误扣1分，选择错误每个扣1分
元器件安装接线 （30分）	1. 正确选用部件、按要求接线	5分	主要器件未进行接线，每处扣1分
	2. 布线平直、美观	5分	布线不平直、不美观，每根扣1分
	3. 接点无松动，无露铜过长、反圈、压绝缘层	4分	接点松动，露铜过长、反圈、压绝缘层每处扣1分
	4. 不得损伤导线绝缘或线芯	3分	损伤导线，每根扣1分
	5. 原件无损坏	10分	损坏原件，每件扣5分
	6. 电源进出线及按钮盒的进出线需经过接线端子排	3分	未经过接线端子排，每处扣1分
运行操作调试 （30分）	1. 碰20 cm处限位，电机高速运转，随时能停止	4分	功能未实现扣除该项分数
	2. 碰10 cm限位，电机转低速运行	8分	功能未实现扣除该项分数
	3. 碰限位停止，延时5 s	4分	功能未实现扣除该项分数
	4. 低速退出	8分	功能未实现扣除该项分数
	5. 2 s后高速退出	3分	功能未实现扣除该项分数
	6. 到位后停机，能耗制动	3分	功能未实现扣除该项分数
	第一次交卷调试未成功，第二次交卷调试成功扣3分。每项只能最多交卷调试两次		

八、消防泵配盘项目

1. 作业任务书

设备维修实作(二)电工作业任务书

[低压电气控制盘(柜)的安装与调试]

一、作业内容

某车辆段消防泵站采用两台 90 kW 消防泵一主一备加压。在消防管道压力低于 0.2 MPa 时消防泵自动启动,管道压力达到 1 MPa 后自动停泵。一号泵优先启动,故障停机时 2 号泵自动启动。两台泵各设故障指示灯,非正常停机故障指示灯亮

二、作业要求

1. 两台泵单独设电源控制;消防泵的运行不得影响其他设备;请考虑过流、短路、失压保护。压力开关采用旋钮开关代替。
2. 画出电气原理图。
3. 正确选择元件,做出元件清单。
4. 根据元件清单在元件库领取相应的元件。
5. 按功能要求正确配线、布线和接线。
6. 安装完毕后,提请监考到位方可通电试车。
7. 能熟练地对电路进行调试。
8. 如遇故障自行排除

三、时间安排:120 min

2. 评分标准

考核内容	考核要求	标准分	扣　分
开工前准备(5 分)	1. 按规定穿戴劳动保护用品 要求正确着装,向裁判员报告,我是××车辆段×××,考号××,报告完毕,请指示。并按规定出示特种作业电工操作证,有效期应符合规定要求。 向选手发放作业任务书、作业报告纸、草稿纸、记录板	1 分	每缺一项扣 1 分。 无特种作业电工操作证或不在有效期内取消竞赛资格
	2. 检查工具准备是否齐全、完好 平头螺丝刀(100 mm、75 mm 各一把),十字螺丝刀(100 mm、75 mm 各一把),测电笔,钢丝钳,剥线钳,尖嘴钳,斜嘴钳,电工刀,活扳手,绝缘鞋,工作服、帽等	2 分	每缺一项或有问题扣 0.5 分,扣完为止
	3. 检查各种检测仪表(检验合格证在检定有效期范围内) 万用表、兆欧表、钳形电流表(带负荷实验时,检测电流)、工具、仪表	1 分	缺一项(无合格证或合格证超期按缺项处理)扣 0.5 分,扣完为止
	检查作业周围环境是否存在危及安全隐患。 向裁判员报告,准备工作完毕	1 分	选手未检查作业周围环境是否存在危及安全隐患扣 1 分

续上表

考核内容	考核要求	标准分	扣分
安全生产（5分）	1. 检查三相电源是否正常 正确使用验电器，验电前应将电压等级合适的，且合格的验电器在有电的设备上试验，证明验电器指示无误。 然后在所使用的电源进出线两侧，各相分别验电	2分	不符合要求每处扣1分
	2. 停、验、挂操作顺序应符合要求 断电作业时必须执行停电、验电、悬挂标志牌，严禁带负荷拉、合刀闸	3分	每错、缺一项扣1分
	3. 违章作业，发生不安全苗头失格		失格
工具、仪表使用（5分）	正确使用工具、测量仪表 1. 测量前应认真检查表笔位置，红色表笔应接在标有"＋"的接线柱上，黑表笔应接在标有"－"的接线柱上。 在测量电压时，应并联接入被测电路。 在测量电流时，应串联接入被测电路。 在测量直流电流、电压时，红表笔应接被测电路正极，黑表笔应接被测电路负极。 2. 根据测量对象，将转换开关拨到相应挡位。 3. 兆欧表使用前做短路及开路检查。 4. 工具、仪表使用安全可靠，文明作业	5分	使用方法错误每处扣0.5分，未检查扣1分，违规使用造成仪表损坏扣2分。工具、仪表乱放、竞赛退场遗失工具、仪表每处扣0.5分
电路设计（20分）	正确设计电路原理图	20分	电路设计不正确，符号不规范，每处扣2分，出现短路情况每处扣5分
元器件的选择（5分）	元器件选择 按正确设计的电路原理图选装元件。根据任务书，主要元件应选用： 1个按钮盒，3个20A熔体，2个2A熔体；1个3P断路器，1个3P熔断器，2个1P熔断器，1个交流接触器，1～3个中间继电器，2个热继电器，2个时间继电器	5分	元件清单中每处错误扣1分，选择错误每个扣1分
元器件安装接线（30分）	1. 正确选用部件、按要求接线	5分	主要器件未进行接线，每处扣1分
	2. 布线平直、美观	5分	布线不平直、不美观，每根扣1分
	3. 接点无松动，无露铜过长、反圈、压绝缘层	4分	接点松动，露铜过长、反圈、压绝缘层每处扣1分
	4. 不得损伤导线绝缘或线芯	3分	损伤导线，每根扣1分
	5. 原件无损坏	10分	损坏原件，每件扣5分
	6. 电源进出线及按钮盒的进出线需经过接线端子排	3分	未经过接线端子排，每处扣1分
运行操作调试（30分）	1. 压力开关动作后1号泵星形启动	6分	功能未实现扣除该项分数
	2. 1号泵转三角形运行	4分	功能未实现扣除该项分数
	3. 1号泵故障2号泵自动星启动。热继电器、掉闸	8分	热继和掉闸未转换各4分
	4. 2号泵转三角形运行	4分	功能未实现扣除该项分数
	5. 1号泵故障指示灯能够随故障点亮	4分	功能未实现扣除该项分数
	6. 压力开关动作后两台泵均可自动停机	4分	功能未实现扣除该项分数
	第一次交卷调试未成功，第二次交卷调试成功扣3分。每项只能最多交卷调试两次		

九、两台电机顺启逆停配盘项目

1. 作业任务书

设备维修实作(二)电工作业任务书

[低压电气控制盘(柜)的安装与调试]

一、作业内容

能自动、手动切换两台电机顺序启动,逆顺序停止。

要求:1. 两台电机的启动间隔和停止间隔均为 5 s。

2. 两台电机有过载保护、短路保护

二、作业要求

1. 电机功率 5.5 kW。
2. 画出电气原理图。
3. 正确选择元件,做出元件清单。
4. 根据元件清单在元件库领取相应的元件。
5. 按功能要求正确配线、布线和接线。
6. 安装完毕后,提请监考到位方可通电试车。
7. 能熟练地对电路进行调试。
8. 如遇故障自行排除

三、时间安排:120 min

2. 评分标准

考核内容	考核要求	标准分	扣　分
开工前准备(5分)	1. 按规定穿戴劳动保护用品 要求正确着装,向裁判员报告,我是××车辆段×××,考号××,报告完毕,请指示。并按规定出示特种作业电工操作证,有效期应符合规定要求。 向选手发放作业任务书、作业报告纸、草稿纸、记录板	1分	每缺一项扣1分。 无特种作业电工操作证或不在有效期内取消竞赛资格
	2. 检查工具准备是否齐全、完好 平头螺丝刀(100 mm、75 mm 各一把),十字螺丝刀(100 mm、75 mm 各一把),测电笔,钢丝钳,剥线钳,尖嘴钳,斜嘴钳,电工刀,活扳手,绝缘鞋,工作服、帽等	2分	每缺一项或有问题扣 0.5 分,扣完为止
	3. 检查各种检测仪表(检验合格证在检定有效期范围内) 万用表、兆欧表、钳形电流表(带负荷实验时,检测电流)、工具、仪表	1分	缺一项(无合格证或合格证超期按缺项处理)扣 0.5 分,扣完为止
	检查作业周围环境是否存在危及安全隐患。 向裁判员报告,准备工作完毕	1分	选手未检查作业周围环境是否存在危及安全隐患扣1分

续上表

考核内容	考核要求	标准分	扣分
安全生产（5分）	1. 检查三相电源是否正常 正确使用验电器，验电前应将电压等级合适的，且合格的验电器在有电的设备上试验，证明验电器指示无误。 然后在所使用的电源进出线两侧，各相分别验电	2分	不符合要求每处扣1分
	2. 停、验、挂操作顺序应符合要求 断电作业时必须执行停电、验电、悬挂标志牌，严禁带负荷拉、合刀闸	3分	每错、缺一项扣1分
	3. 违章作业，发生不安全苗头失格		失格
工具、仪表使用（5分）	正确使用工具、测量仪表 1. 测量前应认真检查表笔位置，红色表笔应接在标有“＋”的接线柱上，黑表笔应接在标有“－”的接线柱上。 在测量电压时，应并联接入被测电路。 在测量电流时，应串联接入被测电路。 在测量直流电流、电压时，红表笔应接被测电路正极，黑表笔应接被测电路负极。 2. 根据测量对象，将转换开关拨到相应挡位。 3. 兆欧表使用前做短路及开路检查。 4. 工具、仪表使用安全可靠，文明作业	5分	使用方法错误每处扣0.5分，未检查扣1分，违规使用造成仪表损坏扣2分。工具、仪表乱放、竞赛退场遗失工具、仪表每处扣0.5分
电路设计（20分）	正确设计电路原理图	20分	电路设计不正确，符号不规范，每处扣2分，出现短路情况每处扣5分
元器件的选择（5分）	元器件选择 按正确设计的电路原理图选装元件。根据任务书，主要元件应选用： 1个3P断路器，1个3P熔断器，1个1P熔断器，2个交流接触器，2个热继电器，2个时间继电器，6个按钮，1个转换开关，3个10A熔体，2个2A熔体	5分	元件清单中每处错误扣1分，选择错误每个扣1分
元器件安装接线（30分）	1. 正确选用部件、按要求接线	5分	主要器件未进行接线，每处扣1分
	2. 布线平直、美观	5分	布线不平直、不美观，每根扣1分
	3. 接点无松动，无露铜过长、反圈、压绝缘层	4分	接点松动，露铜过长、反圈、压绝缘层每处扣1分
	4. 不得损伤导线绝缘或线芯	3分	损伤导线，每根扣1分
	5. 原件无损坏	10分	损坏原件，每件扣5分
	6. 电源进出线及按钮盒的进出线需经过接线端子排	3分	未经过接线端子排，每处扣1分
运行操作调试（30分）	1. 能实现自动、手动功能	5分	功能未实现扣除该项分数
	2. 手动时，按下启动按钮M1启动后才能启动M2	5分	功能未实现扣除该项分数
	3. 手动时，按下停止按钮M2停止后才能停止M1	5分	功能未实现扣除该项分数
	4. 自动时，按下启动按钮M1启动、M2后启动	5分	功能未实现扣除该项分数
	5. 自动时，按下停止按钮M2停止后才能停止M1	5分	功能未实现扣除该项分数
	6. M1、M2两电机启动、停止间隔5 s	5分	功能未实现扣除该项分数
	第一次交卷调试未成功，第二次交卷调试成功扣3分。每项只能最多交卷调试两次		

十、小型搅拌机配盘项目

1. 作业任务书

设备维修实作(二)电工作业任务书

[低压电气控制盘(柜)的安装与调试]

一、作业内容

一台小型搅拌机,电机为双速电机,按钮启动低速搅拌 10 s 转为高速,搅拌 20 s 后停止。要求能自动、手动操作、过载保护、短路保护随时按停钮停止运行

二、作业要求

1. 电机型号为 YD100L2-4/2。
2. 画出电气原理图。
3. 正确选择元件,做出元件清单。
4. 根据元件清单在元件库领取相应的元件。
5. 按功能要求正确配线、布线和接线。
6. 安装完毕后,提请监考到位方可通电试车。
7. 能熟练地对电路进行调试。
8. 如遇故障自行排除

三、时间安排:120 min

2. 评分标准

考核内容	考核要求	标准分	扣　分
开工前准备(5 分)	1. 按规定穿戴劳动保护用品 要求正确着装,向裁判员报告,我是××车辆段×××,考号××,报告完毕,请指示。并按规定出示特种作业电工操作证,有效期应符合规定要求。 向选手发放作业任务书、作业报告纸、草稿纸、记录板	1 分	每缺一项扣 1 分。 无特种作业电工操作证或不在有效期内取消竞赛资格
	2. 检查工具准备是否齐全、完好 平头螺丝刀(100 mm、75 mm 各一把),十字螺丝刀(100 mm、75 mm 各一把),测电笔,钢丝钳,剥线钳,尖嘴钳,斜嘴钳,电工刀,活扳手,绝缘鞋,工作服、帽等	2 分	每缺一项或有问题扣 0.5 分,扣完为止
	3. 检查各种检测仪表(检验合格证在检定有效期范围内) 万用表、兆欧表、钳形电流表(带负荷实验时,检测电流)、工具、仪表	1 分	缺一项(无合格证或合格证超期按缺项处理)扣 0.5 分,扣完为止
	检查作业周围环境是否存在危及安全隐患。 向裁判员报告,准备工作完毕	1 分	选手未检查作业周围环境是否存在危及安全隐患扣 1 分

续上表

考核内容	考核要求	标准分	扣　分
安全生产（5分）	1. 检查三相电源是否正常 正确使用验电器，验电前应将电压等级合适的，且合格的验电器在有电的设备上试验，证明验电器指示无误。 然后在所使用的电源进出线两侧，各相分别验电	2分	不符合要求每处扣1分
	2. 停、验、挂操作顺序应符合要求 断电作业时必须执行停电、验电、悬挂标志牌，严禁带负荷拉、合刀闸	3分	每错、缺一项扣1分
	3. 违章作业，发生不安全苗头失格		失格
工具、仪表使用（5分）	正确使用工具、测量仪表 1. 测量前应认真检查表笔位置，红色表笔应接在标有“＋”的接线柱上，黑表笔应接在标有“－”的接线柱上。 在测量电压时，应并联接入被测电路； 在测量电流时，应串联接入被测电路。 在测量直流电流、电压时，红表笔应接被测电路正极，黑表笔应接被测电路负极。 2. 根据测量对象，将转换开关拨到相应挡位。 3. 兆欧表使用前做短路及开路检查。 4. 工具、仪表使用安全可靠，文明作业	5分	使用方法错误每处扣0.5分，未检查扣1分，违规使用造成仪表损坏扣2分。工具、仪表乱放、竞赛退场遗失工具、仪表每处扣0.5分
电路设计（20分）	正确设计电路原理图	20分	电路设计不正确，符号不规范，每处扣2分，出现短路情况每处扣5分
元器件的选择（5分）	元器件选择 按正确设计的电路原理图选装元件。根据任务书，主要元件应选用： 1个3P断路器，1个3P熔断器，1个1P熔断器，1个交流接触器，1个热继电器，1～3个中间继电器，1个接触器扩展模块，1个按钮盒，3个20A熔体，2个2A熔体	5分	元件清单中每处错误扣1分，选择错误每个扣1分
元器件安装接线（30分）	1. 正确选用部件、按要求接线	5分	主要器件未进行接线，每处扣1分
	2. 布线平直、美观	5分	布线不平直、不美观，每根扣1分
	3. 接点无松动，无露铜过长、反圈、压绝缘层	4分	接点松动，露铜过长、反圈、压绝缘层每处扣1分
	4. 不得损伤导线绝缘或线芯	3分	损伤导线，每根扣1分
	5. 原件无损坏	10分	损坏原件，每件扣5分
	6. 电源进出线及按钮盒的进出线需经过接线端子排	3分	未经过接线端子排，每处扣1分

续上表

考核内容	考核要求	标准分	扣　分
运行操作调试（30分）	1. 能自动、手工操作	6分	功能未实现扣除该项分数
	2. 按下低速按钮电机低速运转；按下高速按钮电机高速运转	6分	功能未实现扣除该项分数
	3. 按下按钮低速运行10 s	6分	功能未实现扣除该项分数
	4. 10 s后电机高速运行20 s	6分	功能未实现扣除该项分数
	5. 20 s后停止	6分	功能未实现扣除该项分数
	第一次交卷调试未成功，第二次交卷调试成功扣3分。每项只能最多交卷调试两次		

附录
PLC 性能选型速查

附录一　西门子 S7-200 系列 PLC 性能选型速查

序　号	S7-200CN 中央处理单元 CPU
1	CPU 222 CN　DC/DC/DC,8 输入/6 输出
2	CPU 222 CN　AC/DC/继电器,8 输入/6 输出
3	CPU 224 CN　DC/DC/DC,14 输入/10 输出
4	CPU 224 CN　AC/DC/继电器,14 输入/10 输出
5	CPU 224XP CN　DC/DC/DC,14 输入/10 输出(PNP)
6	CPU 224XPsi CN　DC/DC/DC,14 输入/10 输出(NPN)
7	CPU 224XP CN　AC/DC/继电器,14 输入/10 输出
8	CPU 226 CN　DC/DC/DC,24 输入/16 输出
9	CPU 226 CN　AC/DC/继电器,14 输入/16 输出
序　号	扩展模块 EM CN
1	EM 221 CN　数字量输入模块,8 输入 DC 24 V
2	EM 221 CN　数字量输入模块,16 输入 DC 24 V
3	EM 222 CN　数字量输出模块,8 输出 DC 24 V
4	EM 222 CN　数字量输出模块,8 输出继电器
5	EM 223 CN　数字量输入/输出模块,4 输入/4 输出 DC 24 V
6	EM 223 CN　数字量输入/输出模块,4 输入 DC 24 V/4 继电器输出
7	EM 223 CN　数字量输入/输出模块,8 输入/8 输出 DC 24 V
8	EM 223 CN　数字量输入/输出模块,8 输入 DC 24 V/8 继电器输出
9	EM 223 CN　数字量输入/输出模块,16 输入/16 输出, DC 24 V
10	EM 223 CN　数字量输入/输出模块,16 输入 DC 24 V/16 继电器输出
11	EM 223　DC 24 V 数字量组合模块,32 输入/32 输出
12	EM 223　DC 24 V 数字量组合模块,32 输入/32 个继电器输出
13	EM 231 CN　模拟量输入模块,4 输入

续上表

序　号	扩展模块 EM CN
14	EM 231 CN　2 路输入热电阻
15	EM 231 CN　4 路输入热电偶
16	EM 232 CN　模拟量输出模块,2 输出
17	EM 235 CN　模拟量输入/输出模块,4 输入/1 输出
序　号	SIMATIC S7-200 中央处理单元 CPU
1	CPU 221　DC/DC/DC,6 输入/4 输出
2	CPU 221　AC/DC/继电器,6 输入/4 输出
3	CPU 222　DC/DC/DC,8 输入/6 输出
4	CPU 222　AC/DC/继电器,8 输入/6 输出
5	CPU 224　DC/DC/DC,14 输入/10 输出
6	CPU 224　AC/DC/继电器,14 输入/10 输出
7	CPU 224XP　DC/DC/DC,14 输入/10 输出
8	CPU 224XPs　i CN DC/DC/DC,14 输入/10 输出(NPN)
9	CPU 224XP　AC/DC/继电器,14 输入/10 输出
10	CPU 226　DC/DC/DC,24 输入/16 输出
11	CPU 226　AC/DC/继电器,24 输入/16 输出
序　号	扩展模块 EM
1	EM 221　数字量输入模块,8 输入 DC 24 V
2	EM 221　数字量输入模块,8 输入(交流 AC 120 V/230 V)
3	EM 221　数字量输入模块,16 输入 DC 24 V
4	EM 222　数字量输出模块,8 输出 DC 24 V
5	EM 222　数字量输出模块,8 输出继电器
6	EM 222　数字量输出模块,8 输出(交流 AC 120 V/230 V)
7	EM 222　数字量输出模块,4 输出 DC 24 V 5 A
8	EM 222　数字量输出模块,4 输出 继电器 10 A
9	EM 223　数字量输入/输出模块,4 输入/4 输出 DC 24 V
10	EM 223　数字量输入/输出模块,4 输入 DC 24 V/4 继电器输出
11	EM 223　数字量输入/输出模块,8 输入/8 输出 DC 24 V
12	EM 223　数字量输入/输出模块,8 输入 DC 24 V/8 继电器输出
13	EM 223　数字量输入/输出模块,16 输入/16 输出 DC 24 V
14	EM 223　数字量输入/输出模块,16 输入 DC 24 V/16 继电器输出
15	EM 233　数字量输入/输出模块,32 输入 DC 24 V/32 输出
16	EM 233　数字量输入/输出模块,32 输入 DC 24 V/32 继电器输出
17	EM 231　模拟量输入模块,4 输入
18	EM 231　模拟量输入模块,8 输入

续上表

序　　号	扩展模块 EM
19	EM 231　2 路输入热电阻
20	EM 231　4 路输入热电阻
21	EM 231　4 路输入热电偶
22	EM 231　8 路输入热电偶
23	EM 232　模拟量输出模块，2 输出
24	EM 232　模拟量输出模块，4 输出
25	EM 235　模拟量输入/输出模块，4 输入/1 输出
26	EM 241　调制解调器模块
27	EM 253　定位模块
28	EM 277　Profibus-DP 模块
29	CP 243-1 以太网模块
30	CP 243-1 IT 版以太网模块
31	CP 243-2 AS-i 接口模块

附录二 西门子 S7-200 SMART 系列 PLC 性能选型速查

序号	S7-200 SMART 标准型 CPU 模块
1	S7-200 SMART，CPU SR20，继电器输出，AC 220 V 供电，12 输入/8 输出
2	S7-200 SMART，CPU ST20，晶体管输出，DC 24 V 供电，12 输入/8 输出
3	S7-200 SMART，CPU SR30，继电器输出，AC 220 V 供电，18 输入/12 输出
4	S7-200 SMART，CPU ST30，晶体管输出，DC 24 V 供电，18 输入/12 输出
5	S7-200 SMART，CPU SR40，继电器输出，AC 220 V 供电，24 输入/16 输出
6	S7-200 SMART，CPU ST40，晶体管输出，DC 24 V 供电，24 输入/16 输出
7	S7-200 SMART，CPU SR60，继电器输出，AC 220 V 供电，36 输入/24 输出
8	S7-200 SMART，CPU ST60，晶体管输出，DC 24 V 供电，36 输入/24 输出
序号	S7-200 SMART 经济型 CPU 模块
1	S7-200 SMART，CPU CR40，继电器输出，AC 220 V 供电，24 输入/16 输出
2	S7-200 SMART，CPU CR60，继电器输出，AC 220 V 供电，36 输入/24 输出
序号	数字量模块
1	S7-200 SMART，EM DI08，数字量输入模块，8×DC 24 V 输入
2	S7-200 SMART，EM DR08，数字量输出模块，8×DC 24 V 继电器输出
3	S7-200 SMART，EM DT08，数字量输出模块，8×DC 24 V 输出
4	EM DR16，数字量输入/输出模块，8×DC 24 V 输入/8×DC 24 V 继电器输出
5	EM DT16，数字量输入/输出模块，8×DC 24 V 输入/8×DC 24 V 输出
6	EM DR32，数字量输入/输出模块，16×DC 24 V 输入/16×DC 24 V 继电器输出
7	SEM DT32，数字量输入/输出模块，16×DC 24 V 输入/16 ×DC 24 V 输出
序号	模拟量模块
1	S7-200 SMART，EM AI04，模拟量输入模块，4 输入
2	S7-200 SMART，EM AQ02，模拟量输出模块，2 输出
3	S7-200 SMART，EM AM06，模拟量输入/输出模块，4 输入/2 输出
4	S7-200 SMART，EM AR02，热电阻输入模块，2 通道
5	S7-200 SMART，EM AT04，热电偶输入模块，4 通道
序号	信号板
1	SB CM01，通信信号板，RS-485/RS-232
2	SB DT04，数字量扩展信号板，2×DC 24 V 输入/2×DC 24 V 输出
3	SB AQ01，模拟量扩展信号板，1×12 位模拟量输出
4	SB BA01，电池信号板，支持普通纽扣电

附录三　西门子1200系列PLC性能选型速查

序号	1200标准型CPU模块
1	CPU1211C　AC/DC/Rly,6输入/4输出,集成2AI
2	CPU1211C　DC/DC/DC,6输入/4输出,集成2AI
3	CPU1211C　DC/DC/Rly,6输入/4输出,集成2AI
4	CPU1212C　AC/DC/Rly,8输入/6输出,集成2AI
5	CPU1212C　DC/DC/DC,8输入/6输出,集成2AI
6	CPU1212C　DC/DC/Rly,8输入/6输出,集成2AI
7	CPU1214C　AC/DC/Rly,14输入/10输出,集成2AI
8	CPU1214C　DC/DC/DC,14输入/10输出,集成2AI
9	CPU1214C　DC/DC/Rly,14输入/10输出,集成2AI
10	CPU1215C　AC/DC/Rly,14输入/10输出,集成2AI/2AO
11	CPU1215C　DC/DC/DC,14输入/10输出,集成2AI/2AO
12	CPU1215C　DC/DC/Rly,14输入/10输出,集成2AI/2AO
13	CPU1217C　DC/DC/DC,14输入/10输出,集成2AI/2AO
序号	数字量输入/输出模块扩展
1	SM 1221　数字量输入模块,8输入DC 24 V
2	SM 1221　数字量输入模块,16输入DC 24 V
3	SM 1222　数字量输出模块,8输出继电器2 A
4	SM 1222　数字量输出模块,8输出DC 24 V,晶体管0.5 A
5	SM 1222　数字量输出模块,8输出 切换继电器,2 A
6	SM 1222　数字量输出模块,16输出继电器,2 A
7	SM 1222　数字量输出模块,16输出DC 24 V,晶体管0.5 A
8	SM 1223　数字量输入输出模块8输入DC 24 V/8输出,继电器,2 A
9	SM 1223　数字量输入输出模块8输入DC 24 V/8输出DC 24 V,晶体管0.5 A
10	SM 1223　数字量输入输出模块16输入DC 24 V/16输出继电器,2 A
11	SM 1223　数字量输入输出模块16输入DC 24 V/16输出DC 24 V,晶体管0.5 A
12	SM 1223　数字量输入输出模块8输入120/230 V AC/8输出继电器
序号	模拟量扩展
1	SM1231　模拟量输入模块4AI 13位分辨率±10 V,±5 V,±2.5 V,或0～20 mA/4～20 mA
2	SM1231　模拟量输入模块4AI 16位分辨率±10 V,±5 V,±2.5 V,±1.25或0～20 mA/4～20 mA
3	SM1231　模拟量输入模块8AI 13位分辨率±10 V,±5 V,±2.5 V,或0～20 mA/4～20 mA
4	SM1231　热电阻模块RTD温度传感器模块4个模拟输入,16位分辨率
5	SM1231　热电偶模块4AI,TC,16位分辨率

续上表

序号	模拟量扩展
6	SM1231　热电阻模块 RTD 温度传感器模块 8 个模拟输入，16 位分辨率
7	SM1231　热电偶模块 8AI，TC，16 位分辨率
8	SM1232　模拟量输出模块 2AO ±10 V，14 位分辨率，或 0～20 mA/4～20 mA，13 位分辨率
9	SM1232　模拟量输出模块 4AO ±10 V，14 位分辨率，或 0～20 mA/4～20 mA，13 位分辨率
10	SM1234　模拟量输入输出模块 4AI/2AO ±10 V，14 位分辨率或者 0(4)～20 mA，13 位分辨率
序号	数字量/模拟量信号板
1	CM1241　RS-485/422 通信模块，9 针 Sub-D(插座) 支持自由端口
2	CM1241　RS-232 通信模块，9 针 Sub-D(插针)，支持自由端口
3	CB1241　RS-485 信号板通信模块
4	SM1278　I/O Link Master 4xIO-Link 主站
5	SB 1221　数字量信号板模块，支持 DC 5 V 输入信号，4 输入 DC 5 V
6	SB 1221　数字量信号板模块，支持 DC 24 V 输入信号，4 输入 DC 24 V
7	SB 1222　数字量信号板模块支持 DC 5 V 输出信号，4 输出 DC 5 V
8	SB 1222　数字量信号板模块 4 输出 DC 24 V 0.1 A 最高频率 200 kHz
9	SB 1223　数字量信号板模块 2 输入 DC 24 V/2 输出 DC 24 V
10	SB 1223　数字量信号板模块，支持 DC 5 V 输入信号，2 输入 DC 5 V/200 kHz
11	SB 1223　数字量信号板模块，支持 DC 24 V 输入信号，2 输入 DC 24 V/200 kHz
12	SB1232　模拟量信号板模块，1AO，DC ±10 V(12 位分辨率)或 0～20 mA(11 位分辨率)
13	SB1231　模拟量信号板模块，1AI，DC ±10 V(12 位分辨率)或 0～20 mA
14	SB1231　热电阻信号板模块，1AI，RTD，热电阻类型：Pt100 和 Pt1000
15	SB1231　热电偶信号板模块，1AI，TC，热电偶类型：J，K

附录四　三菱系列PLC性能选型速查

序　号	经济型触摸屏
1	GS2107-WTB　7寸宽屏,800×480,65535色,USB/RS-232/RS-422/以太网
2	GS2110-WT　10寸宽屏,800×480,65535色,USB/RS-232/RS-422/以太网
序　号	中挡触摸屏
1	GT2308-VTB　8.4寸,65535色,USB/RS-232/RS-422,交流供电
2	GT2310-VTB　10.4寸,65535色,USB/RS-232/RS-422,交流供电
序　号	小型PLC　FX3U主机
1	FX3U-16MR-ES-A　AC电源,8入,8出,继电器
2	FX3U-32MR-ES-A　AC电源,16入,16出,继电器
3	FX3U-48MR-ES-A　AC电源,24入,24出,继电器
4	FX3U-64MR-ES-A　AC电源,32入,32出,继电器
5	FX3U-80MR-ES-A　AC电源,40入,40出,继电器
6	FX3U-128MR-ES-A　AC电源,64入,64出,继电器
7	FX3U-16MT-ES-A　AC电源,8入,8出,晶体管漏型,3轴定位
8	FX3U-32MT-ES-A　AC电源,16入,16出,晶体管漏型,3轴定位
9	FX3U-48MT-ES-A　AC电源,24入,24出,晶体管漏型,3轴定位
10	FX3U-64MT-ES-A　AC电源,32入,32出,晶体管漏型,3轴定位
11	FX3U-80MT-ES-A　AC电源,40入,40出,晶体管漏型,3轴定位
12	FX3U-128MT-ES-A　AC电源,64入,64出,晶体管漏型,3轴定位
序　号	FX3U功能板
1	FX3U-232-BD　1通道RS-232
2	FX3U-422-BD　1通道RS-422
3	FX3U-485-BD　1通道RS-485
4	FX3G-232-BD　1通道RS-232
5	FX3G-485-BD　1通道RS-485
6	FX3G-1DA-BD　FX3G用功能扩展板,1路模拟量输出
7	FX3G-2AD-BD　FX3G用功能扩展板,2路模拟量输入
8	FX3G-CNV-ADP　FX3G主机连接FX3U-ADP适配器时用的配件
序　号	FX3UC主机
1	FX3UC-16MT-D　连接器式,DC电源,8入,8出,晶体管,3轴定位
2	FX3UC-32MT-D　连接器式,DC电源,16入,16出,晶体管,3轴定位
3	FX3UC-64MT-D　连接器式,DC电源,32入,32出,晶体管,3轴定位
4	FX3UC-96MT-D　连接器式,DC电源,48入,48出,晶体管,3轴定位
5	FX3GA-24MR-CM　AC电源,14入,10出,继电器,USB接口

续上表

序　　号	FX3UC 主机
6	FX3GA-40MR-CM　AC 电源，24 入，16 出，继电器，USB 接口
7	FX3GA-60MR-CM　AC 电源，36 入，24 出，继电器，USB 接口
8	FX3GA-24MT-CM　AC 电源，14 入，10 出，晶体管漏型，2 轴定位，USB 接口
9	FX3GA-40MT-CM　AC 电源，24 入，16 出，晶体管漏型，3 轴定位，USB 接口
10	FX3GA-60MT-CM　AC 电源，36 入，24 出，晶体管漏型，3 轴定位，USB 接口
11	FX3SA-10MR-CM　AC 电源，6 入，4 出，继电器
12	FX3SA-14MR-CM　AC 电源，8 入，6 出，继电器
13	FX3SA-20MR-CM　AC 电源，12 入，8 出，继电器
14	FX3SA-30MR-CM　AC 电源，16 入，14 出，继电器
15	FX3SA-10MT-CM　AC 电源，6 入，4 出，晶体管漏型，2 轴定位
16	FX3SA-14MT-CM　AC 电源，8 入，6 出，晶体管漏型，2 轴定位
17	FX3SA-20MT-CM　AC 电源，12 入，8 出，晶体管漏型，2 轴定位
18	FX3SA-30MT-CM　AC 电源，16 入，14 出，晶体管漏型，2 轴定位
序　　号	FX3 适配器
1	FX3U-232ADP-MB　1 通道 RS-232，支持 MODBUS，需搭配 BD 使用
2	FX3U-485ADP-MB　1 通道 RS-485，支持 MODBUS，需搭配 BD 使用
3	FX3U-4AD-ADP　4 路模拟量输入，电流/电压，分辨率 12 位，需搭配 BD 使用
4	FX3U-4DA-ADP　4 路模拟量输出，电流/电压，分辨率 12 位，需搭配 BD 使用
5	FX3U-4AD-PT-ADP　4 路 PT 热电偶温度输入，分辨率 12 位，需搭配 BD 使用
6	FX3U-4AD-TC-ADP　4 路 TC 铂电阻温度输入，分辨率 12 位，需搭配 BD 使用
7	FX3U-ENET-ADP　FX3U 用以太网特殊适配器，需搭配 BD 使用
序　　号	FX 扩展模块
1	FX2N-8EX　扩展模块，8 入
2	FX2N-16EX　扩展模块，16 入
3	FX2N-8EYR　扩展模块，8 出，继电器
4	FX2N-16EYR　扩展模块，16 出，继电器
5	FX2N-8EYT　扩展模块，8 出，晶体管漏型
6	FX2N-16EYT　扩展模块，16 出，晶体管漏型
7	FX2N-8ER　扩展模块，4 入，4 出，继电器
8	FX2N-8ER-ES-UL　4 入，4 出，继电器，欧美标准
9	FX2N-16EX-ES-UL　16 入，欧美标准
10	FX2N-16EYT-ES-UL　16 出，晶体管，欧美标准
11	FX2N-32ER　扩展单元，16 入，16 出，AC 220 V 供电
12	FX2N-48ER　扩展单元，24 入，24 出，AC 220 V 供电
13	FX2N-32ET　扩展单元，16 入，16 出，晶体管漏型，AC 220 V 供电
14	FX2N-48ET　扩展单元，24 入，24 出，晶体管漏型，AC 220 V 供电

续上表

序　号	FX 功能模块
1	FX3U-ENET-L　FX3U 用以太网模块
2	FX3U-4AD　4 路模拟量输入，电流/电压，分辨率 15 位＋符号 1 位
3	FX3U-4DA　4 路模拟量输出，电流/电压，分辨率 15 位＋符号 1 位
4	FX3U-16CCL-M　FX3G、3U 用 CC-LINK 主站模块
5	FX3U-64CCL　FX3G、3U 用 CC-LINK 从站模块
6	FX2N-2AD　2 路模拟量输入，电流电压其中一种，分辨率 12 位
7	FX2N-4AD　4 路模拟量输入，电流/电压，分辨率 11 位＋符号 1 位
8	FX2N-8AD　8 路电流/电压/热点偶/铂电阻输入模块
9	FX2N-4AD-PT　4 路铂电阻温度输入模块
10	FX2N-4AD-TC　4 路热点偶温度输入模块
11	FX2N-2DA　2 路模拟量输出，电流电压其中一种，分辨率 12 位
12	FX2N-4DA　4 路模拟量输出，电流/电压，分辨率 11 位＋符号 1 位
13	FX2N-5A　4 路模拟量输入，电流/电压，1 路模拟量输出
14	FX0N-3A　2 路模拟量输入，1 路模拟量输出，电流/电压
15	FX2N-1HC　FX 用高速计数模块，可接收差分脉冲
16	FX2N-2LC　2 路温度控制模块
17	FX2N-1PG-E　FX 用 1 轴定位模块，集电极脉冲，100 kHz
18	FX2N-CNV-BC　转换接头，配合 FX0N-65EC 使用
19	FX0N-65EC　65 cm 长，用于长距离连接功能模块，扩展模块，扩展单元
序　号	中大型 PLC　新 CPU
1	Q00UJCPU　支持 256 点，含电源及 5 个插槽，USB 口
2	Q00UCPU　支持 1 024 点，程序容量 10×1 000 步，USB 口
3	Q01UCPU　支持 1 024 点，程序容量 15×1 000 步，USB 口
4	Q02UCPU　支持 2 048 点，程序容量 20×1 000 步，USB 口
5	Q03UDCPU　支持 4 096 点，程序容量 30×1 000 步，USB 口
6	Q04UDHCPU　支持 4 096 点，程序容量 40×1 000 步，USB 口
7	Q06UDHCPU　支持 4 096 点，程序容量 60×1 000 步，USB 口
8	Q03UDECPU　支持 4 096 点，程序容量 30×1 000 步，USB 口，以太网口
9	Q04UDEHCPU　支持 4 096 点，程序容量 40×1 000 步，USB 口，以太网口
10	Q06UDEHCPU　支持 4 096 点，程序容量 60×1 000 步，USB 口，以太网口
11	Q10UDEHCPU　支持 4 096 点，程序容量 100×1 000 步，USB 口，以太网口
序　号	主基板
1	Q35B　电源插槽、CPU 插槽、5 个模块插槽
2	Q38B　电源插槽、CPU 插槽、8 个模块插槽
3	Q312B　电源插槽、CPU 插槽、12 个模块插槽

续上表

序　　号	扩展基板
1	Q65B　电源、5 个模块插槽
2	Q68B　电源、6 个模块插槽
3	Q612B　电源、12 个模块插槽
序　　号	基板连接线
1	QC06B　0.6 m 长，用于连接扩展基板
2	QC12B　1.2 m 长，用于连接扩展基板
3	QC30B　3 m 长，用于连接扩展基板
序　　号	电源模块
1	Q61P　输入交流 100～240 V，输出直流 5 V/6 A
2	Q62P　输入交流 100～240 V，输出直流 5 V/3A，24 V/0.6 A
3	Q63P　直流 24 V 输入，直流 5 V/6 A 输出
4	Q64PN　输入交流 100～240 V，输出直流 5 V/8.5 A
序　　号	数字量模块
1	QX10　16 入，输入 AC 100～120 V
2	QX40　16 入，DC 24 V，正极公共端
3	QX41　32 入，DC 24 V，正极公共端
4	QX42　64 入，DC 24 V，正极公共端
5	QX40-S1　16 入(高速)，DC 24 V，正极公共端
6	QX41-S1　32 入(高速)，DC 24 V，正极公共端
7	QX42-S1　64 入(高速)，DC 24 V，正极公共端
8	QX80　16 入，DC 24 V，负极公共端
9	QX81　32 入，DC 24 V，负极公共端
10	QX82　64 入，DC 24 V，负极公共端
11	QY10　16 出，继电器式输出
12	QY18A　8 点独立输出，2 A，继电器式输出
13	QY40P　16 出，DC 12～24 V，晶体管漏型
14	QY41P　32 出，DC 12～24 V，晶体管漏型
15	QY42P　64 出，DC 12～24 V，晶体管漏型
16	QY80　16 出，DC 12～24 V，晶体管源型
17	QY81P　32 出，DC 12～24 V，晶体管源型
18	QH42P　32 入，32 出，DC 12～24 V，晶体管
19	QX10　16 入，输入 AC 100～120 V
20	QX40　16 入，DC 24 V，正极公共端
21	QX41　32 入，DC 24 V，正极公共端
22	QX42　64 入，DC 24 V，正极公共端

续上表

序　号	数字量模块
23	QX40-S1　16 入(高速),DC 24 V,正极公共端
24	QX41-S1　32 入(高速),DC 24 V,正极公共端
25	QX42-S1　64 入(高速),DC 24 V,正极公共端
26	QX80　16 入,DC 24 V,负极公共端
27	QX81　32 入,DC 24 V,负极公共端
序　号	模拟量模块
1	Q64AD　4 通道,电压/电流信号输入
2	Q68ADI　8 通道,电流信号输入
3	Q68ADV　8 通道,电压信号输入
4	Q62DAN　2 通道电压/电流信号输出
5	Q64DAN　4 通道电压/电流信号输出
6	Q68DAIN　8 通道电流信号输出
7	Q68DAVN　8 通道电压信号输出
序　号	高速计数
1	QD62　2 通道高速计数,200 kpps,DC 5 V/12 V/24 V
2	QD62D　2 通道高速计数,500 kpps,差分输入
序　号	定位模块
1	QD75P1N　1 轴定位,集电极脉冲
2	QD75P2N　2 轴定位,集电极脉冲,直线插补,圆弧插补
3	QD75P4N　4 轴定位,集电极脉冲,直线插补,圆弧插补
4	QD75D1N　1 轴定位,差分脉冲
5	QD75D2N　2 轴定位,差分脉冲,直线插补,圆弧插补
6	QD75D4N　2 轴定位,差分脉冲,直线插补,圆弧插补
7	QD70P4　4 轴简易定位模块,集电极脉冲
8	QD70P8　8 轴简易定位模块,集电极脉冲
9	QD77MS2　2 轴光纤定位模块,与 J4-B 搭配使用
10	QD77MS4　4 轴光纤定位模块,与 J4-B 搭配使用
序　号	温度模块
1	Q64RD　4 路铂电阻输入
2	Q64TD　4 路热电偶输入
3	Q64TCTT　4 路热电偶输入,晶体管输出,温度控制模块
4	Q64TCRTN　4 路铂电阻输入,晶体管输出,温度控制模块
序　号	通信模块
1	QJ71C24N　串行通信模块,1 路 RS-232,1 路 RS-485/RS-422
2	QJ71C24N-R2　串行通信模块,2 路 RS-232

续上表

序　　号	通信模块
3	QJ71C24N-R4　串行通信模块，2 路 RS-485/RS-422
4	QJ61BT11N　CC-LINK 模块，主站/本地站
5	QJ71E71-100　以太网模块，网线接口
6	QJ71LP21-25　H 网模块，光纤接口
7	QJ71BR11　10H 网模块，同轴电缆接口，带 F 头
8	QJ71MB91　Modbus Master/Slave 模块 1 通道 232，1 通道 RS-422/RS-485
9	QJ71PB92V　ProfiBus-DP Master 模块
序　　号	远程模块
1	AJ65SBTB1-8D　CC-Link 远程模块，8 入
2	AJ65SBTB1-16D　CC-Link 远程模块，16 入
3	AJ65SBTB1-32D　CC-Link 远程模块，32 入
4	AJ65SBTB1-16D1　CC-Link 远程模块，16 入，0.2 ms 响应时间
5	AJ65SBTB1-32D1　CC-Link 远程模块，32 入，0.2 ms 响应时间
6	AJ65SBTB1-8T　CC-Link 远程模块，8 出，晶体管，0.5 A
7	AJ65SBTB1-16T　CC-Link 远程模块，16 出，晶体管，0.5 A
8	AJ65SBTB1-32T　CC-Link 远程模块，32 出，晶体管，0.5 A
9	AJ65SBTB1-16T1　CC-Link 远程模块，16 出，晶体管，0.1 A
10	AJ65SBTB1-32T1　CC-Link 远程模块，32 出，晶体管，0.1 A
11	AJ65SBTB2N-8R　CC-Link 远程模块，8 点继电器输出
12	AJ65SBTB2N-16R　CC-Link 远程模块，16 点继电器输出
13	AJ65SBTB1-16DT　CC-Link 远程模块，8 入 8 出，晶体管
14	AJ65SBTB1-32DT　CC-Link 远程模块，16 入 16 出，晶体管
15	AJ65SBTB1-16DT1　CC-Link 远程模块，8 入 8 出，晶体管，高速响应
16	AJ65SBTB1-32DT1　CC-Link 远程模块，16 入 16 出，晶体管，高速响应
17	AJ65SBT-64AD　CC-Link 远程模块，4 路电流/电压信号输入
序　　号	其他模块
1	QG60　空盖模块，用于填补空余的插槽
2	A6CON1　焊结式插头
3	A6TBXY36　端子排，用于 QX41/42，QY41/42
4	AC10TB　用于连接模块和端子排 A6TBXY36，1 m 长
5	AC20TB　用于连接模块和端子排 A6TBXY36，2 m 长
6	AC30TB　用于连接模块和端子排 A6TBXY36，3 m 长

附录五　欧姆龙系列PLC性能型号速查

序　号	CPU单元	备　注
1	CPM1A-10CDR-A-V1　AC 100～220 V　输入6点　输出4点　继电器输出	
2	CPM1A-10CDR-D-V1　DC 24 V　输入6点　输出4点　继电器输出	
3	CPM1A-10CDT-D-V1　DC 24 V　输入6点　输出4点　晶体管输出	漏型
4	CPM1A-20CDR-A-V1　AC 100～220 V　输入12点　输出8点　继电器输出	
5	CPM1A-20CDR-D-V1　DC 24 V　输入12点　输出8点　继电器输出	
6	CPM1A-20CDT-D-V1　DC 24 V　输入12点　输出8点　晶体管输出	漏型
7	CPM1A-30CDR-A-V1　AC 100～220V　输入18点　输出12点　继电器输出	
8	CPM1A-30CDR-D-V1　DC 24V　输入18点　输出12点　继电器输出	
9	CPM1A-30CDT-D-V1　DC 24 V　输入18点　输出12点　晶体管输出	漏型
10	CPM1A-40CDR-A-V1　AC 100～220 V　输入24点　输出16点　继电器输出	
11	CPM1A-40CDR-D-V1　DC 24 V　输入24点　输出16点　继电器输出	
12	CPM1A-40CDT-D-V1　DC 24 V　输入24点　输出16点　晶体管输出	漏型
序　号	扩展I/O单元	
1	CPM1A-40EDR　输入24点　输出16点　继电器输出	
2	CPM1A-20EDR1　输入12点　输出8点　继电器输出	
3	CPM1A-8ER　输入/输出8点　继电器输出	
4	CPM1A-8ED　输入8点　输出/DC输入	
5	CPM1A-40EDT　输入24点　输出16点　晶体管输出	漏型
6	CPM1A-20EDT　输入12点　输出8点　晶体管输出	漏型
7	CPM1A-8ET　输入/输出8点　晶体管输出	漏型
序　号	模拟量模块输入输出单元	
1	CPM1A-MAD01-NL　输入2点　输出1点　模拟量输出 输入:0～10 V,1～5 V,4～20 mA　输出:0～10 V,−10～+10 V,4～20 mA	
2	CPM1A-MAD02-CH　输入4点　输出1点　模拟量输出 输入:0～10 V,1～5 V,4～20 mA　输出:0～10 V,−10～+10 V,4～20 mA	
3	CPM1A-DA001　输出2路　分辨率1/4 000,转换速率2.5 ms/CH,每个输出通道可独立设置量程　输出:−10～10 V,0～10 V,0～5 V,0～20 mA,1～5 V,4～20 mA	
4	CPM1A-DA002　输出4路　分辨率1/4 000,转换速率2.5 ms/CH,每个输出通道可独立设置量程　输出:−10～10 V,0～10 V,0～5 V,0～20 mA,1～5 V,4～20 mA	
5	CPM1A-AD041　输入4路　分辨率1/6 000	
6	CPM1A-DA041　输出4路　分辨率1/6 000	
序　号	其他模块	
1	CPM1-CIF01　RS-232适配器	